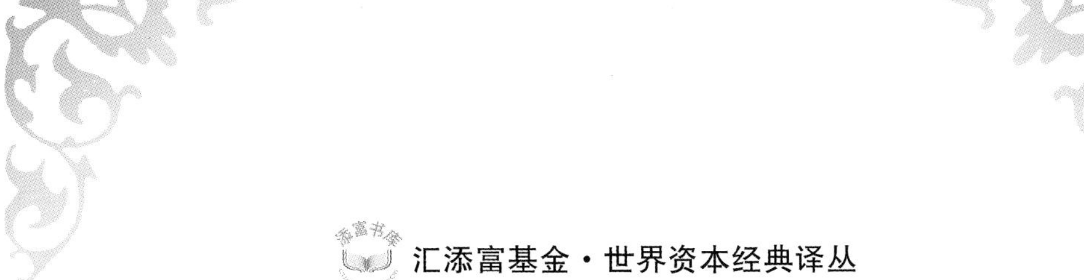

汇添富基金·世界资本经典译丛

像欧奈尔信徒一样交易(二)

——令我们在股市大赚18 000%的策略

吉尔·莫拉雷斯
(Gil Morales)
克瑞斯·卡彻
(Chris Kacher)
著

罗清亮　戴　剑　译

上海财经大学出版社

图书在版编目(CIP)数据

像欧奈尔信徒一样交易(二):令我们在股市大赚 18 000%的策略/(美)莫拉雷斯(Morales,G.),(美)卡彻(Kacher,C.)著;罗清亮,戴剑译.—上海:上海财经大学出版社,2014.8
(汇添富基金·世界资本经典译丛)
书名原文:In the Trading Cockpit with the O'Neil Disciples
ISBN 978-7-5642-1860-7/F·1860

Ⅰ.①像… Ⅱ.①莫… ②卡… ③罗… ④戴… Ⅲ.①股票投资 Ⅳ.①F830.91

中国版本图书馆 CIP 数据核字(2014)第 047673 号

□ 责任编辑 李成军
□ 封面设计 张克瑶
□ 版式设计 孙国义
□ 责任校对 王从远

XIANG OUNAIER XINTU YIYANG JIAOYI
像欧奈尔信徒一样交易(二)
——令我们在股市大赚 18 000%的策略

吉尔·莫拉雷斯
(Gil Morales)
克瑞斯·卡彻
(Chris Kacher)
著

罗清亮 戴 剑 译

上海财经大学出版社出版发行
(上海市中山北一路 369 号 邮编 200083)
网 址:http://www.sufep.com
电子邮箱:webmaster@sufep.com
全国新华书店经销
上海华业装璜印刷厂印刷装订
2014 年 8 月第 1 版 2021 年 7 月第 9 次印刷

787mm×1092mm 1/16 19.25 印张(插页:3) 314 千字
印数:14 501—16 500 定价:55.00 元

拨动琴弦

唱一首**经典**

资本脉络

在**伦巴第**和**华尔街**坚冷的墙体间，仍然

依稀可见

千百年后

人们依然会穿过泛黄的书架

取下

这些**书简**

就像我们今天，**怀念**

秦关汉月

大漠孤烟

……

图字:09-2013-281 号

In the Trading Cockpit with the O'Neil Disciples:

Strategies that Made Us 18000% in the Stock Market

Gil Morales Chris Kacher

总 序

“世有非常之功，必待非常之人”。中国正在经历一个前所未有的投资大时代，无数投资人渴望着有机会感悟和学习顶尖投资大师的智慧。

有史以来最伟大的投资家，素有“股神”之称的巴菲特有句名言：成功的捷径是与成功者为伍！（It's simple to be a winner，work with winners.）

向成功者学习是成功的捷径，向投资大师学习则是投资成功的捷径。

巴菲特原来做了十年股票，当初的他也曾经到处打听消息，进行技术分析，买进卖出做短线，可结果却业绩平平。后来他学习了格雷厄姆的价值投资策略之后，投资业绩很快有了明显改善，他由衷地感叹道：“在大师门下学习几个小时的效果远远胜过我自己过去十年里自以为是的天真思考。”

巴菲特不但学习了格雷厄姆的投资策略，还进一步吸收了费雪的投资策略，将二者完美地融合在一起。他称自己是“85％的格雷厄姆和15％的费雪”，他认为这正是自己成功的原因：“如果我只学习格雷厄姆一个人的思想，就不会像今天这么富有。”

可见，要想投资成功很简单，那就是：向成功的投资人学投资，而且要向尽可能多的杰出投资专家学投资。

源于这个想法，汇添富基金管理股份有限公司携手上海财经大学出版社，共同推出这套“汇添富基金·世界资本经典译丛”。开卷有益，本套丛书上及1873年的伦巴第街，下至20世纪华尔街顶级基金经理人和当代“股神”巴菲特，时间跨度长达百余年,汇添富基金希望能够借此套丛书,向您展示投资专家的大师风采,让您领略投资世界中的卓绝风景。

在本套丛书的第一到第十辑里,我们先后为您奉献了《伦巴第街》、《攻守兼备》、《价值平均策略》、《浮华时代》、《忠告》、《尖峰时刻》、《战胜标准普尔》、《伟大的事业》、《投资存亡战》、《黄金简史》、《华尔街的扑克牌》、《标准普尔选股策略》、《华尔街 50 年》、《先知先觉》、《共同基金必胜法则》、《华尔街传奇》、《大熊市——危机市场生存和盈利法则》、《证券分析》、《股票估值实用指南》、《货币简史》、《货币与投资》、《黄金岁月——美国股市中的非凡时刻》、《英美中央银行史》、《大牛市(1982～2004)——涨升与崩盘》、《从平凡人到百万富翁》、《像欧奈尔信徒一样交易——我们如何在股市赢得18 000%的利润》、《美国国债市场的诞生》、《安东尼·波顿教你选股》等六十一本讲述国外金融市场历史风云与投资大师深邃睿智的经典之作。而在此次推出的第十一辑中,我们将继续一如既往地向您推荐五本具有同样震撼阅读效应的经典投资著作。

《缺陷的繁荣——经济学的悲观视角》是法国著名经济学家丹尼尔·科恩的又一力作,科恩时任巴黎高等师范学校与巴黎第一大学的经济学教授,他曾担任法国总理旗下的经济分析委员会成员。作者引领我们回顾了人类发展的历史,“昨天在西方世界发生的一切如今在全球范围内重复上演:在中国、印度和其他地区,成千上万的农民从乡村涌向城市;工业社会正在替代农业社会;新兴力量不断崛起,昨天是德国与日本,而今天是印度与中国。由于对原材料控制权的争夺加剧,竞争对手间彼此激怒,资本主义旧时代的金融危机不断重现”。与“文明的冲突”观点不同,科恩得出了独特的、悲观的却又逻辑严密的观点:“21 世纪的巨大风险并不是文化与宗教的冲突,而在于全球性地重蹈西方历史的覆辙。”“战争和冲突是否会伴随着经济的繁荣与发展? 现代的新兴国家是否在重蹈西方社会的覆辙? 人类对发展的不懈追求又究竟是为了什么?”科恩试图解答这些哲学追问的终极意义。

随着大数据时代的来临和高频交易的日渐兴盛,怎样使用较为简便的方法从浩如烟海的大数据中提取有助于自己交易决策的有用信息,成为有识之士率先探索的难题。《大交易——市场回报最大化的简单策略》就是讨论一般投资者如何利用简便方法从大数据中提取有用信息进行交易获利的一本专业交易员的心得之谈。《大交易》的作者彼得·范(Peter Pham)是全球权益市场的专业顾问。他曲折的人生经历和探索精神使他对投资和交易具有许多不同于一般投资者的独特感悟,也使他创立了自己利用大数据进行大交易的简单策略和方法,并且在实战中获得巨大成功。他不因循于传统技术分析方法的框框,敢于提出并利用大数据中提供的股票价格变动的各种信息计算其未来可能变动的方向和幅度的概率来指导自己的投资决策和交易行为。

21 世纪初是全球金融市场极其恐惧和贪婪的时期。一些人失去了大量的财富,但也有一些人伺机大赚了一把,人们对于投资行业的信心正处于历史的最低潮。《恐惧与贪婪——动荡世界中的投资风险和机遇》旨在引导投资者在未来的几年里在面临金融市场的挑战和机遇时做好准备。著名投资经理尼古拉斯·萨尔克斯在指导自己公司的投资者成功度过了 2007 年投资市场的混乱期之后,从历史中吸取经验和教训,为投资者明示未来之路。萨尔克斯特别深入地探讨了自千禧年之后发达国家的股市困境,何时股市才能最终恢复元气,以及减少政府债务的过程对市场产生的可能性影响。他也对新兴市场国家的股票、黄金和欧洲单一货币的前景提出了自己的看法。萨尔克斯也从整体上研究了金融界所面临的一些最重要的问题,他重点关注了央行、监管者和违规者,并对它们在当下的金融危机中所扮演的角色做了深入的探讨。在这本真实而又不乏趣味的书里,萨尔克斯为投资者展现了未来几年投资的清晰画面以及诸多启发。

在投资市场上,一本万利是无数投资者的终极梦想,而残酷的现实却使得诸多投资者和交易者伤痕累累。《像欧奈尔信徒一样交易(二)——令我们在股市大赚 18 000%的策略》一书为我们开启了一段获取丰厚投资回报的传奇。本书由两位威廉·欧奈尔公司前雇员撰写,他们花费了数年时间学习导师威廉·欧奈尔的经验和教训,他们把这些基于欧奈尔方法的强大交易技术悉数倾注于这本书中,你可以将这些方法应用于自己的投资过程中。本书是畅销书《像欧奈尔信徒一样交易》的姊妹篇,它超越了前一本书的描述性叙述,提供了进一步的指导和相关理论的实践过程,并且让它们成为你交易系统的组成部分。投资股市,就是一场关于自己资金生死存亡的严酷测试,阅读本书,将有助于你在该测试中脱颖而出。

《致命的风险——美国国际集团自毁警示录》一书介绍了美国国际集团从初

创、成长、鼎盛，再到衰败、毁灭的各个扣人心弦的历程。对该公司各个阶段的核心人物格林伯格、沙利文、维纶斯塔、索辛、斯皮策等的描述细致入微，如索辛的AIGFP的业务标的、对待风险的态度，斯皮策带领的纽约州监管部门对AIG与格林伯格本人发起的法律攻击，AIG的内部管理层，以及与C.V.斯塔尔公司之间错综复杂的关系。对美国国际集团与著名的投资公司之间的关系也做了详细叙述，如与高盛、美林、旅行者集团等知名企业之间的业务关系以及在金融危机中的应对处理；对核心业务，如掉期、CDS、CDO、MBS等金融衍生工具进行了详实介绍。通过以上的讲述，本书不仅展示了衍生品业务在风险处理上的精妙与复杂，更生动展现了华尔街的惨烈斗争与全球金融环境的瞬息万变，揭示出了华尔街这个变化莫测的风险世界的真实生存状态。

投资者也许会问：我们向投资大师、投资历史学习投资真知后，如何在中国股市实践应用大师们的价值投资理念？

事实永远胜于雄辩。中国基金行业从创立至今始终坚持和实践价值投资与有效风险控制策略，相信我们十多年来的追求探索已经在一定程度上回答了这个问题：

首先，中国基金行业成立以来的投资业绩充分表明，在中国股市运用长期价值投资策略同样是非常有效的，同样能够显著地战胜市场。公司成立以来我们旗下基金的优秀业绩，就是最好的证明之一。价值投资最基本的安全边际原则是永恒不变的，坚守基于深入基本面分析的长期价值投资，必定会有良好的长期回报。

其次，我们的经历还表明，在中国股市运用价值投资策略，必须结合中国股市以及中国上市公司的实际情况，做到理论与实践相结合，勇于创新。事实上，作为价值型基金经理人典范，彼得·林奇也是在总结和反思传统价值投资分析方法的基础上，推陈出新，取得了前无古人的共同基金业绩。

最后，需要强调的是，我们比巴菲特、彼得·林奇等人更加幸运，中国有持续快速稳定发展的经济环境，有一个经过改革后基本面发生巨大变化的证券市场，有一批快速成长的优秀上市公司，这一切将使我们拥有更多、更好的投资机会。

我们有理由坚信，只要坚持深入基本面分析的价值投资理念，不断积累经验和总结教训，不断完善和提高自己，中国基金行业必将能为投资者创造长期稳定的较好投资回报。

“他山之石，可以攻玉”。十几年前，当我在上海财经大学读书的时候，也曾经阅读过大量海外经典投资书籍，获益匪浅。今天，我们和上海财大出版社一起，精挑细选了上述这些书籍，力求使投资人能够对一个多世纪的西方资本市场发展窥斑见豹，有所感悟；而其中的正反两方面的经验与教训，亦可为我们所鉴，或成为成功投资的指南，或成为风险教育的反面教材。

“辉煌源于价值，艰巨在于漫长”，对于投资者来说，注重投资内在价值，精心挑选稳健的投资品种，进行长期投资，将会比你花心思去预测市场走向、揣测指数高低更为务实和有意义得多。当今中国正处在一个稳健发展和经济转型相结合的黄金时期，站在东方大国崛起的高度，不妨看淡指数，让你的心态从容超越股市指数的短期涨跌，让我们一起从容分享中国资本市场的美好未来。在此，汇添富基金期待着与广大投资者一起，伴随着中国证券市场和中国基金业的不断发展，迎来更加辉煌灿烂的明天！

张 晖

汇添富基金管理股份有限公司副总经理、投资总监

2014 年 7 月

致 谢

本书中有大量图表，并且正是这些图表构成了本书的翔实素材，在很多方面，它们都紧紧围绕其本质。我们要感谢罗纳德·布朗(Ron Brown)、乔治·罗伯茨(George Roberts)，以及 HGS 投资者软件公司(highgrwothstock.com)的伊恩·伍德沃德(Ian Woodward)，全书通篇引用了他们的优秀图表，同样，还要感谢 eSingal 公司(www.esignal.com)慷慨无私的协助，因为我们也使用了他们的图表及监控图表。

我们还要感谢约翰威利父子出版社相关编辑——艾米莉·赫尔曼(Emilie Herman)和埃文·伯顿(Evan Burton)，他们给予我们帮助和指导；宣传人员达琳·玛赤(Darlene March)，帮助我们度过了可能会涉足的风险；比尔·高里菲斯(Bill Griffith)，始终如一地给予我们支持；同时，那些在各自不同圈子里的人们，每天都会给予我们爱和鼓励，在我们遇到难题时，他们就会帮助对付这些难题——你知道我说的是谁。

最后，与以往重点声明一样，重要的是要知道，本书的撰写和出版，绝对没有来自威廉·J.欧奈尔(William J.O' Neil)及任何欧奈尔相关机构的协助、支持或合作。这是一本独立著作。

前 言

至少在过去几年内持续交易的那些投资者，经历过21世纪前十年中期的市场，多数情况下，市场处于横盘、无趋势状态，在此期间，他们遭遇了投资尝试的挫败感。基部突破机会并没有像20世纪90年代那样多，并且，在这几年无趋势市场中，大多数突破都以失败告终。但是，人们必须抱定这样一种态度，经历的磨难只会让你更加强大。因此，就在2005年中期，我们开始寻求根本性难题的答案，难题是我们不再处于20世纪90年代平滑的、抛物线式的趋势市场之中了——我们在20世纪90年代初开始投资职业生涯后，这就是我们的“成长”环境。

因此，开始了为该难题寻求答案的过程，通过可代替方法来买入股票的基部突破，这对大众而言也变得越来越明显。尽管在2004～2005年的横盘、方向不定的市场之中，那些磨难会让你变得更为强大，并且口袋支点(pocket pivot)和可买入跳空缺口(buyable gap-up)的概念也诞生了，该概念是由克瑞斯·卡彻于2005年创造出来的，根源在于20世纪90年代极少见到的、充满挑战性的市场。21世纪前十年中期，在我们两人的脑海中反复思考一些概念，即口袋支点和各种其他早期和可替代买入点技术的变换，这时，克瑞斯·卡彻通过繁杂的统计分析以及数千份图表研究，最终形成了一套定义这些概念的规则和特性——口袋支点和可买入跳空缺口买入点由此诞生了，同时，还诞生了七周规则(The Seven Week Rule)所描述的卖出策略，设计该规则的目的是，让你在股价波动利润丰厚期持有股票。

利用口袋支点的一个主要优势是，在股票突破之前就可以在一组潜在龙头股中发现早期进入点，因此，在首次开始买入并在该股票中建立初始头寸时，会有助于降低平均成本。如果该股最终在真实基部突破过程中失败，由于早期开始买入该股票而获得的较低成本，也会转化为较小的百分比损失。首先在基部建立龙头股头寸，之后在真正突破时采用金字塔式加码法，可以获得额外缓冲，与首次买入突破股票截然相反，可以转化为额外的风险管理优势。因此，如果某个投资者在突破失败时止损退出，凭借拥有的更低平均成本，就可以降低损失，幸亏在口袋支点买入点提供的早期进入点启动了头寸退出策略，此时该买入点处于基部的较低价格。实践中，口袋支点买入点被证明是一个强大的工具。

在基部应用口袋支点买入点的特点及其规则，也确认了持续口袋支点买入点，当股票爬升到更高位置时，该买入点能够为龙头股中有效金字塔式投资头寸提供连贯的、可轻松定义的框架。在股票价格走高时，这为金字塔式增加盈利头寸提供了一个非常实用和简洁的方案，在我们看来，与欧奈尔提供的方案相比，当某只股票自你初始买入点上涨一定百分比时，比如说 2%，就增加筹码，我们这种方案更为有效。另外，对一名单单依赖盈利头寸首次回调到 50 日或 10 周移动均线的投资者来讲，与其原本可以利用的买入点相比，持续性买入点详细描述了买入点的数量，在此点位就可以增加盈利头寸。

口袋支点和持续性口袋支点给我们的技术指标库中增添了两个强有力的交易指标，第三个技术工具以可买入跳空缺口的形式出现了。在 21 世纪前十年中期，我们也注意到，具备强势上涨缺口的股票，通常情况下会自该点上涨到更高价位，尽管对投资大众而言，事实是他们经常认为其价格太高而放弃买入。我们观察到，在交易中仅仅基于杰西 · 利维摩尔(Jesse Livermore)的观点，即突破“最小阻力线”，就已经高效地利用了可买入上涨跳空缺口，但是，还没有创造出一套以事实为基础的规则，来确认和处理这种可买入跳空上涨缺口。在这种交易案例中，我们研发出了可买入跳空缺口的概念，之后，我们真正理解了 2004 年 10 月份在买入苹果公司(AAPL)股票过程中所发现的现象，那时，该股由于盈利而出现跳空上涨，并且开始启动一轮迅速的上涨(参见图 1.5)。

所有这三种买入技术和概念，与七周规则相配合，首次在我们的著作《像欧奈尔信徒一样交易——我们如何在股市赢得18 000%的利润》中予以披露，并且，得到该书读者以及我们的投资咨询网站 www.VirtueofSelfishInvesting.com 会员的热烈响应。在该书中，我们的意图是，让读者理论与实际相结合，可以这么说，利用周密的训练以及相应的研讨，建立并拓展读者对威廉·J.欧奈尔、理查德·D.威科夫(Richard D. Wyckoff)和杰西·利维摩尔所信奉交易方法和思想的理解。这被我们称之为欧奈尔—威科夫—利维摩尔方法论，或简称为OWL方法论。

学会如何交易，就是学会自己动手进行交易——最好是通过实践，并且这是所有书籍的局限性所在。它可以通过洋洋万言告诉你，所有自己想知道的事情，但是，你的大脑并不会真正开始应用这些知识，直到你切实在实践中使用真金白银参与到交易之中为止。因此，对所有作者而言，苦恼的问题在于，如何把事情转化到读者有机会着手去做的情景中，目的是对这些讨论中的概念产生发自内心的认同。由于我们业已从追随者那里获得了数以千计的问题，因此，我们已经开始理解这些实际问题，即投资者在试图执行我们的方法时所遇到的问题。在本书中，我们利用初步理解和尝试，来阐明理论与实际相结合的关键点。我们知道，读者需要进一步澄清和解释的内容也在不断加深，因此，我们相信，这仍然是进程中的一项工作。本书的未来版本，或者我们在未来撰写的类似著作，会力图将读者带到我们自己的“交易场”，基于我们著作的读者、网站www.VirtueofSelfishInvesting.com会员以及普通追随者的反馈，现在，在北部某些地方会员高达80 000人，我们不断地学习，并由此不断地深入研究。因此，我们鼓励你提出反馈，无论好坏美丑，同时，建议你通过电子邮件给info@virtueofselfishinvesting.com发送所有反馈意见。

第一要务是迅速升级并回顾本书内容：口袋支点买入点、可买入上涨缺口和七周规则。对本书的真正介绍是我们之前的著作，但是快速浏览“信徒训练营”，会让本书的其余内容更加有意义，并且更加实用。

信徒训练营

涉及欧奈尔式方法论时，我们著作的独特之处在于，我们确认并利用了与买入股票相关的拓展技术，与此同时，应用了更加明确、更加可控的风险管理系统。最终，我们确认并总结了自己称为口袋支点买入点和可买入上涨跳空缺口的特征，用以启动并增加龙头股头寸。这些是早期或相对不明显的买入点，投资大众并不愿意据此操作。与所有欧奈尔式交易者和投资者一样，我们也依据标准新高基部突破买入,但是,在涉及买入龙头股时,我们认为口袋支点和可买入上涨跳空缺口是更为强大的工具。口袋支点和可买入上涨跳空缺口能够让我们在某个领域内获得优势,这里,所有交易者和投资者可以随时查阅图表,与此同时,每个人都可以看到每个技术性突破。众所周知,股票市场中对投资大众而言很明显的事情,通常情况下,都是过犹不及。

基于新高基部突破买入一只龙头股,之后当它自我们初始买入点上涨2%时增加头寸,我们发现这种方法存在缺陷,而我们的买入方法也是基于这一发现。即便作最乐观的估计,它也是不准确和不现实的,由于股票作出突破并开始强势上涨,会吸引你增加自己的仓位,只是因为该股票自你的初始买入价位上涨了一点点。在很多情况下,这只会导致投资者买入大额的初始头寸,因为自其突破后上涨了一定的百分比,不料却看到该股票跌回到了突破点,在该点位,你的头寸会马上出现缩水。

(1)如何在潜在龙头股中发现早期或不明显的买入点,以及(2)如何以高度确定的低风险点增加并按金字塔式增加龙头股头寸,解决这两个问题正是我们系统的作用。在确定哪一条移动均线用作可靠的卖出指标过程中,通过使用口袋支点、可买入上涨跳空缺口,以及我们所称的七周规则,我们已经证明,欧奈尔式交易者和投资者,如果不是其他形形色色的交易者和投资者的话,利用这些创新性的技术工具可以获得优势。在接下来的章节中,我们会回顾这些基本工具,这些工具在我们的著作《像欧奈尔信徒一样交易——我们如何在股市赢得18 000%的利润》中进行过详细讨论。

口袋支点买入点

牛市期间,我们最初建立龙头股头寸,之后用金字塔式增加头寸,这时,我们用以获得优势的主要武器之一就是口袋支点买入点。口袋支点是一个独特的量/价标志,其出现要么作为股票基部或盘整中的早期买入点,要么作为在该股票趋势走高,并自其前期基部或盘整中延伸的持续性口袋支点买入点。

图I.1中,我们从背景因素角度描述了口袋支点的结构。一般情况下,基部口袋支点希望看到,当该股票平稳下跌到某种程度时,由于量能开始衰竭,它开始出现相对紧凑的横盘波动。出现在嘈杂、波动不定及不稳定图表形态中的口袋支点具有失败倾向,因此,我们希望口袋支点出现在股票图表形态中具有建设意义的技术性区域之内。通常情况下，这会是在盘整区域的右侧，如图 I.1 所示，在这里，该股票开始紧凑波动，并且会持续围绕某条移动均线波动，诸如 10 日或 50 日算术移动均线。之后，该股票出现上涨或向上突破 10 日或 50 日移动均线，抑或是在某些情况下同时突破两条移动均线，并且它必须出现特殊的量能标志，这时，口袋支点买入点就会出现。

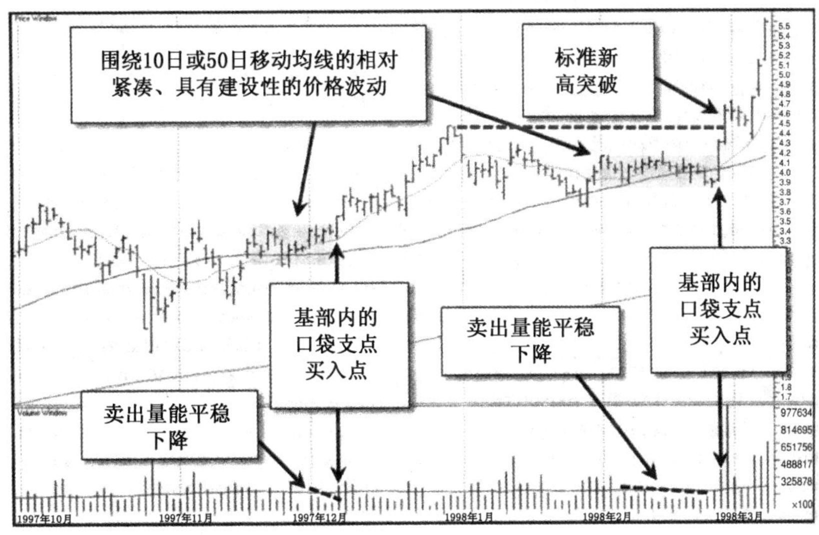

HGS 投资者软件公司供图，版权 2012。

图 I.1　口袋支点的结构。包含了有效口袋支点买入点的基本背景因素。伴随着量能下降，具有建设性的、横盘价格波动为口袋支点处的井喷提供了沃土。

所有口袋支点买入点的基本特征都是其量能标志，对于口袋支点成为有效的正确买入点而言，量能标志必须出现。这种量能标志规则说明，口袋支点交易日量能必须高于该形态之前 10 个交易日的任何一个交易日的下跌量能（如图 I.2所示）。在该形态中之前的 10 个交易日中，可能会出现更高的上涨量能交易日，既然这是一个积极的波动，为了确定口袋支点买入点，量能就首先必须高于之前 10 个交易日中的任何一个量能下跌交易日。

图 I.1 和图 I.2 阐明了出现在股票基部或盘整区域的口袋支点，并且它们也解释了为何口袋支点会提供一个早期买入点，该点出现之后，该股票才会产生标准欧奈尔式基部新高突破。

在投资大众看到明显的新高突破之前，这为交易者提供了抢先起步的优势。

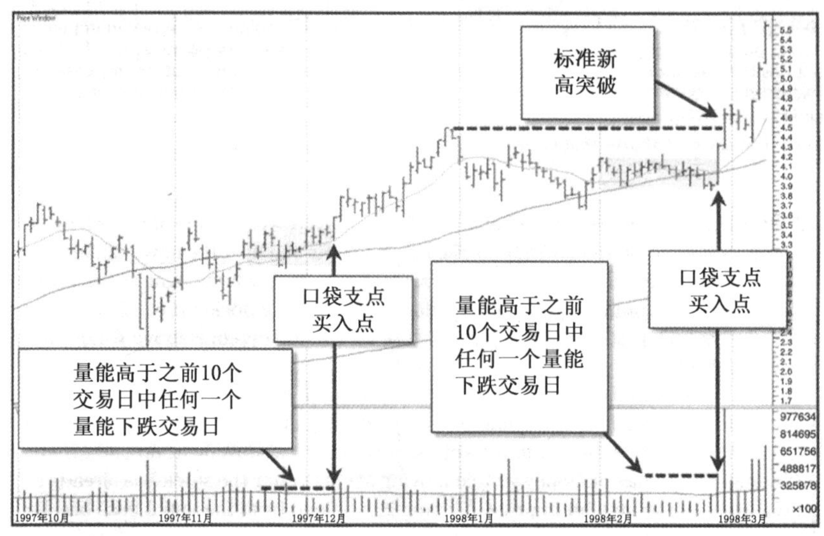

HGS 投资者软件公司供图，版权 2012。

图 I.2　口袋支点结构。口袋支点买入点明确的和最本质的特征是其独特的量能标志，该标志表明口袋支点交易日的量能必须高于之前 10 个交易日中量能下跌交易日出现的量能。

请注意，在图 I.2 右侧远端，我们可以看到，新高突破如何引致回调，这可能会吓退那些在突破当天交易区间顶部买入的投资者。与此同时，在图 I.2 新高突破之前出现口袋支点时进入，会让投资者在随后回调过程中摆脱困境。

图 I.3 阐明了在潜在龙头股之中，持续性口袋支点买入点如何提供一种高度确定的、低风险的方法，以金字塔式增加投资者的初始头寸。股票已经突破并且价格出现略微上涨，自其初始基部突破买入点出现延伸，之后，当股票上涨或向上突破 10 日或 50 日算术移动均线时，就会出现持续性口袋支点。在本例中，我们看到该股票，谷歌公司（GOOG）就在其 2004 年 7 月上市之后，自其短“IPO 旗形”形态中突破，并且坚定走高。随着该股票价格上涨，它沿着 10 日移动均线上涨，并且，10 日线与股票上涨的移动均线相一致，几个口袋支点量能标志出现在沿 10 日线的上涨趋势中。在欧奈尔的文献中，并没有把这些关键持续性买入点看作可付诸实施的机会，但是，我们发现它们在涉及增加初始盈利头寸时是最强力的工具之一，当该股票额外上涨 2%时，也并不依赖于最简单的加仓方法。这种方法使我们相当武断，并且也不精确，至少从我们自己的实践经历来看，由于一些股票比其他股票更易于波动，所以一只股票 2%的波动对另一只股票来说只是另一种“波动性摆动”。

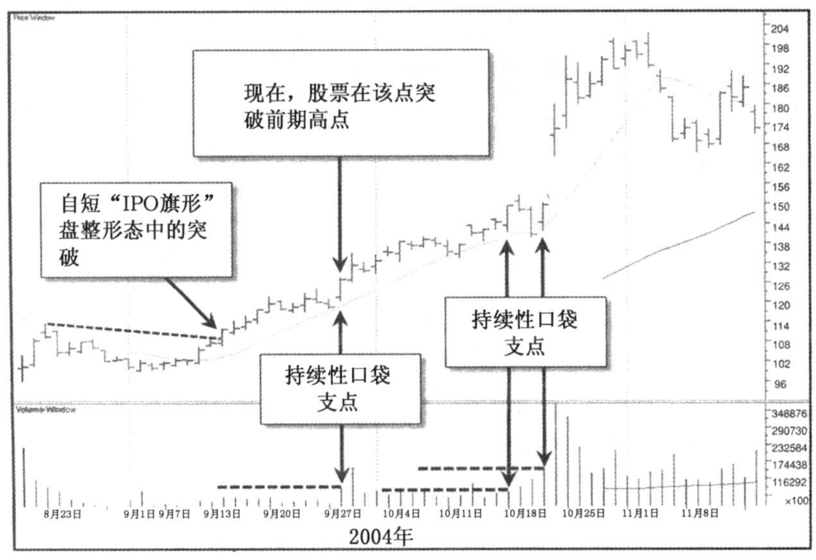

HGS 投资者软件公司供图，版权 2012。

图 I.3 口袋支点结构。口袋支点买入点也把重要的第二目标作为持续性口袋支点，这会提供更低风险点，在该点可以增仓较早技术性买入信号所建立的头寸，诸如某个基部突破。在本例中，基部突破源自于谷歌公司的短“IPO 旗形”形态，就出现在其 2004 年 7 月上市之后。

可买入上涨跳空缺口

龙头股大幅跳空上涨，提供给交易者一些最具潜力和盈利性的机会。尽管巨大上涨缺口通常会看起来太高，但是，残酷的交易现实或许就是，这种上涨非常值得买入；因此，当它出现在适当条件下时，我们就称为可买入上涨跳空缺口。可买入上涨跳空缺口是一个点位，在此点位上，牛市看涨决定性地赢得了与熊市看跌的争论，其证明就是这种上涨性波动会表现出巨幅上涨量能。以图 I.4 苹果公司（AAPL）为例，它在 2012 年初启动一轮迅速上涨。这种加速性上涨恰好出现在可买入上涨跳空缺口产生之后，该缺口代表自带柄杯子基部形态的突破，杯柄在短的一边，但仍然具有可行性。就标准新高突破买入点方法看来，该股票或许被视为边界的延伸。然而，使用可买入上涨跳空缺口规则，人们能够轻易地在刚开始的时候买入该上涨性波动。

可买入上涨跳空缺口的确认标准相对简单。波动本身应该是显著的，并且，

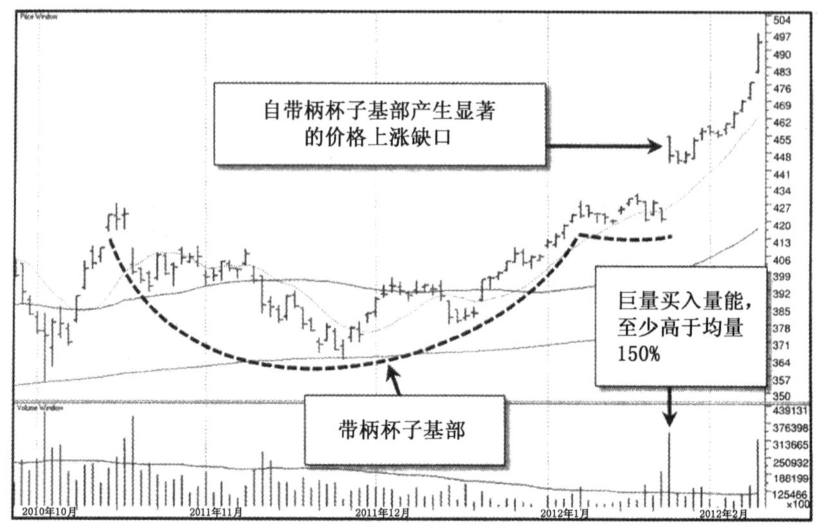

HGS 投资者软件公司供图,版权 2012。

图 I.4 可买入上涨跳空缺口结构。巨幅上涨买入量能出现后基部形态出现巨大上涨跳空缺口,看起来"太高了",但是,实际上这是非常值得买入的。

我们曾经用过一个计算公式,上涨跳空缺口至少是讨论中股票真实波动区间内40日均量的0.75倍,实际上,这足以"目测"上涨跳空缺口,在标准的每日走势图中,缺口看起来非常大。更为重要的是其所呈现出来的量能规模,它应该是50日交易均量的1.5倍,或者说150%。因此,如果股票的50日移动平均成交量相当于每个交易日100万股,那么,你希望看到该股票在上涨跳空缺口交易日的成交量至少为150万股,而且,成交量越高,上涨跳空缺口的力度越强。在强有力的上涨跳空缺口中,投资者可以直观地理解价格变化幅度以及买入成交量的增长力度,尤其是投资者业已研究过历史上所出现的可买入上涨跳空缺口的众多案例。我们认为,辨别苹果公司在2012年1月的巨大上涨跳空缺口是件很简单的事情,因为该股票出现了大幅的"光速飙升"式上涨,在图I.4中,既表现为相对于整体形态的缺口大小,又表现为明显的巨幅上涨成交量。

可买入上涨跳空缺口不必始终源自于具有建设性的基部形态。很多龙头股将要启动大幅价格上涨,伴随出现源自于完整基部形态的可买入上涨跳空缺口,这时,可买入上涨跳空缺口也能够出现在形态结构良好并且持续上升趋势中。图I.5中,2004年末的苹果公司(AAPL)案例可以阐明这个概念,在平缓的上升趋势通道中,该股票已经在缓慢上涨。在以巨量跳空上涨飙升之前,该股票测试

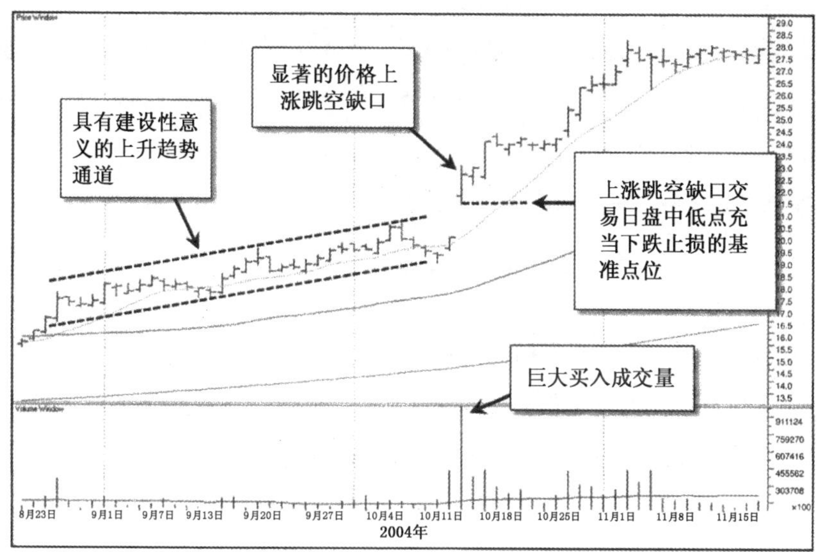

HGS 投资者软件公司供图,版权 2012。

图 I.5　可买入上涨跳空缺口结构。在股票价格图表中,可买入上涨跳空缺口能够出现在任何点位,缺口产生在一个具有建设性的背景下,诸如持续性的上升趋势。在本例中,上升趋势通道中的上涨跳空缺口引发该股票出现加速上涨波动。

了趋势通道低点,自此,该股票从未出现回调。

让可买入上涨跳空缺口成为简单易行交易的是,伴随它会产生一个内部的卖出指标,这就是上涨跳空缺口交易日盘中低点,如在图 I.5 中所见。一旦苹果公司跳空上涨,它就再也没有回调到该交易日盘中低点下方,因此,投资者可以在跳空上涨当日或次日买入该股,因为它仍然在合理范围中。图 I.4 显示了苹果公司在 2012 年 1 月的上涨跳空缺口,请注意,该股票只是略微下跌到了上涨跳空缺口交易日低点下方,这有助于让该盘中低点作为卖出指标点位,允许围绕盘中低点出现一些自由空间。换句话说,为了防患于未然,在下跌过程中,可以使用盘中低点加上 2%～3%作为卖出指标,允许某些股票出现一点儿容差因素。然而,在图 I.5中,苹果公司甚至从未接近过上涨跳空缺口当天的盘中低点,在图 I.4 中,苹果公司的确出现了略低于上涨跳空缺口当天盘中低点的情况。考虑到图 I.4 中所阐述的可能性,在下跌过程中,盘中低点加上 2%～3%作为卖出止损点,这会让投资者保持股票持有状态,并且,该例子证明了在上涨跳空缺口当天盘中低点附近允许出现一定偏差的作用。

因此，可买入上涨跳空缺口变成了更易执行的交易方法，因为当它们出现时，会变得非常显而易见，但是，它们一般会发挥作用，最有可能的原因是，投资大众认为这种上涨太高了，因此过于谨慎而不敢买入。由于市场喜欢在大多数时间内愚弄大多数投资者，因此这为可买入上涨跳空缺口发挥作用树立了一个关键的逆向式理性——它们要愚弄投资大众！

移动均线的背离

移动均线被很多交易者和投资者普遍使用。因此，它们具有一种被投资大众追随的倾向，并且，从逆向角度来看，人们可能会假定，投资大众容易被愚弄或欺骗。由于很多人指望某条移动均线会为股票提供精确支撑，因此，可能会存在一种逆向理性，事实上，股票价格波动通常会被观察到跌破之前的移动均线。在重新反弹到移动均线上方之前略微跌破移动均线的这种倾向就被称为容差。如果它出现在 10 日移动均线附近，就是围绕 10 日移动均线的容差。考虑到这一点，我们并不把股票首次跌破移动均线看作移动均线的背离。图 I.6 中显示了具有跟随 10 日移动均线倾向的股票。然而，它确实曾收盘于 10 日移动均线下方，但是它并不是 10 日移动均线的背离。为了使它背离移动均线，现在必须跌

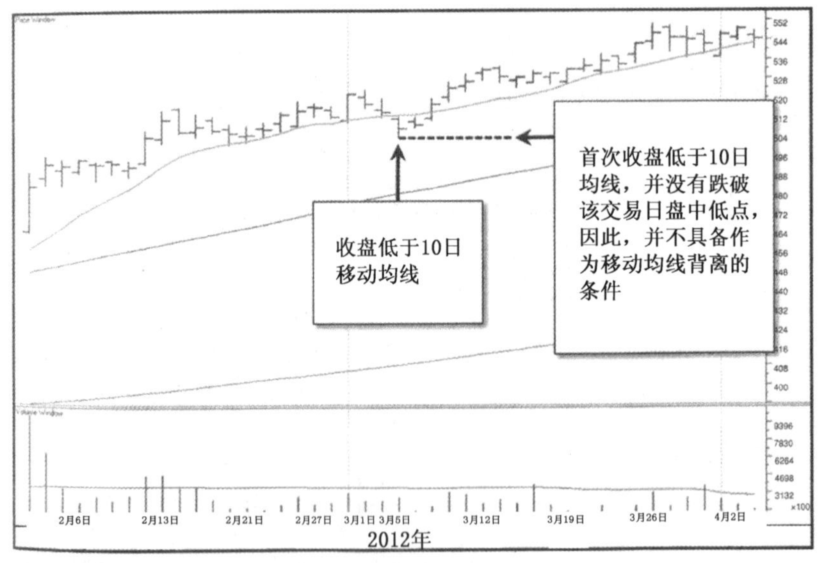

HGS 投资者软件公司供图，版权 2012。

图 I.6　移动均线背离的结构。股票第一次收盘于移动均线下方并不表明移动均线背离。

破其首次收盘于 10 日移动均线下方当天的盘中低点。这或许有点拗口，但是，在图 I.6 中，我们能够看到，该股票在接下来的两个交易日内迅速上涨到了 10 日移动均线上方。并且，在此过程中，从来没有跌破首次收盘于 10 日移动均线下方当日的盘中低点，如虚线所示。

基于如上所述的移动均线背离的必要标准，图 I.7 在单一图表内使用两个例子，说明了真正的移动均线背离是什么样的情况。在该图左侧，我们看到 10 日移动均线背离的例子，而在图右侧，我们看到 50 日移动均线背离的例子。精明的读者或许会注意到，右侧的移动均线背离并非仅仅是 50 日移动均线的背离，也是 10 日移动均线的背离。移动均线背离在我们的风险管理策略中是一项关键组成部分，并且，把它们与可买入上涨跳空缺口、口袋支点或其他龙头股买入点相结合，可能为我们提供简单头寸管理规则的基础性模块，该系统就被称为七周规则。

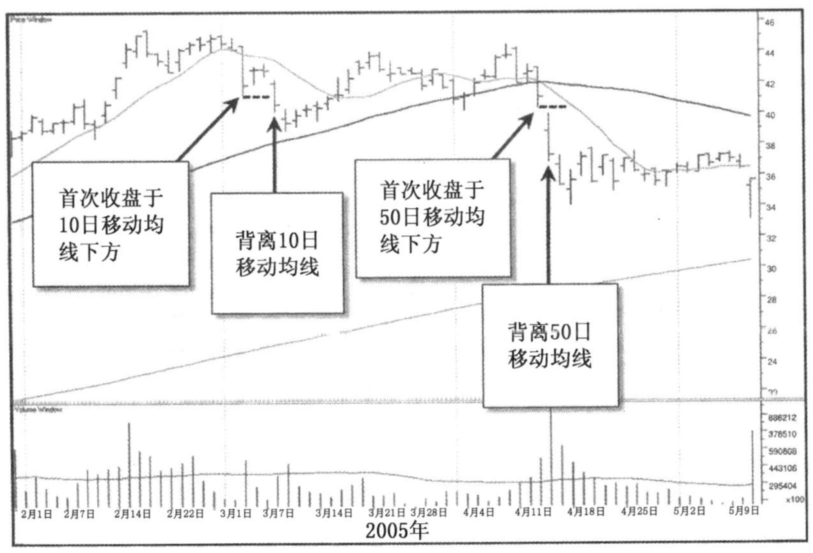

HGS 投资者软件公司供图，版权 2012。

图 I.7 移动均线背离的结构。这只股票首次背离其 10 日移动均线，之后背离其 50 日移动均线。

七周规则

通常情况下，决定何时买入股票是件简单的事情，但是，大多数投资者遇到的麻烦是何时卖出股票。投资者可以金字塔式加码龙头股重要头寸,但是,如果投资者没有建立一套卖出并兑现账面利润的系统,所有一切都有可能是徒劳的。七周规则基于这么一种想法,股票将会显示出一种“服从”其10日或50日移动均线的倾向或特性。这取决于是否观察到该股票在买入点之后能够维持在10日移动均线上方至少7周时间,并且不会背离该移动均线。图I.8中,我们可以看到,到2012年4月,苹果公司(AAPL)自其1月份买入点开始,从未背离其10日移动均线,并且,到3月初,已经维持这种状态至少有7周时间。由于苹果公司显示出其自买入点开始遵循10日移动均线至少7周时间的倾向或特性,因此,10日移动均线可用作卖出指标,这样,移动均线的背离会使你卖出自己的头寸,或者至少一部分头寸。

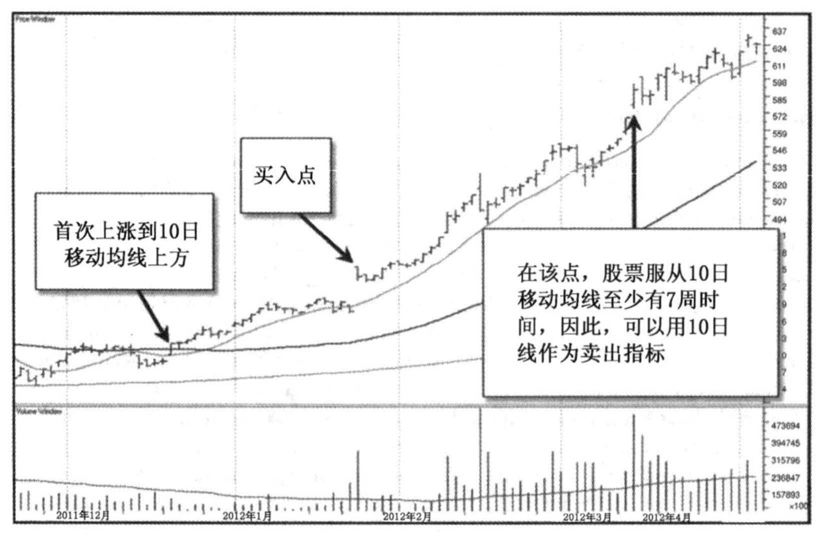

HGS投资者软件公司供图,版权2012。

图I.8　2012年苹果公司(AAPL)日线。自买入点开始,苹果公司遵循并服从10日移动均线至少7周时间,因此,10日移动均线可以用作该股票的卖出指标。

图I.9中,我们看到苹果公司的另一个例子,这次时间始于2010年,它突破基部形态达到新高,之后,在大约2周时间内背离了其10日移动均线。在这个例子中,因为该股票在买入点7周内背离了10日移动均线,该买入点出现在基部突破时,所以我们之后恢复使用50日移动均线作为卖出该股票的指标。

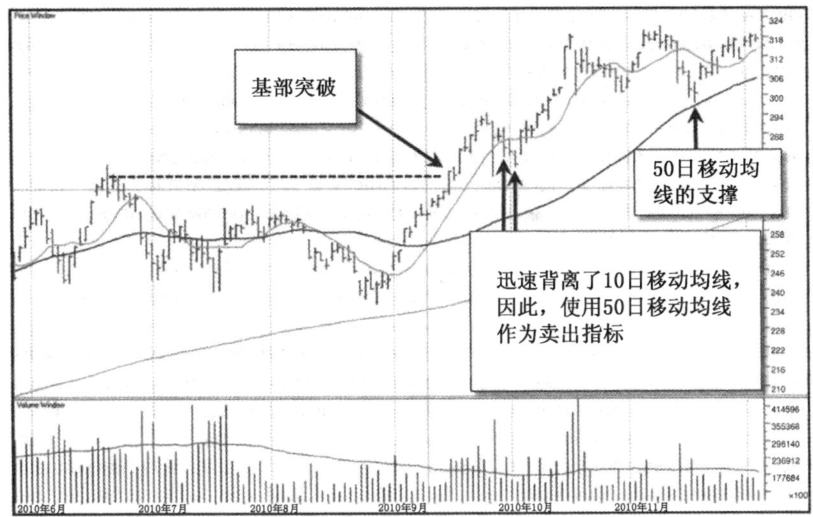

HGS投资者软件公司供图，版权2012。

图I.9 2010年苹果公司（AAPL）日线。苹果公司突破基部，但是在股价走高之前迅速背离了其10日移动均线。由于它并没有显示出服从10日移动均线的倾向，所以我们恢复使用50日移动均线作为卖出指标。

开篇之言

通过综合运用所有这些工具，你能够提升自己的股票选择绩效，在一个逻辑严密、无懈可击的系统中，能够让你提早买入接下来的大龙头股，或者当它们出现具有建设性的可买入上涨跳空缺口时，买入这些大龙头股。随着龙头股走高，对于有效的并自信的通过金字塔式加码这些盈利股问题，这些工具也可以提供良好的解决方案。10日和50日移动均线的策略性运用，能够让你持仓，即使没有数月时间也会有数周时间，以便捕捉该股票的中线趋势。之后，当该股票通过无趋势盘整时期时，在一轮大幅上涨后不可避免地会出现盘整，你业已卖出了该股票，因此，能够把交易资金投入到产生买入信号的另一只龙头股之中。稍后，第一只股票的新口袋支点或买入点或许让你重新买入，恰恰就在它完成了一轮长期的、无趋势盘整期之后，并且该股票可能在价格基础上启动一轮新的大幅上涨趋势。

本书及多媒体模块中的练习，有助于训练你的眼光，因此，你可以更为轻易地发现图表中的正确买入点和卖出点。对于图表的正确解释依赖于实践。研究和模仿是该过程中的关键之处，但是，事实上，其花费的时间要比你想像的要少。

目 录

第一章　OWL 思想
——决定方法论是否适合你

最基本的交易和投资原理之一是，人们应该选择并坚持适合自己心理特征的方法论。一个简单的例子是，那些在投资股票时夜间睡觉不安稳的人，就不应该使用积极进取的系统，即应用杠杆或投资于具有很大价格波动性的证券。从我们的视角来看，作为欧奈尔式交易者和投资者，我们发现自己投资的心理和态度，我们称之为投资思想，其代表是我们现在喜欢称之为 OWL 的思想。你会问，为何是 OWL？因为它代表着近 100 年内最伟大三位交易者姓氏的第一个字母——威廉·欧奈尔、理查德·威科夫和杰西·利维摩尔。所有这三位具有相同的投资思想，并且，他们的交易策略和思想在很大程度上相互重叠。在我们第一本书中，第一章讨论了这三位绅士的投资方法和投资哲学。

基于 OWL 方法论的成功在于，某种程度上来讲，人们的心理特征和股票市场投资的相应方法能够与 OWL 方法和谐共存。因此，对学习我们的总体方法论感兴趣的投资者，需要扪心自问，OWL 是否真正适合你们。我们认为，“了解自己”是投资核心原则之一，并且，随后的测试和图表练习有助于揭示你本能的敏感性在哪里。

快速小测验

请你尽可能快地回答下列问题。

1. 欧奈尔方法论最直接派生和/或类似于谁的投资哲学和著作：

a. 本杰明·格雷厄姆(Benjamin Graham)

b. 吉姆·克拉默(Jim Cramer)

c. 理查德·D. 威科夫

d. 老约瑟夫·肯尼迪(Joseph Kennedy, Sr.)

e. 杰西·利维摩尔

f. 米尔顿·弗里德曼(Milton Friedman)

g. 伯纳德·巴鲁克(Bernard Baruch)

h. a 和 f

i. b 和 c

j. c 和 e

k. c、e 和 g

2. 尼古拉斯·达瓦斯(Nicholas Darvas)最初使用技术指标,他使用哪一个指标来确定,是其所持有股票还是正在考虑买入股票的行为表现"正确"。这个技术指标体现了与今天图表基部或盘整技术概念相关的一个概念。达瓦斯称这些技术指标为:

a. 窗口

b. 通道

c. 界限

d. 箱体

e. 阶梯

f. 楼梯

g. a 和 d

h. d 和 f

3. 购买股票,之后股票价格下跌,这时,市场在告诉你:

a. 买入更多股票

b. 你最初买入股票的依据和决策可能是不正确的

c. 现在必须长线持有你的股票,因为价格肯定会重新反弹到你最初买入价格上方

d. 可能有必要卖出该股票,降低你的损失

e. 离开市场,顺其自然,不再观看自己股票的下跌,因为这只会"恐吓"你

出局

f. a 和 c

g. b 和 d

4. 取得投资成功的最好方式是:

a. 使股票市场投资成为自己的主要爱好

b. 以低市盈率买入股票

c. 拥有降低投资情绪的完善计划和方法

d. 跟踪消息发展动态,以及它们如何影响单只股票和整体市场

e. 为了具备理解股票市场波动的必备专业知识,花费大量时间进行适当的研究和准备

f. c 和 e

g. b 和 r

5. 为了资金增值,投资者应该将买入股票任务当作:

a. 购物调查,寻求在股票最便宜的时候买入

b. 爱好,投资者凭此涉足市场,并由此避免过度参与的压力

c. 一种业务,以成本价买入原材料,将这些原材料加工成高需求产品,能够以远高于成本的价格卖出,使该业务产生利润

d. 一种长线配置,投资者必须买入股票,并且在取得利润之前锻炼耐心,通过多年坚持固定的股票投资组合来实现

e. 一种成为受异性欢迎的方法

6. 投资成功取决丁正确投资:

a. 在所有时间内

b. 大约 50%的时间内

c. 尽可能多的时间内

d. 2/3 的时间内或更多

e. 以上都不正确

7. 杰西·利维摩尔总是遵守严格的止损规则:

a. 12%

b. 7%~8%

c. 10%

8. 威廉·J. 欧奈尔建议斩仓，通过：

a. 当股票自你的买入价格下跌12%时卖出

b. 当股票自你的买入价格下跌7%～8%时卖出

c. 当股票自你的买入价格下跌10%时卖出

d. 下跌到睡眠点时卖出

9. 涉及兑现利润和亏损时，最好：

a. 兑现你的利润，而不兑现亏损

b. 兑现你的利润，等待你的亏损转变成利润

c. 迅速止损，并让利润继续扩大

d. 为了避免支付税收，把利润保持到最低限度

e. 根据保持亏损尽可能小的基本哲学进行操作

f. a 和 b

g. c 和 e

10. OWL 方法论主要是：

a. 日内交易系统

b. 趋势跟踪系统

c. 长线策略投资系统

d. 价值导向投资系统

e. 不试图波段操作的充分投资策略

11. OWL 方法论是：

a. 对称策略

b. 不对称策略

12. 杰西·利维摩尔说，“非凡的人”能够：

a. 通过不断交易取得成功

b. 在大幅下跌过程中稳坐钓鱼台

c. 坚持自己的主张并判断正确

d. 读懂市场节奏背后每一次波动和反转的含义

13. 支点和关键点的区别是：

a. 两个字母，“a”和“l”

b. 一个实时可见，另一个事后分析才可以发现

c. 一个局限于上涨突破,另一个局限于显著的量/价信号,显示出一个或另一个潜在的强势价格波动

14. 利维摩尔时代,19 世纪早期,他知道大投资者协调一致动作的"共同资金"是市场的主要推动力量。选择下列某些或所有能够看作利维摩尔时代"共同资金"的当前对应资金:

a. 养老基金

b. 投资俱乐部

c. 庞氏骗局

d. 共同基金

e. 对冲基金

f. 公司内部人

g. 银行

h. 信托

i. 保险公司

j. 财经有线电视

15. 集中在少数股票,而不是广泛投资大量证券,但是,决定你应该使用的确切头寸,要基于:

a. 你的个人风险容忍水平,请牢记,持有太多头寸(例如,平均头寸规模少于 10%)可能会由于忽视而相互对冲,并因此导致较差回报

b. 股票和整体市场的力量

c. 你的卖出止损点距离买入点多远

d. 所有上述选项

16. 机构投资者的认同对所有股票都是重要因素,因为:

a. 它代表着所有投资者投入其资金的地方

b. 当股票下跌到特定价格,机构会支持其股票,这是为何图表基部和盘整产生的原因

c. 这种持续大规模资金流入股票现象可能让价格随着时间上涨几倍

d. a 和 c

e. b 和 c

17. 倾听小道消息和报道头条消息可能会导致亏损,因为:

a. 小道消息听起来很好,然而,实际上它或许不在你自己独特的交易纪律和策略之内,并因此与你的交易心理无关

b. 小道消息听起来很好,但它只是错误的谣言

c. 小道消息通常情况证明是错误的,但是,如果你认为一条小道消息是正确的,并且你最终依据该消息赚到钱,那么你更有可能在未来听取传达给你的小道消息

d. 通常情况下,头条消息具有夸大特定事件正反面的倾向,并且,这种轰动效应要么恐吓你,使你提前退出市场或某只股票,要么刺激你提前进入市场或某只特殊股票

e. 头条消息和股票小道消息可能使你的专注点脱离自己的交易策略

f. 所有上述选项

18. 避免过度交易可以通过:

a. 把注意力从市场上转移开

b. 把你的关注点和注意力放到其他地方

c. 训练耐心并等待正确的形态,要么做空要么做多,在形态刚刚够好时,忽视并选择不参与其中

19. 尽管试图预测市场趋向极有诱惑力,但这是一种失败策略,因为:

a. 尽管在考虑市场时感到满意,但存在很多变量在未来一段时间内会出现变化,这会使你的预测失败

b. 存在一种虚假安慰,认为你知道市场前进的方向,这存在一种让你变得过度执着于自己预测的危险。这种情况会导致僵化,并且让你忽视客观的、实时市场信息或者对其产生一种偏见,而这些信息与你的最初预测相互矛盾

c. 对交易者而言,未来并不存在,只有现在,因此,最好是关注市场现在、当前告诉你的信息,并且相应调整你的头寸,而不是认为你可以告诉市场未来要趋向何方

d. 所有上述选项

20.“大股理论”与下列哪些思想有关:

a. 人们应该寻求投资于处于既定市场周期最前沿位置的那些股票

b. 人们应该寻求只投资于最大的大盘股

c. 人们应该寻求投资于大机构投资者“必须持有”状态下的那些股票

d. 人们应该寻求投资于“当日发行的龙头股”

e. 人们应该寻求避免投资于更小的、更具有创新性的公司

f. a、b 和 e

g. a、c 和 d

h. b、d 和 e

i. 所有上述选项

图表练习

确认基部

在下列图表中，用圆圈标出你认为代表达瓦斯箱体的区域，以及你认为代表欧奈尔式基部的区域。在你认为同时代表了二者的区域划一个正方形或长方形。

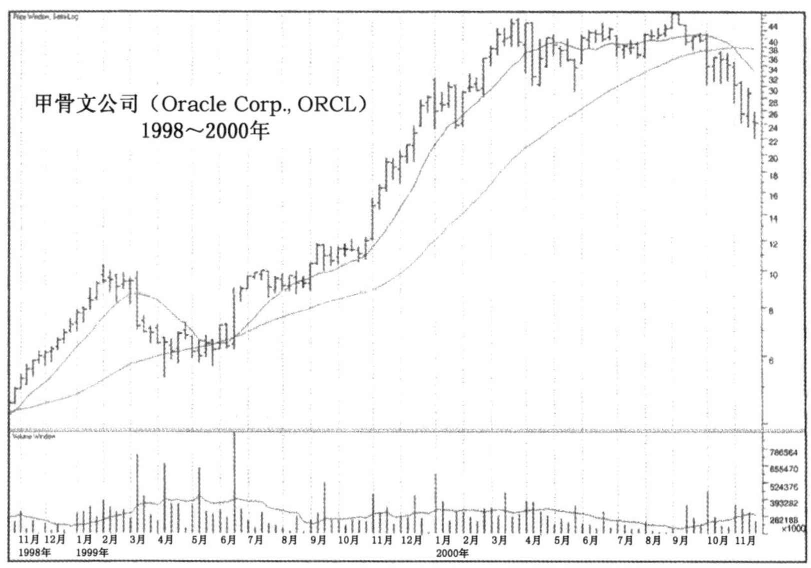

HGS 投资者软件公司供图，版权 2012。

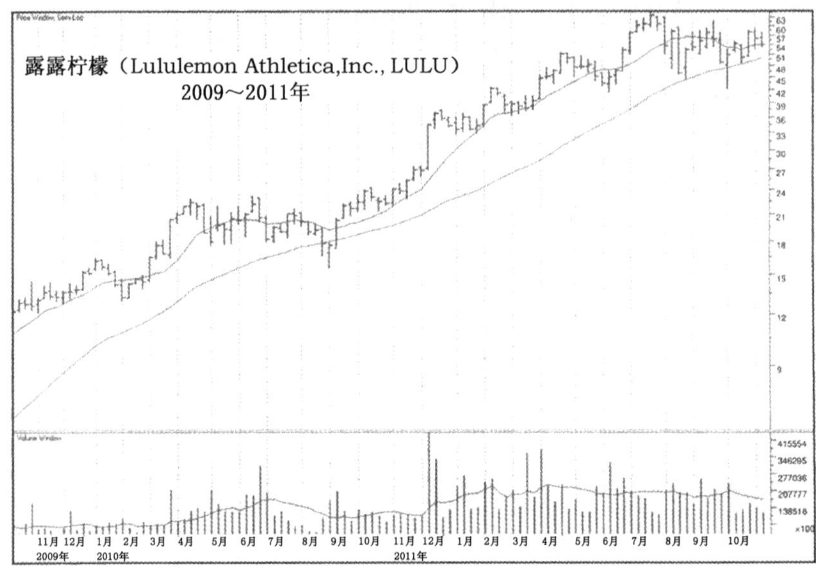

HGS 软件公司供图，版权 2012。

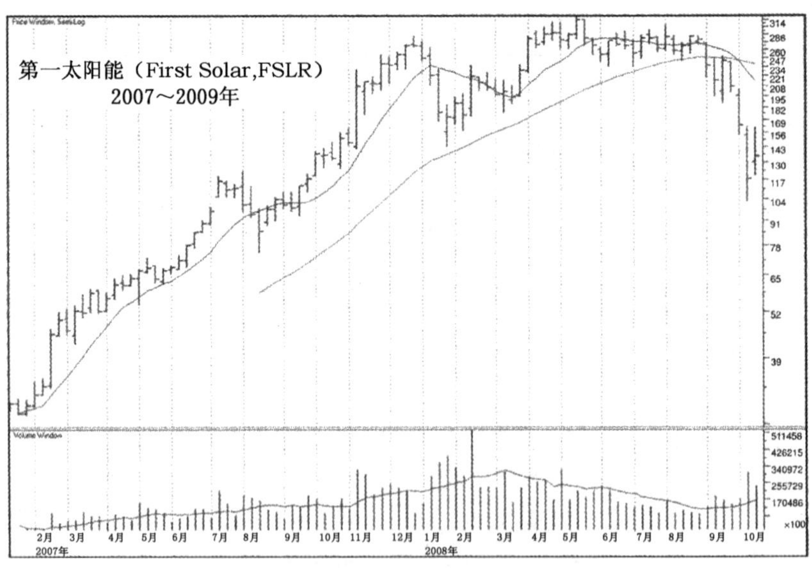

HGS 软件公司供图，版权 2012。

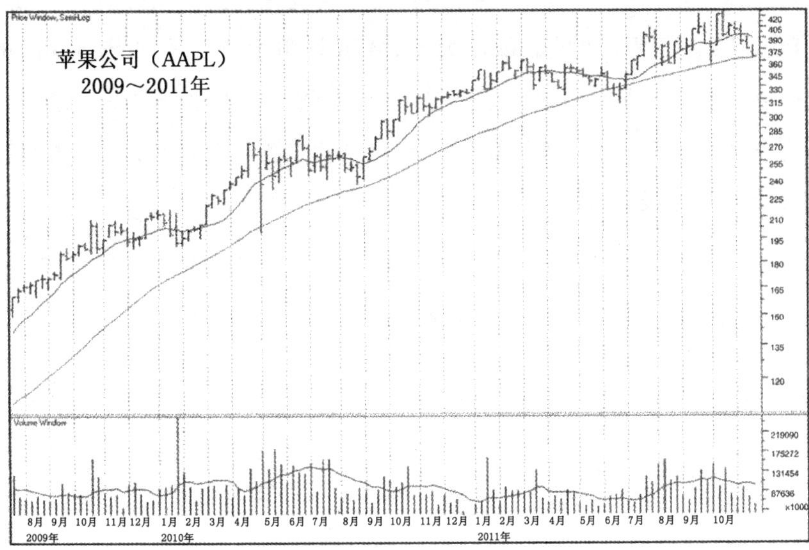

HGS 软件公司供图，版权 2012。

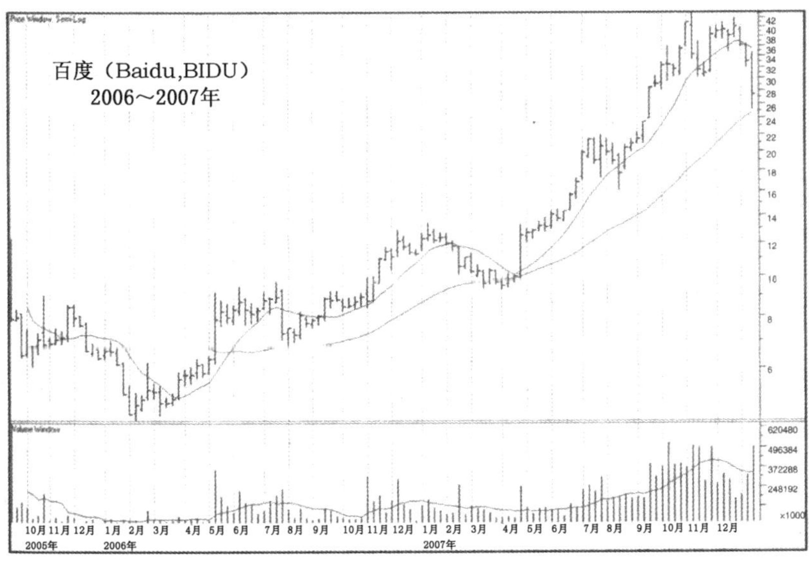

HGS 软件公司供图，版权 2012。

最小阻力线

欧奈尔和利维摩尔式投资的一个重要方面是充分利用即将出现的快速价格波动。个股在某个点位会出现重要的并非常快速的上升或下跌，杰西·利维摩尔称之为最小阻力线。一旦股票价格刺穿这条线,就被认为是获得了关键点。OWL 思想关注于为股票的这种波动定位并建仓,并且,在任何市场周期内重点关注最大的盈利股票,这有助于让投资者把其注意力集中到那些具有最大迅速上涨潜力的股票上。在下列图表中,划出你认为与图表中所示价格行为及趋势相关的最小阻力线位置。

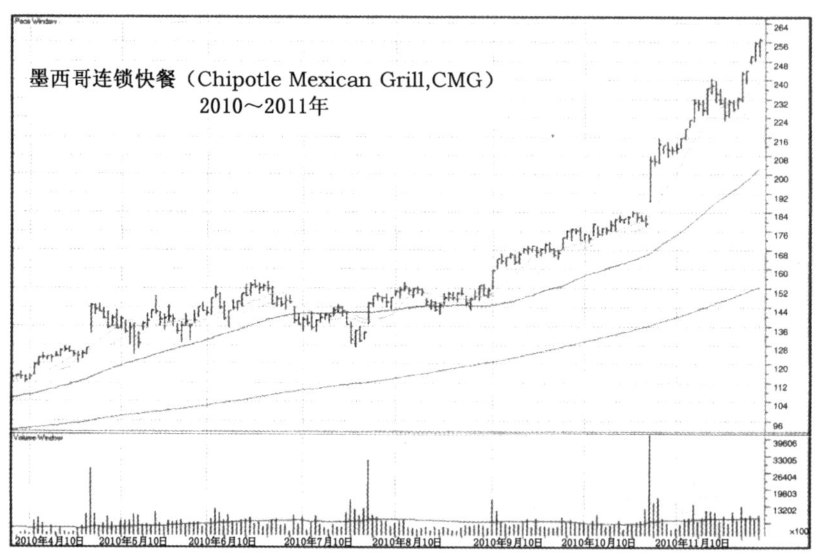

HGS 软件公司供图,版权 2012。

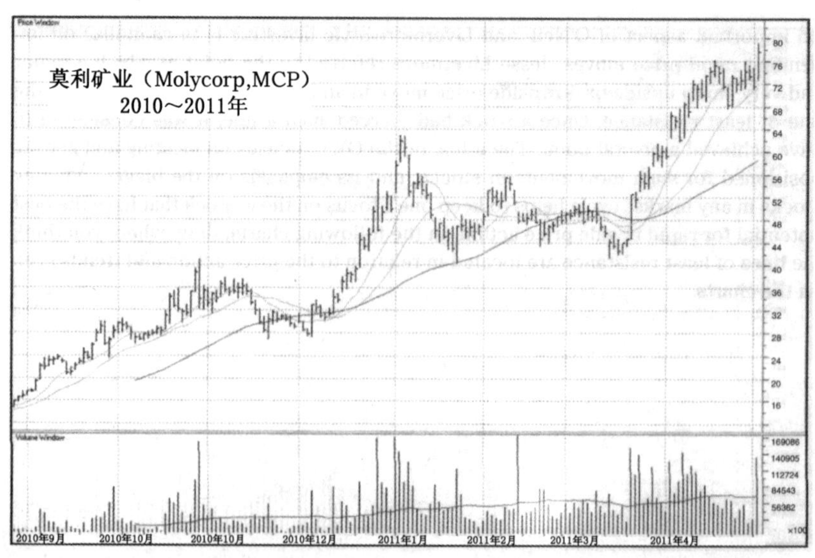

HGS 软件公司供图,版权 2012。

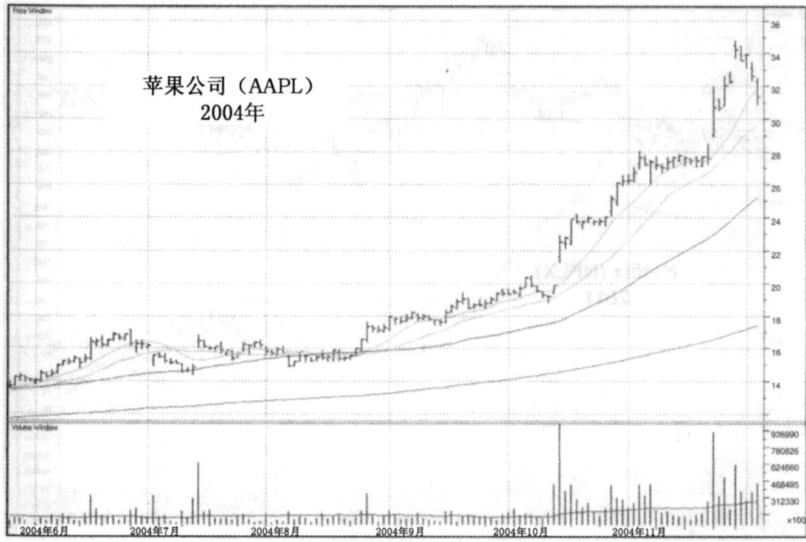

HGS 软件公司供图,版权 2012。

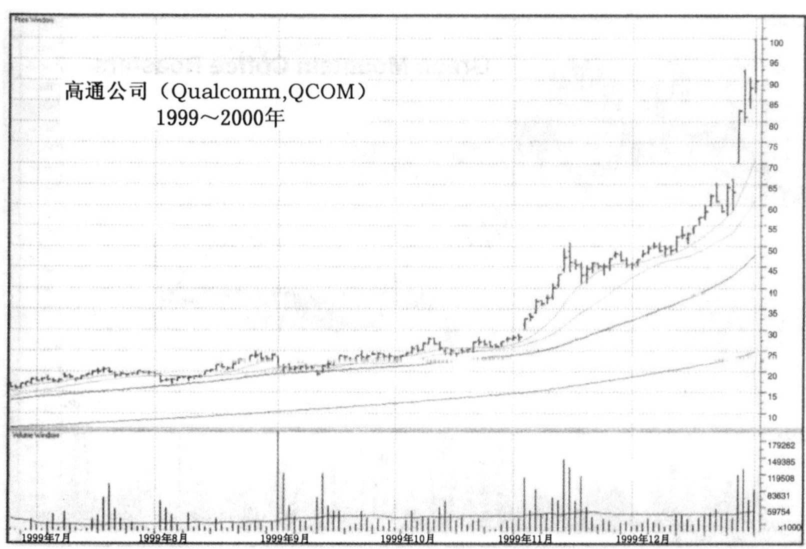

HGS 软件公司供图,版权 2012。

HGS 软件公司供图,版权 2012。

HGS 软件公司供图,版权 2012。

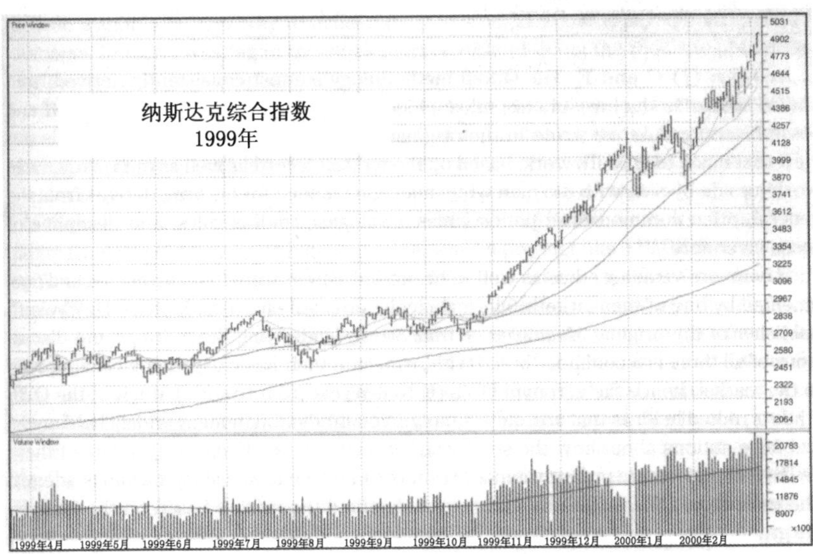

HGS软件公司供图,版权2012。

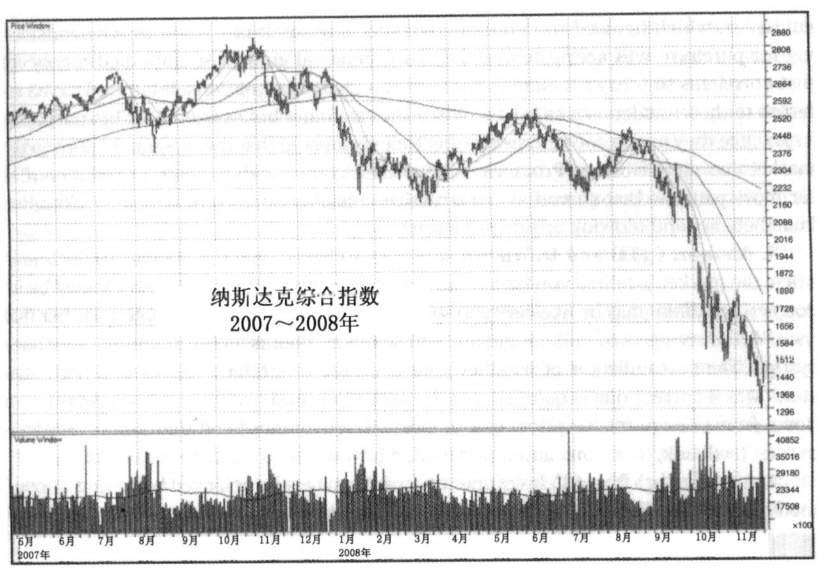

HGS软件公司供图,版权2012。

快速小测验答案

1. 答案:(j)。欧奈尔方法始终如一地源自于/或类似于理查德·D. 威科夫和杰西·利维摩尔的投资哲学和著作。正如我们在《像欧奈尔信徒一样交易》中所述,我们的观点是,很多欧奈尔的著作,基于文字记录以及我们在为欧奈尔公司管理资金任期内和他们并肩作战的经历,源于普遍的常识性哲学、策略、交易规则和杰西·利维摩尔的纪律。

利维摩尔的交易思想及其交易职业生涯,起初由市场最早的技术导向图表分析师理查德·D. 威科夫记载和记录下来,同时,他也是早期《华尔街杂志》(*Magazine of Wall Street*)出版商。所有这三位的著作及其讨论,有共同的基础,就是与他们对市场基本心理方法相关的共同脉络,因此采用首字母组合词OWL(欧奈尔—威科夫—利维摩尔)。很多 OWL 思想的根源非常简单,与很多普遍接受的流言以及和股票市场真正动作相关的错误观念截然相反。甚至在今天,很多财经媒体和学术界还在宣传和强化很多流言和错误观念。OWL 的本质是,基于具体事实来理解市场,并且市场为实时接近这些事情提供了一套准备好的反馈机制。我们自己的市场方法和研究的基础是共识性规则以及三个市场天才欧奈尔、威科夫和利维摩尔的观察。

2. 答案:(d)箱体。尼古拉斯·达瓦斯最先使用该技术指标,用以决定其持有的股票或正在考虑买入的股票的表现是否"正确"。这种技术指标体现出一种概念,与今天图表基部或盘整技术概念相互关联。达瓦斯把这些指标称为箱体。尽管达瓦斯发现箱体对其目标有用,但是实际上它们是极为原始的指标。欧奈尔发现,比起简单的箱体,还有更多的指标可用于市场。从上升基部到带柄杯子形态,欧奈尔确认了更多可作为建设性盘整的图表形态,股票通常情况下会自这种形态中启动令人兴奋不已的价格上涨。

3. 答案:(g)。买入一只股票,之后其价格开始出现下跌,这时,市场在告诉你,你最初买入该股票的依据或许并不正确,并且,可能需要你卖出该股票进行止损。请记住,OWL 思想寻求理解市场,并把市场当作信息反馈系统。决定你买入某一特定股票数量是否正确的最佳指标,仅仅是该股票自买入价格上涨,还是自买入价格下跌,事情就是这个样子而已。如果无法注意到这种明显的市场反馈,就无法理解如何运用 OWL 方法论。

4. 答案:(g)。为了学习理解股票市场波动的必要专业知识,投资成功最好是有一套完善的方法论,它可以消除投资情绪的影响,并为恰当的研究投入充分时间。如果你不愿意着手采取行动,反而寻求一种简单或轻松的方法来在股票中赚钱,最有可能的结果就是失败。事实上,投资股票市场,没有进行精心准备,也没有制定完善的投资计划,就是一条走向毁灭的不归路。

5. 答案:(c)。就像其他业务一样,以成本价买入原材料,将这些材料制成高需求产品,以比成本价更高的价格卖出,为了资金增值,投资者应该着手买入股票的工作。投资并不是无节制的购物行为。价格低的股票并不同于市价下跌10 000美元的新宝马车。股票只会从其价格走高中获取价值,像宝马汽车类的产品的价值在于其功能,它是非常时髦并注重性能表现的一种交通工具,姑且不论其价格高低。股票并不是汽车、住房、衣服、手表或其他消费品。股票代表着你的"原始性商品",作为投资者,你以某一特定价格买入,希望最终能够以更高的价格卖出,同理,服装生产商以某一价格买入纺织原材料,之后制成成衣,以更高的价格卖出,也就是说,赚取利润。

6. 答案:(e)以上都不正确。尽管你操作正确的情况或许是令人惊奇的,但你所谓的命中率根本就不是投资成功的因素。1995 年,吉尔·莫拉雷斯在一连串操作失误之后,市值下跌超过了 30%。直到他最后发现 C-Cube 微系统公司(CUBE),在这只股票上,能够获得超过 500%的巨额利润,尽管其命中率或许大约为 10 次命中 1 次或 2 次。一次正确买入盈利股,之后进行恰当处理,通常情况就是需要赚大钱的机会,那些遵循 OWL 方法论的人们一般都知道这个道理。

7. 答案:(c)10%。杰西·利维摩尔始终遵守严格的 10%止损规则。理查德·威科夫也提出这样一个规则。为什么是 10%? 我们的猜测是,它正好代表一个方便的整数,该点处利维摩尔不愿意容忍更大的损失痛苦。然而,这确实会迫使你倾听市场的信息,并且一旦市场开始告诉你,你错了并且股票交易自最初买入价格出现下跌,则需要在这个规定点位止损。在股票市场中采取孤注一掷的方法,不可能生存下来,依据这种方法,你绝对不会买入一只股票,知道如果它出现下跌你就会卖出。投资者必须始终在运营过程中具有明确确定的退出点,不管它有多么精确。

8. 答案(b)。威廉·J. 欧奈尔建议当你的股票自买入价格下跌 7%~8%时卖出止损。与利维摩尔的 10%规则不同,欧奈尔规则源于的事实是,他倡导买入基部突破,并且他声称自己的研究表明在未来盈利的股票极少会下跌到基部突破买入点下方 7%~8%。然而,这里的麻烦是,就细节而言,根据欧奈尔规则,由于投资者能够买入一个支点,上涨超过实际支点买入价格 5%。因此,在实践中，投资者可能买入这种上涨5%的支点，可能需要坐待高达13%的下跌，如果欧奈尔的研究实际上是正确的，从统计学上来讲，盈利股票极少会从其精确买入点回调超过7%～8%。这也是为何我们喜欢用头寸规则作为风险管理另一个重要组成部分的原因。启动典型的欧奈尔式新高基部突破支点之前，为何我们有时喜欢在股票启动早期在基部用口袋支点买入点，这也是原因所在。

9. 答案：(g)。就兑现利润和亏损而言，依据使亏损尽可能小的基本思想，最好是迅速止损，并让盈利持续下去。这是投资的最基本原则，但是，通常情况下，我们惊奇地看到，很多被认为知情的人，往往提出不太完善的方法。例如，我们听到某个财经有线电视主持人告诫投资者，他们应该“兑现利润，而不是兑现亏损”。翻译过来的意思就是：兑现你的小幅利润，让亏损把你彻底击垮！这种做法并没有让我们觉得是一条精明的投资方法。在市场中赚大钱的唯一方法就是：迅速止损，并且你的盈利尽可能地持续下去。

10. 答案：(b)趋势跟踪系统。欧奈尔、威科夫和利维摩尔三位都参与过市场和个股中的重要牛市和熊市趋势。当存在强趋势时，牛市做多并在熊市做空，这是OWL投资赚大钱的方法。然而，无趋势市是其痛苦之源，因为，通常情况下，股票会在这种中性环境中忽上忽下地锯齿形波动。在这种环境下，OWL唯一的防御是训练耐心，等待机会窗口打开，与此同时，避免进入市场的锯齿形波动。

11. 答案：(b)。OWL方法论是一种非对称性策略。非对称性策略并不跟随市场，因此，随时间的流逝，整体市场的上涨和下跌也不是对称的。只要趋势得到确认，它就寻求利用该趋势赚钱。因此，在牛市中，非对称性策略寻求做多，而在熊市市场中，它会在市场下跌时寻求做空来赚钱——当市场下跌时，非对称性策略并不希望与大盘一同下跌。

12. 答案：(c)。杰西·利维摩尔说，非凡的人是“坚持自己主张并判断正确”的人。毫无疑问，那些可以在一次又一次的交易中操作正确的人可能是非凡的人，但是，据我们所知，在股票市场中，要想获得成功，不必在所有时间内都操作正确。OWL方法论是一种趋势跟踪方法，只要趋势持续下去，投资者必须具有驾驭趋势的能力——本质就是坚持自己主张并判断正确。

13. 答案：(c)。支点和关键点的区别在于，一个局限于上涨突破，另一个局限于显著的量/价信号，该信号预示着在一个方向或另一个方向上的潜在强势价格波动。欧奈尔有自己的支点，突破点位于股票图表基部的顶端，这里，该股票要么创出新高，要么非常接近创出新高，但是，利维摩尔对其买入点的解释更加宽泛，一般情况下，把它们称为关键点。我们将两个点进行融合，产生出其他类型买入点，口袋支点买入点和可买入上涨缺口。在我们看来，这些与利维摩尔关键点概念有许多共同之处，作为有意义的量/价信号，可以提供有利的、及时的进入点，然而，结合欧奈尔式支点或新高突破使用时，它们又会成为所有处于恐惧状态交易者的强力指向标。

14. 答案：(a)、(d)、(e)、(g)、(h)和(i)。在利维摩尔时代，他知道大投资者协调一致的共同资金是市场的主要推动力量。在现代投资界，这些代表着可投入资金的主要来源，通常情况下，这些资金总是被强制始终投资股票之中。因此，它们通常是股票背后的强大支撑，在某些点位可以创造出基部底部，同时，大部分资金流入到某只股票中，会推动其价格上涨到更高。我们把共同基金和对冲基金看成是这里所列示机构投资者中最积极的资金，而保险公司、银行、养老基金和信托基金在机构投资群体中通常会行动更为迟缓。

15. 答案：(d)上述所有因素。投资者应该始终对自己的头寸规模感到满意。这是由于适宜水平由风险容忍水平决定，也就是说，在自己的情绪干涉到交易之前，你能够容许股票下跌的幅度，这种情绪可能会导致你过度卖出，或在太长时间内持有头寸。当然，你应该知道，如果你愿意持有太多头寸(＞20)，那么，这种投资类型或许并不适合你。

答案(b)也是正确的，与整体市场相伴随股票的相对强势是持续价格成功的最好预报指标，因为这种强势会导致更大的强势。大多数股票跟随整体市场的方向。当然，如果股票正在产生顶点，投资者应该制定出退出策略。

答案(c)也是正确的，例如，如果你买入头寸的最大亏损是7%～8%，并且该股票的交易在你的退出点上方10%，那么你应该既不要买入该股票，也不要交易更小规模的头寸。

16. 答案(e)。机构投资者是任何股票中的重要因素，因为它代表着最大投资者、机构投资者所投入资金的领域。我们并不需要担心所有投资者，只需要担心最大的投资者，并且这些投资者就是机构投资者。通常情况下，当股票下跌到某一特定价格水平时，机构为自己持有的股票提供支持，并且，正是其行动创造出了基部底部。由于大多数机构投资者愿意在3～5年内持有一只好股票，所以它们代表着持续的、大规模资金注入到某只股票，随着时间流逝，这可以将该股票价格推升几倍。

17. 答案：(f)上述所有选项。让我们分别考虑每个选项。

a. 即使小道消息正确，并且股票触及了预计价格水平，如果该股票超出了你的风险容忍水平，那你可能最终无法持有足够长的时间来实现利润，一方面因为该股票波动性太高，另一方面因为你过早地兑现了利润。

b. 大多数小道消息是错误的谣言，因此，你或许可以在某一个交易日获得股票价格飙升的好处，但终究会看到该股票价格下跌，导致你以亏损状态卖出股票。

c. 如果小道消息有效，你也许会习惯于认为小道消息是有效的，但是在现实中，小道消息有效的几率对投资者并不利，因此，随着时间流逝，你最有可能会取得净亏损结果。

d. 2009 年 3 月是完美范例。头条消息报道，天正在塌下来，由于所有事情似乎与 20 世纪 30 年代一样糟糕，因此，很多人，包括作者本人，都开始要么持有现金，要么站到空头一方。这是很好的学习机会，即使在最坏的环境下，你也应该遵循自己的规则，并且，如果你有自己的投资模型，坚持遵循该模型。

e. 投资机会出现在你身边的次数比想象的要多，但是，利用它的机遇窗口或许只有一两个交易日，甚至更少。如果你的注意力被头条消息或市场小道消息所吸引，那么你可能会失去机会。

18. 答案：(c)。训练耐心并等待正确的形态，要么做空要么做多，在形态刚刚够好时，忽视并选择不参与其中。这是防止过度交易的最佳方法。当然，这需要经验来理解，一个良好的投资或交易，如何成为伟大的投资或交易；换句话说，什么时候机会窗口打开。经过本书中的训练，应该有助于你调整在这方面的判断。忽视市场绝对不是一个好主意，并且尽管它可以避免过度交易，但它也可以避免恰当交易。这是因为，在你最想不到的时候，新机会和趋势通常情况下会自我呈现出来，因此，即使你持有现金，或者已经对市场环境非常厌恶，也要保持对市场的关注。

19. 答案：(d)所有上述选项。尽管试图预测市场趋向极有诱惑力，但这是一种失败的策略，因为：

a. 很多交易者狂妄自大。这种狂妄自大来源于知识上的满意度，认为自己能够预测市场运行的方向。不要落入这种陷阱。狂妄自大已经成为很多成功交易者失败的原因。

b. 我们是人类,受到支持我们观点情绪偏见的影响。如果过度依赖于自己的预测,并且不知不觉地选择性地偏向自己的预测,就会让你付出金钱的代价,因为逃避现实往往会代价高昂。

c. 无论今天、现在、当前发生什么事情。市场会告诉所有你需要知道的信息,让你做出明智的市场风险和头寸规模决策。

20. 答案:(e)。“大股理论”是投资者寻求投资那些在既定市场周期中处于经济发展最前沿股票的基本理论。相关范例有 2004 年以来的苹果公司(AAPL)、20 世纪 80 年代的沃尔玛公司、20 世纪 90 年代的思科系统公司等。大股不必是高市值股票,但是,作为在既定经济和市场周期内具有最佳产品和管理的最前沿公司,它们具有独特的作用和头寸,因此,它们是大机构投资者“必须持有”的股票。由于这种情况,它们被杰西 · 利维摩尔和理查德 · 威科夫称为“当时的龙头股”,因为机构资金持续注入这些股票,推升股票价格上涨。通常情况下,它们在开始是较小的、更具有创新性的公司,因此,这往往是一块可以寻找未来大股的沃土。像 2007 年卡路驰公司(CROX)、2009~2011 年的绿山咖啡烘焙公司(GMCR)、1998 年的美国在线(AOL)这样的股票,开始时市值小,但是,当它们获得成长型机构投资者强力追捧时,就产生了巨幅价格上涨。

图表练习答案

确认基部

1998~2000 年的甲骨文公司(ORCL)。自左向右,我们看到一个清晰的箱体,之后,是一个带柄杯子形态,其杯柄也是另一个箱体。该股票在柄部顶端形成了另一个箱体,进而形成了步步为营形态。之后,股票出现上涨,一路上涨过程中,接着两个以上的箱体,形成了另一个三周箱体。这紧随圆圈标注的双底基部出现,之后,是用圆圈标注的带柄杯子形态。甲骨文公司在 2000 年末的这次突破中失败后,反转下跌。

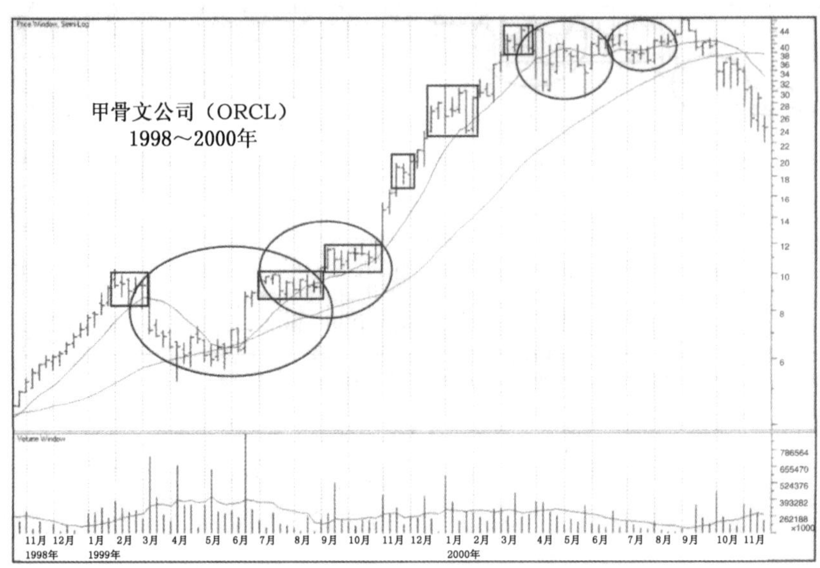

HGS 软件公司供图,版权 2012。

2009～2011 年露露柠檬(LULU)。自左向右,我们看到一个箱体,之后圆圈标注出为期八周的带柄杯子形态,杯柄为期一周。之后,该股票在一个大的达瓦斯箱体中运行,该箱体后半部分是一个欧奈尔式双底基部,股票自此向上突破。随后是另一个箱体后,两个箱体在顶部出现阶梯式相互堆叠,但是,我们也用圆

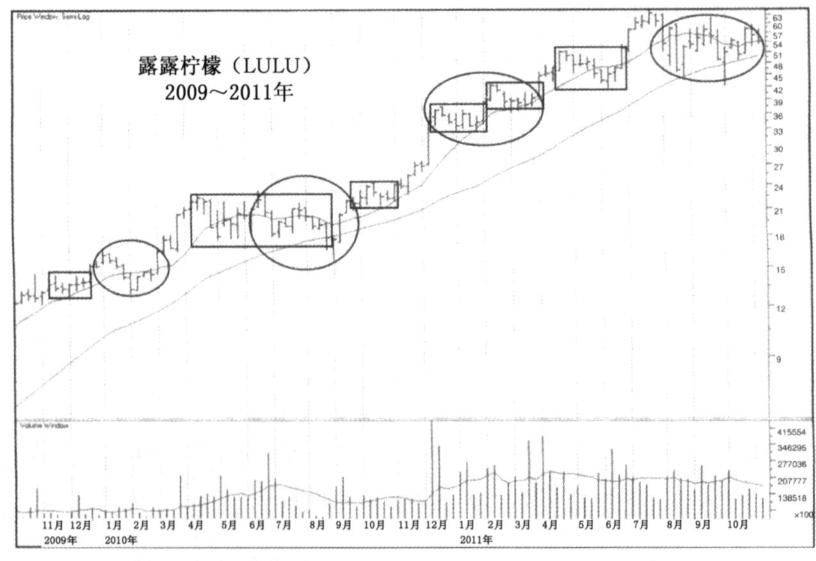

HGS 软件公司供图,版权 2012。

圈标注了这两个箱体，因为它们构成了欧奈尔式步步为营形态。另一个箱体后，我们用圆圈标出一个大双底形态，股市开始从这个形态中反转下跌。

2007～2009 年第一太阳能公司(FSLR)。左侧第一个大圆圈也包含了三个箱体，里面是欧奈尔式上升基部形态。该股票上涨，突破这个上升基部，在出现修正之前形成了一个小箱体，并形成了一个圆圈标注出来的带柄杯子形态。该股票自这里突破，持续走高，形成了一个不完美的带柄杯子形态，杯柄大多形成在形态的下半部分。在顶部形成最后一个箱体，第一太阳能公司见顶回落。

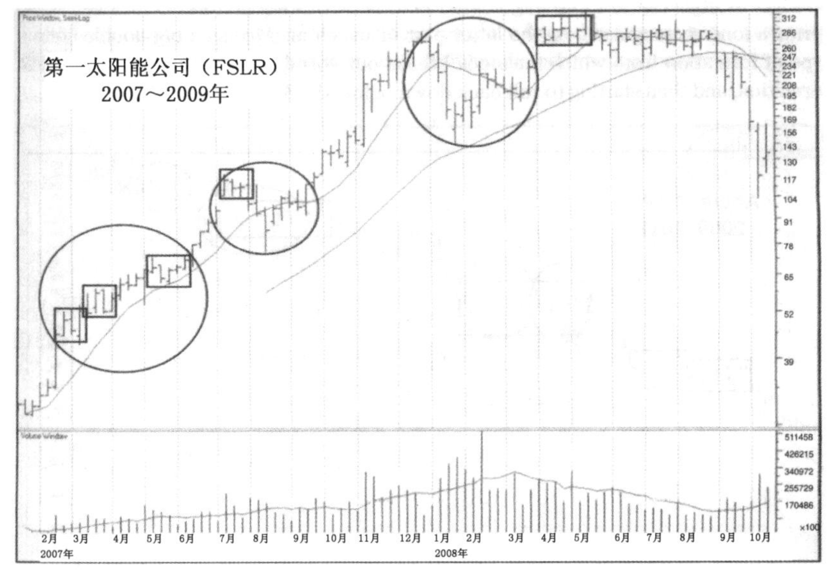

HGS 软件公司供图，版权 2012。

2009～2011 年苹果公司(AAPL)。21 世纪前十年显然是苹果公司的时代，2004 年，该股票启动大幅价格上涨，一直持续到 2012 年。苹果公司离开 2009 年 3 月的市场低点，进入 2009 年 10 月，我们才首次把它纳入到图表中。自此开始，该股票在走高之前形成了两个箱体，形成了一个大的长方形箱体，箱体内包含两个欧奈尔式基部，第一个是奇怪的带柄杯子形态，在 2010 年 5 月第一周出现迅速下跌，并到达低点，第二个是双底形态，股票自此突破，在形成一个短箱体前股价走高。现在，其股价上涨到 350 美元，苹果公司形成了一个长方形箱体，该箱体后半部分也形成了一个大双底形态，股票自此突破，形成一个带柄杯子形态，之后，反转下跌到 400 美元下方。

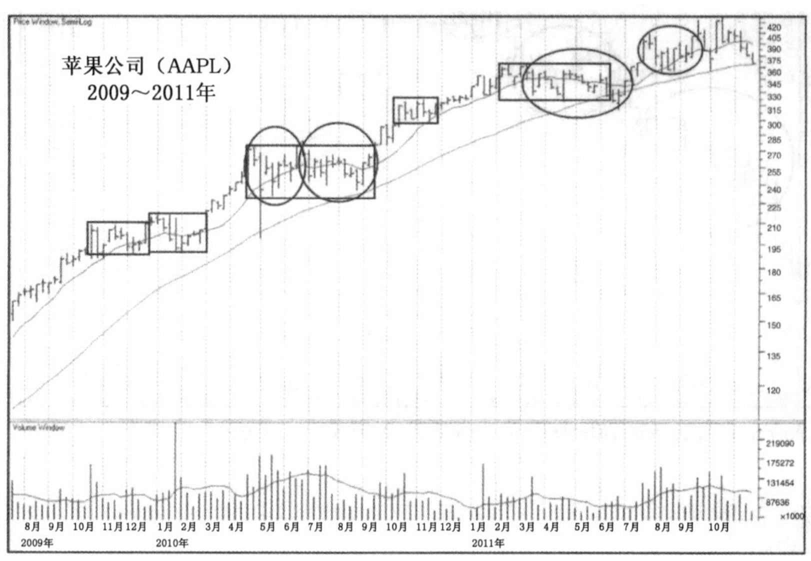

HGS 软件公司供图，版权 2012。

2006～2007 年百度(BIDU)。尽管在 2005 年夏季出现了火热的 IPO，百度在 2007 年最终出现大幅价格上涨之前，花费了很长时间来构建形态。一旦在 2006 年初该股票筑底成功，其股价就开始上涨，并形成了一个箱体，之后在反弹形成另一个箱体之前跌破了该箱体底部，这也是圆圈标注带柄杯子形态的柄部。

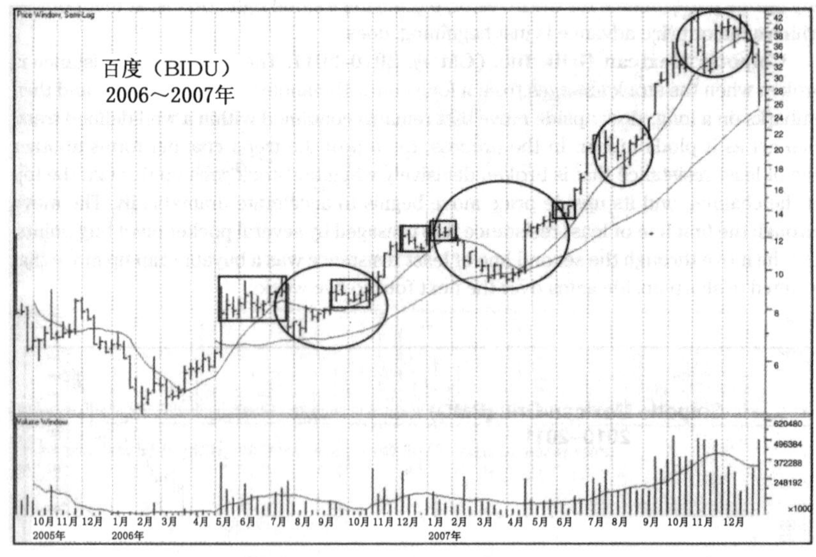

HGS 软件公司供图，版权 2012。

在该股票再次拉升之前，形成了两个小箱体，构成一个大的带柄杯子形态，柄部处于高位，并且只有一周的持续期。高柄部也是一个小箱体。自左侧起第三个圆圈是带柄杯子形态，该柄部仅在日线图中有所显示，而且其持续期是 5 个交易日。该股票实际上自这个奇怪的基部出现非常迅速的价格上涨。在顶部，百度在反转下跌前形成了一个非常紧凑的后期带柄杯子形态。

你在图表上画出的矩形及圆圈与答案的匹配情况如何呢？与答案中所示的那些基部相比，你看到了更多的基部吗，还是更少的基部？通过这种练习，你可能增加鉴别能力，理解盘整的解释，包括这些被称为基部和箱体的形态。另外，在试图为这些基部和箱体标注时，我们发现，尽管可以应用统一的标签，比如说，带柄杯子形态，但是当我们开始相互比较时，这些带柄杯子形态并不总是显得规整统一。自 2006 年中期到 2007 年末，单独的百度案例中，其价格波动中显示出四个不同类型的带柄杯子形态。

我们的发现是，不必试图对基部进行统一的标注，实际上，它们是不统一的。我们不愿意寻找确认基部，来判断自这些基部的"正确"突破，宁愿使用口袋支点买入点和可买入上涨跳空缺口作为关键性工具，它们甚至在基部还没有确切地获得统一解释或标注时，就让我们进入到该股票之中。直到你坐下来，给图表加上标注，确认了所有基部，才开始感觉到股票的非均匀性上涨，因为在价格大幅上涨期间，它会上涨、盘整，再有几次上涨和盘整。

最小阻力线

OWL 思想的重要组成部分是，寻求不以最低价格而是以最正确的价格买入股票的想法。正确的价格是价格大幅上涨启动的点位。由于股票看起来便宜而买入无法保证该股票为投资者提供不菲的收益，但是买入正确的股票，也就是说，价格大幅上涨启动点位就要开始了，确实可以为投资者提供不菲的收益。

2010～2011 年墨西哥连锁快餐（CMG）。当该股票自长期带柄杯子类形态显露出来时，第一条阻力线被突破，之后，开始出现长期、缓慢的上涨波动，随着其缓步上行走高，该上涨波动保持在一个界限清晰的趋势通道中。在该过程中，趋势通道顶端形成了另一条最小阻力线，当该股票跳空上涨突破通道顶端时，果断突破了这条最小阻力线，并且其上涨的价格波动开始急剧加速。通过第一条最小阻力线的波动的前兆是几个口袋支点买入点，通过第二条最小阻力线的前兆是出现可买入上涨跳空缺口,该缺口在接下来的四到五周内产生了迅速的上涨收益。

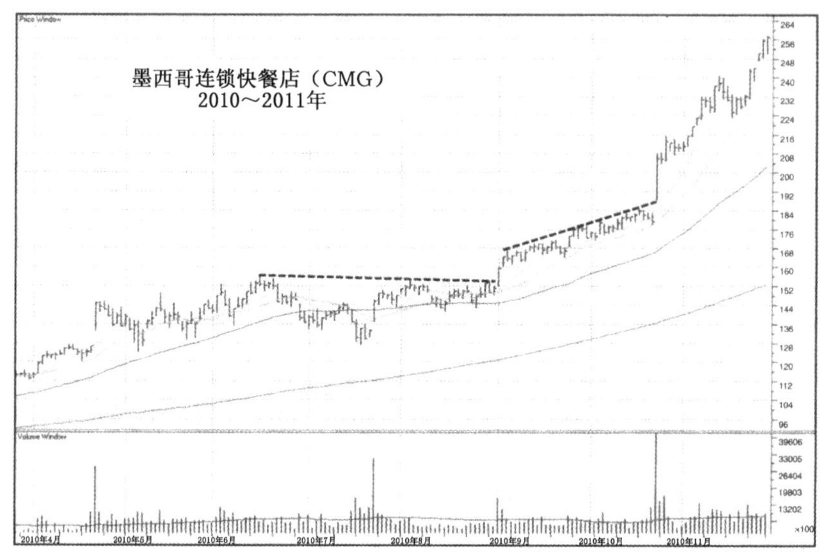

HGS 软件公司供图,版权 2012。

2010～2011 年莫利矿业(MCP)。莫利矿业两次突破顶部下行趋势线,每次穿透最小阻力线都会启动迅速的价格上涨。第一次突破趋势线前 5 个交易日就出现了口袋支点买入点,第二次突破趋势线本身就是口袋支点买入点。在两次

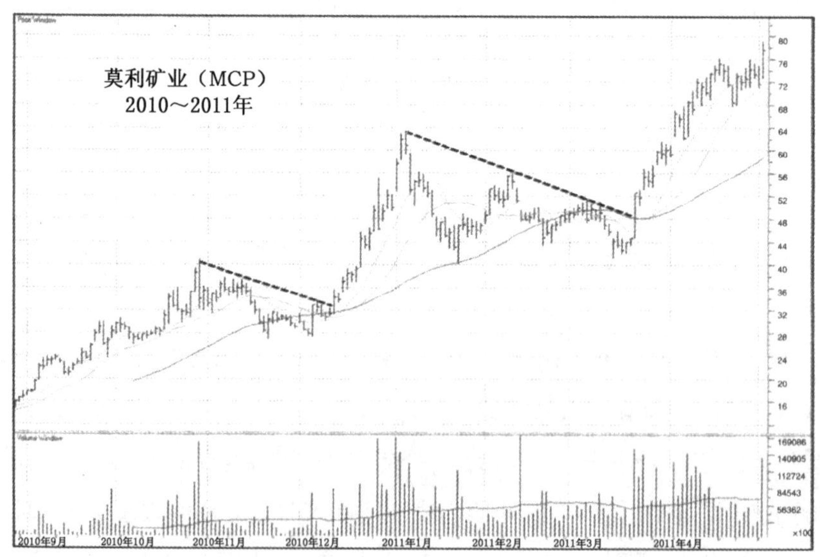

HGS 软件公司供图,版权 2012。

突破范例中，口袋支点出现在趋势线突破当天或之前，穿透最小阻力线均产生了迅速的、有利可图的价格上涨。

2004 年苹果公司(AAPL)。2004 年，前两次穿透苹果公司形态中的最小阻力线，非常类似于上述第一个案例，始于 2010 年的墨西哥连锁快餐(CMG)。就像 2010 年间的墨西哥连锁快餐一样，苹果公司突破了带柄杯子形态顶部组成的第一条最小阻力线，并且，紧随这次突破后是缓慢上升，构成了一条上升趋势通道。在 2004 年余下的时间内，苹果公司跳空上涨，突破这条趋势通道的顶端，开始出现非常快速的价格上涨波动。事实上，这种波动是一个可买入上涨跳空缺口，因此，使用我们处理这种买入信号的规则会让投资者及时搭上飞驰的列车，抓住直到 2004 年末的抛物线式上涨。自短期价格盘整开始的两次进一步突破组成了穿透最小阻力线的较小波动，但是，从概念上讲，它们的作用是类似的，因为每次都会导致迅速上涨收益。

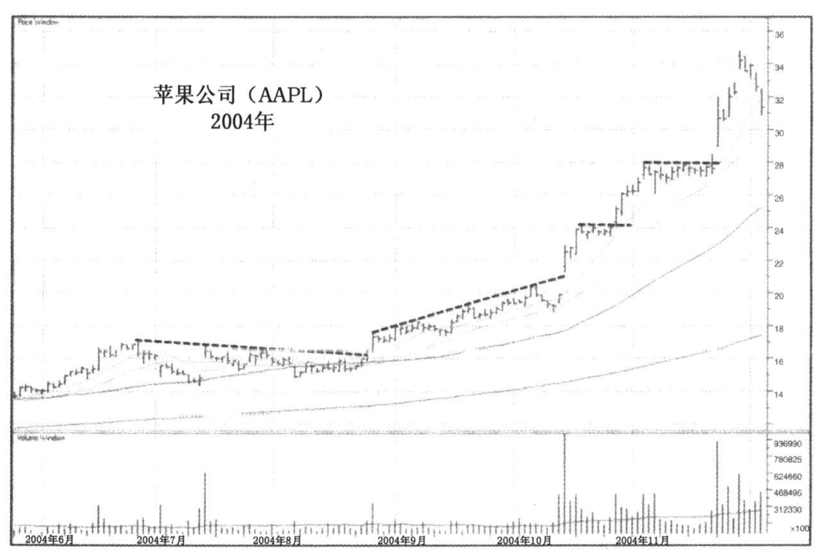

HGS 软件公司供图，版权 2012。

1999～2000 年高通公司(QCOM)。高通公司在 1999 年有两条清晰的最小阻力线，每次穿透最小阻力线都会导致迅速的价格上涨。二者在突破最小阻力线附近都有口袋支点买入点。

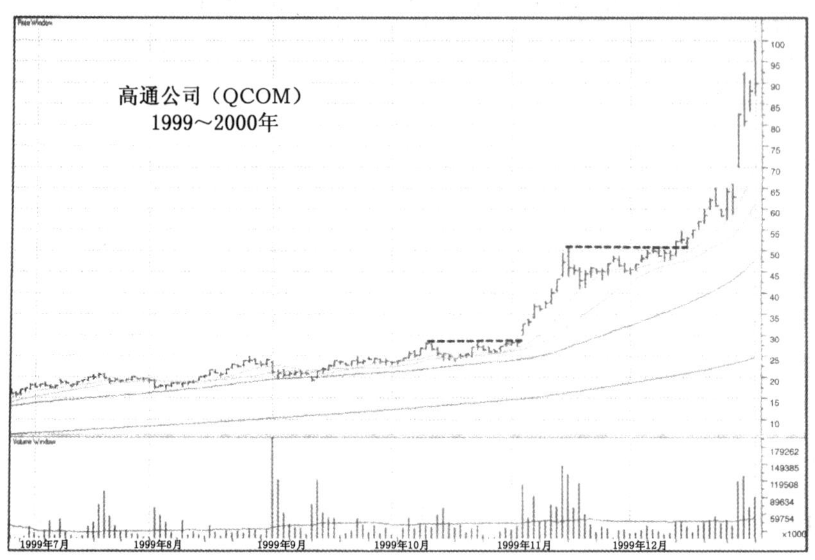

HGS 软件公司供图，版权 2012。

2011 年奈飞公司(NFLX)。最小阻力线的存在并不是必须作为价格上涨波动的阻力。最小阻力线也可以向下穿透，奈飞公司在 2011 年中期出现了向下穿透最小阻力线情况，警惕的投资者迅速卖空了该股票。奈飞公司已经形成了头肩顶形态，并且最小阻力线变成了该头肩形态的颈线。一旦奈飞公司跳空下跌突破“最小阻力颈线”，该股票迅速跳水式下跌，对于那些判断出最小阻力线何时

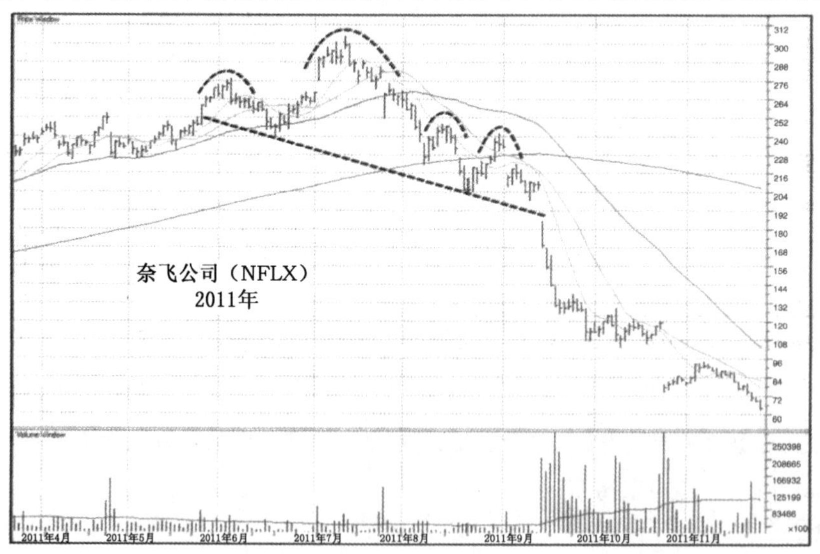

HGS 软件公司供图，版权 2012。

被果断击穿的投资者，这产生了一个极为有利可图的卖空操作机会。随后，2011年10月末，出现一次巨量价格跳空下跌，向下突破了另一条较短的最小阻力线，但是，价格下跌波动在跳空下跌后更为平缓。

2011年绿山咖啡烘焙公司（GMCR）。自2009～2011年大部分上涨波动期间，绿山咖啡烘焙公司极受空头欢迎，整个上涨波动中，对该股票的做空兴趣保持在相对高位。当然，那些在股票处于上升趋势中一直尝试做空绿山咖啡烘焙公司的投资者缺少最小阻力线的概念。要是他们加以注意，就会发现绿山咖啡烘焙公司一路上升过程中在突破最小阻力线。当然，存在做空股票的正确时机，并且这出现在最小阻力线最终向下被突破时。2011年10月，绿山咖啡烘焙公司突破了头肩顶形态的颈线，在一个月的时间内，跳水下跌幅度超过50%。

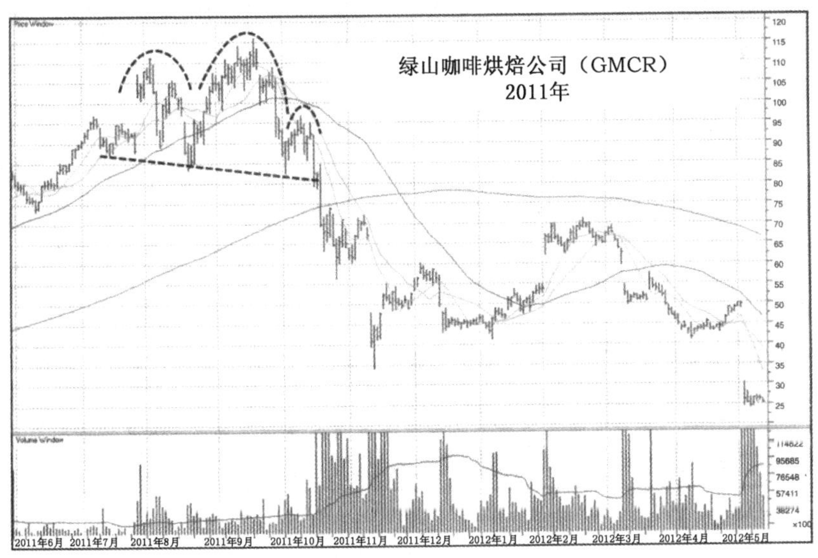

HGS软件公司供图，版权2012。

1999年纳斯达克综合指数。市场本身也能够突破最小阻力线，我们在图表中看到，纳斯达克综合指数在1999年10月末就出现了这样的波动，启动了互联网大牛市，一直运行到2000年3月。很多天才在这个牛市中出现了，但是，你可以看到，一旦最小阻力线被穿透，市场现在就处于上涨过程，并且仅为精明的投资者保留了捕捉并紧紧抓住这轮上涨的机会，因为市场接过了他们的所有重担。

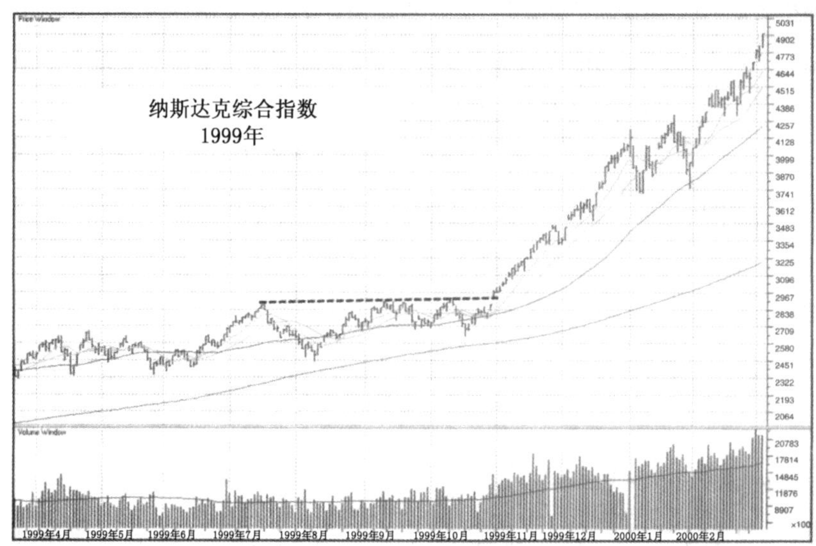

HGS 软件公司供图,版权 2012。

2007～2008 年纳斯达克综合指数。2008 年 9 月,我们可能看到,市场向下穿透了最小阻力线,当这种情况出现时,空方聚集了大量资金。有可能在这里看到两条最小阻力线,如我们在图表所划出来的线,并且,实际上每一条线都证明是有效的。

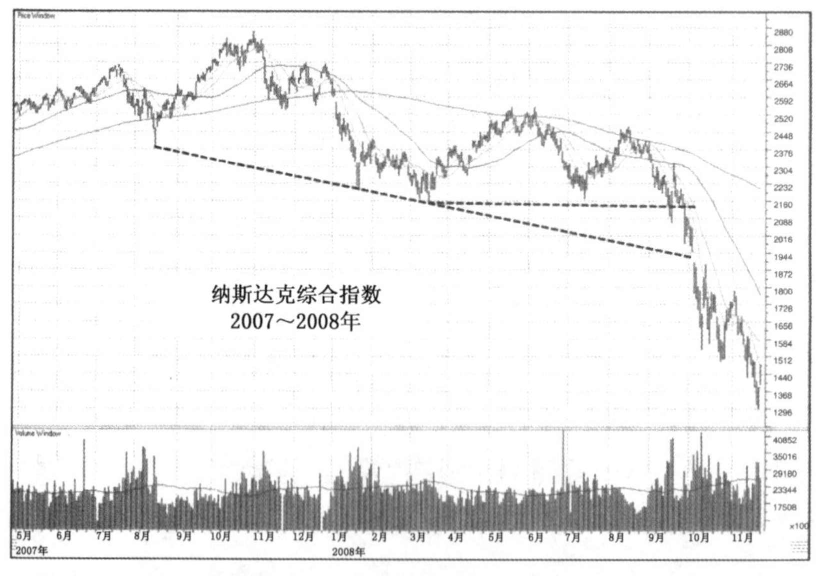

HGS 软件公司供图,版权 2012。

小结

利用大幅及相对快速的价格波动是 OWL 思想的基本原则。投资者必须把市场的基本物理定律牢记在心,强者恒强,例如,运动的物体会保持运动,并且一旦最小阻力线被穿透,就会出现快速价格波动。能够识别这些线可能在哪个位置,以及何时这些线确实被穿透,是非常关键的。这种波动为交易行为和决策提供了非常强势的信号,无论做多还是做空,都取决于最小阻力线被突破的方向。

在看到股票坚定沿某个方向波动时,大多数投资者一般会陷入均值回归心态,因为他们认为这种波动是过度的,并且该股票肯定会回调。但是,如果他们没有行动的动力,那么可能会经常落在后面。我们发现,口袋支点买入点和可买入上涨跳空缺口往往与最小阻力线的穿透相联系,因此,可以提供稳定工具,利用这些工具来完成这些任务。

我们对市场的倾向性会对我们观察实际量/价行为产生重大影响。上涨过程中突破最小阻力线可能看起来像股票上升过于极端、过于迅速,而对我们来讲,一旦这种情况明朗,该股票启动一轮确定、加速上涨的潜力就很清楚。真正的问题是以某种方式观察事物并根据实时的手头信息进行反应,其方式要适应 OWL 思想。然而,为了看看可以得到什么信息,并获得清晰的图像,投资者必须经受住各种心理游戏和困惑,这会将我们带到下一章的内容。

第二章　心理游戏和困惑

与数千名个人投资者和专业投资者打交道的经历，让我们得出了一个非常简单的结论：大多数交易者还没有培养出在股票市场上获取成功所必需的正确心理。这毫不奇怪，因为，在最初始的水平，比如说，每天的生活中，人类生存所必需的心理和态度情况，与在股票市场中赚钱所需要的心理和态度情况出现不一致。从一开始，人类就欠缺处理心理游戏和心理困惑的能力，人们面临着实时投资压力、受到严厉批评以及在线真金白银交易时，市场就把这种心理游戏和困惑抛过来。

过去两年间，由于撰写《像欧奈尔信徒一样交易》并启动了网站(www. virtueofselfishinvesting. com)，我们接触到了数千名投资者，反过来，他们向我们抛出了数千个有关交易和投资的问题。在这个过程中，我们对大多数个人投资者、大部分业余爱好者以及大量专业人员如何从最本能的角度来考虑市场产生了更深入的认知。他们的恐惧、忧虑、错觉和妄想都源自于三个问题。通过这些问题，我们能够构建形形色色投资者所犯下常见心理错误的文档数据库，构成我们感觉到的普通投资者心理的合理准确的特征。

在本章中，我们会讨论一些投资者思维所引起的常见心理陷阱，我们在威廉·欧奈尔公司工作时，比尔·欧奈尔常常把这种心理陷阱描述为“把你的脑袋转向后面”。

拥抱不确定性

我们大脑迷失的最大思维困惑可能是在市场中搜寻确定性。打开自己最喜欢的财经新闻出版物,你会看到许多广告,声称可以用交易软件或系统进行投资评估工作,据说可以包揽你所有的评估工作。当然,甚至在极为罕见的情况下,某个特殊的交易系统确实足够强大,能够在几个市场中发挥作用,这假定该系统的风险/回报模型与投资者自己的风险/回报模型同步。如果存在不匹配,投资者可能在错误的时间退出交易,或者在一连串亏损后放弃该系统,这或许与该系统的中性节奏有关。所有这些情况是说,投资者往往花费数千美元购买的任何交易系统或软件仍然无法消除不确定性。

大多数投资者都心知肚明,他们不停地受到无穷无尽广告的狂轰滥炸,最新的、最好的或最有效的市场或股票指标强化了这种投资的"必杀技"概念。据我们所知,基于 20 多年的市场经验,事实上并不存在这样的必杀技。投资者必须懂得自己的个人风险容忍水平以及交易风格,并且要做好准备工作。市场中并不存在确切的事情,也不存在任何快速致富策略。因此,我们推导出公理 1:

你无法消除交易过程中的不确定性;只能知道如何处理它。

投资者往往不会承认的现实是,不确定性是任何自由市场的基本前提,货物、服务、商品或证券买卖双方之间的价格发现就是一种准确的发现。它不是预先确定的,因此,认为投资者能够决定与价格发现相关的未来市场和/或交易结果的确定性,这种想法毫无意义。投资者需要从本质上知道,不确定性始终会是游戏的一部分,并且,更为重要的是,通过不断地消除不确定性来征服它,也未必会赢得游戏。在很多方面,不确定性创造出了市场机会;它仅仅是双向市场的本质内容。就股票价格随时间变化而言,如果每一名市场参与者能够确定地知道所持有某只特定股票的结果,买方如何会找到一名以低于已知交易价格并心甘情愿卖出的卖方呢?

因此,我们必须拥抱不确定性,懂得它为市场创造机会。成功地利用这样的机会需要我们培养处理不确定性的技巧,把不确定性作为交易整体和投资过程的组成部分,而不是花费宝贵的时间和精力寻求必杀技,因为从定义角度而言,这种必杀技并不可行,并且这是消除不确定性。

追盘日的心理

投资者如何处理不确定性,或如何对不确定性做出反应,相关范例可以在追盘日概念中发现。追盘日,说到底,是一种简单的技术性方法(单靠经验或实践的方法)。工作原理如下:由于市场指标处于下跌趋势或熊市之中,所以它最终会试图找到一个低点,在这个短期低点之后,自这个最终低点开始,启动短期反弹,可能会持续几个交易日。一旦市场已经反弹,脱离几个交易日低点,保持在上升趋势中,第四个交易日或稍后,就有某个重要的市场指标反弹某个特定的百分比(百分比临界值),这就是一个追盘日。有几种例外情况,追盘日可能出现在试图反弹的第三个交易日,但这些情况极为罕见。欧奈尔在文献中写道,每个牛市反弹都始于追盘日,但是并非每一个追盘日都会产生牛市反弹。

从统计角度来看,实际情况是大多数追盘日是失败的,并且在 2011 年,该年的每个单独追盘日都失败了。图 2.1 显示出了 2011 年的每一个单独追盘日,以及我们自己的市场导向模型(Market Direction Model,MDM)全年中的买入和卖出信号。你能够看到,尽管我们认为 MDM 是基于追盘日的改进,但是它并没有提供出任何清晰或高水平的可靠性,它只是一个方向性指示工具。没有必要让它提供更多信息。然而,我们受到很多在追盘日寻找圣杯人们的批评,甚至为了建立确认高概率追盘日的简单方法进行了严密的统计研究——一种对追盘方程的二次导数。我们甚至看到一些研究,声称研究显示追盘日并不起作用,因此试图完全使作为有效指标的追盘日丧失信誉。但是,在不确定性始终存在的背景下,事实是何时理解追盘日是一个有效的背景工具,用以决定市场可能在什么时候由熊市转向成牛市。当与其他不确定性因素评估结合时,诸如与追盘日相一致潜在龙头股的行为,追盘日指标是一个明显而有用的投资指标。

因此,在我们看来,对预测“99.9%可靠的追盘日”的需要是在浪费时间和精力,并且这也反映了一种以严格确定性方式来处理市场问题的需要。利用历史统计分析产生这种指标,也面临着过度拟合数据的风险,因此在出现反常行为的背景下,它会变得毫无价值,市场的特征是,它总是在大部分时间内试图愚弄大

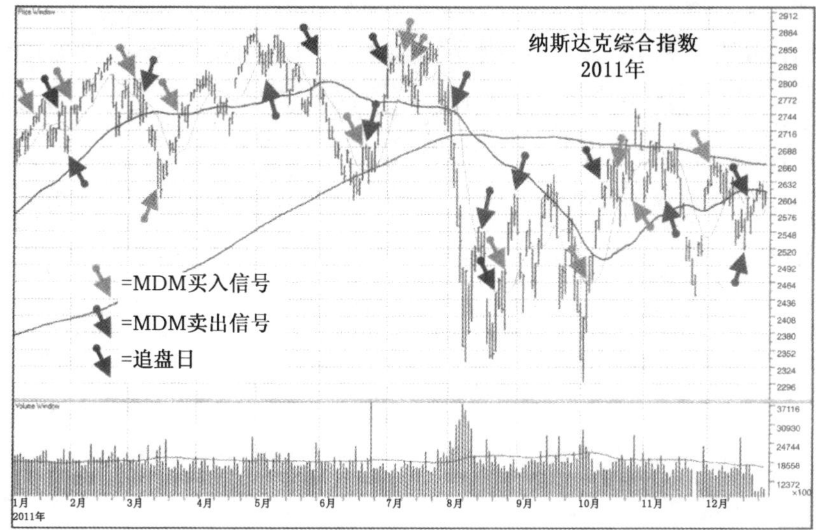

HGS 软件公司供图，版权 2012。

图 2.1 2011 年纳斯达克综合指数日线，显示了追盘日以及我们市场导向模型全年的买入和卖出信号。

部分投资者。

从实践角度来看，简单的事实是，我们在 2011 年能够产生双位数回报，当年没有一个成功的追盘日，这证明追盘日本身并不是一个关键性指标。它是一个背景性指标，并且，投资者能够培养的最好分析技术是运用判断的能力，理解与追盘日有效性或其他类方向性信号（包括像口袋支点买入点和可买入上涨跳空缺口概念）相关的背景性影响因素。

显然，2011 年，如果遵循高概率追盘日，或者希望出现 99.9%的可靠追盘日，所有能够确认高概率追盘日的指标都会告诉你不要进行任何投资。尽管缺少高概率追盘日，但仍然存在可参与并有利可图的趋势，其中一些趋势单独存在追盘日。2001～2002 年，吉尔·莫拉雷斯重仓持有洛克希德马丁公司（Lockheed Martin，LMT），并且甚至当市场短线反弹并在 2002 年 1 月见顶回落进入下跌趋势时，还赚了一笔钱。追盘日的简单指标会在 2001 年 9 月给出一个高概率的解读吗？2001 年 1 月洛克希德马丁公司见顶回落，之后，市场熊市反弹脱离 9 月低点，甚至此后洛克希德马丁公司持续反弹，那么这和确认洛克希德马丁公司的领导潜力，并随后恰当处理洛克希德马丁公司头寸会有什么关系吗？当然没有，这是我们的观点。投资者能够在市场中获得确定性，任何基于这种假设进行的研究都将会失败。

同样,1996 年 3 月,特定龙头股诸如艾美加公司(Iomega Corp.)突破了完整的基部结构,而整体市场在横盘整理,并且追盘日直到 1996 年 4 月 16 日才出现。可以这么说,如果你静等追盘日出现,就会错失获取杆位的机会。在这些新龙头股产生自己单独的买入信号时买入它们,你甚至会在追盘日出现前取得游戏的优势位置。

在实践的基础上,依靠更多工具会更加有效率,它们能够让投资者在不断变化的市场背景中进行操作。市场上的历史情况往往会出现类似,但极少会重复,并且实际上,我们发现,所有牛市和熊市都有自己的特殊背景,在某种意义上,20 世纪 90 年代的特征是,互联网的兴起成为一个规模庞大的新范式和支持性技术,21 世纪初的特征是,残酷的熊市以及紧随"9・11"恐怖袭击后的复苏,还有 2008~2011 年期间的特征是,反金融工程现象的拉升效应以及中央银行的量化宽松政策工具,通常被称为 QE,或者被称为印刷法定货币。能够仔细查看这些背景,发现能够推动个股价格强势上涨的投资主题,是在市场上长期赚钱的最重要因素。并且有时,这包括能够看到投资大众无法看到的信息。

洛克希德马丁:一个源自不确定性的机会

思考 2011 年 9 月的洛克希德马丁案例。重要的是观察图 2.1 纳斯达克综合指数日线,对当时整体市场上所出现的市场背景有一个初步认识。在那时,市场已经进入了严峻熊市的第二年,并且当时受到"9・11"袭击,市场关闭一周后重新开盘,市场立即出现了跳空下跌,在找到一个低点并试图稳定下来之前,在接下来的 4 个交易日呈现跳水式下跌。由于"9・11"袭击而出现的恐慌性抛售具有洗盘卖出者的效果,使市场为后来出现的熊市反弹奠定了基础。投资者或许认为在 2001 年 9 月那段非同寻常的环境中充满了不确定性风险,尤其是在未来的数天或数周内或许还可能会有其他的恐怖性袭击。但是不确定性之外产生了机会,并且这也是投资者之所以要拥抱不确定性的理由之一,作为市场的本质性因素,不确定性会创造出机会。

如图 2.2 所示,在 9 月中旬出现低点后的 8 天,2001 年 10 月 3 日,纳斯达克综合指数筑底并产生了一个极为强势的追盘日。这个追盘日非常强势,买入量能出现大幅增加,推动纳斯达克综合指数当天上涨 5.93%。尽管有这个强势的追盘日，到 2002 年 1 月，市场反弹失去了动力，开始于 2001 年 9 月沽售低点的让人满怀希望的反弹仅仅消散成为一个良好的、旧式熊市反弹。

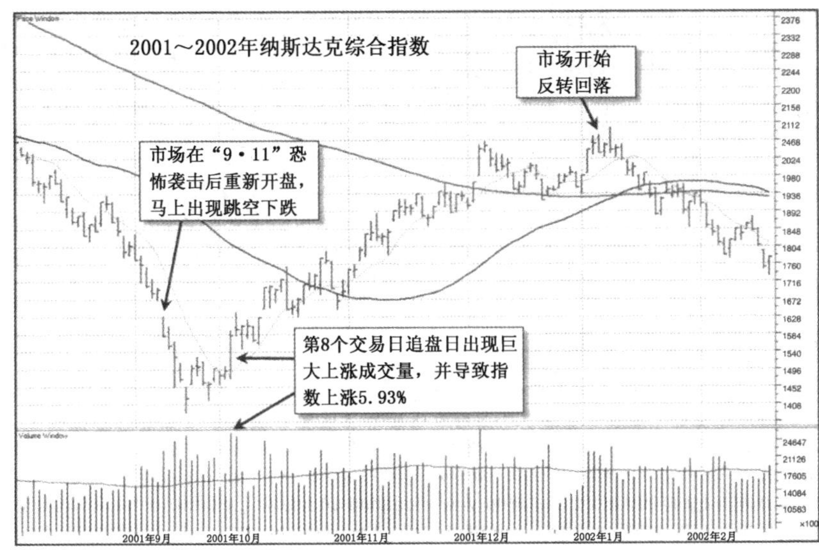

HGS 软件公司供图，版权 2012。

图 2.2　2001～2002 年紧随"9·11"恐怖袭击的纳斯达克综合指数日线。

然而，有些本来可以赚大钱的股票，并且发现这些机会并不依赖于 10 月 3 日的追盘日的强度，甚至也不依赖于其可靠性。基于图 2.2，我们知道，即使这种强势的 5.93％追盘日波动也不会产生持续的牛市，在处于整体严峻熊市的背景下，只是一个熊市反弹而已，直到 2002 年 10 月才完成筑底。但是，理解围绕这个追盘日的环境和市场背景，是理解需要充分利用即将成为短期熊市反弹的关键点。紧随"9·11"事件，美国政府进入备战状态是很明显的，并且这种状态的确认是很多国防股票出现跳空式上涨，最著名的洛克希德马丁公司(LMT)走势如图 2.3 所示。尽管市场在 2001 年 9 月中期跳空下跌并持续走低，如我们在图 2.2 所见，但是洛克希德马丁公司就在 10 月 3 日市场追盘日之前出现跳空上涨并持续走高。

通过研究那段时间的洛克希德马丁公司日线图(如图 2.4 所示)，我们可以开始理解其提供给精明投资者的独特机会，并且基于清晰的买入信号，诸如可买入上涨跳空缺口和口袋支点，辨认出这种机会。不管整体市场指标如何波动，作为市场方向指标的追盘日的所谓可靠性会告诉我们刚好要进入一轮良好的牛

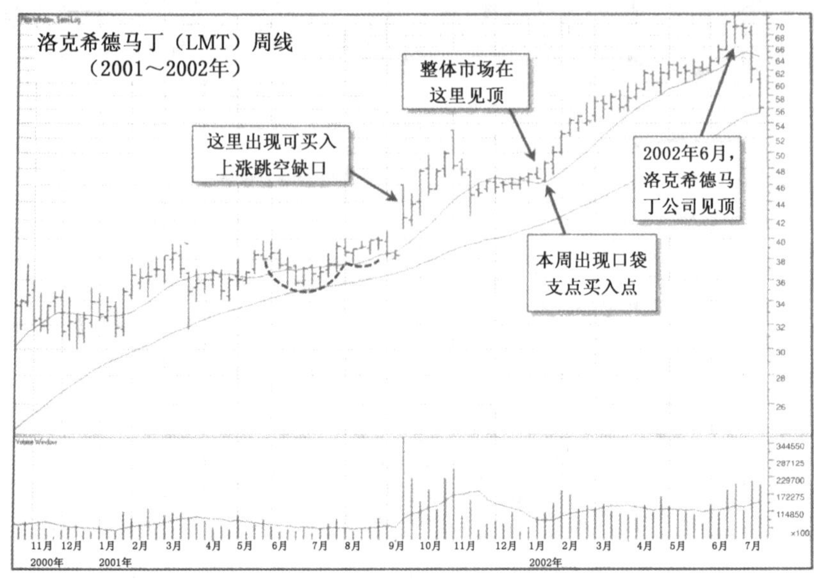

HGS 软件公司供图，版权 2012。

图 2.3　2001～2002 年洛克希德马丁(LMT)周线。

市，投资者本来都能够充分利用洛克希德马丁公司提供的机会。在洛克希德马丁公司的量/价行为背景中，10 月 3 日的整体市场追盘日只能确认之前交易日中所见到的强势行为，并且，一旦市场与其龙头股进入同步状态，洛克希德马丁公司就是其中一部分，那么可参与性趋势就开始了。

9 月中期，市场重新开盘，并出现迅速跳空下跌，洛克希德马丁公司在相反方向波动，并出现了可买入上涨跳空缺口，在接下来的几个交易日中，与市场的螺旋式下跌公然相抗，收盘维持在跳空上涨缺口当天盘中低点上方，如我们在图 2.4 中所见，之后继续走高。这本身就是有利可图的波动，因为该股票自此持续上涨了大约 30%，之后，带巨量反转下跌，并开始修正，因为它开始构建新的基部。

随着洛克希德马丁公司在 2001 年 10 月和 11 月出现修正，它开始更加紧凑，开始跟踪其 50 日移动均线(如图 2.4 所示)，市场于 2002 年 1 月见顶，正当此时，洛克希德马丁公司在其周线图上形成了一个非常紧凑的基部，就沿着 10 周(50 日)移动均线。请注意，在 2002 年 1 月初两个口袋支点买入点之间，整体市场实际上已经见顶，并开始落下了 2000～2002 年整体熊市环境中的另一只脚。随着市场持续反转下跌，洛克希德马丁公司公然背离整体市场，并突破了这个紧凑的基部结构，在接下来的几个月内迅速上涨。

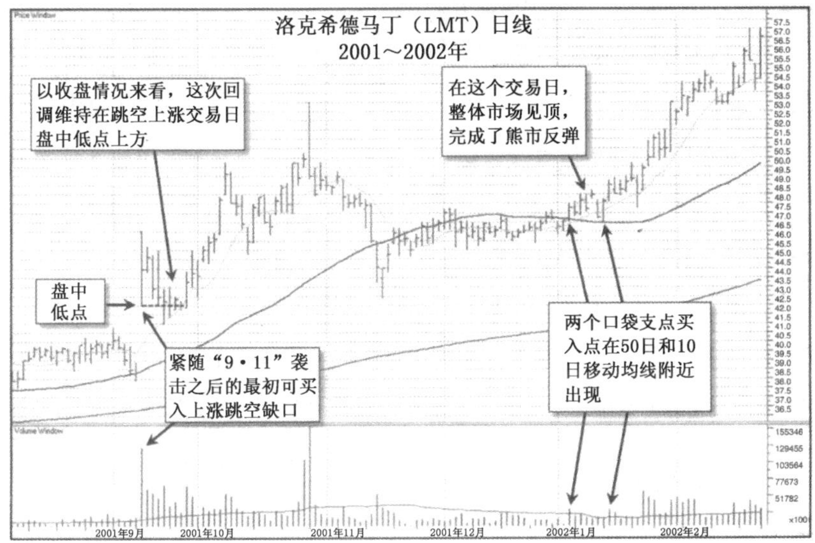

HGS 软件公司供图，版权 2012。

图 2.4　2001～2002 年洛克希德马丁(LMT)日线。在这段混乱时期，基于股票的行为而忽视整体市场进行该股票操作是在洛克希德马丁公司上盈利的关键。

从这个以 2001 年 10 月 3 日的市场追盘日为中心的实际案例中，我们可以得到如下结论：(1)这个追盘日极为强势，该交易日产生了买入成交量的巨幅增加，并大幅上涨 5.93%；(2)追盘日并不预示着一轮强势的牛市，因为市场在 2002 年 1 月出现回撤，并且较为平缓地服从于整体和严峻熊市环境下的熊市反弹；(3)在洛克希德马丁公司中赚大钱的唯一方法是通过密切关注并特别强调该股票价格和成交量行为。因此，认为投资者需要产生可靠的追盘日指标的想法被证明与在股票中赚钱的过程无关，并且也毫无意义。

白银：在 2011 年不确定及迷雾重重期间的趋势

重新回到 2011 年市场环境中，如本章一开始的图 2.1 所示，我们能够更胜一筹。正如我们所讨论的，2011 年是一个波动剧烈的无趋势市场，可以看到每一个追盘日都失败了！因此，如果我们依据追盘日的确定性，就会在整个 2011 年无所事事，因为所有追盘日都是无效信号。

但是，在 2011 年赚钱意味着理解了这个特殊市场环境的独特性，大部分股票由量化宽松或称为 QE 的现象所推动。我们认为它就是普通的旧式法定货币的印刷,并且我们知道,货币供给的这种任意扩张只会使美元贬值,并且其他的法定货币也同时开始印刷。这种货币贬值只会导致一件事情:商品价格上涨,尤其是贵金属价格,它们被看作是可以对冲这种货币贬值的可替代性货币。

懂得 QE 推动式市场最终会导致货币贬值的思想,安硕白银信托(iShares Silver Trust,SLV)确认这种主题性机会是迟早的事情,当它从 2011 年 2 月中期的基部盘整中浮出水面时,就出现在我们的股票监控屏幕上。2 月 17 日,SLV 产生口袋支点买入点,开始出现迅速上涨(如图 2.5 中所示),并且该上涨一直持续到其出现了抛物线式高潮顶部,我们逢高卖出,获取了巨额利润,假定我们利用 ProShares Ultra Silver(AGQ)ETF 作为驾驭该轮波动的工具。AGQ 是两倍杠杆 ETF,其波动相当于白银每天波动的两倍,因此,这是参与白银价格趋势的强势方法。投资这种头寸就如买入最初突破并在一路上涨过程中在特殊点位加码一样简单,它不需要追盘日或其他与市场健康或产生盈利趋势的能力相关的指标。

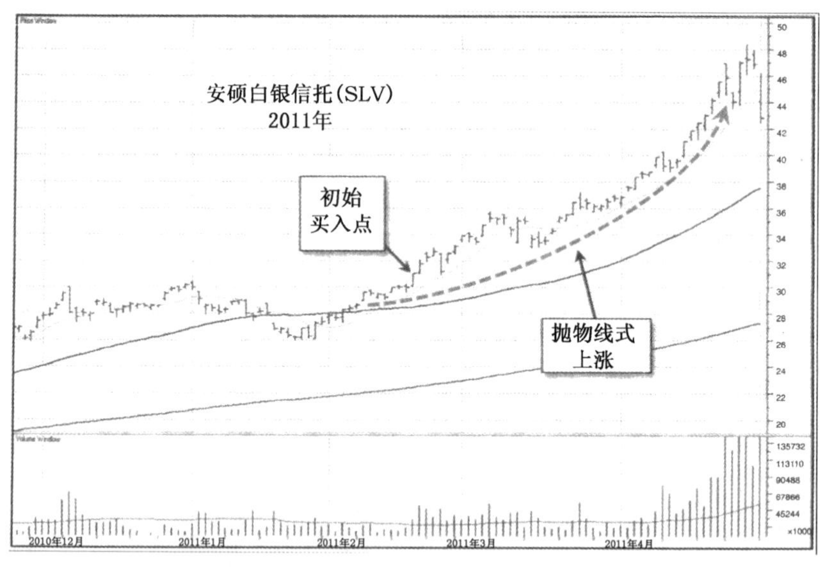

HGS 软件公司供图,版权 2012。

图 2.5　安硕白银信托(SLV)2011 年日线。在这个动荡时期仅依据 ETF 的价/量活动操作,同时忽略大市的波动是白银信托投资获利的关键。

另外,参与 2011 年白银上涨意味着在处理头寸过程中严格根据量/价规则进行操作。在该上涨期间,有很多相关消息为退出市场提供依据,包括严重地震、海啸和日本核反应堆泄露事件,导致了在 2011 年 3 月中旬跳空下跌。

遵循欧奈尔方法的投资者,往往透露出一种需要看到追盘日的心理,好像它就是赛马场的起跑门栅。喇叭响起,铃声响起,门栅打开,所有马匹突然奔跑。所有投资者必须要做的是把资金投入到股票中,对吗?错。市场并不是赛马,尽管个股的运行可能像赛马一样。追盘日只是方向性指标,表明一轮潜在的变化和/或一轮新上涨趋势的开端。追盘日本身并不会产生有助于成功的确定性,但是,它说明了对确定性的心理需求,通常情况下,这是一种幻觉。投资者最好的做法是在低风险/高回报买入点买入这些股票,并根据其规则调整头寸规模,这或许会解释市场和龙头股的力量。过度强调对更好指标的需求,就无法理解最初的问题,持有股票是为了赚钱,投资者可能只会在事后才知道某些形式的指标有效。市场中存在确定性这个前提有缺陷,尤其是在这样广泛的情况下,唯一真正的市场前提是,根本不存在这种绝对性。

关于追盘日,我们可以肯定地告诉你的是,我们赚到的大钱,与追盘日的强度无关,只是遵循我们的规则,金字塔式加码盈利股并抛出亏损股,并且在潜在的牛市阶段或反弹中设法克服这些问题。因此,实际上,如果投资者知道并接受不确定性以及设计处理不确定性的策略就是关于成功投资的事情,那么追盘日的强度和可靠性与该过程无关。关键是能够进行一些有关当前市场背景理解方面的判断,通过这样的分析,获得一些潜在的投资主题。投资者通过观察任何环境中的客观量/价行为来确认潜在机会,并且基于相同的客观量/价行为,执行清晰的、具体的买入、卖出和金字塔式加码规则。这会有效地让你保持头脑清晰,同时,也可以有效地避免对特定股票或相关证券诸如 ETF 整体趋势的外部影响以及受消息或事件影响的波动。

公司盈利报告的不确定性

市场不确定性的主要方面是公开上市交易公司基本面状态的不断演变。盈利报告是重要的信息标签,投资者可以将它附于其股票上面,目的是理解所讨论公司的基本面是在改善、恶化,还是维持不变。通常情况下,随着市场发现一份特别好或特别坏的报告,股票会显示出迅速的价格波动。

我们遇到的最常见问题之一是,“你如何处理那些公布盈利报告的股票?”从表面上看，那些问这个问题的人正在寻找一些将确定性注入盈利报告中的一些方法，以避免随着盈利报告出现股票价格的突然、迅速跳空式下跌。与盈利相关的跳空下跌对持有普通股的投资者来讲可能是最为可怕的前景，但他们不必承担此风险。然而，他们的确提供给我们优秀案例，投资者如何处理与盈利相关的不确定性，以及如何处理与市场和股票投资过程相关的不确定性的另一些因素。首先，大多数投资者需要知道，对于自己持有的股票，并没有万无一失的方法可以避免在盈利报告后出现潜在的跳空下跌，这种盈利报告应该被市场视为负面因素。研究预定的盈利报告，你只能确定地知道下列信息：(1)该公司将公布超过、达到或未达到预期的盈利报告；(2)这可能被市场视为积极的、中性的或消极的信息；(3)对盈利报告支持度的市场看法或许与(1)中的三种情况无关。换句话说，不管投资者是否能够高度准确地确定盈利报告，都不会非常容易地决定市场如何对其做出反应。

但是，懂得公司盈利和基本面表现会根据实时变化保持一种流动的、不断发展的状态，有助于投资者理解，这只是不确定性的另一种因素，表现为需要解决的整体投资问题的组成部分。投资者可能只考虑风险和回报并提前做出决定，例如，他们不久前买入一只特定股票，基于该股票的利润空间情况，其买入股票的位置与该股票交易时间——就在盈利报告之前——相关，并且与该股票在整体价格波动中的位置有关。

我们对上述问题的答案很简单，由于(1)盈利后价格波动的幅度以及(2)作为账户股本一定百分比的投资者头寸规模，它可以归结为衡量价格股票的内在风险。因此，投资者只需要决定，在糟糕的盈利报告后，其在跳空下跌10%股票中，持有10%的头寸，将会导致整体投资组合出现总计1%的损失。如果跳空下跌20%，整体投资组合会付出总计2%的损失代价，30%会付出总计3%的代价，依此类推。如果持有50%的头寸，并且该股票跳空下跌10%，这会给整体投资组合造成5%的损失。在决定如何处理公布盈利报告的股票过程中，投资者只需要评估由于头寸规模而出现的各种情况以及以百分比表示的可能遭受损失的潜在数量。如果投资者已经在该股票中具有巨额利润空间，那么他或许愿意容忍整体投资组合5%～10%的损失。例如，如果投资者仅有1%～2%的小幅利润空间，那么他或许不愿意容忍整体投资组合出现超过2%～5%的总损失。

是的，就是这么简单，但是只有投资者在识别出问题的本质时才会简单，包括在处理带来各种结果的风险中存在的问题,如果投资者在该头寸上有一点利润,评估他们愿意容忍多少整体风险的问题,或者评估在他们或许已经上涨50%或更多的股票上愿意放弃多少利润的问题。投资者浪费时间和精力重复该投资过程,试图发现消除不确定性的方法,并且,我们已经知道,这是一个不可能实现的命题,因为不确定性绝不可能从市场中消除。一旦坚定地相信并接受这一点,随着部分问题被解决,你就会顺利地在自己投资活动中设计出处理风险和不确定性的方法。

你必须有舍才有得

大多数投资者错误地认为,成功交易和投资是尽可能经常正确操作的结果,这称为具有“高盈利/亏损”。表面上看,这或许是正确的,但是,伯纳德·巴鲁克曾经指出,就股票市场上赚钱而言,交易者或投资者的盈利/亏损是最无意义的比率。

不要害怕在股市上犯错——允许自己存在犯错的机会。如果不允许自己犯错,并坚持让自己在所有时间内都操作正确,甚至当市场行为在告诉你已经犯错时,那么你可能无法在下一个交易日投资了。当市场告诉你,你正在犯错时,请仔细倾听!就这一点而言,市场反馈很有价值,因为它在告诉你:“快逃!这不是应该去的地方!”那就马上逃离吧。市场会通过触及你止损位的方法告诉你在犯错,你要听从市场的声音,发出卖出多头头寸,或平掉空头头寸的指令单,这要根据具体情况而定。市场向你提供有价值的信息,因为它会向你实时证明,你所做的哪一个决策是错误的,以及哪一个决策是正确的。据此,公理2是:

你必须有舍才有得。

投资者必须有舍才有得的案例,出现在我们之前所投资的塞尔基因公司(Celgene,Inc.,CELG),2005年末我们又重新在该股建仓(如图2.6所示)。当时,该股票构建了一个基部,在很大程度上其行为像一只真正的龙头股。2005年12月27日,整体市场放量下跌,产生了一个外部大反转,当它开始跌破其50日移动均线时,这是在测试类似于塞尔基因公司这样龙头股的空头头寸。考虑

到当天整体市场的弱势情况,认为塞尔基因公司可能会走低,或许会跌向其 200 日移动均线,进一步下跌到 26 美元附近。然而,就在第二天,该股票巨量跳空上涨。对该波动的确认非常强,因此,我们允许自己犯错,把这种信息作为塞尔基因公司在该点位做多的依据,并且建立重仓。之后,塞尔基因公司在接下来的数月内产生了一个很不错的涨幅。

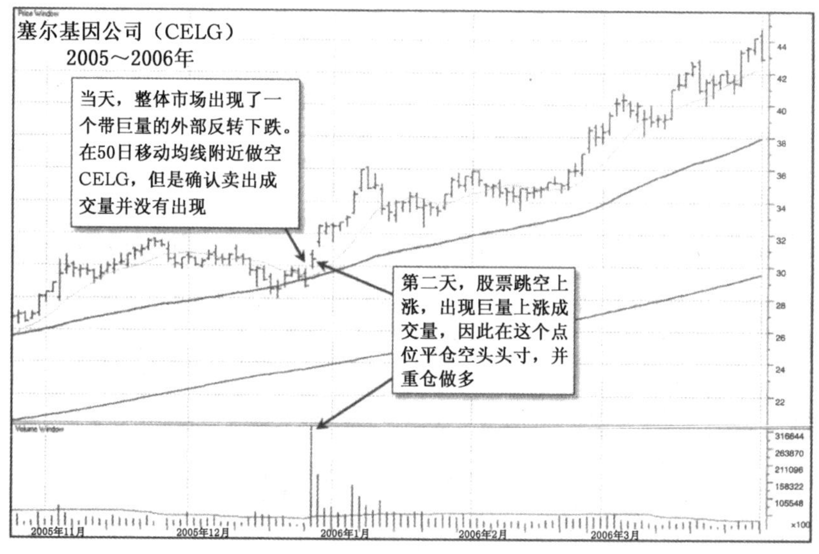

HGS 软件公司供图,版权 2012。

图 2.6　2005 年塞尔基因公司(CELG)日线。做空该股票产生一个内在反馈,这是一种错误做法,并促使投资者做出即时决定,逆转这种错误并以更重的仓位做多塞尔基因公司。

在这个案例中,作为短暂成功卖空交易的初始投资行为,马上就被证明是错误的,就在第二个交易日紧跟着出现跳空上涨,已经证明了错误的程度,这是有价值的并且本质的信息。关键是理解如何使有舍才有得规则发挥作用,并且以积极和有利可图的方法来利用这个关键信息,反而去做多该股票。

以这种方式,你能够迅速纠正出现错误的交易,同时进行正确的交易。作为一名传奇式的交易者,杰西·利维摩尔曾经在描述其于 1907 年操作亚纳康达铜业(Anaconda Copper)时说道:“我预计,当它突破 300 美元时,应该继续走高,可能会在瞬间触及 340 美元……由于突破 300 美元,我买入该股票是受到欲望的怂恿,它总是在强化并确认我的观察。”利维摩尔喜欢股票和市场的行为真正反映在交易中的这种感觉。这种情况使得他的本能认识失效了,否则当该股票出现这种波动时，应该建立仓位。利维摩尔更进一步描述了该交易：

亚纳康达铜业在298美元开盘，上涨到302.75美元，但是马上就开始衰落了。我做出决策，如果亚纳康达铜业重返301美元，这就是一个虚假波动。一个合理的上涨过程中，股价本应该直接上涨到310美元。相反，如果它起作用了，这就意味着先例击败了我，我的判断错了；在一个人犯错时，唯一可以做的就是停止错误，回归正确。

市场反馈告诉利维摩尔在某个交易中犯错了，他如何利用这种反馈作为有价值的信息，发出信号让他应该马上逆转该交易，转到交易正确的一方，当我们想强调上述内容时，重点就是我们自己是如何做的。2005年末的塞尔基因公司是我们自己的案例，这是一个基本相同的利用市场反馈案例，当它告诉你，你的优势是错误的。有时，一开始你必须平仓头寸而出现亏损，之后买入该头寸迅速反向操作，这时会出现最佳交易。另一种可能是，你在被迫卖出后必须重新买入头寸，并且最终成功抓住一只大盈利股，这种情况可能出现过多次，这时，也能够产生大交易。

通常情况下，市场测试能够给投资者提供对于特定股票市场强势或弱势的良好感觉。这意味着，进入一个比正常头寸稍小的头寸，之后，如果该交易对你不利，就快速斩仓退出。这可能意味着亏损比盈利多很多。但是，正确地照此操作，少数获利的大收益应该会远远超过许多小的亏损。并且，通常情况下，对于一名交易者而言，令其产生最大回报感和满足感的是，从初始为亏损交易随后直接转化为盈利交易中获取的信息和知识——有舍才有得的本质。

启发式的致命弱点是对标签的需求

标签是处理日常生活中遇到实际情况的一种简便方法，但是从陈词老调意义上来讲，诸如“人不可貌相”或“ 外表是会骗人的”，标签可能会误导你。在股票市场上，如果投资者懒于使用标签，并且不愿意关注细节，那么标签有时可能会是致命的错误。投资者心理中的一个常见弱点是需要根据这种简单的标签进行操作。当标签只需要投资者将圆钉放入圆孔、方钉放入方孔以及三角钉放入三角孔时，在大脑中标签是很容易的。但是，市场的现实是，圆孔实际上可能是略呈椭圆形的孔，或者说方孔可能会变成三角形孔，甚至可能在直角三角形和等腰三角形之间来回变换,因此,你的钉子绝对不会完全适合。那些需要标签的投资者可能会感到沮丧,实际上市场和特定个股极少会显示出这种千篇一律的统一性。正如我们在本章之前所写到的内容,市场历史会出现一定的规律,但它不会重复,因此,投资者必须始终应用一定的判断,理解市场背景因素,并坚持抵制通过用标签来得到简单结论的需求。

使用标签最大的问题是,它们充斥在投资文献之中,并且,这可能是因为实际上有一些价值来源于标签的使用,把它作为简单的启发性工具。但是,我们必须懂得,它们就是简单的经验法则。然而,它们有致命弱点,在某种意义上,在过度应用时会导致混乱。从“扁平”、“上升”、“带柄杯子”图表基部标签到“超卖”、“超买”或者已经波动得“太快太远”的市场环境标签,投资者就是被动地陷入标签陷阱之中。

投资者如何超越对标签的需求?通过了解股票交易如何与整体市场相互关联,以及关注其内在的买入信号,诸如标准新高基部突破,更重要的是,口袋支点和可买入上涨跳空缺口买入点。关注无须标记为某类形态或其他简单经验法则的量/价行为。在 2007 年末第一太阳能(FSLR)周线图(如图 2.7 所示)中可以发现很好的例子。这种所谓的“带柄杯子”形态是一个广泛流行的基部形态,可以描述为“圆杯体”在右侧顶部带有短期横盘波动,整体形态类似一个带“柄”的杯子,因此,这是一个描述性标签。然而,很多投资者想把这种标签当作一种千篇一律的模板,他们想对比每一幅图表基部来决定其适合度。但是,这忽视了许多其他因素,在评估股票行为中,这些因素更为重要。

很多投资者可能会驳斥 2007 年 7～9 月的第一太阳能图表基部(如图 2.7 所示),由于它有将近 40%的深度,并且有一个非常参差不齐的 V 形形状,你几乎无法称它为一个圆杯。如果我们想傻乎乎地应用标签,那么我们可能认为它更像一个带柄的甜筒。但是,理解该形态中的背景因素是决定它是否是一个完整基部形态的关键。在 2007 年下半年,整体市场非常不稳定,并且这种不稳定性可以说明这个参差不齐、39.3%深度 V 形第一太阳能杯体的原因。但是,对那些知道如何使用这种技术工具的投资者来说,在这个甜筒基部中的口袋支点买入点是非常可行的,尽管该形态具有不稳定性。

在评估第一太阳能带柄甜筒形态及其产生持续上涨价格趋势潜力过程中,另一个重要因素,可能是最重要的因素是,其相关板块股票的行为。2007 年,恰

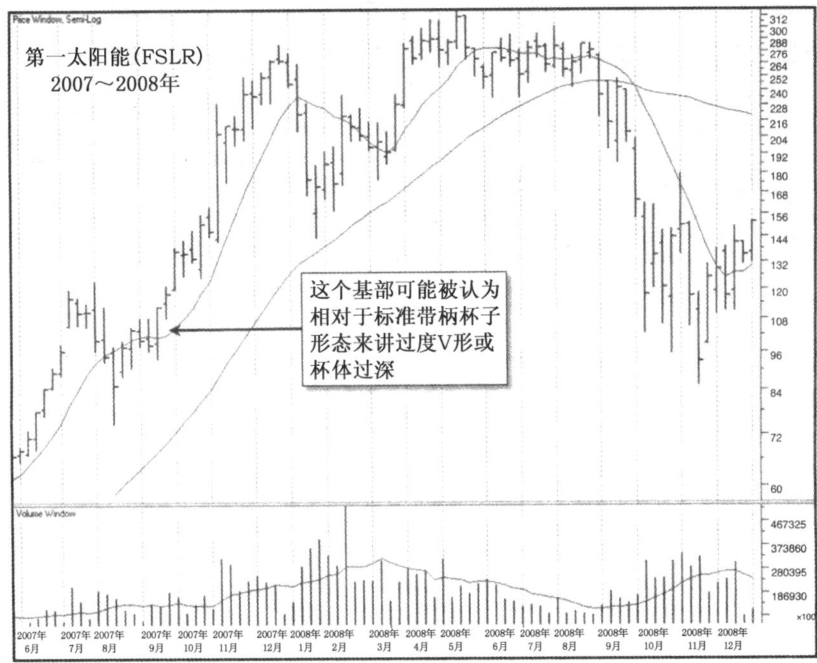

HGS软件公司供图,版权2012。

图2.7　2007～2008年第一太阳能公司(FSLR)周线。第一太阳能在2007年7～9月的带柄杯子基部不符合带柄杯子基部形态的标签要求,但是,为了正确地评估该形态,其他背景性因素,诸如市场波动性以及在其他太阳能股票中出现的类似具有建设性基部形态,潜在板块波动的预兆,也需要考虑进去。

恰就在第一太阳能构建其图表基部的同时,其他太阳能股票,诸如日能公司(Sunpower Lorp.,SPWR)、晶澳太阳能控股(JA Solar Holdings,JASO)和尚德太阳能控股(Suntech Power Holdings,STP)都形成了具有建设性的基部,并且,一些股票,如日能公司,已经提前进入了强势上涨趋势。我们可以看到极为强势的背景因素,也就是市场波动性以及太阳能股票酝酿的板块波动,板块中的每一只股票都形成了基部,这种广泛形成的建设性基部暗示了第一太阳能的形态,因此,在评估第一太阳能的V形带柄甜筒形态及其成功可能性过程中,背景因素更为重要。严格应用标签不是一种正确方法,因为一些最初看起来不完美的形态,实际上可能变得非常强势——它们只是呈现出了不完美形态的外表,因为整体市场的疲弱或波动性是一种不寻常的状态,第一太阳能在2007年下半年的情况就是这样。了解背景因素并且考虑关键信息,例如在相同或相似板块中的其他股票可能出现的行为,必须对何时解释图表形态做出说明。标签能够让投资者快速、方便地了解经验法则，这些法则能够让你保持在正确的方向上，只有在这个意义上来讲，它们才是有益的，但是，只有创造出图表形态的基础条件和环境，才能赋予标签进一步的形状和有效性。因此，我们给你提供公理 3：

标签只是经验法则；不必执着于它们。

价格偏见

投资者执着于他们为股票所付出的价格。最基本的表现存在于那些偏爱低价股票的投资者身上，因为自我可以在某个事实中找到安慰，这个事实是投资者能够买入大量股票，并且，这或许让其他人听起来印象深刻，这时，他们可以说，自己买入了10 000股低价股票，交易价格为 5 美元，而不是 100 股高质量龙头股，交易价格为 500 美元。或者说，他们无法摆脱像一个思想简单的消费者那样的思想，他们希望得到最低价格、便宜货或打折商品，呈现出最原始的重要性观念。但是价格本身与在市场上赚钱无关。相关的并且最为重要的是价格运行方向。因此，公理 4 是：

考虑价格的趋势，而不是绝对价格。

当然，投资者表现出来的价格支付偏好在日常生活中被强化，因为大多数常见投资智慧由财经媒体和专业学者进行传播。受买入并长线持有投资策略观念的影响，买入便宜股票始终被认为是更好的方法。

我们喜欢使用 2004 年苹果公司(AAPL)的案例，来说明价格偏好如何阻止投资者认识正在形成的价格偏见机会，以及阻止投资者根据这种机会进行操作。当股票冲到新高时，可能看起来价格太高了，但是，这并不重要，因为就在其价格甚至上涨到更高的一瞬间，比如，启动了新一轮价格趋势，实际上，几周或几个月后，它可能变得非常便宜。你在什么位置买入股票并不重要，重要的是你在买入股票后它会运行到什么位置——价格趋势。

2004 年夏末，苹果公司显示出一些积极行为，这只大盘科技股通过一款被称为 iPod 的热销新品彻底改变了公司局面。它所做的就是播放 mp3 音乐文档，今天这似乎很奇怪,它与所有 iPod 催生的产品——iPhone、iPad 和 iTV——相关。该股票正在形成一些具有建设性的盘整,但是价格上涨过程不太积极。在图 2.8 中,你可以看到我们最终在 2004 年 6 月和 7 月初买入该股票的位置。当该股票带巨量跳空下跌时,我们马上抛售了所有头寸。

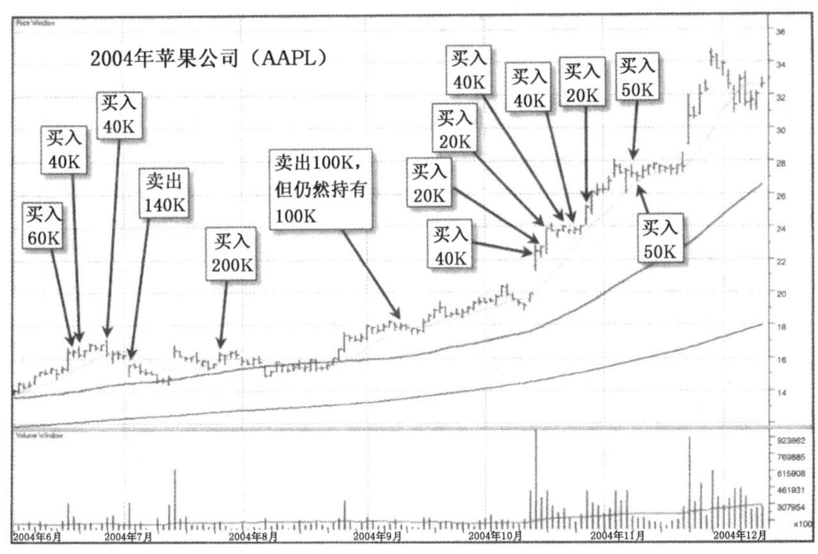

HGS 软件公司供图,版权 2012。

图 2.8　2004 年苹果公司(AAPL)日线。大量买入和卖出出现在趋势最终被锁定之前。

但是,到 7 月末,我们买回200 000股,并且大约在一个月后该股票开始突破并持续走高。9 月初,为了等待 10 月份公布的盈利报告,获利卖出一半头寸。10 月 14 日公布盈利报告,该股票出现带巨量的可买入上涨跳空缺口。由于随着该股票上涨该上涨动力带有巨大买入成交量,在接下来的几个交易日内,我们非常积极并持续增加了头寸。当时交易苹果公司的方法,很容易发现大幅波动,在 10 月 14 日出现第一个可买入上涨跳空缺口之后,每当该股票试图抛售时,买盘就加速进场,吸收任何被抛售的股份。

大多数投资者不会在如此高的价位参与到这种果断大胆地买入苹果公司的操作,尤其是如果他们减持股票的价格远低于该价格,就像我们在 7～9 月所做的那样。他们以 16 美元卖出苹果公司,再以 24 美元买入该股票,错误的消费者心态使他们感觉好像自己上当受骗了。但是,由于快速的价格上涨,随之使之前的苹果公司跳空上涨到了 24 美元的价位水平，事实是价格实际上比更早以 16 美元买入该股票更便宜了，因为 16 美元买入，在接下来的两个月，2004 年 7 月股价回归到初始水平，相比这种情况，24 美元买入在接下来的两个月产生了多得多的利润。

2012 年，苹果公司交易价格是该价格水平的 20 倍，因此，在随后价格趋势背景中观察价格走势时，在苹果公司波动的早期阶段 2004 年 10 月高涨的价格看起来似乎非常便宜(如图 2.9 所示)。

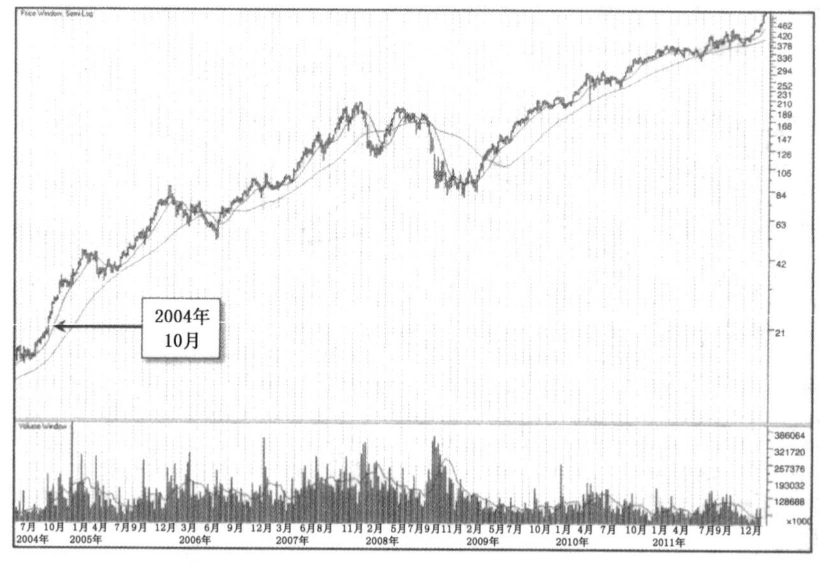

HGS 软件公司供图，版权 2012。

图 2.9　2004～2012 年苹果公司(AAPL)周线。2012 年初，苹果公司交易价格在 500 美元左右，2004 年末苹果公司股价为 24 美元，这看起来非常便宜。

在苹果公司案例中，如果投资者在趋势开始时就抓住了它并且在真实价格波动之初就在该股票上建立了较大的头寸，那么 2004 年 10 月在每股股价上出现的几美元差异最终会影响甚微。就在前几个月我们卖出苹果公司，现在以高于当初卖出价 8 美元买入，并不会阻碍我们在 2004～2005 年间在该股票上赚大钱。因此，当投资者在买入某只股票时仅仅在 50 美分或 1 美元上吹毛求疵，这是微不足道的，例如，在每股 42 美元买入点突破基部，并且必须支付 43.50 美元，因为某些原因他们之前“没有看到它”。他们错失了该点位，投资者买入突破基部的潜在新龙头股，是恰好在买入点 42 美元，还是在更高的价格 43 美元，这无关紧要。唯一重要的是,从买入该股票开始,它是否上涨到 90 美元,如果的确上涨到了 90 美元,那么 42 美元和 43 美元之间产生的差异极小。如果你想成为一名成功的交易者和投资者,就要摆脱这种价格偏见。

寻找可以学习的专家,但不必依赖

大多数投资者错误地认为,依赖专家对投资成功很有必要。他们想找到一位专家来跟随,专家会告诉他们思考什么。这会降低在他们身上的压力,并且他们认为这是一条解决问题的简单方法。

这给了他们一种错误的假象,来自于专家的观点会接近于确定的事实。但是,恰恰相反,这并不能替代投资者做自己的功课,并且,我们已经知道,在市场上并不存在确定性,甚至从投资界上层人士和学者那里获得的源源不断的评论也同样不存在确定性。随着投资者经验的增长,他们会了解自己的交易心理,这会形成对下列问题的更好理解,如在哪里设定卖出止损位、人们应该还是不应该金字塔式加码投资,以及对个人投资风险而言,多大程度上的分散投资起的效果最好。人们通过更好理解股票的基本面和技术面特征,也能学会如何更好地确认潜在龙头股。最后,公理 5 是:

万事不求人。

尽管作为一个人你也会有缺点,但是知道你在市场上取得成功万事不求人,就可以安心了。随着时间的流逝,你不断获得经验,这些经验可以转化为正确判断,你可以综合使用某些工具,但是,底线是你必须始终亲自做功课,并且根据自己的交易计划进行操作。向其他人请教他们如何处理交易或者特定交易日或交易周内的量/价行为,这与你并不相关,因为你应该已经提前知道,基于客观量/价行为以及由此所产生的信号,你将如何处理该头寸。如果买入一只股票,并决定基于他们的想法进行头寸操作,你就会越来越不顺利。

专家投资者并不是那些散播知识的人,那些人会武断地说出,他们对市场条件或可能的市场环境的解释,实际上他们所说的市场条件和环境,或许根本就不存在。专家投资者是那些已经知道严格遵守投资方法的人,他们基于对市场的客观、实时观察,筛选并精选他们的方法、规则和工具,形成特有的方法。这些都是你希望向他们学习的专家,而不是依赖于他们的观点或想法来指导你。

虚拟交易与真实交易

一种普遍的想法是,为了培养投资者和交易者的交易技巧,他们应该首先采用虚拟交易。在很大程度上,当涉及理解初始交易的基本机制、构建风险管理系统以及建立并管理一个投资组合时,我们也同意这种想法。虚拟交易唯一的问题是,它并不会给你的心理强加任何压力。虚拟交易就是在纸面上的交易,不是在线的真实交易,并且在交易过程中所展示情况的重要部分是这种想法,要么赚要么赔。对于新手交易者而言,要学会处理盈利交易的兴奋以及由此产生的心理陷阱,以及亏损交易或者更为糟糕的系列亏损交易所带来的心理后果,如沮丧、愤怒和失望。通常情况下,这意味作为一名交易者在其自我发展过程早期失败和长期成功的区别。因此,导出公理 6:

交易是内在性活动;单单靠虚拟交易无法取得成功。

在涉及交易和投资时,为了理解真实的任务,你必须经历并处理这些开始发挥作用的常见情绪。只有在处理真实交易而非虚拟交易时,投资者才能经历这种常见情绪,之后设计处理这些情绪的方法,并最小化其潜在有害负面影响。如果你只是进行虚拟交易,那么就会有一些无法经历的重要情绪,但是,当用真实货币交易时,它们是投资者必须了解的情绪:

- 兴奋导致潜在的草率交易、过度自我和/或过度溺爱奢侈品。随着交易账户增值,投资者可能会承担越来越大的风险,买入过大的头寸或过度使用杠杆交易。自负也会产生一种不会受到伤害的感觉,通常情况下,市场会让投资者大吃一惊。最终,通常在市场上赚钱购买奢侈品是一个心理陷阱。投资者往往就在错误的时间犯下错误的交易,因为在交易是为了买入第二套度假屋或高级轿车时,投资者的情绪一般会过度掺杂进来。

- 沮丧会导致过早地认输。回溯到 1998 年 10 月,就在大量交易者决定止损交易,在充满危机的交易深水区仅保留一线生机时,市场启动了史上最强势的反弹之一。那些保持警惕和关注的投资者获利丰厚。那些止损交易的投资者眼看着市场飚升到更高点位。通常情况下，这些交易者会产生无为心理陷阱，就像车灯照射下的麋鹿一样，眼看着自己最喜欢的股票突破，翻倍，之后翻三倍，等等。

- 愤怒导致投资者试图在亏损股票上扯平。有时，这会导致投资者摊低式加码，认为通过以便宜的价格买入就会挽回之前的亏损。一些投资者希望赚回自己亏损的资金，因此，他们或许会在相同股票上买入更大的头寸，他们认为该股票会让自己挽回亏损。

- 失望导致不会买回某只股票，因为在这之前你已经亏损了金钱。这种近期偏见可能最终导致你会错失大幅盈利。有时，股票会将你震仓出局，但是，如果它构建并产生一个新的买入点，你应该进行交易，假定该股票和整体市场仍然健康。1995 年，埃德・塞柯塔(Ed Seykota)通过其咖啡交易赚取了巨额财富，但是其在咖啡交易中大有斩获之前，他必须承受 5 次小幅亏损。他发表评论说，正是这个交易让他成为世界上最顶尖的交易员之一，因为大多数其他交易者会在其开始 3 次亏损之后就会止损咖啡交易。

开始学习交易的最佳方法是以少量资金启动交易，比如说你初始资金配置的 10%，并且自此开始就按照你的方式进行操作。坚持自我认知，当情绪出现时能够确认自己的情绪，并且在某些情况下，这些问题会显现出来！

意识和准备

对一名交易者来说，重要的是自我认知。有时，你的思维表现就像一个哀号的女妖，思想会把你头脑搞得一团糟，本身就会连接、扭曲并折叠。

这产生公理 7：

培养对自己情绪的实时意识，并且通过提前制定交易计划，消除情绪干扰。

交易日志是一种编制情绪条目的有效方法。涉及你的头寸或整体市场的表现，当你的情绪出现时，记录各种情绪的状态。可能一个消息标题是令人担忧的，触发恐惧。或者，可能你的股票跳空上涨，产生兴奋之情。抑或者你的股票在一夜之间被腰斩，导致你认为该股票太过便宜而不愿就此抛售，并且必须至少

恢复某些亏损,触发希望。记录你买入某只特定股票的理由,以及你对该交易的预期甚至是希望。哪些因素对你买入该股票产生影响?是否有一个特定主题?想法源于何处?通常情况下,事后进行检查时,这些都会非常有趣,因为你知道了自己着手该交易有多大的现实性,源于你的思考过程中往往会产生什么样的最好和最坏的想法,以及在你过度自信时,是否会经常超买。你或许会发现,自己不太自信的交易或许会产生很好的结果,而当时自己极其自信的交易所产生的结果并不如预期的结果好。自我证明自己的想法并不太重要,这就是最好的方法之一,并且,通常情况下,它会妨碍你充分利用所有的潜在可能性。

也应该追踪自我的表现。这与人类是完全一致的,例如,人们希望吹嘘自己用11美元买入了像应美盛公司(Invensense,INVN)这样的股票,并且观察到它迅速上涨到了19美元(如图2.10所示)。捕捉像这样的上涨可能会在你大脑中产生一股内啡肽急流。了解这种情况,因为它会使你感觉良好,并产生想与他人分享的兴奋之情。并且与他人分享可能会需要吹嘘,或者只是浪费精力谈论自

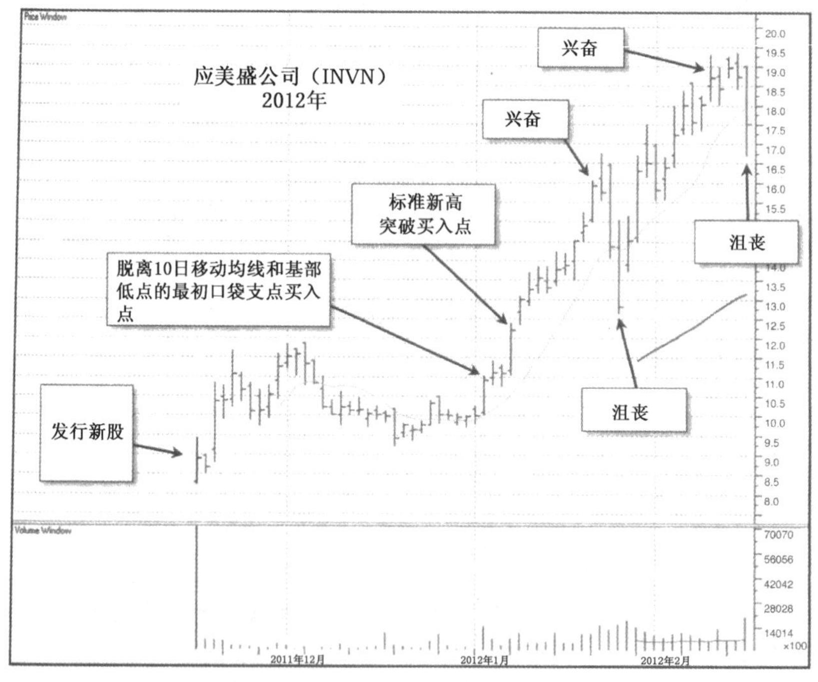

HGS软件公司供图,版权2012。

图2.10　2012年应美盛公司(INVN)日线。尽管出现强势价格上涨,该股票并没出现异常,在其上涨趋势中会产生回调。经历了与图表中上下波动相一致的极端情绪,可能会让投资者迷失方向。

己的股票。如果曾经进行的交易产生了丰厚、快速的利润，你就会知道我们在谈论什么。我们可能会因表面上的标签而兴奋不已，从而产生一定量的心智能量。作为人类，我们的反应是正常的。

2012 年 1 月初，我们在自己的投资建议网站 www. selfishInvesting. com 上发布报告称，最近上市的新股票应美盛公司(INVN)正显示出其作为未来潜在龙头股的第一个目标迹象，当时，该股票产生了一个强势的口袋支点买入点。三天后，它突破到新高，并且以戏剧性的方式持续走高，与之相随的是正常的波动性，显示出更小波动性的特征。这里，关键点是，交易者在 2012 年 1 月初买入该股票，恰好该股票出现口袋支点上涨，并突破了其第一个基部形态，这种情况会让投资者马上获得 50%～60%的快速上涨回报。然而，正如杰西·利维摩尔的理解，每次价格上涨过程中会有其自己的价格回调形式。把股票价格趋势看作是一系列简单的价格波动，其特征是包括作用与反作用，再次作用与反作用，最终价格趋势的特征显示为，当股票最终见顶反转下跌时反作用低于正常状态。知道应美盛公司在 2012 年初是一只交投清淡、小盘的新股票，因此，相对于正常的大盘股而言，可能会出现更大的波动性，投资者可能要调整自己心理，期望股票能够产生如此快速上涨，也必然会产生正常的反作用，它们的大小和波动是相似的。

为自己的潜在价格波动做准备过程中的一个有效的训练是，打印出一张你当前持有股票的图表，之后在该图表上划出价格的上下波动。在不同情况下，问一下自己，如何对这种波动做出反应。了解图表中发挥作用的各种支撑位，并且思考你可能会如何处理在这些支撑区域的逻辑性回调。正如我们一向说的那样，成功交易者或许受到幸运的眷顾，但他们能够利用有利的价格波动是大量充分准备的结果。大部分这种准备应该会适应你的心理，基于该股票在其趋势中的位置以及与之相关的支撑和阻力位，潜在价格波动可能会出现什么情况。

通过研究你持有股票的正常状况，之后制定关于你会对这种状况如何反应的行动计划，让它们成为现实，这有助于消除或至少减轻所伴生的情绪——通常情况下为实时出现的情绪。这里的想法类似于消防演习或灾难应变演习，所有参与者和应急反应小组都会演练，如果未知事件出现，那么他们会做些什么。通过准备和彻底想清楚人们对未知事件的反应，就可以避免出现混乱。对股票市场来讲，该规则同样适用，因为知道你如何提前反应以及在平静情绪状态下为自己的反应做出计划，当面临需要你实时制定关键的交易决策时，会产生一个对该过程很强的焦点和目标性意识。

我们可能也会看到,随着应美盛公司在波动性趋势中上涨和下跌,该股票价格的快速上涨或许会产生像兴奋和沮丧这样的情绪。这里的骗局是,接受这些情绪所产生的能量,并且要知道情绪只是情绪——仅此而已。当你开始感觉到情绪时,一个简单的练习是只把在交易时的任何情绪看作是从你身体里出现的一束光。要允许自己完全感受这种源自于你身体内的情绪能量。把这种光看成闪烁的、发光的球体能量,它们包围并流过你的身体。之后,想象这种能量集中通过你"第三只眼"的棱镜,穿过点就在你两只眼睛的正中靠上。把这种能量看成强激光,之后,投影到你的工作区,无论它是你的电脑报价显示屏、一幅图表,还是你在研究股票时所关注的内容。

投资者也能够通过其他任何有效的形式进行冥想,因为它具有一种缓解情绪、减少压力并产生具有创造性思想流的作用。你在一次巨大盈利交易后感觉到兴奋狂喜,甚至是在一次糟糕交易后感到愤怒,在这个时候,底线是通过冥想和可视化积极地把它转化到你的市场工作之中。否则,如果允许这种能量像大量静电一样散布,那么最终可能产生破坏性结果。获得情绪的原始能量,学会引导排解它们,可能高效地限制其负面影响,并且能够增加你的全面关注,以及坚持你手头的工作。

小结:认知自己

据说,在很多方面,股票市场就像一面镜子,在里面可以看到自己。它可以显示出我们的缺点和劣势。一般情况下,大多数投资者从心理角度来看并不适合成为投资者,因为他们往往拒绝观看镜子显示出来的情况。我们认识到,在面对自己的劣势时,心理防御机制是人类的常见反应,这时,我们必须始终努力把市场看成一面镜子。我们必须甘愿深入地观看镜子,并研究它捕捉到的我们的心理影像。

不断地问自己,向你显示的是什么,以及你在多大程度上倾听其信息。心理混乱的形式有恐惧、偏见、担心等,在你的心里会产生哪种混乱,并且妨碍你进行清晰果断的决策?我们所有人都以某种形式存在着心理混乱,并且在某种程度上,我们在本章已经尝试着对这些最常见的心理混乱进行了分类。交易者必须知道，对他们自己投资成功的最大障碍不是市场，不是做市商，不是掌握内部消息的资金，可能也不是月亮和星星的位置，尽管我们知道有些人会十分反对这种看法！投资成功的最大障碍是你本人，并且，提前进行道歉，我们使用了令人尊敬的沃尔特·凯利(Walt Kelly)在其经典连载漫画“弹簧单高跷”(Pogo)中的名句，推导出公理 8：

我们遇到了敌人，他就是我们自己。

然而，该公理中体现的思想是，你也是自己投资成功的最大促成者。当谈到如何进行股票市场投资时，通过了解自己以及自己的心理，你就已经赢得战役的一半。请记住，你是独一无二的。尽管作为人类我们所有人在本质上都是相似的，但是我们都会通过心理太阳镜来观察世界，我们最终的感知以自己独特的方式产生。因此，不要再假设市场上存在着可以让投资者应用并对每一个投资者都有效的万全之策或相同的方法。除非你的操作方式与自己的情绪偏好以及自己的心理保持一致，否则你会迫使自己进入无法处理的局面，并且这往往会导致或加重错误。

在下一章，我们会自己照镜子，会对我们在 2011 年共同管理的一个账户交易进行事后剖析。在该过程中，你会看到，我们如何使用镜子或市场事后分析，来确认我们自己的劣势以及造成损失的倾向。

第三章　2011 年:对新千年的事后剖析

进行所谓的事后分析是交易者强化训练的一个关键方面,因为真正了解投资者自己制定决策过程的唯一方法是进行事后研究,对发生的情况及其原因进行完整的、客观的了解之后,通过事后研究进行操作。辞典对术语事后分析有两种概念解释:

1. 检查死尸来确认死因。

2. 事件发生后的事件分析。[1]

显然,我们最感兴趣的是第二个定义,尽管在某些市场环境下,对于那些在错误方向上徘徊太久太远的投资者和交易者来说,第一个定义也同样适用。当然,我们自己的事后分析的关键点在于,当投资结果低于预期时知道我们做错了什么,并且相反情况是,当投资结果相当理想时知道我们做对了什么,其初衷是培养我们的技巧,使得投资行为产生更多前者情况,更少后者情况。

在本章中,我们进行 2011 年的事后分析,是为了提供我们在现实中如何处理这种分析的应用情况。通过这种方式,希望向读者提供他们自己如何进行类似分析的指导。

在我们的第一本书中,讨论了大量在 20 世纪 90 年代及 21 世纪初所经历的成功投资,当时我们为威廉·欧奈尔公司工作,但是,到 2012 年,那已经是很长时间之前的事情了。此外,我们习惯性地认为,这种波动不定、无趋势市场似乎是 21 世纪的市场特征,与我们在 20 世纪 90 年代所经历的情况既有定性的区别

---

〔1〕 韦氏在线词典:http://www.merriam-webster.com/。

也有定量的区别,当时,市场经历一轮典型的、抛物线式的上涨趋势,在2000年3月达到网络泡沫破裂高潮(如图3.1所示)。非常坦率地说,20世纪90年代是趋势跟踪者的梦想市场,而21世纪,在很大程度上已经是无趋势状态,波动不定的上涨和下跌子趋势或机会窗口会在整体横盘波动过程中突然出现。就机会窗口而言,在20世纪90年代,打开得很大,而窗口持续期长,然而,在21世纪,机会窗口由很多较小的机会窗口组成,其程度和级别变幻不定。换句话说,窗口打开得不如20世纪90年代那么大。

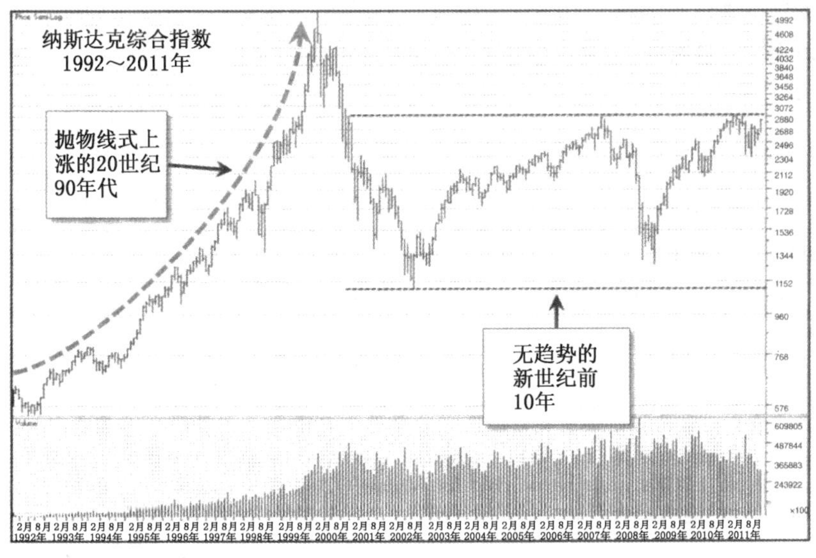

HGS软件公司供图,版权2012。

图3.1　1999～2000年纳斯达克综合指数日线。抛物线式上涨的20世纪90年代,一个真正的趋势跟踪者的梦想,接下来显示为无趋势的21世纪。

但是,每个市场都有其机会窗口,并且精明的投资者必须能够识别这种机会窗口在何时打开,并且窗口打开的程度也需要对其投资方法进行调整,无论是以头寸规模、风险管理、交易技巧的形式,还是股票选择的形式。图3.1概括了两个主要的市场期间,这与我们自己的投资生涯相一致,并且,很明显,纳斯达克综合指数月线图存在某种双重性特征,在2000年,市场转换了其角色,由20世纪90年代相对友好的、一致的加速上涨趋势转变成了具有较小一致性的趋势,并且这对于趋势跟踪者来说,具有非常大的差异。

在20世纪90年代前期,我们两个开始在市场中交易,在这个始于1981年的所谓长期牛市中,产生了加速上涨。在某种程度上,我们在像 20 世纪 90 年代这样的完美抛物线式趋势市场中成长壮大,带来了某些问题,要想在随后的无趋势市场中幸存下来,必须克服并解决这些问题。

基于特定标准做出决策会导致特定结果,并且,投资于诸如我们在 20 世纪 90 年代所经历的宏观性抛物线式市场,会产生某类交易者心智模式,它们会产生经验性结果和期望。投资者基于既定的一套标准或因素制定决策,例如,像 20 世纪 90 年代这样的抛物线式市场会产生一组特定的结果。在某种程度上,交易者变得习惯于这种结果。转化到类似于 21 世纪前 10 年的无趋势市场,或者如我们通常所说的,在 21 世纪,这些结果不会以完全相同的方式发挥作用。因此,在 20 世纪 90 年代成长起来的交易者,其预期不一定会符合随后时代中的股票和整体市场行为。

在我们的职业生涯中,我们从自己所遇到的投资者和投资专业人士的心理角度对此进行观察。一方面,如果投资者最初的市场经历出现在无趋势的、上下波动不定并且存在很大经济不确定性的 20 世纪 70 年代,那么投资者可能一般对股票有低预期。另一方面,在 20 世纪 80 年代期间,买入并持有思想成为投资心态的一个战斗口号,围绕机构青睐的漂亮 50 龙头股,在市场回调时逢低吸纳这些股票。1987 年股市崩盘及其随后快速反弹到新高,只会强化这种心态或思潮。因此,20 世纪 90 年代的抛物线式上涨出现的条件是,那些首次经历股市的交易者和投资者在该市场期间入市,并且他们可能对既定的市场标准展现出不同的预期。这毫不奇怪,因为一个市场周期可能表现出与另一个市场周期非常大的差异。

我们记得有一名特殊的投资专业人士,到 1999 年,他从业已经超过 20 年了。他告诉我们,他已经在市场中的时间太长了,以致无法充分利用 1998 年末到 2000 年初的网络时代的股票市场抛物线式上涨,因为他已经不习惯于思考这种波动的可能性。考虑到我们在 20 世纪 90 年代早期开始了自己的交易职业生涯,因此,20 世纪 90 年代末期看起来像一个逻辑上的终点,并且,幸亏当时有一名导师,让我们“保持正确的方向”,正如比尔所喜欢说的,我们能够在某种程度上以正确的眼光看待事物。

然而,那些在 1999 年开始其职业生涯的投资者,我们认识很多,他们认为派对将会永远持续下去。因此,20 世纪 90 年代末期的泡沫市场环境已经注入了某些预期：快速成功，巨大成功。2000年，随着他们的条件期望无法让他们看到市场上的任何升势，他们被扫地出门了。毕竟，这是一个新的时代，并且熊市已经是过去的事情了，世界的重心已经脱离了陈旧的实体经济范式。当时，流行的投资业广告口号是"时代不同了"。遗憾的是，时代并没有什么不同，除了投资者的预期，这种预期到2000年初已经变得非常不现实。

我们花了大量时间，研究和实施我们自己交易的事后分析，以及事件和趋势——无论是经济的、政治的、货币的、军事的，还是消费者天性，是如何产生的，之后在股票市场技术行为中如何完成。我们整体事后分析的一个主要结论是，交易者必须绝对坚持心理上的自我意识，这时，它涉及交易者自己预期的理解，其背景是，要么市场环境容纳这种预期，要么是产生失望情绪，无论这种情绪源自预期过高，还是预期不足。

回顾2011年交易记录

在21世纪的宏观环境中，2011年清晰地表现为一种特殊的无趋势宏观环境，表现出所有对这种市场环境的典型背离。图3.2显示了纳斯达克综合指数

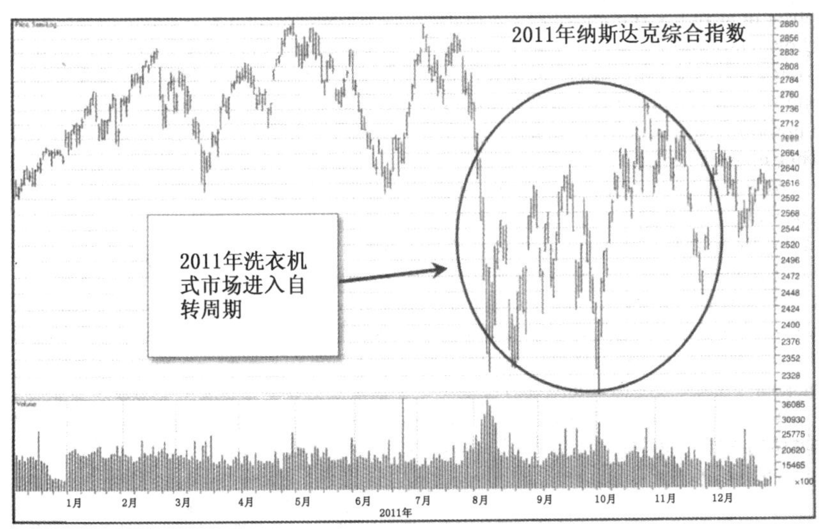

HGS软件公司供图，版权2012。

图3.2　2011年纳斯达克综合指数日线。从整体上看，2011年对于整体市场来讲是一个无趋势的年份，在某种程度上，这可以用来掩饰极端的短线波动。

日线为期一年(从 2011 年的开始到结束)的走势,并且你可以轻易地看到,市场最终并没有远离 2011 年初的位置。然而,其间发生的情况类似于波动的虚拟洗衣机,在每次只能持续几个交易日到两三周的趋势中,市场来回地突然变换方向。紧随 8 月初的快速突破,洗衣机效应变得更加恶化,市场短期锯齿式趋势持续期不会超过几个交易日,并且开盘跳空上涨/跳空下跌已经司空见惯。

在 2011 年无趋势环境中,我们能够表现优异,但是该年我们有时也会遇到挫折。不为这些挫折而沮丧的关键是,持续关注只遵循我们交易规则的策略,懂得它们最终会让我们投资于可行的、有利可图的趋势中。在本章中,我们快速浏览 2011 年上半年的交易事后分析。通过我们的交易规则进行流畅地切换,并结合一点创造性思考,坚持纪律性,努力克服 2011 年环境中所面临的困难,我们就可以获得很多人无法取得的成功。

利用带标注图表的电子表格分析

为了在既定时间段内实施事后分析,投资者首要必备工具是在所讨论时期内的交易记录。你要么在电子表格中保留活跃的交易记录,可以随着实时交易开展进行更新,或者可以收集所有的账户交易确认及汇总信息,并对所有交易略加变通,一起转化到电子表格或类似分析软件程序之中。实践经验表明,制作一张实时电子表格——栏目详细标明了交易日期;是买入、卖出、卖空还是回购;交易证券代码;交易证券名称;交易执行价格;交易金额;以及如果退出初始仓位该交易所产生的盈利或损失(例如,卖出多头头寸或回购空头头寸)——是最简单的方法。这种电子表格的一个例子,通常被称为交易记事本,如图 3.3 所示。

名称	代码	交易日期	买入价	股票数量	美元金额	交易日期	卖出价	股票数量	美元金额	盈利&损失
Apple Computer	AAPL	10/14/2004	43.6171	20,000	$ 872,342.00	4/14/2005	38.0204	40,000	$ 1,520,816.00	648474.00
Apple Computer	AAPL	10/15/2004	44.6388	10,000	$ 446,388.00	4/14/2005	38.0204	20,000	$ 760,408.00	314020.00
Research in Motion	RIMM	10/15/2004	81.6833	10,000	$ 816,833.00	11/3/2004	87.2984	10,000	$ 872,984.00	56151.00
Apple Computer	AAPL	10/18/2004	45.0000	10,000	$ 450,000.00	4/14/2005	38.0204	20,000	$ 760,408.00	310408.00
Google, Inc	GOOG	10/18/2004	141.6742	10,000	$ 1,416,742.00	2/25/2005	187.0981	10,000	$ 1,870,981.00	454239.00
Research in Motion	RIMM	10/18/2004	85.3842	10,000	$ 853,842.00	11/3/2004	87.2984	10,000	$ 872,984.00	19142.00
K-Mart Holdings Corp	KMRT	10/18/2004	90.5344	10,000	$ 905,344.00	11/17/2004	116.4840	10,000	$ 1,164,840.00	259496.00
Apple Computer	AAPL	10/19/2004	48.0316	10,000	$ 480,316.00	4/14/2005	38.0204	20,000	$ 760,408.00	280092.00
Marvell Technology Group	MRVL	10/19/2004	29.4992	20,000	$ 589,984.00	10/25/2004	27.0256	20,000	$ 540,512.00	-49472.00

图 3.3 作者收集的交易记事本电子表格示例

如果投资者熟悉使用电子表格软件,在各列进行自动计算是很简单的事情,例如,用价格乘以买入或卖出股票的数量,得到美元金额,或第二个美元金额减去第一个美元金额,得到列的盈利或损失。投资者也能够输入当天任何交易的账面价值,可以相对简单地计算出分配给每次交易账面资金的百分比。

记录这样的交易记事本使得以各种方法对数据进行分类成为简单的事情,诸如以单个证券名称或代码以及盈利/损失规模进行分类。交易记事本电子表格的初步可视化评估,可以迅速确认最大的盈利或损失出现在什么地方,例如,哪些可行哪些不可行。投资者也可以迅速地观察到,哪只股票是交投最活跃的股票和/或在出清头寸之前以金字塔式向该股票中投入最多的资金。

浏览电子表格,投资者也能够看到,是否存在快速震仓过早出局的倾向性。一些卖出的股票本来价格可以上涨到更高,并且通过观察这种情况,投资者能够调整卖出策略,减少这种错误。

三只股票,三震出局

尽管就该账户而言2011年是增值颇丰的一年,该年的首次交易F5网络公司(F5 Networks,FFIV)是一个糟糕的开始(如图3.4所示)。我们买入该股票的理由是(1)三个交易日前该股票出现的口袋支点买入点,以及(2)该股票计划在几个交易日内宣布盈利报告,并且其历史趋势是在盈利报告当天出现跳空上

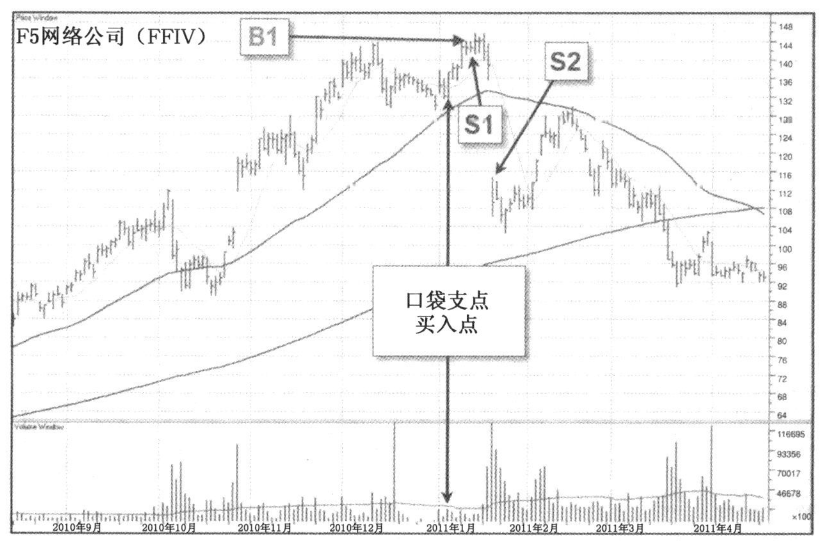

HGS软件公司供图,版权2012。

图3.4　2011年F5网络公司(FFIV)日线

涨。我们错误地把该股票即将公布盈利报告行为作为了非常积极的信号,当时,我们在图中 B1 位置建立了初始仓位。

最初所犯的一个错误是,我们在口袋支点买入点后三个交易日全仓买入,因此,现在有点儿晚了。之后,就在第二天,我们卖出一半的仓位,因为我们觉得对于这只特殊的股票来讲,全仓是过于激进了,并且我们处于自正确口袋支点进入点略微延伸的价格水平上。盈利报告在几个交易日内公布,并且其他几只云计算股票在 2010 年末都已经出现了某些困境,我们怀疑另一只靴子是否会落地。结果是,卖出半仓是一种明智的做法,因为盈利报告一经公布,F5 网络公司第二天放巨量跳空下跌。因为股价触及了止损点,我们毫不迟疑地在开盘时立即抛售了另一半仓位。

这种在个股上面的快进快出交易可以被再次看到,2011 年 2 月 2 日,我们在图 3.5 中点 B1 买入乐威公司(Rovi Corporation,ROVI)。乐威公司实际上可以看作奈飞公司(NFLX)的姐妹股,在这段特殊的市场时期,它是其中一只龙头股,并且直到 2011 年 7 月,该股持续处于强势上涨趋势之中。在线流媒体电影是奈飞公司的新兴在线业务,并且乐威公司通过其在线指南提供一种汇总流媒体电影、音乐、书籍,甚至视频游戏的服务。因此,得益于高速互联网技术,乐威

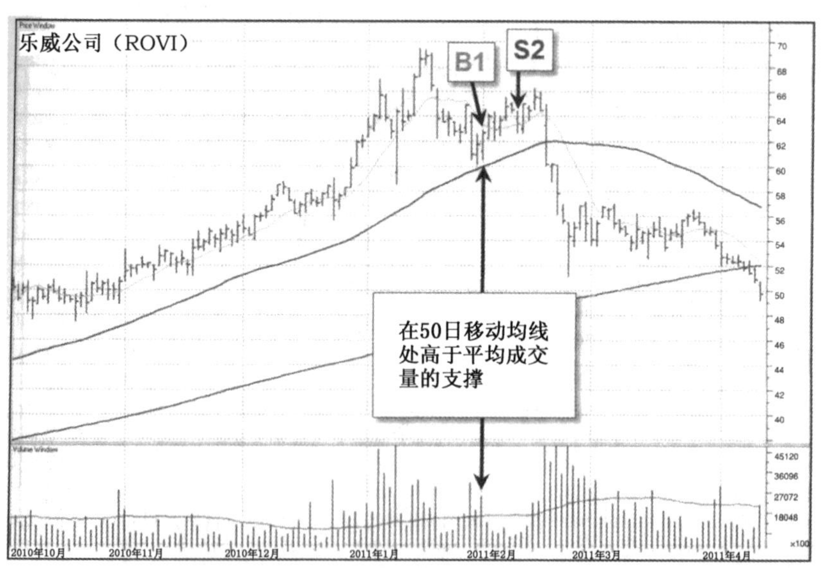

HGS 软件公司供图,版权 2012。

图 3.5 2011 年乐威公司(ROVI)日线

公司适应这种即时可用的内容扩展需要。

当该股票正在离开 50 日移动均线寻找高于平均量能支撑时，我们买入了它。乐威公司在其整个上升趋势中呈现出维持 50 日或 10 周移动均线的强势趋势，该趋势始于 2010 年 9 月，并且，该股票回调到 50 日/10 周移动均线，与之相配合成交量不断增加，我们把这种回调看作是具有建设性的行为。另外，考虑到使用 50 日移动均线背离作为卖出信号，因此，我们觉得风险具有合理性。由于乐威公司实际上是一只龙头股，这种情况值得尝试一下，尽管投资者可能对该位置价格一路上扬持有不同意见。自我们的买入价格开始，该股票持续略微走高，但是，我们并不喜欢的实际情况是，该股票呈现出一点楔形，换句话说，价格上涨时成交量清淡并低于平均成交量，我们把这种情况看作不健康的行为。因此，在点 S2，我们抛售了该股票的全部初始头寸，并且这也证明是一项精明的决策，因为该公司大约在一周后公布盈利报告，并且出现断崖式下跌，抛售致使股价迅速下跌 22.9%，跌穿其 50 日移动均线，之后在 51 美元价格水平找到了暂时性支撑。因此，我们避免另一种类似于 F5 网络公司的经历！正如老话说的那样，“受骗一次，他人可耻，受骗两次，自己该死”。

最终，我们犯的这个错误就是进入该头寸太晚，三个交易日前就已经错失了口袋支点买入点，因此，相比于我们本应该拥有的成本基础而言，我们初始仓位的成本较高。

在事后分析中我们也注意到，就在该年度，我们也在某只特殊的股票——露露柠檬(LULU)，如图 3.6 所示——中被震仓出局了，但是，这完全是由于我们坚持自己的交易规则和纪律所致，因此，从这个角度来看，该交易的处理本来就理当如此。1 月 1 日，该股票产生了可买入上涨跳空缺口性波动(B1)，买入成交量非常大，但是，在一个交易日内，该股票跌破了 B1 跳空上涨交易日中的盘中低点。因为，我们感觉到，我们应该允许更多一点空间，所以我们在 S1 只卖出了一半的仓位，并且静待观察该股票的行为情况，之后决定如何处理剩余的仓位。该股票在跳空上涨之后第二个交易日走势紧凑，这时，我们决定买回在 S1 所卖出的另一半初始仓位。三个交易日后，该股票开始出现更大幅度的下跌，无法维持 5 天前的跳空上涨缺口，因此，依据我们的交易规则卖出了该股票，其在 S2 跌破了其 10 日移动均线。

正常情况下，在可买入上涨跳空缺口交易日，投资者会用 B1 处跳空上涨缺

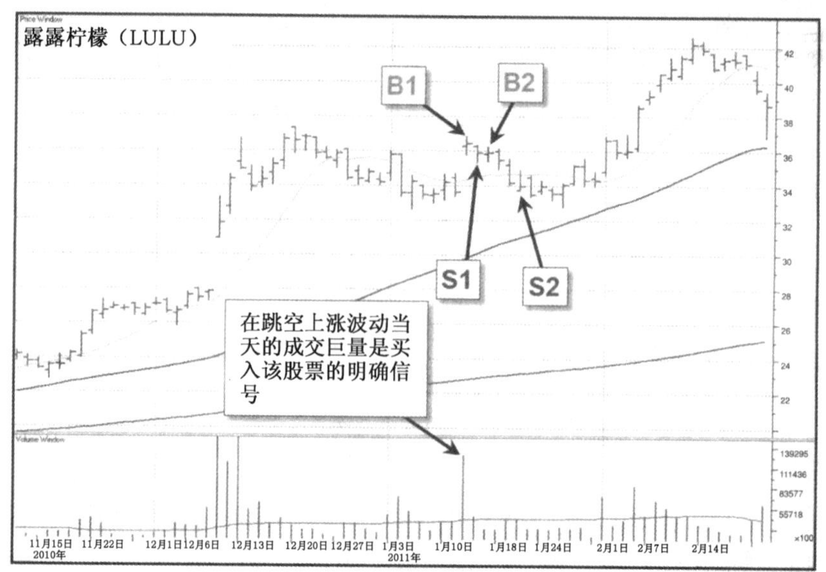

HGS 软件公司供图,版权 2012。

图 3.6　2011 年露露柠檬(LULU)日线

口交易日盘中低点作为止损点。然而,我们决定用 10 日移动均线背离作为我们卖出该股票的指导信号。我们愿意给予这只股票价格灵活性,因为(1)它之前在 2010 年 12 月的跳空上涨显示出了雄厚的技术性上涨力量,以及(2)在这个特殊的市场周期内它是一只具有强劲基本面的龙头股。

如果展开露露柠檬的图表,显示其延续到 2011 年的后续走势,我们就能够看到,该股票甚至呈现出了当年最佳表现股票的走势特征。大约在我们卖出该股票两周后,它迅速出现了口袋支点买入点,之后上涨约 13%,之后,恰好回调到我们最初的买入点,并沿 50 日移动均线找到支撑。在沿 50 日移动均线波动几周后,该股票产生了另一个口袋支点买入点,突破了步步为营形态。随着该股票走高,它产生了几个不错的回报,但是,最终所有这些都化为泡影,露露柠檬股价不断走低,并在 6 月初跌破了其 50 日移动均线,产生了一个技术性卖出信号。但是,在为期三周的时间内,露露柠檬拉回到其 50 日移动均线上方,随后它突破到新高,产生了另一个技术性买入信号。这在该股票图表中产生了个不错的运行走势,但是,该股票再次逐渐变弱,并最终一路下跌到之前突破时的买入点,并跌破 52 美元。露露柠檬这个例子证明了,在 2011 年,即使是龙头股,随着它们不持续走高,也很难维持这种趋势。

在事后分析中，我们意识到，在F5网络公司、乐威公司和露露柠檬所有三个例子中，我们都进行了非常积极的建仓，尤其是F5网络公司和乐威公司。我们进入露露柠檬的策略正确，并且根据我们处理可买入上涨跳空缺口的规则，在图3.7点B1交易露露柠檬，但是，从我们在B1、S1和B2处优柔寡断的交易中，你能够看到，我们在开始的时候就有一点不确定。除此之外，我们本来在口袋支点买入点出现时再次买入露露柠檬，图3.7中S2之后一周多出现了该买入点，但是我们忽视了该信号，只是因为有点一朝被蛇咬、十年怕井绳的心理。

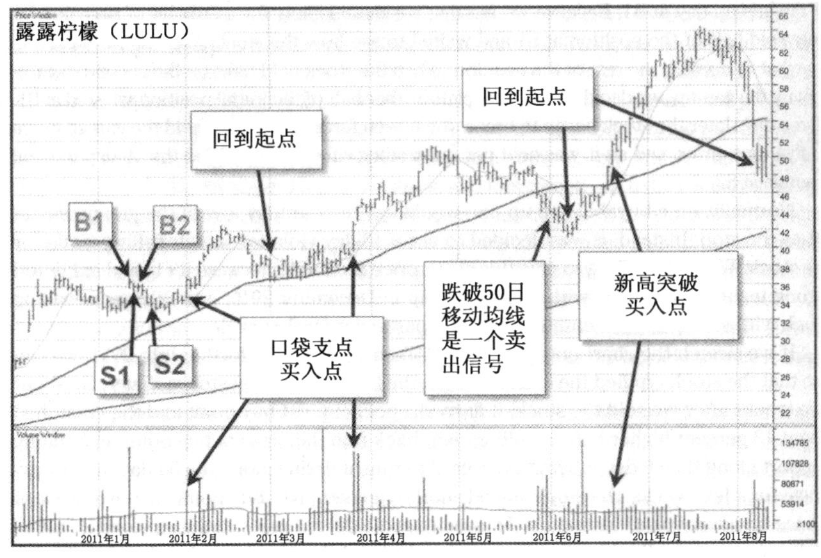

HGS软件公司供图，版权2012。

图3.7　2011年露露柠檬(LULU)日线

整体而言，F5网络公司、乐威公司和露露柠檬交易形态表现出一个积极的姿态，这种姿态并没有得到2011年那种上下波动不定市场环境的配合，并且，投资者可能会说，我们仍然在渴望20世纪90年代末的那些日子，当时像这样的形态会极其有效！因此，我们的结论是，如果我们要在2011年赚钱的话，就需要退避并等待出现正确的机会，并且，根据我们寻找快速上涨股票的旧标准，可能并不一定会进行交易，因为在2011年，即使是最好的股票，比如露露柠檬，也具有非常不稳定的上升趋势。我们需要让事情更加顺畅、更加清晰，并且我们并不知道，我们在一两周内就可以找到这样的机会。

机会窗口出现一线光明

尽管F5网络公司、乐威公司和露露柠檬作为2011年的失败交易呈现出所面临的困难,但是,我们最终抓住了2011年唯一真正明确并有利可图的趋势,并且这并非是个股趋势,而是大宗商品趋势,具体来说是贵金属,更具体地说,就是白银。早在2000年,我们就建立了贵金属长线头寸,已经在贵金属趋势中有一段时间了,但是作为强势交易工具,我们对贵金属的兴趣直到2009年才产生,当时,我们在自己管理的测试性投资组合中首次参与SPDR黄金信托ETF(GLD),获得了55%的收益,在2009年6月~2010年6月这段时间内使用的是真实资金。到2010年9月,我们首次对白银产生了兴趣,因为它在30年内第一次向上突破了20美元价格水平。

2010年9月23日,吉尔·莫拉雷斯在福克斯财经新闻中露面,讨论我们在白银突破20美元达到30年新高时看多买入的观点,并且,毫不奇怪的是,这被福克斯财经新闻主持人所引用,作为对白银怀疑的一个理由!当然,对大多数投资者而言,这个假设总是,它处于新高,甚至是30年高点,实在太高了,反映了一种回归均值的心态,就此而言,这让大多数投资者感到苦恼,并阻止他们理解股票甚至是商品真正的大上升趋势,并从中获利。如果白银正在启动一轮主要的新上升趋势,那么其产生30年高点的事实就是在确认这轮主要的新上升趋势。

结果是,白银落下了其上涨的第一只脚,因为它启动了相对迅速的上涨,自2010年9月的20美元水平上涨到了12月超过30美元价格水平——31年的新高!之后,白银以一种带柄杯子形态在接下来5周时间内横盘波动,到2011年2月,它突破了这个短期盘整。我们制定决策,参与白银的这次突破,利用的是两倍杠杆白银ETF——ProShares Ultra Silver(AGQ),该ETF产品目的在于复制标的白银商品的两倍市场表现。图3.8显示了交易表格,详细记录了我们在2011年全年交易AGQ的情况。为了简单起见,1 000份是我们最初在AGQ突破时所建头寸的20%。

然而,我们买入的是两倍杠杆AGQ,实际上,我们使用的图表是一倍白银ETF——安硕白银信托(SLV,参见图3.9),把它作为我们处理AGQ头寸的参考标杆。因此,2011年2月14日,在点B1的白银买入信号明确了形态柄部时,

标签	日期	行为	证券	份额	价格	解释
B1	2/14/2011	BUY	AGQ	1,000.00	152.2	20% Initial Position
B2	3/14/2011	BUY	AGQ	500	207.71	1/2 # of Shares as Initial Position
B3	3/15/2011	BUY	AGQ	500	184.93	1/2 # of Shares as Initial Position
S1	3/18/2011	SELL	AGQ	−1,000.00	196.73	1/2 of Total Position
B4	3/24/2011	BUY	AGQ	750	225.9	Reenter with 10% Add-Back
B5	4/6/2011	BUY	AGQ	750	248.07	Same # of Shares Added 10% Up
B6	4/14/2011	BUY	AGQ	750	272.63	Same # of Shares Added 10% Up
B7	4/19/2011	BUY	AGQ	750	300.15	Same # of Shares Added 10% Up
S2	4/25/2011	SELL	AGQ	−4,000.00	359.08	Entire Position

图 3.8　2011 年 2～4 月 ProShares Ultra Silver(AGQ)交易数据

这使得我们买入了最初 AGQ 头寸的 20%。你或许在图表中注意到,当天 SLV 交易中并没有口袋支点,甚至没有大的成交量,但是我们感觉到了在贵金属中的波动,并且,我们在点 B1 买入三天后产生了口袋支点买入点,这证实了我们的想法。因此,我们认为,我们不会在口袋支点增加仓位,而仅仅是在 AGQ 上持有 20%的头寸——在两倍杠杆白银 ETF 中一个相对大的初始头寸。实际上,20%AGQ 头寸意味着,我们把 40%分配到了白银交易上,并且在第二个口袋支点增加了头寸,在我们看来,该支点是强势的,并具有建设性,这会让我们陷入得太深太快。

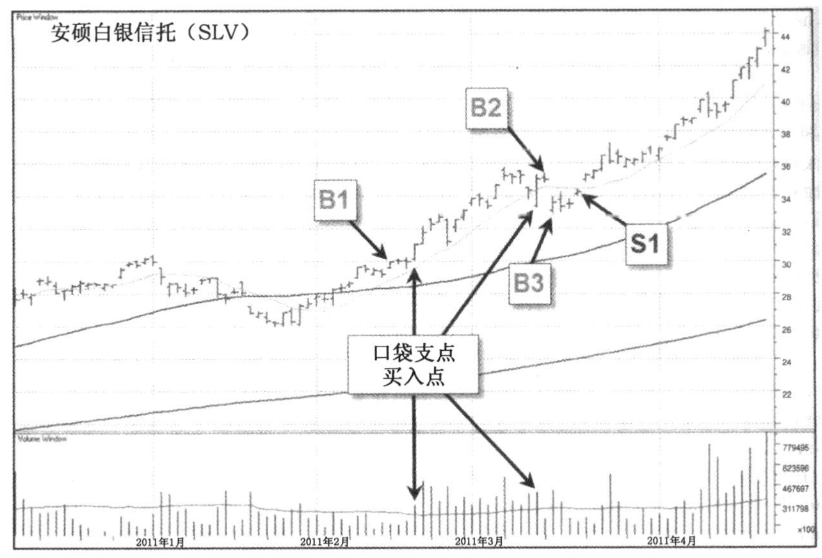

HGS 软件公司供图,版权 2012。

图 3.9　2011 年安硕白银信托(SLV)日线。买入点 1～3 和卖出点 1 的说明。

随着 SLV 持续走高，在 B2 前一个交易日出现了第二个买入点，当时，SLV 产生了一个口袋支点买入点，它逆转反弹到其 10 日移动均线上方。第二天，在点 B2 处，我们增加了初始投入 AGQ20％头寸的一半，使得我们的总持有量达到1 500份。第二天，白银受日本大地震、海啸和核泄漏消息影响出现跳空下跌。我们认为这是一种恐慌性反应，因此，我们利用了跳空下跌这种机会优势，在点 B3 增仓买入另外 500 份 AGQ。

尽管跳空跌破 SLV10 日移动均线，但是它从来没有背离这条关键的移动均线。移动均线背离的技术性定义决定于(1)收盘低于该移动均线，并且(2)随后价格波动低于最初收盘当天的盘中低点，在随后的交易日内低于该移动均线。由于 SLV 在接下来的两个交易日内从未下跌到 B3 盘中低点下方，因此它在技术上也就从未背离这条 10 日移动均线。

之后，白银走势紧凑，并且在点 S1 跳空上涨，在该点，日本大地震、海啸和核泄漏的程度正在变得日益明显。日本由于灾难而需求减少，这已经削弱了该国经济，因此我们开始考虑潜在卖出商品。考虑到白银是一种工业金属，我们决定在这里要谨慎操作，当时我们卖出了总仓位的一半，或者说是2 000份头寸中的1 000份。我们觉得这种决策也得到了 S2 处跳空上涨时出现的疲弱成交量的佐证，并且白银可能需要休整更长一段时间。

与此同时，我们回到卡彻博士的实验室，研究之前白银价格的波动，并进行一些回测实验，确定了一条非常简单、有效的金字塔式加码白银头寸的方式，也就是每次 AGQ 上涨 10％，就增加 AGQ 初始头寸1 000份的 3/4 或 0.75(0.75×1 000＝750)。因此，在 S1 卖出了2 000份头寸中的1 000份之后，我们的决定是，由于最初买入点 B1 具有建设性的跟进行为，白银应该会继续其上涨趋势，之后，我们每次在 AGQ 上涨 10％时增加 750 份。

图 3.10 中，我们详细描述了在图 3.9 中 S1 之后的交易，我们寻求重建自己的头寸，保留了1 000份 AGQ，这是在图 3.8 中的 B1 处买入的，价格水平大约在 30 美元。当 AGQ 上涨到 225.9 美元时，我们在点 B4 额外买入 750 份，之后当 AGQ 再上涨 10％到 248.07 美元时增加头寸 750 份，以此类推，直到图 3.10 的点 B7。在该点，我们在点 B4、B5、B6 和 B7 分别买入额外 750 份 AGQ，共计达到4 000份，恰好是在图 3.9 点 B1 发出最初买入信号时所买入股份数量的 4 倍。

正是在点 B4 附近，吉尔·莫拉雷斯在福克斯财经新闻的斯图亚特·瓦尼

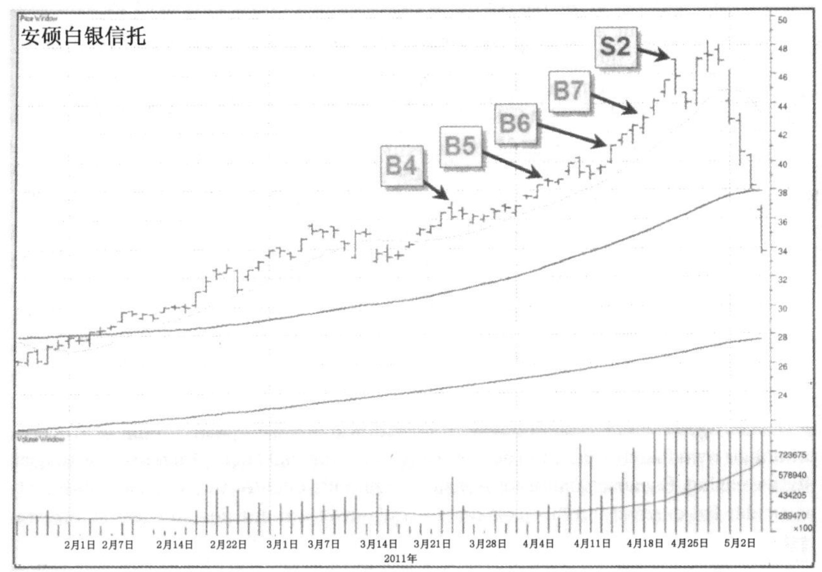

HGS 软件公司供图,版权 2012。

图 3.10 2011 年安硕白银信托(SLV)日线。买入点 4～7 和卖出点 2 的说明。

公司(Stuart Varney & Company)节目中露面,并且斯图亚特对吉尔步步紧逼,要求他对白银的走向做出预测。由于我们是趋势跟踪者,绝不会根据心目中的预想目标价格进行操作——只是与趋势紧密结合,就像伟大的期货交易员埃德·塞柯塔所说的那样,“它最后会弯下来”,之后,我们就退出。吉尔试着解释给斯图亚特·瓦尼听,但是,他根本不听。幸运的是,吉尔之前看过 SLV 的点数图,并且,该图表明了一个价格目标,对那些熟悉点数图的人而言,水平波动很有价值,基于此,目标位大约为每盎司 50 美元。因此,吉尔坚定地告诉斯图亚特,“好吧,如果你要在这件事情上拿话逼我,那么白银会趋向于 50 美元”。它真的做到了。

到 SLV 正在接近点 S2 的时候,白银处于一个良好的旧式高潮顶部的中间。它已经连续上涨了 8 个交易日,在连续的 18 个交易日内出现了 16 个上涨交易日。4 月 25 日,星期一早晨,白银预开盘出现大幅跳空上涨,并且 AGQ 所显示的预开盘价格比上周五收盘价高出约 30 个点。对我们来说,白银上涨趋势到此就结束了,或者说,至少已经非常接近结束了,这种高潮式波动从 30 美元上涨到了接近 50 美元,是时候趁白银行情高涨时卖出全部仓位了。2011 年 4 月 25 日,在 S2 点,我们卖出了全部 AGQ 头寸,规模相当大,当天出现了在 ProShares Ultra Silver ETF(AGQ)历史上的最大成交量,收盘价恰好处于柱体中部——当天交易区间盘中的中部位置,巨量成交显示出了停滞迹象。三天后,白银朝 50 美元价格水平更进一步,事情也就这样了——高潮式上涨行情结束了,相比之前两周的上涨,白银在接下来的四天内跳水速度更快。但是,我们已经完成了设定的任务,那就是利用 ProShares Ultra Silver ETF(AGQ)来驾驭白银趋势。图 3.11 详细描述了真实 AGQ 日线图上的所有买入点和卖出点,可供读者作为参考。

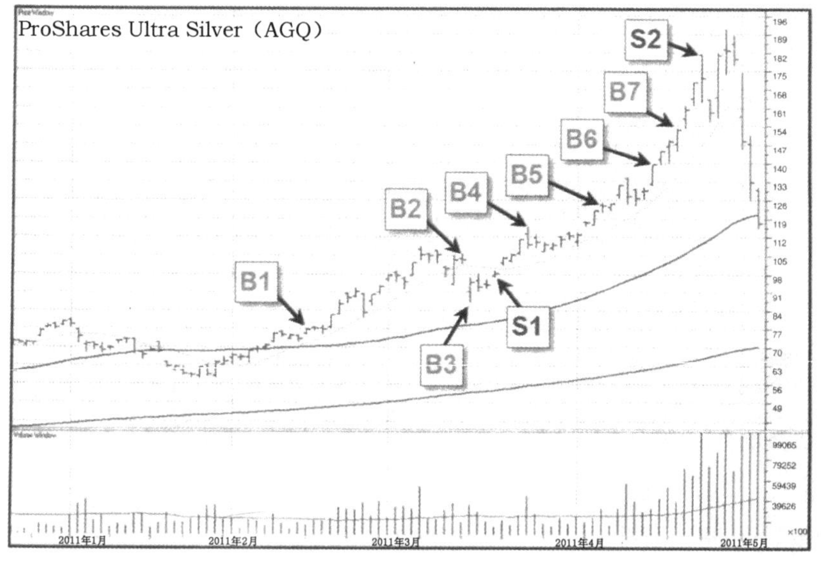

HGS 软件公司供图,版权 2012。

图 3.11　2011 年 ProShares Ultra Silver(AGQ)日线。买入点 1～7 和卖出点 1 和 2 的说明。

在我们抛售白银后的一天,吉尔回到斯图亚特・瓦尼的福克斯财经新闻节目现场,绕场一周以示胜利。事实是,这只是非常凑巧地出现在高潮之前,为了产生白银的全面卖出信号,我们需要看到特定的量/价行为,将白银推升到 50 美元价格水平。这与吉尔在 2011 年 3 月首次出现在福克斯财经新闻中被逼做出的初步预测毫无关系,但是我们很高兴地看到,事态发展极为如意。一些人或许说这是走了狗屎运,但是,你在股票市场中创造属于自己的幸运,需要你所投入的交易能够在第一时间得到幸运。是的,在这种情况下,我们获得了幸运,但是我们也创造了属于自己的运气,在幸运女神出现时能够在 AGQ 上建立巨大头寸,并且白银进入了一轮疯狂的、抛物线式上涨,达到了每盎司 50 美元。

2011年早些时候，我们在白银上取得了丰厚利润，之后，又进行了几次白银交易。我们每次重新买入白银的想法是，为了保持金融系统的流动性需求，美国联邦储备委员会执行的一整轮量化宽松或QE政策将会持续下去，并且由于欧洲债务情况开始恶化，欧洲被迫通过量化宽松的金融工程流程来印刷自己的法定货币——欧元。因为从本质上来讲，量化宽松相当于大量印刷某种特定法定货币，在这个例子中是美元和欧元，我们的结论是，贵金属会走出修正式的盘整或“基部形态”，在4月底、5月初见顶后就处于上述状态中，并开始再次反弹。这情况适用于黄金，因为它在7月再次突破，但是并不适用于白银。由于白银在4月底、5月初抛售中受到严重的技术性破坏，需要更多的时间来修复。

这些交易只产生了较小的收益或较小的亏损，因为我们在所有情况下的操作都有明确的止损点，并且，我们在事后也无法真正挑剔这些交易，只知道在2011年7月相对于白银而言，我们集中投资黄金可能会做得更好。大体上来讲，黄金突破了1 560美元水平，并且在见顶之前产生了近似抛物线式的上涨，趋向每盎司2 000美元价格水平，然而，就在同一时期内，白银极为不稳定，并没有出现这样的上涨。具有讽刺意味的是，我们在使用黄金买入信号作为白银的买入信号，考虑到二者往往会相互关联，尤其是在出现最初价格波动的时候，白银通常情况下在开始时的表现会优于黄金。白银的波动性一般比黄金大2～3倍，但结果是，黄金于2011年7月突破后，当黄金平稳地向2 000美元价格水平上涨时，白银的波动性包括了更多的下跌波动。最后，我们仍然觉得，依据当时我们对市场的理解，以及从盈利/亏损角度来看，我们在AGQ中的交易是值得的。

在2011年后期我们所进行的白银交易中，所得到的教训是，我们允许自己受到当年早期在白银交易上的巨大成功的影响。这导致我们在黄金于2011年7月突破时过度关注白银交易，当时，我们本来应该关注黄金ETF。这是一个成功产生偏见的经典案例，在这种情况下，你会偏好以往为你产生最大盈利的股票或贵金属。当然，过去的已经过去，交易者应该始终以最可能新的视角来处理自己的交易。到2011年7月，我们执行着白银交易，要是我们当时关注黄金的话，会让我们获得一些不错利润的潜在机会。

观察图3.12中所显示的GLD和SLV图表简单对比，在此期间以黄金于2011年7月的突破为中心，很容易就可以看到我们的错误在哪里。请注意，大体上看来，GLD随着其突破150美元价格水平达到新高，就是在上涨到历史高点。每一个持有黄金和GLD的投资者都获得丰厚利润,并且也没有上档抛盘供给,因为没有人恰好在其突破新高时持有GLD,他们的头寸出现了缩水。因此,GLD毫不迟疑,随着黄金自身接近2 000美元水平,它向上冲刺约20%。另一方面,白银和SLV自4月底、5月初的一轮迅速上涨中产生了大量上档供给,并且

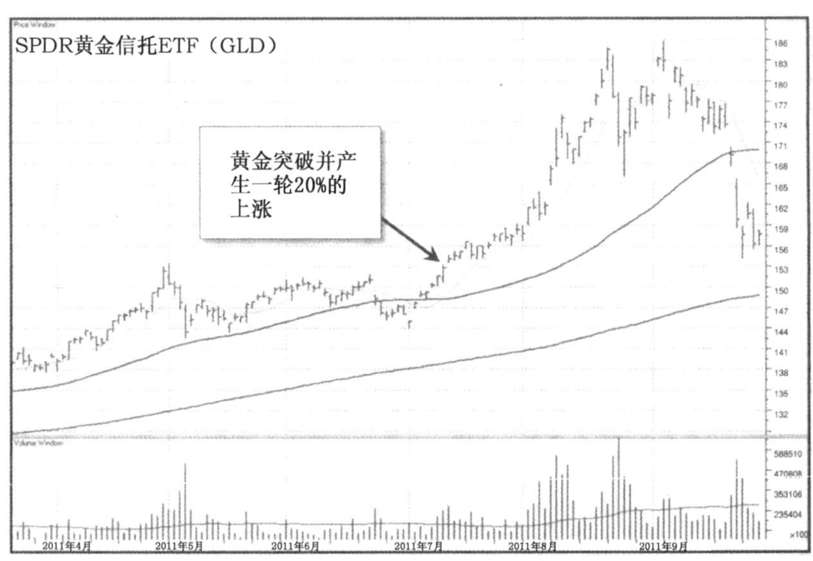

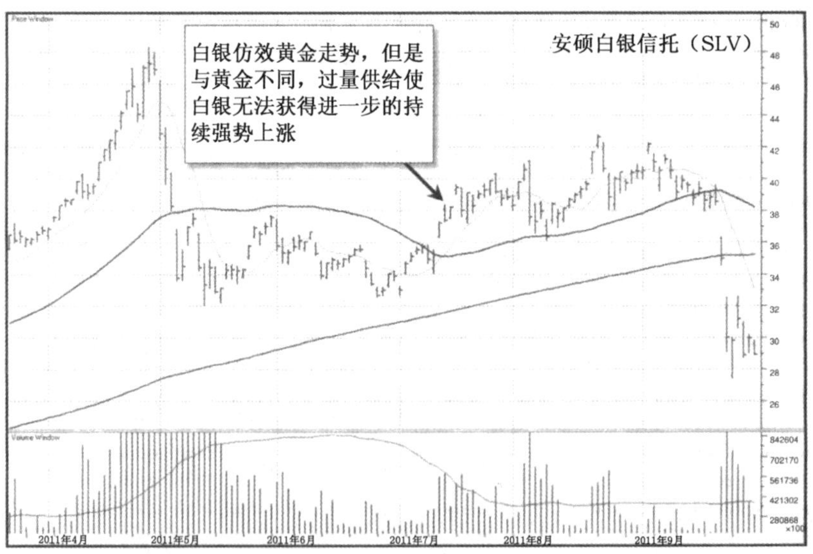

HGS软件公司供图,版权2012。

图3.12 2011年7月,当黄金突破到新高时,(a)SPDR黄金信托ETF(GLD)与(b)安硕白银信托(SLV)对比。

出现了持续的大幅下挫。事后可以轻易看到,但是在 SLV 直到 2011 年末的疲弱表现之后,要不是我们在 2011 年 4 月末的 AGQ 上获得了巨大利润,我们今天也不会盲目地喜欢上白银交易。关键是要记住,成功和失败一样,能够扰乱你的心理。

2011 年走投无路

我们一直在寻找那些被我们习惯性地称为新商品的投资品,其形式是新的、有趣的创业公司,具有新产品和新技术等创新性构想。2011 年,Fusion I/O 公司(FIO)就是其中一家公司,其革命性的数据存储技术,可用于电脑和网络数据的存储,虚拟服务器集群化之后,可支持高性能的云环境,而其成本和占地空间只是传统存储解决方案的一小部分。只需简单地将另一节点添加至该集群,即可轻松地进行扩展及部署,减少了前期的投资成本。该公司的两家最大客户是苹果公司和脸谱公司。尤其是,我们发现 FIO 在苹果公司 iCloud 和 iPhone 语音控制功能上的作用极为令人关注,因此,我们认为该股票是苹果公司的姐妹股。当然,任何与苹果公司相关的公司,都会底气十足地说消费者技术会主宰新的世纪,作为其最大的客户之一,它必定是个好东西,至少这是我们的想法。

2011 年下半年,我们对该股票进行了两次交易(如图 3.13 所示)。第一次交易出现在该股票公开上市后不久,该股票在 7 月 15 日产生了图中的口袋支点买入点(B1),下一个交易日我们买入了初始的头寸。这个口袋支点出现在紧旗形态之中,这是一个在技术上有建设性的形态,因此,我们预期该股票会在该口袋支点上涨,突破该旗形形态,达到新高。这种情况并没有出现,因为三天后,该股票跌破其 10 日移动均线,我们在点 S1 抛售了头寸。

在此之后,FIO 继续构建了一个大杯体形态,我们再次进入该股票。我们的想法基于大量的 IPO 市场先例的经验和了解,诸如亿贝公司(EBAY)在 1998 年末公开上市,由于熊市原因,迅速下跌了 50%。FIO 在 2011 年似乎是在做同样的事情。有时,无论公司的技术多么令人兴奋,市场也要花一些时间来认识并承认它,因此,该股票会花更多时间来构建一个更长期的盘整或基部,它可能会突破这个盘整或基部,有时会沿着该线启动一轮新的价格大涨。

我们把 FIO 在点 S1 后出现的突破下跌看作盘整和价格基部的潜在启动,

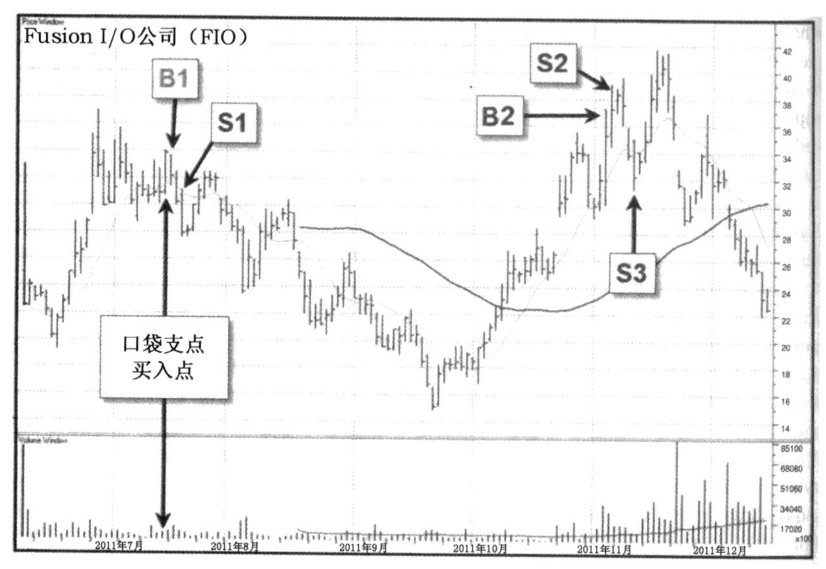

HGS 软件公司供图，版权 2012。

图 3.13　2011 年 Fusion I/O 公司日线

因此，如果这家年轻公司果真是这样的话，那么我们不会采取行动，等待 FIO 再次构建基部。毕竟，他们有苹果电脑创始人之一史蒂夫·沃兹尼亚克（Steve Wozniak）作为其首席科学家，他负责构思并建造了第一台苹果电脑。将近 4 个月的时间过去后，FIO 正在出现大杯体的右侧，我们在图 3.13 中的点 B2 买入了该股票的初始头寸，因为该股票在已经形成的带柄杯子形态中产生了短的、为期 4 天的杯柄。很明显，我们想象到了 1999 年的情况，当时，随着网络股产生杯体形态并突破到新高，它们只停滞了几个交易日，形成了一个短柄部。然而，FIO 并没有心情像其在 1999 年那样去套用之前知名歌手普林斯（Prince）经常引用的歌曲。

点 S2，我们买入该股票的第二天，我们觉得这种宽幅、价格停滞区间有点警示的意思，因此，我们在该点卖出了一半头寸。两天后，该股票开始下跌，并且第三天下跌时，FIO 在点 S3 跌破了其 10 日移动均线，就在该点我们迅速抛售了剩余的头寸。有趣的是，这变成了一个短期低点，并且该股票掉头向上，上涨到超过 40 美元价格水平的新高，好像是为了激怒我们。这种上涨到新高的行为是短暂的，并且该股票不久以后就出现暴跌。

事后分析，FIO 只是一件接住某些尚未下落球的事情，但是，它具有我们在2011年个股经历中的特征。使用10日移动均线作为FIO的卖出指标,我们做出这个决策是基于它是股本较小、更具波动性的股票,并且在大部分时间内是一种无趋势的、上下动荡不定的整体市场环境,因此,我们决定使用非常紧凑的止损点,保证风险最小化。最终,这种做法使我们避免了在FIO上的巨大损失。

社交媒体在我们的业务中发挥了重要作用,通过我们的网站www.virtueofselfishinvesting.com,我们只是过于深入了解社交媒体作为一种营销工具的力量了。因为我们本能的熟知社交媒体的效力,并且相信它会成为未来的潮流,很明显,我们对2011年公开上市的新社交媒体公司的数量非常感兴趣。其中最大的一家公司是专业社交网站领英(LinkedIn,LNKD),在该网站上,专业人士可列出自己的特点,就可以寻求"链接"到更广泛、更多样的具有相似特点的专业人士社交网络。我们把该公司看作是社交网络商务领域的先驱者。领英于5月公开上市,每股价格45美元,在交易首日就迅速上涨,达到并超过122.70美元,之后受到沉重打击,因为它自最初峰值下跌超过50%,之后稳定在低位60美元区域,如我们在图3.14中所见。

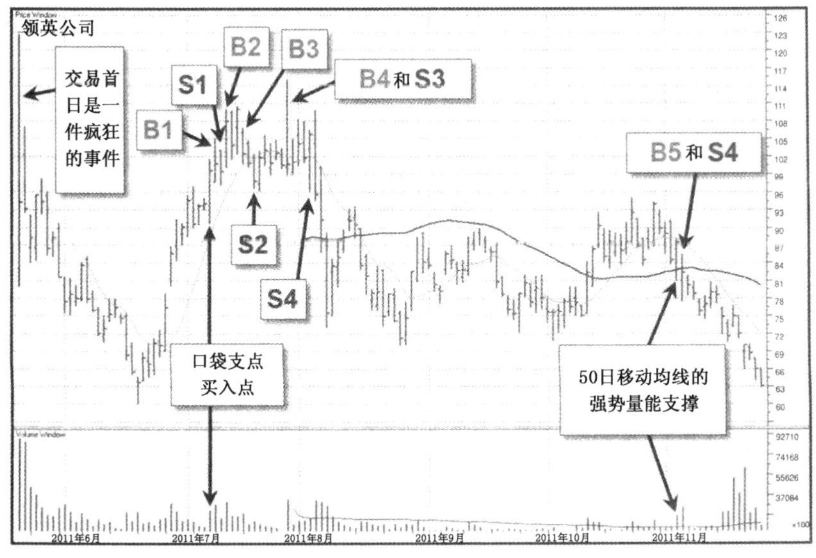

HGS软件公司供图,版权2012。

图3.14 2011年领英公司(LNKD)日线

在略高于60美元见底之后,领英开始形成一个大杯体形态,并且随着它逐渐产生该杯体基部的右边,出现了一个口袋支点。该口袋支点买入信号之后的交易日,我们在点B1买入了该股票的初始头寸。7月12日,我们的市场导向模型(MDM)的买入信号转变成了变现信号,因此,我们决定卖出该头寸。正常情况下,我们持有表现最佳的股票。不幸的是,领英作为一家IPO公司,意味着它会遭受更多的波动性。基于我们对市场总体风险的认识,领英是一个薄弱环节,因此,它被卖出了。

然而遗憾的是第二天,领英出现反弹,并且我们买回了该股票,即使是一个较小的初始头寸,它只有我们在点B2所考虑买入标准初始头寸的1/4。我们的想法是,值得冒这个风险,因为这是在热门新领域——社交网络——中的一只潜在热门股票。三天后,7月18日,该股票回调到其10日移动均线,并且我们在点B3处又增加了另外1/4头寸,完成了一半的头寸买入任务。之后,领英在两天后跌破10日移动均线,并且我们在S3卖出了全部头寸。

当然,领英在该点拒绝沉沦。7月28日,它试图从其带柄杯子形态中突破出来,我们在点B3当天早盘全仓买入。到该交易日结束时,该股票已经逆转,收盘回到了其启动点位,因此,我们就在S3割掉了一半头寸。在另一次试图清除110美元价格水平的浮筹之后,领英再次反转并迅速下跌,这导致我们在8月3日卖出了剩余头寸,当时,它在点S4处跌到了10日移动均线下方。

11月3日,我们在点B5再次受到诱惑重新买入领英,这时,该股票跌破其50日移动均线,之后脱离50日线获得巨量支撑。第二天,该股票就收于其50日移动均线下方,因此,当收盘临近时我们迅速卖出了头寸,并退出了该股票。

在写这本书的时候,我们相信,社交网络代表了互联网应用的另一轮创新,并且在事后分析中,我们必须承认,在处理领英方面,这是我们似乎想要得到惩罚的一个因素。然而,请记住,我们成长在20世纪90年代,在此期间的特征是科技/网络繁荣的时代,并且,很有可能的是,每当我们把科技/网络领域中的强势概念和股票市场中的热门股相结合的时候,在我们心理的某些方面,也存在着巴甫洛夫实验狗的条件反射。这可能是我们在FIO和领英上投资毫无收益的因素,一个热门技术股名字代表着数据存储的新一轮浪潮,另一个代表着表现为社交网络的热门新兴网络浪潮。

但再一次,不顾我们一般追求某些股票的心理原因,这一切都可以重新回到执行健康的投资规则并坚持它们，因为，尽管我们在某些股票投资上会出现某些人性的弱点，但是我们的规则会避免人性因素产生代价更高的失误因素，其形式为重大亏损。在某种意义上，至此为止的2011年事后分析，显示了保持纪律和坚持自己规则的有效性，作为防火墙，它能够避免你的情绪、希望和愿望甚至是你的投资癖好导致的大量损失。

2011年，主导股票市场的最大和最引人注目的观念之一是稀土金属题材。2011年，整个世界都在担心某些金属的稀缺性，在某些情况下可能并没有像报告暗示的那样稀缺。白银被认为是一种稀有金属，但或许并不像金属镝那样稀缺，镝元素在生产极其强大工业磁铁过程中很关键。考虑到稀土元素在各种国防系统中的关键作用，因此被认为具有极为重要的战略价值，加之外汇储备丰富的中国进行了囤积收储，控制稀土生产，推动了稀土矿股票，比如稀土元素资源公司(Rare Element Resources，REE)和莫利矿业公司(Molycorp Inc.，MCP)，出现一轮大幅价格上涨。

在其他账户中，我们设法参与了当年早期莫利矿业公司迅速但短期的价格暴发式上涨，直到7月22日，我们才开始考虑买入莫利矿业公司。这种买入操作发生在图3.15中的B1——口袋支点买入点后一个交易日，当时，该股票向上突破了50日移动均线。

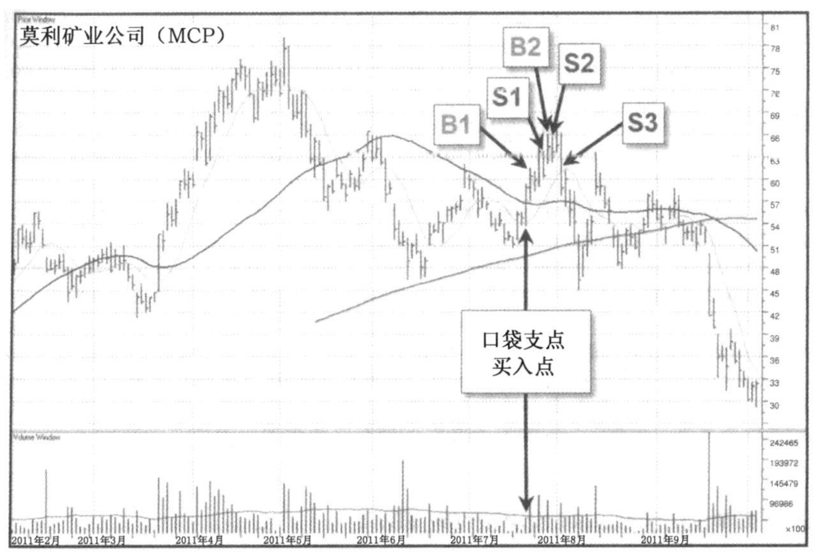

HGS软件公司供图，版权2012。

图3.15　2011年莫利矿业公司(MCP)日线

2010 年 12 月和 2011 年 3 月期间,莫利矿业公司在两个前期基部的相类位置出现过两个口袋支点,都产生了几轮极为有利可图的价格爆发式上涨。2011 年 7 月的第三个口袋支点似乎可能以类似的方式取得成功。这些都是一些利润丰厚的价格波动,并且我们在感知到快速盈利的气味时,就开始分泌唾液了。7 月 26 日,我们在 B2 头寸加倍。第二天,7 月 27 日,整体市场出现了非常强的负面行为,导致我们的 MDM 产生了变现或中性信号,因此,我们决定在 S1 卖出一半头寸,以便能够限制自己的风险,考虑到市场正在发出变现信号,并且我们加倍的头寸只有很少的利润缓冲空间。

一天后,7 月 28 日,莫利矿业公司产生一个小小的跳空上涨,这也是一个口袋支点买入点,并且这诱使我们买回了前天卖出的一半头寸。即使这个口袋支点买入点略微有点儿延伸,但是我们仍然迷恋这个稀土的故事以及 2010 年 12 月和 2011 年 3 月该股票出现强势价格飙升的经历。

在那个阶段,莫利矿业公司是一只强势股票,与疲弱的市场形成鲜明对比。到它已经形成第三个基部时,这种信号可能是太明显了。在这种情况下,头寸规模是一件棘手的事情,并且,考虑到整个市场所出现的情况,我们仍然对自己的头寸规模感到不满意,因此在 S2 我们再次卖掉了自己头寸的一半。8 月 2 日,我们在 S3 抛售了剩余头寸,当时,我们的市场导向模型出现了全部卖出信号。整体市场迅速变得极为疲弱,连同莫利矿业公司也一起席卷进去了。

然而,事后分析,图 3.16 显示了莫利矿业公司的宏观图景,从中可以很轻易地看到,这里原本可以应用三次法则。这主要是一个古老的、带有轶事式的法则,我们过去常常采用该法则,某些事情在市场上出现过两次,会成为大众期待其出现的条件,最终,第三次出现就会愚弄大众,所产生的行为会与前两次的行为恰恰相反。当时,莫利矿业公司在 2010 年 12 月和 2011 年 3 月已经产生了脱离其基部低点的口袋支点买入点,2011 年 7 月的第三次太过明显。

事后分析,我们有点天真幼稚,忘记考虑到三次法则或许明示出,这一次,莫利矿业公司第三次显示出这种量/价行为,就像在点 B1 尝试从盘整或基部形态低点中脱颖而出,它或许并不会成功。并且它确实没有成功。观看我们在图表 3.16 中 B1 处所进行的这项莫利矿业公司交易,我们被迫承认,这在事后看起来很傻。并且,你或许会发现每次对自己的交易进行事后分析时都会出现这种情况。这就是要从历史回溯测试中区分出实时交易——当你遭受批评并且使用真

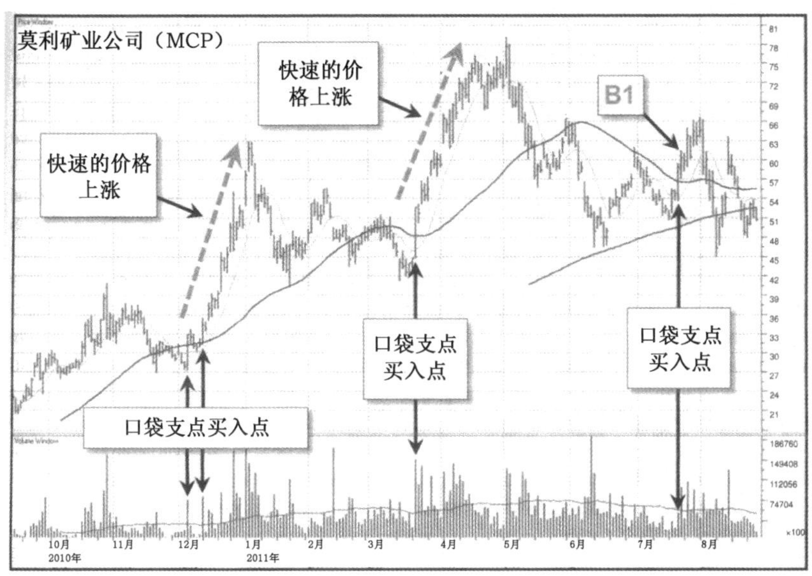

HGS软件公司供图,版权2012。

图3.16　2010～2011年莫利矿业公司(MCP)日线。莫利矿业在此期间有三个脱离图表基部的口袋支点买入点,前两个产生了迅速的价格上涨,而第三个失败了。

实货币时,你的理智并不会总是和你的想法一样清晰,并且当你回顾该交易时,在图表上它看起来极为清晰,但是所有这一切受到我们交易思维中所产生的实时心理干预的影响而变得模糊不清。

总结2011年教训

这里的教训是,尽管在该年年初遭受一些挫折,这只是在那里悬而未决并等待机会窗口打开的事情。结果就是,我们在2009～2010年测试性投资组合中由于处理SPDR黄金信托ETF已经适应了贵金属的趋势,提供了机会窗口,并且我们所需要的就是在成功的2011年获得收益。在几个例子中,我们允许自己的兴奋情绪在某种程度上干预交易过程,但是不顾我们如何感觉而坚持自己的纪律是一个关键的方面,可以容纳风险并防止自己的心理和情绪妨碍交易。考虑到2011的困难性,事后分析表明,我们完全超过整体市场表现的能力,只是通过坚持自己的交易规则而得以实现,进而避免了这个波动性很强并无趋势年份中的所有陷阱和失误。

作为纳斯达克综合指数40多年历史上最有挑战性的一年,2011年可以被载入史册,原因在于其持续的无趋势和波动性状态。依据交易员的心态,这样的年份可能被当作祝福或诅咒。

盈利心态把2011年看成是学习经验以及测试交易者交易策略和个人心理的一年。这是因为在像2011年这样年份中的交易产生了很多错误交易,也就是说,交易在退出时出现亏损,并且在亏损后再次遭受亏损的情况并不太容易出现。盈利策略会进行止损,因此少数真正盈利的交易足以弥补所有小幅亏损后仍有盈利。盈利心态也并不会为此感到沮丧,以致交易者不理会并且不会持续保持对可能出现机会的警惕。另一方面,亏损心态在一系列亏损后会拱手认输,因此会错失很多在该年度中所出现的机会,这会对投资者的利润情况产生重大影响。实际上,投资者常常会在极好的新机会产生时拱手认输,他们无法看到机会是由于其心态,他们允许自己卷入到一系列的亏损交易之中。

或者,亏损心态或许会试图毫无理性地赢回自己的亏损,因此,会在市场上追加越来越多的筹码,而市场包含的机会窗口非常少,这样可能会加剧其错误,或者使资金损失情况变得更糟。

2011年是不稳定并无趋势的一年,懂得了市场上的这种情况,可能会最终保持投资者心理健全。例如,在1999年第二和第三季度期间,市场处于最不稳定并几乎无趋势阶段,只有令人难以忍受的反弹,前进三步就会后退两步半。这几个月期间,我们都遭受到了相当大的亏损,但是我们并没有失眠,因为我们知道,纳斯达克综合指数从来没有表现为这种方式,因此,这种情况一定是短暂的,并且它只需要相当大的耐心,等待下一个机会窗口真正打开。这仍然是一段令人非常沮丧的时间,因为在1999年第二和第三季度期间有很多错误的机会窗口微微打开了,愚弄我们买入了少量头寸,进而增加我们的亏损。在事后分析中,我们可以看到,这些窗口并不是真正的打开,但是,在1998年第四季度和1999年第一季度,我们轻松地赚到了钱,对这种情况如此着迷,以致在这个可能会大幅上涨的市场上,我们不想落后。

这里的教训并不是让贪婪蒙蔽你的决策,也不是让大幅盈利把你变成一名草率的交易者,它愿意退回更多的利润,只是因为你拥有了巨大利润缓冲空间。投资必须要耐心。

在两种关键的情况下，必须要有耐心。一种情况是当市场没有配合，导致一连串很多小幅亏损时，这需要耐心经历这些小幅亏损，通常情况下，这是交易中不可分割的组成部分。另一种情况是当机会窗口还没有充分打开，而贪婪让交易者投下他本不应该投下的赌注时。耐心观察机会并不是完全充分的市场，事实上很具挑战性。但是，当机会窗口大开时，就会赚到大钱。当龙头股形成健康基部并开始形成关键点时，投资者就能够看到这种情况的证据。通常情况下，这种情况下主要市场指标紧密相连，伴随着我们的市场导向模型发出买入信号，这些指数也开始出现上升趋势。

在过去十年中，与 20 世纪 80 年代和 90 年代的情况完全不同，每年只有 2～3 个月才有可能会赚到大钱。但是，这就意味着每年会有 9～10 个月不要进行交易。或者说，它意味着，随着该股票走高并金字塔式加码头寸，投资者要放松其卖出止损点，因此投资者可能会在盈利股票上持有几个月时间。与此同时，这些止损点应该保持紧凑，直到该股票出现日益增加的收益。两种方法的每一种都提出了巨大的心理挑战。

在第一种情况下，机会窗口似乎是打开了，因此通常会促使交易者买入的头寸超过其应该买入的头寸。在所有交易时间内对付这种情况的一种方法是，如果窗口似乎打开但只是部分打开时，就应更耐心地进行考量。

在第二种情况下，持有股票几个月时间往往能够利用背离 50 日移动均线作为其卖出止损点。这意味着，在整体市场走低时坚持持有该股票，这充其量是一个花招，因为当市场条件开始真正恶化，并且卖出的需要变得非常明显时，会有一种自然的等待卖出所有头寸的趋势。这就是说，一些盈利股票足以对抗这种趋势，因此，它们会在市场下跌趋势期间触及其 50 日移动均线，但并不会跌破它，这种情况允许交易者坚持持有他或她的头寸。自 2009 年以来，很多股票具有这种走势，但是在 2008 年之前，龙头股的情况也有这种经历。

最后，像 2011 年这样的年份真正测试了交易者的勇气，因此，所有交易者应该感谢这个年份，它可以揭示出投资者心理和思想中存在的心理和策略缺点。并且如果我们愿意内省并从自己错误中吸取教训，新力量就可以从这些缺点中产生，这种情况并不会让我们毁灭，只会让我们更加坚强。

第四章　培养自己的“图表眼”

理查德·威科夫曾经写道：

大多数反对图表的普遍偏见无疑是由于很多人错误地试图机械地使用图表——不做判断。他们努力在其图表上划出各种图形或者虚构的几何形态，使用随意性的规则或系统，诸如“随机指标”和其他不切实际的想法。这些方法是错误的。它们只会导致错误、亏损和挫折。因此，你必须记住：你在研究图表时，寻找隐藏在图表所描述行为背后的动机。目的是解释市场和股票的行为，而不是哪一张图表有可能会形成爱幻想的形态。

《理查德·威科夫股票交易和投资方法》(*The Richard Wyckoff Method of Trading and Investing in Stocks*)，理查德·威科夫，威科夫研究协会(Wyckoff & Associates，Inc.)，1931 年，第 2 页。

威科夫试图说明，对于解释股票图表这件棘手的工作而言，在利用量/价图表来制定投资决策流程方面，投资者应该采取的正确态度，要与我们自己的观点极为同步。学会基于观察价格波动及其与当前市场环境的相互关系进行判断，以及在既定时段内投资者的动机(主要是机构投资者)，是一种重要的技巧，这种技巧只有通过实时正确应用才能学会。随着时间的流逝，人们发现，某种价格波动和行为对于某类股票在某种环境下是很常见的，因此，采用一种完全机械的方式来解释图表，很明显，这过于简单，并布满了陷阱。

因此，我们认为，当务之急是，成功投资者学会培养出我们所称的图表眼(chart eye)。具体来说，这种观点认为通过观察成千上万由数千只股票所形成的实时量/价行为的例子，投资者可以培养出一种对量/价行为背后动机的强烈感觉。因此，投资者要学会理解影响量/价行为的背景性因素，这反过来有助于投资者发现量/价形态的优势或劣势。

那些遵循 OWL 方法论的投资者必定是视觉型投资者，因为我们方法的一个基本原则就是，为了确定正确的行动，投资者要观察市场和龙头股的量/价实时行为。除此之外，我们方法的特征是在产生影响的瞬间做出决策，可以说是在量/价数据所呈现出来的信息发出实时信号时。为了采取行动，投资者必须看到并察觉市场实时发生的情况。在本章中，会讨论我们所观察的细节和我们如何进行观察，以及当市场行为以及单只龙头股行为发出信号时，为了采取果断行动，我们觉得投资者所需要观察的程度有多深。就像金发小女孩选择自己的粥一样，我们不想观察得太少，但与此同时，我们也不想试图观察太多而让问题复杂化，相反，我们宁愿观察的数量“刚刚好”。

什么是图表眼?

当 20 世纪早期的伟大交易者杰西·利维摩尔还是“少年赌客”(boy plunger)时，对该概念做了如下描述：

我注意到，股票价格在上升或者下降的过程中，常常会表现出某些所谓的特定习惯。这样的例子可谓是数不胜数，也都成为指导我的先例。尽管年仅 14 岁，但是在头脑中积累了数百种交易数据后，我能自己测算数据的准确性，比较今日和其他时间的市场表现。

爱德文·拉斐尔(Edwin Lefevre)，《股票作手回忆录》，1923 年首次出版

显然，在利维摩尔时代，他并不关注量/价图表，但是，真实的价格和成交量数量，正通过股票机持续不断地在窄窄的纸带上实时打印，机器在不断地打印出这些数据，并且所谓实时，就意味着与时代技术所能达到的更新速度一样！然而，在他的脑海中，利维摩尔能够建立一幅量/价推导图表，有助于其股票交易操作。他这种利用原始量/价数据并想象出数据所产生形态的能力，是其天赋中的一部分，并且也是其方法中的一部分，因为他把这称之为自己的“记录本”(dope book)，记录他那个时代中龙头股的价格。

今天，我们受到各种市场可视化图像的支配，它们并不局限于量/价图表，也

有热门列表和热度图，对那些在个股和市场行业中出现的显著价格波动，提供可视化的图形表示。今天，我们可以拥有10台计算机显示器，全部通过软件向我们提供源源不断的数据，还可以提供各种可定制的监控布局和色彩。今天，我们比以往任何时候有更多的方法来观察市场，但是，我们真正能够看到的是什么呢？

在利维摩尔的时代，他所需要的是上面打印着价格和股票数量的纸条，在该交易日，在任何特定股票上进行的每一次交易都在纸条上标示。该交易日结束时，为了回顾检查价格和成交量的运行走势，可以重新核查自动收报机打印出来的纸条，它们蜿蜒地放在地板上。今天，这或许就被称为盘中图表。他那个时代的图表就是交易记录，他在自己的笔记本中以柱状形态进行记录。为了精确地显示图形，并从这些数据中得到结论，利用这种简单的信息以及组织该信息的统一、有效方法，利维摩尔就能够在股票市场上积累起财富。今天，进入任何一家自营交易公司，你都有可能对"股票监控系统产生嫉妒心"，因为你肯定会看到，交易者会被两层高半圆形显示器半包围着，更像是最初的现代化太阳能电池板排列。

从这些提供给我们的信息中应该会得到些什么呢？我们真正需要多少信息才会有效呢？什么情况下，收益递减规律表明市场数据并不一定是越多越好？过多数据可能会导致的是混乱，而不是清晰。

在我们看来，投资者需要的数据越少越好，并且为了获得这种效果，只需要坚持一个观念，我们跟踪主要的价格趋势。我们想获得足够多的信息，能够让我们说出，在特定证券启动可能有利可图趋势时，它们在什么时候以清晰、可行的买入信号形式开始产生真实、持续的波动。如果我们用这些简单的术语说明这个问题，那么最简捷的解决方案也就会是最简单的解决方案。回顾第一章，作为OWL思想的引言部分，我们已经让你在几幅图表中识别了最小阻力线。在每一个练习中，我们都会发现，最小阻力线的位置，以及该股票最终会突破该线并启动显著波动的点位。回顾其中每一幅图表，通过一个问题，你就能够让问题显现出来，"为了及时、高效地识别并利用这些发展趋势，我需要用自己的图表眼实时处理什么样的信息？"在本章中，我们会详细检查所有可视化工具以获取对投资者和交易者有效的信息，并且汲取它们在解决我们所描述投资问题方面的精华。我们也会讨论，为了提供一个实用性说明，我们使用什么样的工具和图表，以及如何使用。

X轴和Y轴刻度的视觉效果

或许,对大多数投资者而言,图表就是一张图表,并且任意六张图表就相当于任意半打其他图表。但是,就训练并培养我们的图表眼而言,需要考虑一些基本概念。其中第一个概念就与量/价图表的刻度有关,并且如果投资者不了解图表刻度的影响,那么它如何会对投资者的量/价行为的认知和解读产生影响。在杰克·史瓦格(Jack Schwager)著作《市场奇才》(*The New Market Wizards*)的名人专访中,大名鼎鼎的成功商品和期货交易员威廉·埃克哈特(William Eckhart)指出:"图表中趋势的倾斜幅度往往是交易过程中的心理考虑。如果你陷入这种影响,交易就会受到图表制作者在实用和审美方面考虑的影响。通过调整价格刻度,可能会产生任何趋势,要么看起来平缓,要么看起来陡峭。"

图4.1和图4.2是2010年墨西哥连锁快餐(CMG)的两幅周线图,都对这种现象提供了简单的说明。图4.1中,相比X轴而言,Y轴非常短,当该股票在具有建设性的盘整时,产生了一个看起来很紧凑的基部。图4.2中,我们能够看到,延长Y轴变得更高,如何使该基部看起来更为松散,并因此对该结论产生新的解释,该基部可能并不像实际上那么具有建设性意义。

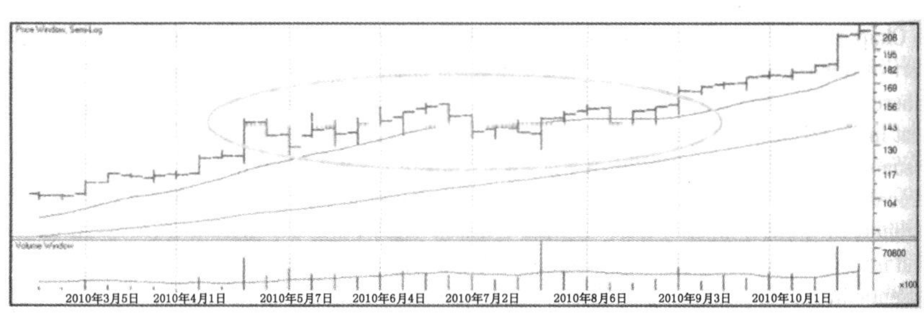

HGS软件公司供图,版权2012。

图4.1 2010年墨西哥连锁快餐(CMG)周线。相对于X轴,压缩Y轴使得形态看起来更加紧凑。

通常来说,压缩图表中的Y轴会产生一个恰当的、紧凑的、具有建设性意义的基部形态表象,而延伸Y轴会产生一个宽泛的、松散的,因此看起来不恰当的基部形态表象。因此,无论你使用什么类型的图表软件或网站,都要进行核查,

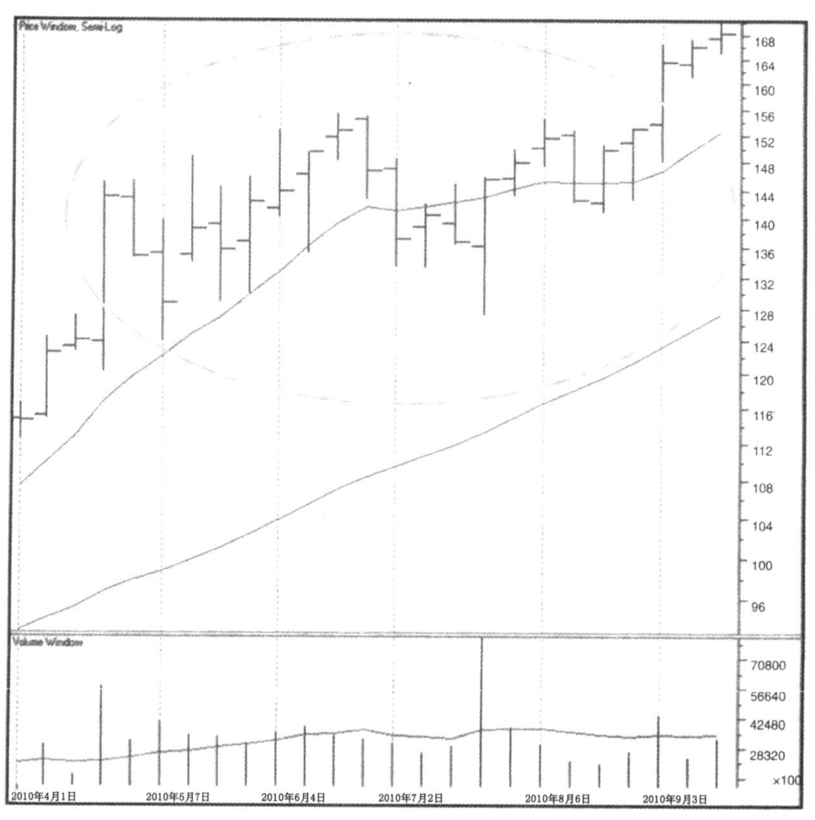

HGS 软件公司供图，版权 2012。

图 4.2　2010 年墨西哥连锁快餐(CMG)周线。相对于 X 轴，拉伸 Y 轴使得形态看起来更加松散。

以确定它可以相对于 X 轴调整 Y 轴。对于 Y 轴长度的微小差异，大多数图表程序和系统会自动进行调整，但是，在极端的情况下，或者在不太复杂的系统中，价格行为可能被严重夸大。

然而，如果你训练自己的图表眼，基于百分比来观察相对区间和走势，而不是价格条的简单拉伸和压缩，那么在浏览图表时就可以自动完成这些任务，就会避免在股票价格图刻度上存在的一些固有的欺骗性信息。在图 4.1 和图 4.2 中，投资者能够看到，墨西哥连锁快餐在 2010 年 7 月初的回调显示出一系列紧凑的收盘，该股票沿着该回调低点坚持了三周时间。投资者也能够看出，随着价格行为变得更加清晰，图形右侧往往会显示出紧凑的价格区域。

图 4.3 中，使用不太极端的 Y 轴，更像我们可能认为正常化的 Y 轴，有助于

让这种情况更加明朗,因为它描述了该形态的关键方面,如果投资者在评估量/价行为方面培养出了足够的经验和技术,正常情况下,图表眼就会关注这种形态。例如,7 月初的回调看起来相对有序,因为该股票下跌了两周,成交量低于平均成交量。随后沿着低点是三个紧凑的收盘,依次接着是更长的蓝色价格柱,出现了极大的成交量。所有这种量/价行为表明,当该股票在 7 月回调时,它产生了强大支撑。随着该股票返回到其基部高点,我们用虚线来描绘这个经典的带柄杯子基部形态轮廓,它回调了一周,成交量极为清淡,之后,随着该股票开始在 2010 年 8 月底 9 月初突破这个完整的带柄杯子基部,达到历史价格高位,成交量再次开始增加。

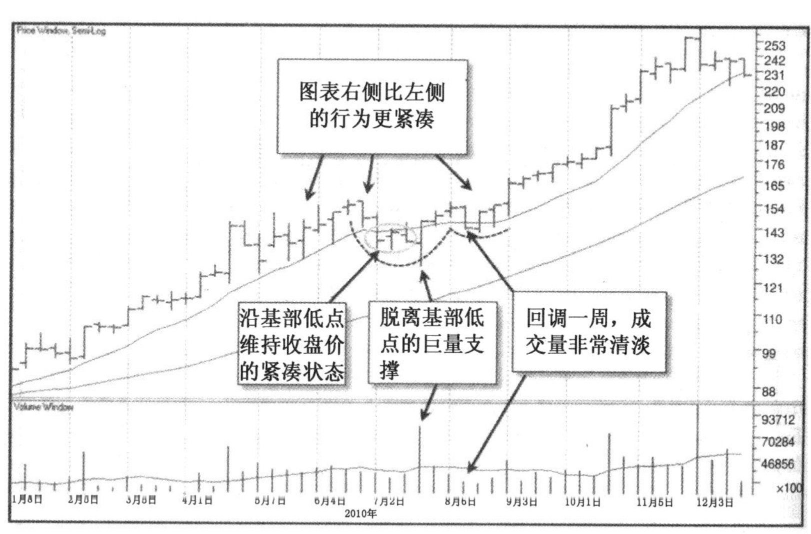

HGS 软件公司供图,版权 2012。

图 4.3　2010 年墨西哥连锁快餐(CMG)日线。关注相对量/价行为有助于澄清量/价图表的解释过程。

线性图与对数图

投资者也应该注意他们使用的是对数图还是线性图。在线性图上,10 和 20 之间的距离与 20 和 30 之间的距离是相同的,尽管从 10～20 增加了 100%,而从 20～30 增加了 50%,在百分比基础上只有前者的一半。线性图不会显示这些,而对数图可以直观地显示出,从 10～20 的上涨是从 20～30 上涨的两倍。这在

图 4.4 和图 4.5 中有直观的说明。

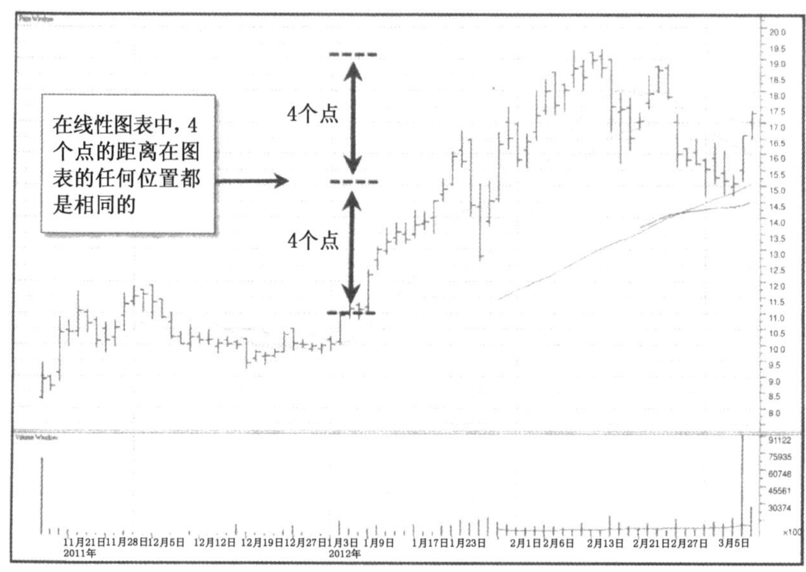

HGS 软件公司供图,版权 2012。

图 4.4　应美盛公司(INVN)线性日线。使用线性标尺绘制的图表显示出四个点的价格波动,在图表中任何位置具有相同的距离。

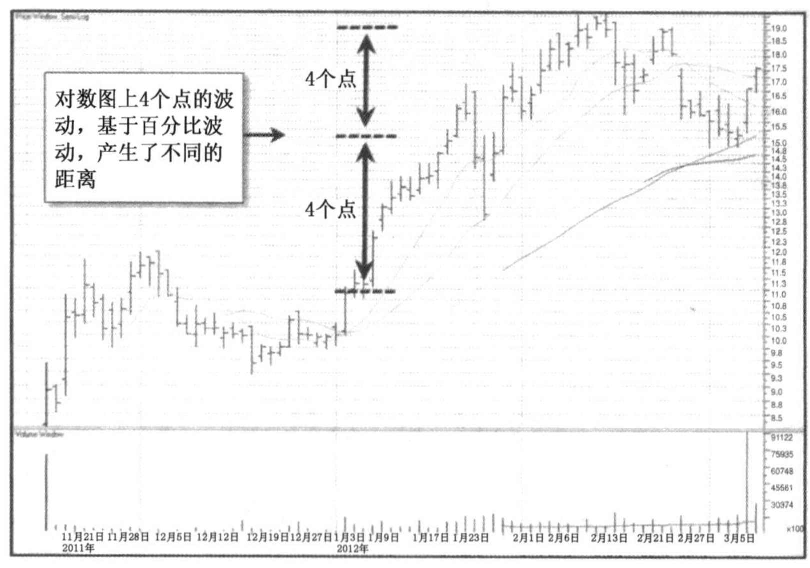

HGS 软件公司供图,版权 2012。

图 4.5　2010 年应美盛公司(INVN)对数日线。使用对数标尺绘制的图表显示出 10%的价格波动,在图表中任何位置具有不同的距离。

在整体市场背景下，对数图和线性图应该用来获取股票图表健康情况的全景图。如果该股票仅仅在几个月内就增至三倍，那么使用线性Y轴绘制的股票图会看起来延伸性很强，可能会导致交易者过早卖出。对数图能够转换视角，因此，交易者可能看到，股票走势图延伸或许并不像想象中那么强。对数图也以百分比的形式显示波动，并且当投资过程是以百分比收益来衡量时，未必是所获得的点数。

显然，所有这一切引出了一个问题，涉及投资者不应该总是使用对数图，并完全把线性图扔到窗外。唉，一些投资者和交易者就是这么做的。但是，线性价格图在某些压缩图形中具有优势，因为它在图表的特定区域提供额外细节，你可能希望进行更为细致的检查。对于那些仅仅在几个月内就翻倍或翻三倍的股票来讲，尤其如此，因此，我们始终要用两种图表来获得尽可能详细的视角。

条状图还是烛状图?

没有什么像观察烛状股票图那么令人着迷，它有黑和白“柱体”、“上影线”、“下影线”和“阴影”。把这些与像瑞典式自助餐菜单一样的描述性图形相结合，诸如“十字星”、“早晨之星”、“乌云盖顶”、“光头”、“陀螺顶”、“锤头”、“吊线”、“三白兵”等，并且你会有一个引人注目的托尔金(Tolkien)式世界，里面充满了形形色色的人物。很多投资者被吸引到这个几近神话和具有视觉冲击力的价格行为描述中，并且自然导致怀疑相比于应用简单条状图表服务而言这些是否更有效。毕竟，它们常常被称赞，因为它们比简单的条状图表提供了更多信息。但是，过犹不及，并且在评估工具的有用性时，我们想回到这个概念，当股票突破最小阻力线并启动实质性的重大价格上涨时，真正考虑这种工具如何帮助我们确认并作用于某只股票或其他可交易证券。研究图 4.6，2011 年末～2012 年初的应美盛公司(INVN)简单条形图，我们能够问一些实际问题，当股票实时波动时，该图表是否完全能够让我们利用该整体形态识别出买入点。当然，答案是“yes”。

现在，让我们用图 4.6，把它转化成烛状图 4.7。这里，所有条件都是相同的，除了这是一幅烛状图而不是条形图。现在，问一下自己，这幅烛状图提供了多少额外和实质性的有用信息？我们能够看到，两幅图表在整体图表形态中确认显著的买入点方面做得极为出色。然而，请注意，如果我们深陷于熊市烛状形

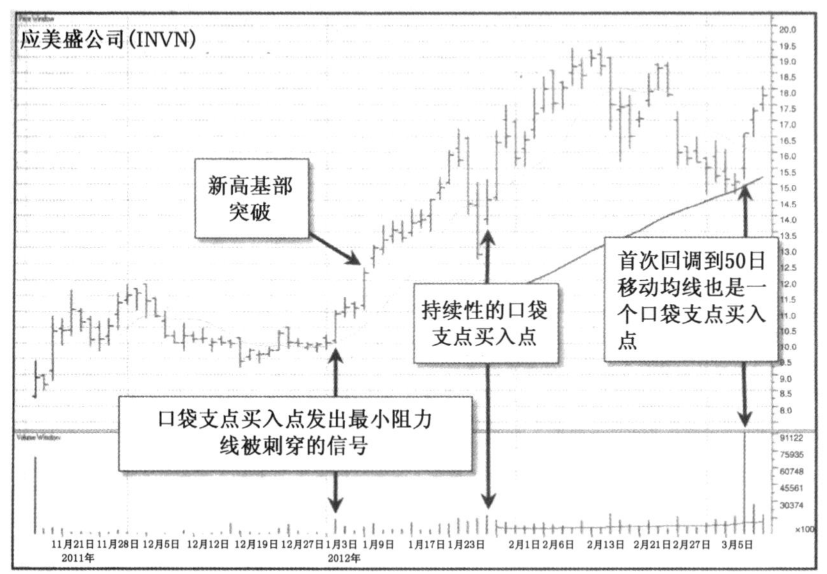

HGS 软件公司供图,版权 2012。

图 4.6　2011～2012 年应美盛公司(INVN)日线条形图。随着投资者着手在新兴市场龙头股中建立初始仓位并金字塔式加码,对于确认形态中的所有关键买入点而言,简单条形图已经绰绰有余。

态,诸如“陀螺顶”、“吊线”,或长黑色下跌烛线,那么可能会过多地陷入每只股票价格上升趋势中的小波折。观察 2012 年 1 月末持续性口袋支点买入点之前交易日所出现的行为,我们看到长红烛线出现下跌信号——熊市烛状线形态。然而,如果投资者认为这种情况过于熊市,那么可能会在第二个交易日出现盲目行动,当时,该股票迅速出现一个持续性口袋支点,向上突破 10 日移动均线。

关键是,配合七周规则应用口袋支点买入点,会让我们持续关注股市的主要趋势,并且根据我们采用的卖出规则,基于七周规则,只有背离 50 日移动均线才会迫使我们卖出在最初口袋支点买入点以及初始新高基部突破时买入的初始头寸。另外,投资者能够在烛状图中发现很多短线熊市信号,诸如“十字线”(其中也有“蜻蜓十字星”、“墓碑十字线”和“长脚十字线”)和“吊线”,它们会导致短线回调,但不会导致该股票背离其主要趋势。在我们看来,这里的问题是,烛状图为投资者提供更多的短线信号,会让你放下自己手头的主要任务,那就是确认并利用持续的中线到长线价格上升趋势。换句话说,烛状图可能会犯下提供过多信息的罪行,正如警察对我们说的,这可能会让我们疯狂。

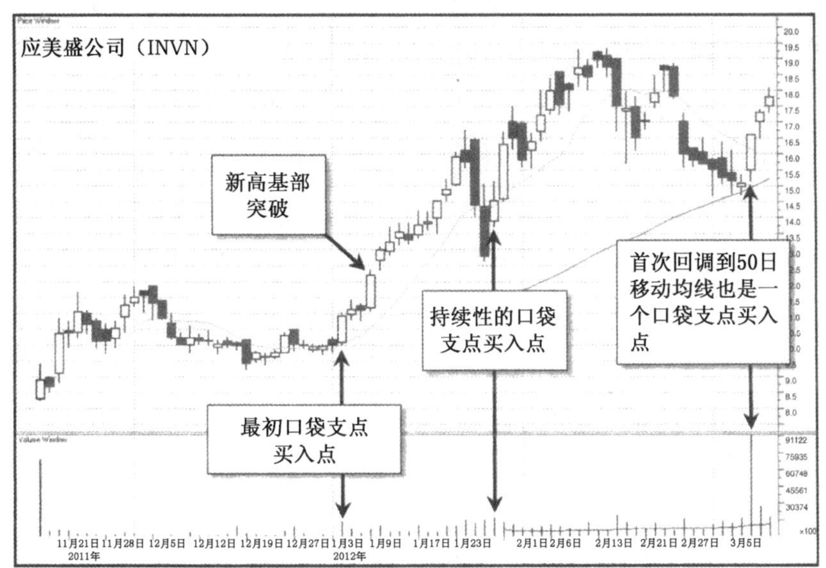

HGS 软件公司供图，版权 2012。

图 4.7　应美盛公司(INVN)日线烛状图。在 OWL 方法论内容中，提供了多少有用的信息吗？不多。

因此，尽管我们可以得出结论，条形图或烛状图都可以满足基本需要，但是我们仍然必须考虑哪一幅图会让该过程尽可能的简单。在一轮整体的主要上升趋势中，如果交易者或投资者用烛状图作为一种理性指标，过度关注于实际上什么是自然和正常的价格波动，那么该种图表可能会发出大量(通常不太准确)的短线信号，会使投资者受到震仓而出局，这种情况实际上也让该图表不那么有用了。反过来说，这可能会导致过度交易，而不是使用主要信号和移动均线来指导投资者，在几周或几个月期间，正确地启动并金字塔式大幅加仓某只潜力巨大的盈利股。实际上，两类图表都可以被投资者或交易者使用，他们要习惯使用这两类图表，并且不要受短线牛市、熊市信息或信号影响而出局，但是，由于简单化操作是我们的偏好，因此我们认为，初学投资者应该关注于使用普通条形图来打好基础。

依照我们的经验来看，在 20 世纪 90 年代，花费了几个月的时间来学习条形图并开始了解其基本形态。最初，它们看似极为随意，但是，深入研究显示出并不是那么一回事儿。有效市场说这种愚蠢的想法很快就被抛弃了。花几个月时间研读图表书籍，会对外观完美的教科书式图表，相对于有缺陷图表之间各种不同程度的质量变量产生更深入的了解。在我们作为市场学生的漫漫长途中,诸如涵盖整个市场背景的更为复杂的方法稍后会进行介绍。

我们会在稍后介绍烛状图,但是,我们一直认为所有使用烛状图的量/价形态会产生太多噪音。相对于使用烛状图而言,最好是让事情变得简单,并关注长线趋势,烛状图常常会让投资者恐惧,会提前退出自己的头寸。然而,一直使用烛状图的交易者可能会更习惯于其应用。但是,如果投资者非常擅长使用标准条形图,那么,对于解释基本量/价行为这个基本目的而言,这应该是绰绰有余的。

移动均线压力综合征(MASS)

很多投资者似乎深受我所说的移动均线压力综合征(MASS)之苦,其观点是,在你图表上的移动均线越多越好,或者说,存在某个神奇的移动均线,它比其他移动均线更为有效。依据我们的经验,当龙头股启动并持续中线到更长线价格上升趋势时,10 日、50 日和 200 日算术移动均线在确认并处理这种龙头股过程中极为有效。另外,最小阻力线被突破,之后一路在低风险节点金字塔式加仓上述头寸,这时,就启动头寸方面而言,它重新进行简单测试图表中是否有额外的信息,会有助于采取精明、及时和果断的行动。

图 4.8 中,我们使用露露柠檬(LULU)的条形图,图表上划出的移动均线不低于 7 条。它们是 10 日算术移动均线、20 日算术移动均线、22 日指数移动均线、50 日算术移动均线、65 日指数移动均线、150 日算术移动均线,以及 200 日算术移动均线。乍一看,除了它们让图表更加杂乱以及该股票价格似乎神奇地在一条或更多移动均线的不同点上找到支撑位和阻力位之外,还有什么马上就会被人发现呢?

我们注意到的就是,当该股票在短线内趋势明显上涨时,10 日、20 日和 22 日移动均线往往成为该股一路上升的支撑。当该股票具有建设性地构建基部,实际上横向波动或者出现有点平缓式的趋势时,50 日和 65 日移动均线往往会发挥支撑区域的作用。最后,当该股票开始在其形态内出现修正,并跌穿其盘整或趋势区域时,150 日和 200 日移动均线会成为支撑区域或支撑线。那么,这些移动均线对我们有什么意义呢?重要的是,它表示移动均线跟随价格,而不是相

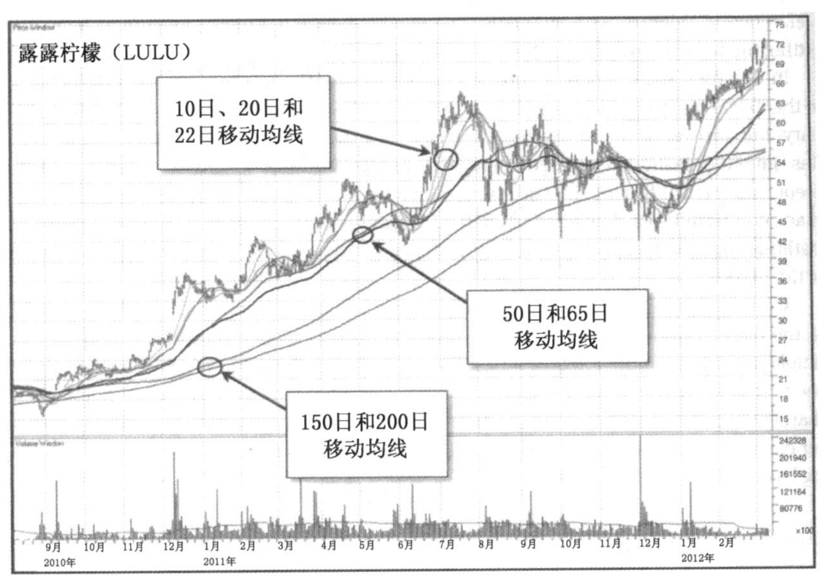

HGS软件公司供图，版权2012。

图4.8　2010～2012年露露柠檬(LULU)日线。该图表具有10日算术移动均线、20日算术移动均线、22日指数移动均线、50日算术移动均线、65日指数移动均线、150日算术移动均线和200日算术移动均线。这会对交易者或投资者有帮助吗?

反的情况，因为移动均线都是源于价格行为，并且不会脱离价格而单独存在。

因此，如果移动均线源于价格，并且它们也并无神奇之处，那么隐藏在移动均线背后的最初逻辑是什么呢？毫无疑问，当股票回调时，移动均线充当该股票支撑区域的部分原因是，大量的交易者和投资者会在这些点位参与并买入，仅仅因为这是技术分析的入门知识说要这样做。换句话说，他们之中有足够多的人相信在某条普通移动均线上的支撑位的观点，因此，在某种程度上，它变成了自我实现的事物。

同时，有人必定已经在某些地方观察到，基于统计学上的大量样本，诸如50日或200日算术移动均线这种主要的移动均线在很多情况下充当了支撑位。因此，基于它们可能代表着某些平均价格，比如说，投资者在过去50天买入该股票的价格(以50日移动均线为例)，移动均线或许存在一些内在有效性。因此，如果这种情况是真实的，那么可能会汇集那些在平均价格或接近平均价格做多该股票的投资者，因此，当某只股票下跌到该50日移动均线时，基于该股票已经下跌到了某些投资者最初买入的位置，会诱使他们支持该股票。

为了达到目的,我们发现,通常情况下,日线图上 10 日、50 日和 200 日算术移动均线是投资者正确处理股票所需要的所有移动均线,例如正确处理一只股票并确定正确的买入和卖出点。在周线图上,10 日移动均线太短,但是 50 日移动均线和 200 日移动均线等于 10 周和 40 周移动均线。也有一些例外情况,我们稍后来观看一个这样的案例,但是,现在我们研究一下苹果公司(AAPL)在 2011 年末到 2012 年第一季度期间的日线图(如图 4.9 所示),在此期间,它启动了一轮加速上涨。

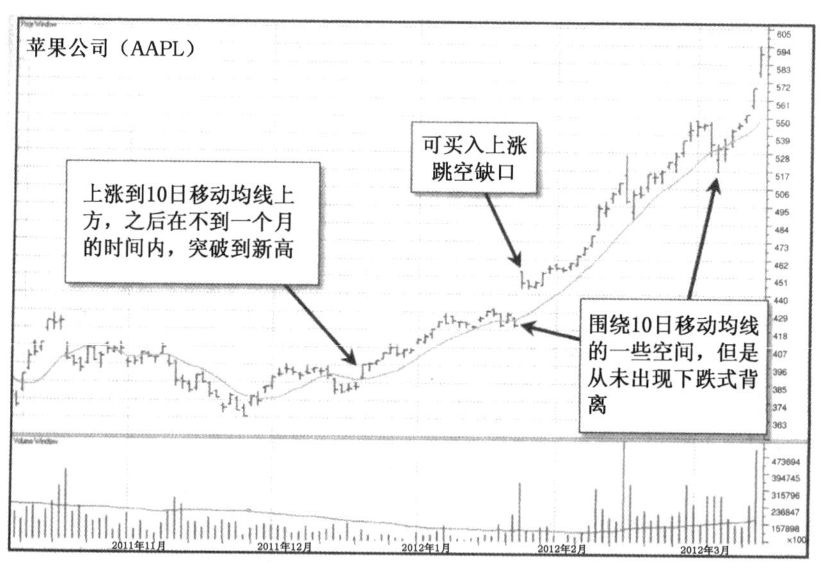

HGS 软件公司供图,版权 2012。

图 4.9 2011～2012 年苹果公司(AAPL)日线。一旦该股票跳空突破其盘整区域,并启动一轮加速上涨趋势,它就开始遵循 10 日移动均线。

在这个例子中,我们看到,该股票在 2011 年 12 月下半月开始突破大的横盘盘整区域,在该阶段,它开始跟随 10 日移动均线,我们在图表中单独标出了 10 日移动均线。甚至在 2012 年 3 月初短暂跌破该线也没能阻止该股票上涨,因为它实际上并没有背离其 10 日移动均线。回想一下,一旦股票收盘低于 10 日移动均线,要想确认它真正的技术性背离,需要在随后一个交易日跌破首次收盘于 10 日线当天的盘中低点。因此,一些空间,或者说刚刚跌到移动均线下方,是可以接受的情况,并且,我们可以从苹果公司走势图中看到,这种围绕 10 日移动均线的空间,并不会导致技术性地背离该线,实际上也是其部分特征。一路上涨过程中,那些依赖于技术性信号的投资者,或许在苹果公司抛物线式价格趋势中寻找高潮式顶点,但是,显而易见的是,10 日移动均线为该股票提供了一个简单的、现成的卖出指标,而不必依靠诸如"高潮式"或"抛物线式"术语所标示的量/价行为,它们或许会致使投资者过早卖出该股票。

现在,让我们稍微改变一下方式,观看苹果公司(AAPL)在 2009～2012 年的两幅单独的周线图(如图 4.10 和图 4.11 所示),在每幅图中我们分别单独划出了 10 周和 40 周移动均线。请注意,周线图上的 10 周移动均线大约相当于日线图上的 50 日移动均线,而周线图上的 40 周移动均线大约相当于日线图上的 200 日移动均线。

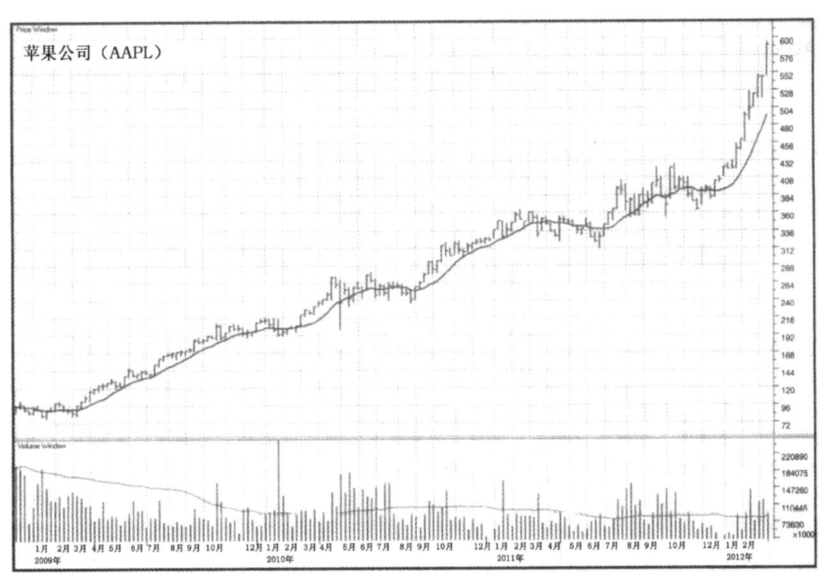

HGS 软件公司供图,版权 2012。

图 4.10 2009～2012 年苹果公司(AAPL)周线。围绕 10 周(相当于 50 日)算术移动均线的为期 3 年上升趋势。

图 4.10 显示一条 10 周移动均线,并且我们能够看到,在紧随 2009 年 3 月市场低点期间,苹果公司在一路上升过程中围绕着 10 周移动均线。通常情况下,当它跌到 10 周线下方时,就是在发出信号,它将进入到为期几周或几个月的横盘盘整。因此,在周线图上,我们可以观察到,在 10 周线周围存在着明显的空间。然而,10 周移动均线并不代表该股票的不可突破的支撑位,在 2009～2012 年价格上涨期间,每当该股票回调时,它在总体趋势中与其 50 日移动均线配合

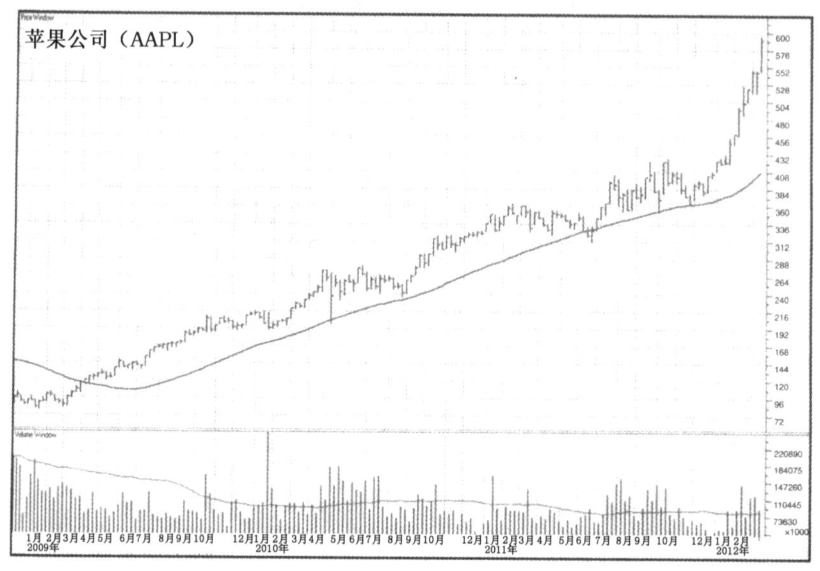

HGS 软件公司供图,版权 2012。

图 4.11　2009~2012 年苹果公司(AAPL)周线。为期 3 年上升趋势始终会在 40 周(相当于 200 日)算术移动均线找到支撑,所以我们说它遵循 40 周线。

得相当一致。

图 4.11 中,我们在苹果公司周线图上单独标出了 40 周移动均线,相当于日线图上的 200 日移动均线。200 日移动均线被认为是一条长期移动均线,因此常常在评估股票更长线趋势行为时用到它。无论是由于其自我实现式预言,还是机构投资者通常会在像 200 日(40 周)移动均线上拥有其支撑性点位,他们会在该点位介入,支持诸如苹果公司之类的重仓股,两个因素都是不相干的。我们需要观察的是,为了理解如何在某只特定股票上使用它们,苹果公司如何围绕其关键移动均线行动。这从本质上界定了我们定义移动均线的方法,关于该股票如何围绕某条或某几条特定移动均线波动而出现的特征,也可以用它们作为一种获得想法和评价的方法。在本案例中,苹果公司围绕 10 周线(50 日线)的特征是,围绕 10 周移动均线波动,但是在大部分上升趋势过程中,它会保持在 10 周移动均线上方。一旦跌破 10 周线,它就往往会进入一段时间的横盘盘整。然而,它确实在一路上升过程中严格遵循 40 周(200 日)移动均线,如图 4.11 所进行的巧妙说明,所以它每次回调到 40 周线,就会找到坚实的支撑。寻求在苹果公司弱势时吸筹的投资者,可能会在 2009 年 3 月到 2012 年初这段时间该股票

每次下跌到40周移动均线时买入。因此，我们可以说，在苹果公司大幅上涨期间，200日/40周移动均线在确认价格趋势下轨时是非常可靠的指标，并且，对于价值导向投资者而言，也是进入该股票吸筹的合理点位。

在评估某只股票或其他证券基于其特性会遵循哪条移动均线过程中，观察和研究非常关键。操作中，我们发现，极强势龙头股的短线趋势一般情况下会由10日移动均线确定，而中线趋势一般情况下由50日移动均线确定，长线趋势由200日移动均线确定。正如本书之前所提到的，会存在例外情况，并且，为了确定使用正确的移动均线，理解这些例外情况在很大程度上是观察和研究股票的量/价行为的功能。

2010年末到2011年前半年，我们参与了一轮白银的强势价格上涨趋势，如图4.12所示的安硕白银信托ETF(SLV)日线。请注意，为何安硕白银信托一旦突破并穿透20美元价格水平，就开始遵循其20日移动均线。通过观察最初趋势以及2010年10月末的回调，我们就能够确定这种情况。在那个阶段，随着安硕白银信托不断地推升到更高位，它数次回调并在20日移动均线找到了现成的支撑位，最终触及了30美元价格水平。一旦安硕白银信托背离了20日移动均线，上涨的第一根支撑就倒掉了，并且该股票在接下来几周内盘整巩固之前超过50%的上涨幅度。

一旦安硕白银信托能够重新突破到20日移动均线上方，它就启动了一轮更为陡峭的上升趋势，再次在每次回调中坚定地维持20日移动均线。该上升趋势呈现出更强的抛物线式上涨，安硕白银信托在一轮经典的高潮式上涨过程中，迅速向每盎司50美元水平攀升，这也标志着白银的顶点。

我们希望，读者从该讨论中开始能够理解的是，实际上并没有神奇的移动均线。不同的股票一般会遵循不同的移动均线，并且在运用10日和50日移动均线过程中，我们要识别出这两条关键移动均线中，股票一般会遵循哪一条线，这也作为其总体特征的一部分。在极为罕见的情况下，诸如安硕白银信托，投资者或许会发现，股票会遵循其20日算术移动均线和65日指数移动均线，但是这种情况大多为例外而不是规则。然而，只有通过仔细的实时观察和研究，投资者才能确定该股票倾向于遵循哪一条移动均线。在我们的操作中，基于统计数据而言，绝大多数情况下都会使用10日和50日移动均线，这是大多数股票都会遵循的两条主要移动均线。这也是为何我们往往会几乎完全使用这两条线的原因所

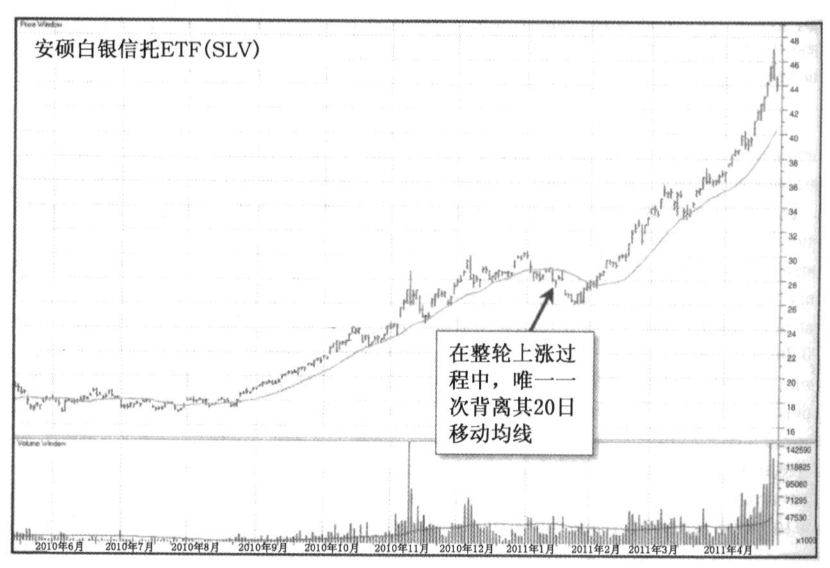

HGS 软件公司供图,版权 2012。

图 4.12　2010～2011 年安硕白银信托 ETF(SLV)日线。白银 ETF 在每盎司不到 20 美元疯狂上涨到接近每盎司 50 美元的过程中,只有一次背离了其 20 日移动均线。

在,在极少数情况下,我们能够观察并确认不同种类的特性,诸如,在 2010 年末到 2011 年中期间,安硕白银信托 ETF 及其遵循 20 日移动均线的倾向性,我们或许会应用第三条移动均线,例如 20 日线。

一般而言,投资者和交易者应该考虑的,与移动均线相关的主要问题之一是,很多移动均线被普遍使用,因此,这些移动均线存在一种羊群效应——每当股票下跌或上涨时界定价格水平。因此,例如,50 日移动均线支撑位的观点在大多数交易者和投资者的思想及方法中极其根深蒂固,所以市场会让股票略微跌破以往的关键移动均线,试图来愚弄投资大众。在我们头脑中关于移动均线的使用方法,这是主要因素,并且这也是为何我们并不认为首次跌破移动均线会构成对该移动均线的真正背离的原因所在。对于这种情况的出现,我们必须首先观察该股票收盘低于所讨论中的移动均线,之后,在第二个交易日或接下来的几个交易日内,该股票必须跌破初次收盘低于该移动均线下方当日的盘中低点。这可能有点饶舌,但是需要仔细研讨这个句子,理解其真正含义。我们如何应用和衡量移动均线的真正背离需要考虑,投资大众经常被愚弄,股票在既定移动均线上会显示出一定空间,在一路上涨或下跌过程中会略微跌破该移动均线,愚弄那些期望在该线马上反弹的粗心投资大众。因此,在本章之前所观察的图 4.10 和图 4.11 中,我们能够看到,周线图中的苹果公司相比于其 40 周或 200 日移动均线,其在 10 周或 50 日移动均线处拥有更大的空间。

指标:有用还是无用?

我们经常会被问及,除了常用的带移动均线的量/价图表,我们还使用什么指标。有很多指标可供选择,我们一般认为,这就是避免它们的理由,反而要选择简单化。投资者喜欢遵循一些较为常用的指标,在大多数情况下包含一个独立箱体中,沿着常用量/价图表底部运行,比如像布林带、相对强弱指标、平滑异同移动平均线(MACD)、随机指标、超买/超卖指标、肯特纳通道、云图指标,等等。

其中,很多指标基于我们所说的均值心态回归可以进行预测。因此,我们对于这些指标的主要问题就是这个基本前提,即任何价格波动都是远离某些预先确定的均值,从统计学意义上来讲,这种价格波动应该向该均值回归。一个简单的事实是,强势趋势只会沿之前所说的均值拉升。因此,从我们趋势跟踪者的观点来看,使用这种指标不仅会给图表增加相当多的额外噪音,而且很容易让你心生恐惧,退出可能产生巨大盈利的头寸。使用过多的移动均线和超买/超卖指标,很容易向投资者提供多个提前卖出的理由,并且,在我们观察和持有的股票例子中,那些在启动价格上涨时,每个单独超买指标在整体上起决定性作用的情况,我们无法数清楚。

超买指标或超卖指标的问题是,当一轮强势趋势形成并持续时,通常会沿最小阻力线获得动能,这是超买或超卖的情况容易变得更加超买或超卖。正如你所知道的那样,你持有的股票,其价格正在迅速上涨,未必是在拉伸橡皮筋,在某种意义上,橡皮筋接近于并有扯断的危险,这会使股票随之下跌。你怎么知道,另一边有没有更结实、更紧绷的橡皮筋更加强势地向上拉升股票!不是要坚持均值回归的心态,伴随着一系列洗脑式术语和类比,把股票看作是物体运动,不使用统计规律,而是使用物理定律,这才真正是趋势跟踪的要义所在。希望了解趋势跟踪本质的投资者,应该学会依据牛顿物理定律进行思考。牛顿第一定律表明,"如果物体不受外力作用,其速度保持不变"。在股票市场中,正如物理定律一样,运动物体一般会保持运动,直到对其施加相当或更大的力,例如,巨量抛售。通常情况下,强势龙头股能够消化做空的巨量抛售,它会通过回调做出短线反应,却会反弹到之前价位,并且,一旦扫清了卖方筹码,就会有更大的成交量推升到更高价位。

因此,牛顿第二定律也能够适用于股票,因为它表述为,"物体加速度 A 与物体受到的净作用力 F 直接成正比,与物体的质量 M 成反比,也就是,$F=MA$"。我们可以把净作用力看作是买入或卖出压力,并且,对于我们的目的而言,算术量/价图表中的成交量柱体足以确定它。加速度是价格趋势,并且我们可以确定急剧加速上涨的股票,例如,它在产生一个可买入上涨跳空缺口时,在其波动中具有内在的大量的加速度。为此,我们只需要观察价格和成交量。质量也与股票有点相关性,因为规模越小,最近 IPO 上市的股票以及较新的创业类公司只有较少的股票筹码和较小的总市值,与那些具有较大质量的股票相比,通常情况下波动速度更快,例如行动迟缓、架构完善的大盘公司在其价格趋势中往往具有较小的上涨加速度。由于它们的额外质量会产生反作用,因此,我们或许可以改变牛顿方程式,为较小质量的盘子较小的股票分配更多的质量数目,目的是描述更新、更小、更多创新型公司相对于那些更大、更慢、更成熟的公司产生相同数量的买盘力量。由于这个原因,我们只需要评估市值规模、流通股份以及平均日成交量,并且这并不一定需要使用肯特纳通道以及其他简洁完善的技术指标,投资者和交易者可能会用这些指标来装点自己的图表。

图 4.13,显示了一条沿该图表底部的 14 日相对强弱指标(RSI)线,并且我们突出显示了该指标穿越黑线进入超买区域的时间段。正如我们从最右边所能够看到的,安硕白银信托变成最超买状态,只是因为它启动了一轮高潮式和抛物线式的迅速上涨。然而,当它开始接近 50 美元标记时,单独的量/价行为会告诉你,基于高潮式行为而言,它接近了卖出点。RSI 已在 4 月初上升到新高,这种行为无法再为你提供更好的帮助了——它只会让你因为恐惧而退出自己的安硕白银信托头寸,就在此时,它启动了一轮最大的、获利最为丰厚的上涨。因此,安硕白银信托在 2011 年提供了一个超买为何会变得更加超买的现实例子。同时,尽管 RSI 可能会使你因恐惧而退出自己的头寸,但是当安硕白银信托反转并上涨到更高高点时,它对于你重新进入自己的头寸毫无用处,因为它保持在高位,从未下跌到超卖水平,根据假定,只有在这个水平,你才会获得重新买回的清晰

信号!

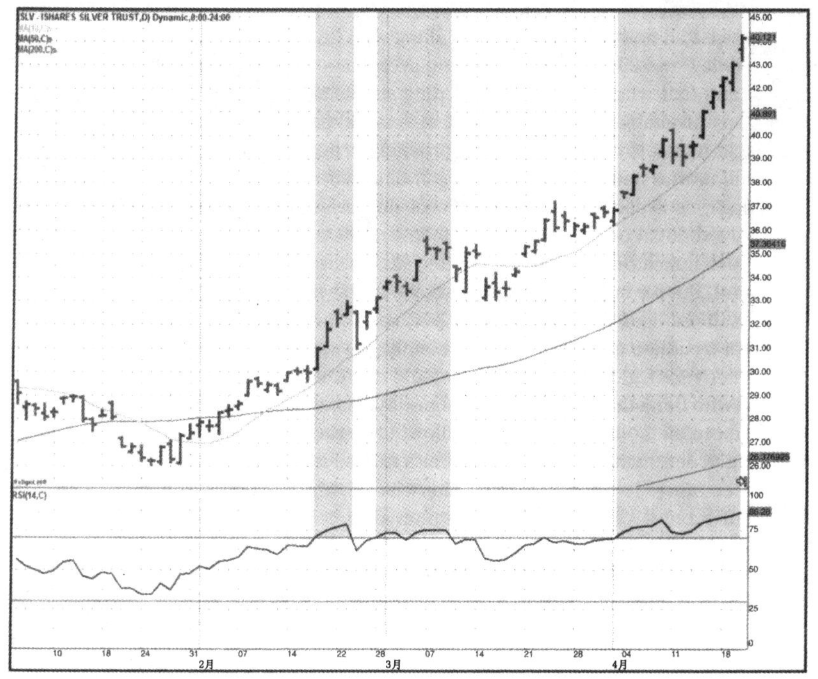

HGS 软件公司供图,版权 2012。

图 4.13　2011 年安硕白银信托(SLV)日线。14 日 RSI 不能反映出该股票的潜在上涨趋势。

当然,有人或许希望倾其所有时间来回溯测试指标,观察哪一个指标在既定时间内效果最好。并且,肯定会出现某种指标可能发出正确信号的时间,但是,在我们看来,指标就像辅助工具,一旦你研究了成千上万的图表以及它们在图表中的实时量/价行为,并进行了亲身体验,就可以自己骑自行车,无须试图使用辅助轮的帮助。同时,对于一名熟练的自行车手,辅助轮实际上可能会成为一种障碍——我们认为,这种情况即使不适用于所有指标,但是对大多数指标是适用的。

因此,我们发现,在龙头股启动并持续有利可图的价格趋势时,价格和成交量,配合三条主要移动均线——10 日、50 日和 200 日算术移动均线——足以确定这些龙头股的进入和退出点。大多数指标,特别是宽度指标和超买一超卖指标,只会给学者和新闻评论员提供必要的素材,构建起一道担心市场之后攀升的壁垒。以这种方式,由于它有助于让投资大众怀疑并确信,该波动是超买状态,或者是从均值延伸而来,它必然会重新向该均值回归,我们发现,这些指标是有用的。它们所做的就是让投资大众感到恐惧,并且我们会为此而心存感激。但是,对于我们自己的实际使用而言,我们发现它们根本毫无用处。

在无趋势、波动方向变幻不定的环境中,这些指标中的某些指标可能会变得有用,因为无趋势市场是一种只会来回上下波动的市场,从短线超买到短线超卖,之后再次重复。对于那自认为可以通过引导股票就能够赚大钱的投资者而言,这种情况或许很不错,但是欧奈尔—威科夫—利维摩尔方法是一种趋势跟踪法,并且短线指标无助于投资者确认并最优化利用主要趋势。

市场波动,甚至那些被其他极为聪明和精明的投资者称之为泡沫的波动,也会比大多数人想象的走得更远,甚至在最终爆发前会达到看似荒唐的程度。例如,前美联储主席艾伦·格林斯潘(Alan Greenspan)在一次著名演讲中认为1997年股票市场是一种“非理性繁荣”。众所周知,如果格林斯潘主席认为1997年市场是“非理性繁荣”,那么他就无法用时髦词汇来描述1999年的互联网泡沫。尽管1997年有所谓的市场繁荣环境,但是直到2000年,即格林斯潘主席发表1997年市场“非理性繁荣”演讲之后三年,市场才最终见顶回落。1997~2000年期间,很多人赚取了极为丰厚的财富,我们也是其中一员,并且,最有可能的是因为我们从来没有思考过股票为何是超买状态,或者说市场为何是非理性繁荣。我们只关注于实时量/价行为。因此,就我们看来,使用这种短线指标,只会让投资者在该波动结束之前就会受到非预期影响而感到恐惧,进而卖出股票,并且,对我们来讲,这超过了人们从其使用中所编造的任何营利性和实践性效用。

盘中图表有用吗?

在我们看来,除非你是一名日间交易者,否则盘中图表只有极小的效用。请谨记,我们是趋势跟踪者,并且我们寻找跟踪的趋势是那些至少为中线的趋势。无论你如何来编造,一个交易日肯定不是中线趋势,并且它或许甚至不是短线趋势——它最可能构成“超短线”趋势。之后,我们必须自问,“超短线趋势”是否是我们寻求确认的趋势,并且显而易见的答案就是“不”!即使如此,我们也会密切注意着市场交易的新方法。市场出现变化,可能会产生在一段时间内超短线趋势具有可行性,但这只是对那些可以整天监控该类策略的投资者才会有效。同时,我们绝不希望这种策略使我们的专注力离开更长线的策略,这些策略才会带来更大利润潜力。

与此同时,如果存在使用盘中图表优势的话,它可能在于,盘中图表可能(并且我们强调)或许有助于你在该交易日内以更好的价格买入自己的股份,诸如在可买入上涨跳空缺口式波动中,因为它可能有助于确定在该跳空上涨交易日的盘中低点。然而,就简单性而言,所有这一切的问题是,实时日线图也会获得相同的信息,根本不会出现令人恐惧的盘中波动,例如,在 5 分钟线图上的明显波动。就实时日线图而言,我们认为日线图与实时报价系统相关联,以致图表中的价格和成交量会在整个交易日内变化并实时更新。在熊市或市场修正期间,为了在之前龙头股中确定做空卖出时机,我们确实使用盘中图表,但是,这是我们下一本书的主题。

图 4.14 显示了 2012 年 1 月 25 日苹果公司(AAPL)可买入上涨跳空缺口交易日当天的 5 分钟盘中走势图。前一交易日,苹果公司发布盈利报告,超出了之前预期,导致在 1 月 24 日盘后交易时间内出现了巨大的跳空上涨。这种上涨延续到了下一个交易日,并且,在开盘铃声响起时,我们能够看到盘前交易。由于我们总部位于加利福尼亚州普拉亚德雷(Playa del Rey),市场开盘时间是太平洋标准时间上午 6:30,并且系统反映出来的时区上午 6:30 当然也要与纽约开

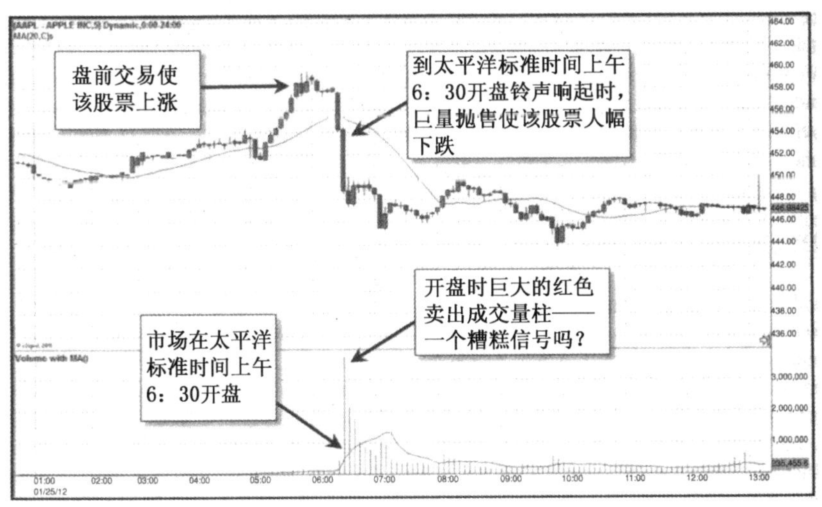

HGS 软件公司供图,版权 2012。

图 4.14　2012 年 1 月 25 日苹果公司(AAPL)盘中交易 5 分钟线。开盘时巨量抛售看起来让人心生恐惧。

盘时间美国东部标准时间上午 9:30 相一致。当苹果公司自其盘前顶部突破下跌时,请注意这个巨大的卖出成交量柱体。这好像是精明的资金在逢跳空缺口卖出,并且你在实时观察这幅图表,基于该可买入上涨跳空缺口的这种巨大成交量可能会让你感到恐惧,而不敢在该股票上建立头寸。整个交易日,极少有大幅上涨成交量,但是随着该股票大约在一个交易日内横盘波动,到市场于太平洋标准时间下午 13:00 收盘时,产生更多的下跌巨大成交量。盘中图表让人觉得卖方在该股票既定的巨大跳空缺口上涨时利用强烈的需求卖出股票。最初,那些逢高在 460 美元附近卖出的卖方似乎极为明智,因为该股票下跌到了 443 美元。

与此同时,苹果公司在该交易日的日线如图 4.15 所示,巨量可买入跳空缺口式上涨,盘中低点 444.73 美元可以作为卖出指标,如果该股票暂时性下跌到盘中低点 444.73 美元下方,那么增加额外的 1%～3%下跌幅度,允许产生一些微小的空间。苹果公司日线图对可买入上涨跳空缺口给出一个相对清晰的画面,并且就在该可买入上涨跳空缺口之后,苹果公司迅速启动了向 600 美元价格水平上涨的步伐。然而,要是投资者完全聚焦于图 4.14 的盘中图表的话,他可能会轻易地转变想法,或者说,一旦开盘铃声响起并且开始 1 月 25 日的交易,就会受到该股票巨大抛盘的恐吓。

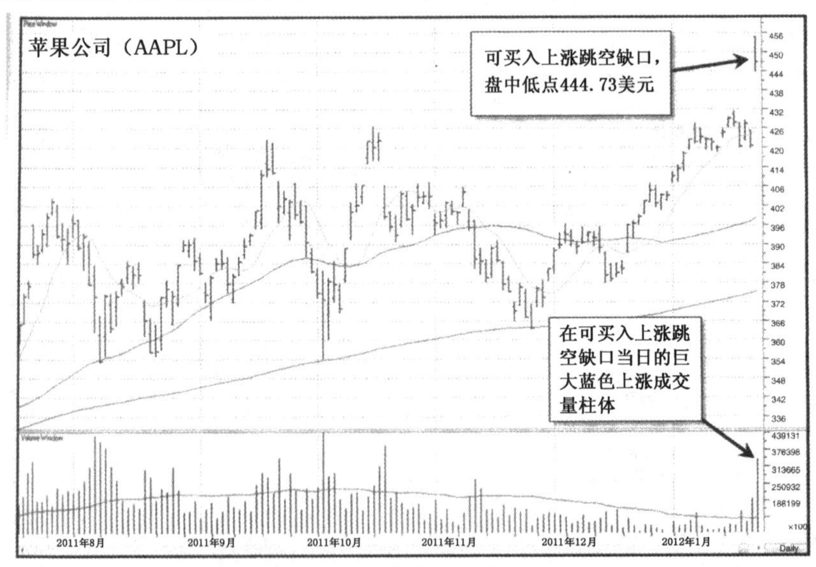

HGS 软件公司供图,版权 2012。

图 4.15　2012 年苹果公司(AAPL)日线。清晰的可买入上涨跳空缺口可以马上付诸实施。

如图 4.14 和图 4.15 所示,盘中图表只会给图表带来更多噪音,并且能够在你的脑海中以及你的图表眼中产生深刻印象,反过来,这可能会对你造成影响,进而制定出错误决策。图 4.15 以正确的角度来观察这个最初跳空上涨交易日及其接下来三个交易日的随后量/价行为。在这幅苹果公司日线图中,随着成交量下降,该行为实际上非常紧凑和清晰,表明所有在跳空缺口上涨时逢高卖出的抛盘已经被消化了。有很大可能性的是,过度强调苹果公司 5 分钟线图上盘中波动及其相对成交量,业已妨碍了对苹果公司真正趋势的充分把握,这种情况在图 4.16 中变得非常明显。

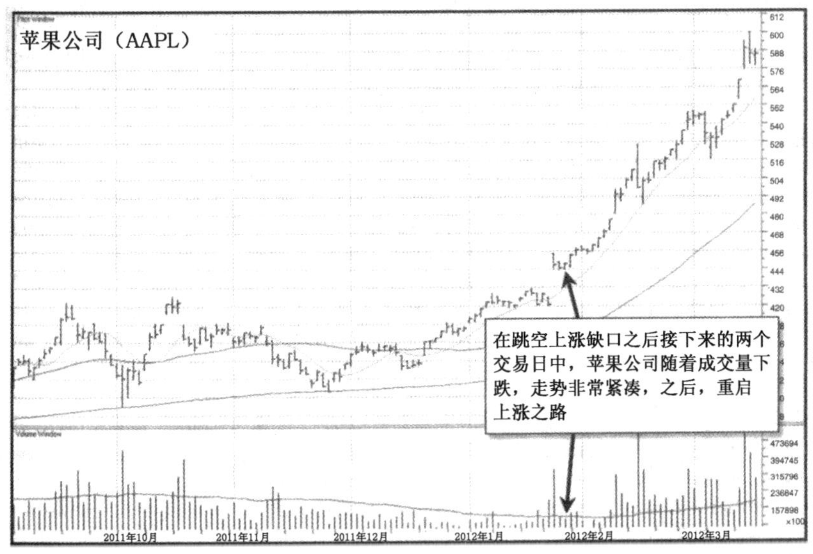

HGS 软件公司供图,版权 2012。

图 4.16　2012 年苹果公司(AAPL)日线

总之,盘中图表给交易者带来了太多的噪音。日线图中微小波动可能在 5 分钟图上看起来似乎是巨大的波动,因此,在这种短线框架内放大量/价行为,也会产生一种夸大恐惧和贪婪情绪的倾向。恐惧:日线图上微小的波动可能在 5 分钟线图上看起来是很大的波动,因此会令交易者感到恐惧而退出头寸,或者是当交易者看到该股票启动上涨时,会导致他们过量持有头寸。此外,导致市场出现条件反射的头条新闻,可以转化成盘中图表,并被该图表所夸大,这种情况会使得新闻效应触发恐惧或贪婪,反过来,这可能会产生不恰当的交易行为。如果我们必须使用盘中图表的话,那么我们可能喜欢使用较长时间段,如 30 分钟或

60 分钟。偶尔,当我们操作大规模头寸时,比方说50 000～100 000 股股票,我们想了解 30 分钟或 60 分钟短线支撑位或阻力位,以便于股票操作,但是,经常出现的情况是,一旦买入警报响起,我们就会马上进场并买入股票。

监视器颜色和设计方案

颜色已经被证明会对人们的心理产生影响。例如,把房间涂成蓝色或海蓝色证明对进入房间的人有镇静作用。同样,我们应该了解图表以及电脑交易监视器颜色方案对心理以及感觉的影响。大多数交易者喜欢在市场上涨时,在其屏幕上显示大量的绿色,并且在市场下跌时,在其屏幕上显示大量红色。乍一看,这肯定会向你展示所出现的情况,至少现在是这样,但是这些跳动的颜色也可能令你感到恐惧,提前退出市场。

一些交易者喜欢面对着一排排的显示器,但是这会引发以下问题:同时观察这么多闪烁不定的电脑屏幕,人类的眼睛实际上能够收集并处理多少有用信息。正如本章的其他内容一样,在使用技术来观察市场时,要保持其简单性。你真正需要的就是一个高分辨率的显示器。太多的显示器可能会增强自我意识,特别是,如果你受到“显示器嫉妒症”(monitor envy)之苦的话,过多的显示器可能就会妨碍交易的绩效。图 4.17 展示了一款我们喜欢使用的、简单的单屏显示器。通过缩小该显示器,可以看到更多股票代码和报价窗口,你就可以让这个显示器更为复杂,但是,我们发现,这个基本的显示器布局在密切关注市场时更为有效。

这种基本的显示器设置在左上角列示了三种投资组合,如果该股票在上涨或下跌过程中穿透了某一特定价格,就会发出价格警报,当某只特定股票触及特定的量能水平,也会发生量能警报。在监控股票的实时口袋支点买入点,我们经常会使用量能警报。

另一个窗口显示股票监视清单,它每天都会更新,具有特定的名字,我们或许会密切关注某个特定的交易日。在其下方是纳斯达克综合指数强势股,这样就可以密切注意这些关键的“该交易日中的重要股票”,杰西 · 利维摩尔可能会说,这可能会描述出市场行为背后所酝酿的活动情况。中间是指标和市场数据窗口,我们通过该窗口可以密切关注所有主要的市场指数和市场数据,诸如市场成交量、卖权—买权比率、上涨与下跌股票、关键商品价格等。

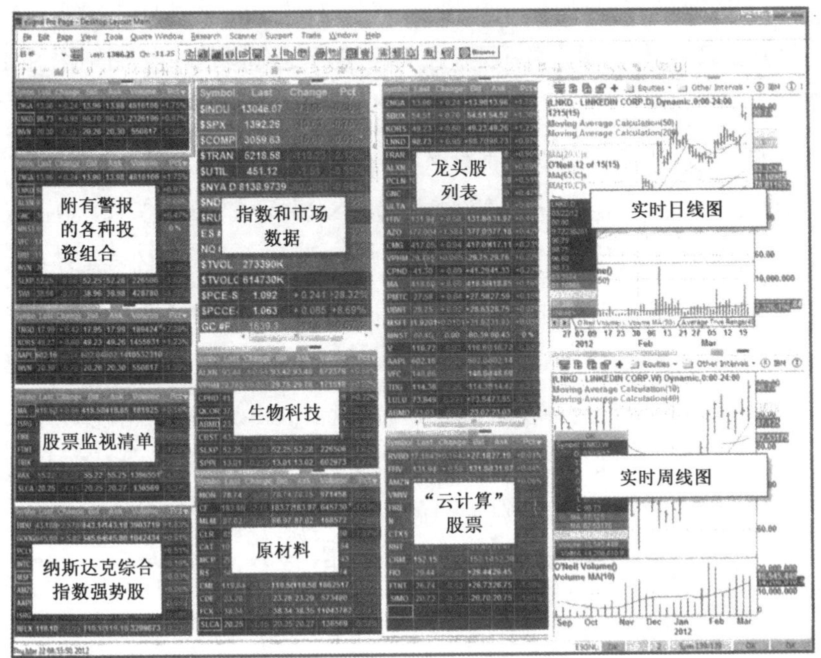

eSignal 公司图表,© 2012 年,使用许可。

图 4.17　基本的单屏显示器设置

报价窗口最右侧是主要的龙头股列表,通常情况下,来源于我们研究和关注的股票,尽管投资者几乎没有时间来观看屏幕,但是市场可以很轻易地替代《投资者商业日报》(*Investor's Business Daily*)50 指数,这是一个优秀的主要龙头股列表,并且这个列表肯定不只是市场周期中的最大龙头股。其他三个窗口就是我们可能会关注的几个不同的板块。在这个例子中,我们在观察生物科技、原材料和"云计算"股票。投资者还可以考虑使用较少的界面,拥有更多显示较多龙头股票板块的窗口,它们都可以集中在一个窗口中,这取决于该投资者可以承受多大程度上的眼睛疲劳!

请注意,除了指数和市场数据窗口之外,所有报价窗口都依据当天的波动百分比进行排列,当天具有最高涨幅百分比的股票会实时出现在列表顶部。另一个非常关键的特征是显示器的颜色方案。我们喜欢将刺眼的红色和绿色降到最低限度,并且,为了抵消所谓的"红海"或"绿海"现象的影响,我们会使用冷色调,诸如蓝色和绿色作为背景色。在给该显示器窗口拍快照的特殊日子里,道一琼斯工业指数几乎下跌了 80 点,但是,多亏这个颜色方案,该窗口看起来相对平静，它主要闪烁的是各种灰和绿的色调。我们设置颜色方案，以便于我们可以轻松地区别哪只股票在上涨，哪只股票在下跌，但是总体颜色相当多样化，并注重冷色调。因此，颜色方案旨在促进冷静的心理，无论市场出现什么情况，为了产生正确的想法，做出正确的决策都是必要的。在为自己的市场显示屏幕设计颜色方案时，这是需要加以考虑的事情。毕竟，每次市场或你的某只股票在该交易日下跌时，你真的需要某个指标发出“抛售”指令吗？一个有效的显示器应该为你制定市场决策提供冷静的帮助，而不是对自己产生一种微妙的心理影响。

最后，在这个单屏幕布局中，我们在最右边也包括了实时日线图和实时周线图，它们与实时报价相关，并在该交易日内随盘中该股票实时价格波动而波动。这些图表中的每一幅都与报价列表相连，以便于我们在其上面简单地一点，就可以快速地看到我们报价窗口中任一只股票的日线和周线图。这可以让我们看到，该股票相对于其整体日线和周线图所展示出来的情况，因此会把该交易日的行为放到整体背景之中来加以考虑。我们发现，相对于观察 5 分钟盘中图表而言，这确实更加实用，因为 5 分钟图表往往扩大小幅的价格波动。无论你何时在关注股票，都要监视向哪个方向波动，在实时日线图中关注股票波动所产生的价格观点并不太会令人耸人听闻。

一般情况下，在日线图中，我们只使用 10 日、50 日和 200 日算术移动均线，尽管我们在图 4.16 中所示日线图中包含了 20 日算术移动均线和 65 日指数移动均线。从实用的角度来看，或者说基于我们自己的经验而言，10 日和 50 日线一般是真正的主力移动均线，我们使用得最多，并且它们足以应付这项任务。周线图使用 10 周和 40 周算术移动均线，它们在日线图中对应的是 50 日和 200 日算术移动均线。我们使用 eSignal 专业版，由市场数据公司交互式数据（Interactive Data）公司提供相关服务，但是，任何报价系统都可以运行，能让每一个功能就像上面所描述的一样。我们也喜欢 eSignal 的“盘前功能”，为了基于盘前的交易价格，迅速获得那些在开盘时高开的股票列表，我们每天在开盘前 20～30 分钟就运行该功能。从本质上来讲，这是所有可买入上涨跳空缺口观念的起点，我们在该交易日寻找并利用这些缺口。在该交易日期间，我们为口袋支点而执行该功能，但是大多数个人投资者和交易者可能没有相同的机构级别的工具，我们就以这种方式利用这些工具来观察市场，因此，观察口袋支点的一种简单的方式是，每天浏览自己的龙头股列表，观察哪只股票可能在酝酿口袋支点式波动，之后，设置量能警报，如果该股票交易的最高成交量超过之前 10 个交易日，就发出警报。

所见即所得

提及图表、移动均线、指标、显示器方案，诸如此类，还会有很多可能很诱人，却华而不实的东西。对于我们当中那些热衷于市场的人而言，它们几乎是无法抗拒的。但是，所有华而不实的东西，我们都可以自己处理，就我们想让复杂还是简单而言，我们所有人都有一种选择，并且，真正的问题是，更加复杂化在该过程中是否会有所裨益。直觉上来讲，通常情况下，少就是多，这话也很有道理。为了获取渴望的结果，也就是说，找到有价值的趋势并抓住它，我们对该过程简化得越多，效果就越好。并且，依据自己的经验可以告诉你，我们曾为之付出了鲜血、汗水和泪水，当谈及投资者的图表眼时，该概念也能够扩展到市场眼的含义，保持简洁应该是一条基本公理。你需要观察什么，你需要何时观察，以及你需要多近距离观察才会获得渴望的结果？

作为交易者和投资者，我们在自己成长过程中已经发现，实际上，我们分心越少，效果就越好，并且，本章业已在努力总结最基本的图表眼要素，因为我们在实践的、实时的、经常性的基础上来使用它们。尽管一些指标或许最初会作为辅助轮，随着经验增加，你可能会发现它们为你的交易过程增加了障碍，因此，它们要被去除掉。我们在该项业务上花费的时间越长，我们回到这个基本前提的机会就越多，正如我们的朋友弗雷德·理查兹（Fred Richards）经常说的，这就是"保持安全、理智和简洁"。

接下来的两章内容给你一些图表做练习，我们会深入研究口袋支点和可买入上涨跳空缺口的练习。

第五章　口袋支点练习

本章的主要目的是让你的眼睛看到为何这些形态是有效的，以及训练你的眼睛，当有价值的口袋支点买入点在日线图中出现时，就可以发现它。本章包括了 40 个口袋支点练习，需要你来确认这些形态中有意义的口袋支点买入点。尽量来区分处于正确买入头寸的形态以及不正确或者说可能存在缺陷的形态。

当你完成这些练习时，请记住，一般情况下，口袋支点应该会出现在具有建设性的量/价盘整或上升趋势之中，此时，该形态中的成交量相对较低，可能是紧凑的横盘盘整，或者说是沿某条移动均线盘整。在基部或盘整期间，价格条可能是略微向下倾斜。就现有上升趋势中的持续性口袋支点来说，该股票应该展现出具有连贯性的上升趋势，该趋势要么沿 10 日移动均线上升，要么沿 50 日移动均线上升。如果在该形态中产生任何波动，要是投资者观察到口袋支点也是一个产生极为强势的、成交量增大上涨逆转形态的话，它可能仍然具有建设性。

每次练习都包括一幅右侧满页的日线图，答案隐藏在紧随其后的图表上。使用铅笔来确认口袋支点，并添加评论或条件。一旦你对自己的图表分析感到满意，就去看随后的图表这一页，阅读我们的答案以及对该股票量/价行为的评价，该行为在该形态中与口袋支点买入点相关。

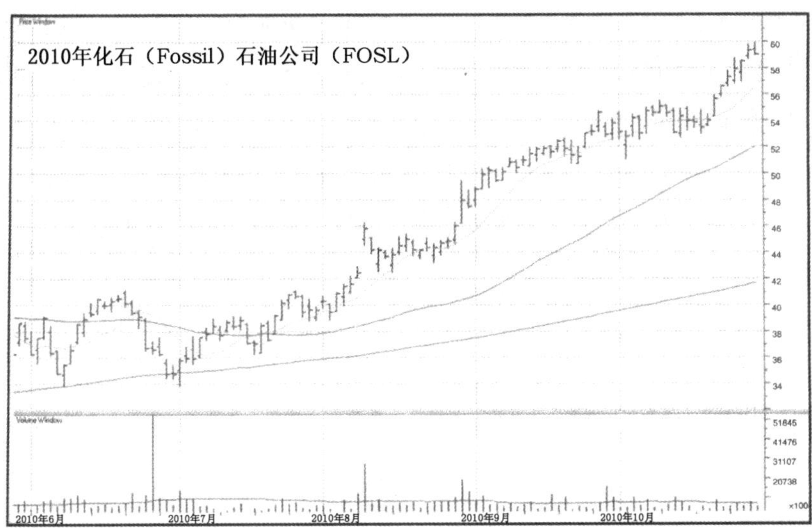

对于这些练习，首先用一张索引卡或者一张标准大小的纸折成一半，盖到该图表上，然后，每次向右移一条，会更容易观察每天的行为。

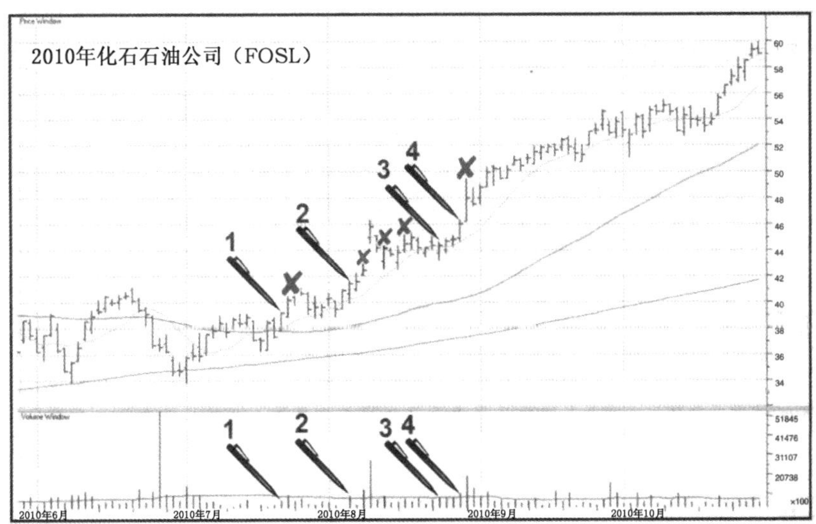

1. 随着该股票向上突破10日和50日移动均线，该口袋支点出现了。之前回调一般不认为是V形形态，因为它只是巩固了自之前低点和200日移动均线上涨的波动。该交易日之后两天，产生了口袋支点的量能信号，但是从10日移动均线延伸，具备了作为口袋支点买入点的条件。

2. 这个口袋支点也是随着基部突破而出现的，尽管该量能相对于标准的基部突破并不充分。一般情况下，对于有效的基部突破而言，成交量需要为日均成交量的150％，但是，在这种情况下，口袋支点为在突破时买入提供了充分的依据，同时，降低了突破需要出现日均成交量150%量能的条件——这是在本例中使用口袋支点的优势之一。紧随该交易日之后三天，产生了口袋支点量能标志，但是它也是从10日移动均线延伸。自点2交易日之后第2、第5和第8个交易日，它们都出现了，并且当它们出现时，每一个都略微向上远离10日均线。

3～4. 这实际上是介于点3和点4之间沿10日移动均线出现的4个口袋支点买入点，并且这预示着自该点的强势上涨波动，因为该股票在随后交易日中出现上涨并远离10日移动均线。

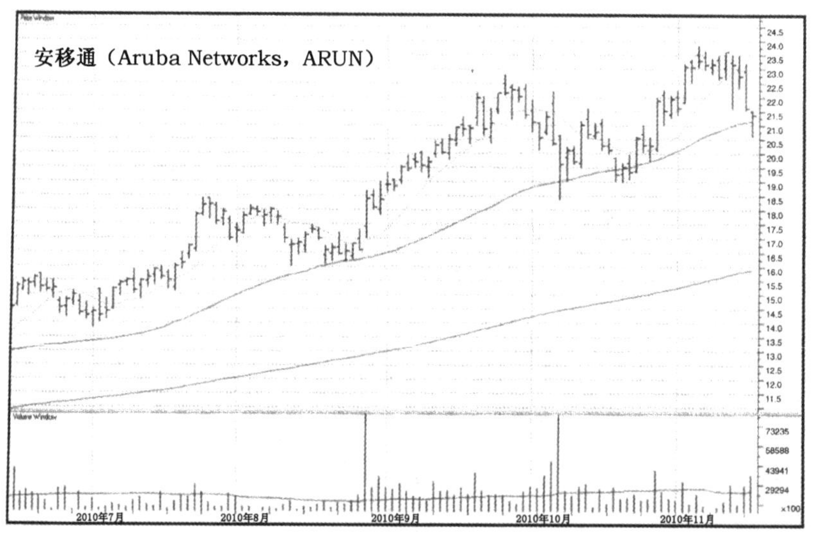

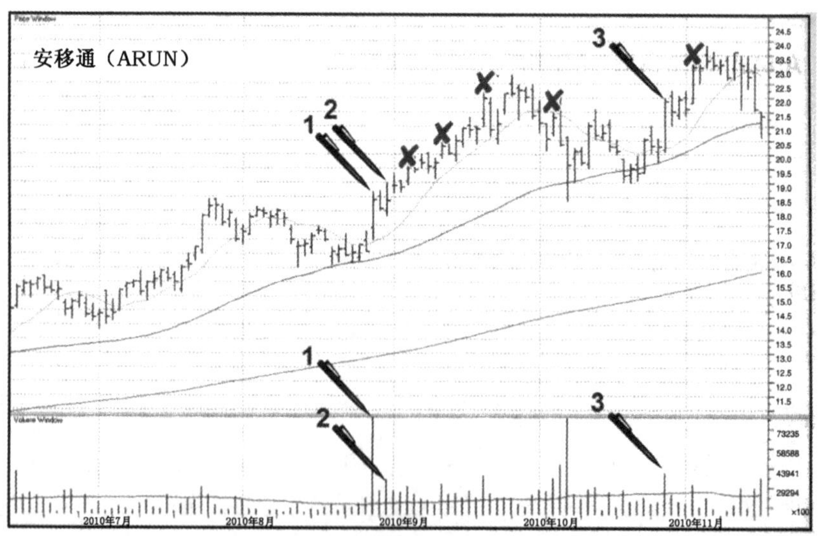

1. 这个口袋支点与巨量基部突破同时出现。

2. 这个口袋支点下跌到了第一个口袋支点区间内，因此它值得买入。请注意，该口袋支点顶部高于第一个口袋支点，因此，它或许被认为是延伸的，并且由此而不值得买入，直到它反弹到了第一个口袋支点的区间之内。在该交易日之后，点 3 之前有 4 个交易日出现口袋支点量能标志，用 X 进行了标记，但是前 3 个是自 10 日移动均线的延伸，并且第 4 个在一轮快速、陡峭下跌修正后，位于 10 日移动均线下方。

3. 远离其 50 日移动均线，以这种具有建议性的方式完成了盘整，因此这个口袋支点是有效的。随后的口袋支点是 10 日移动均线的延伸。

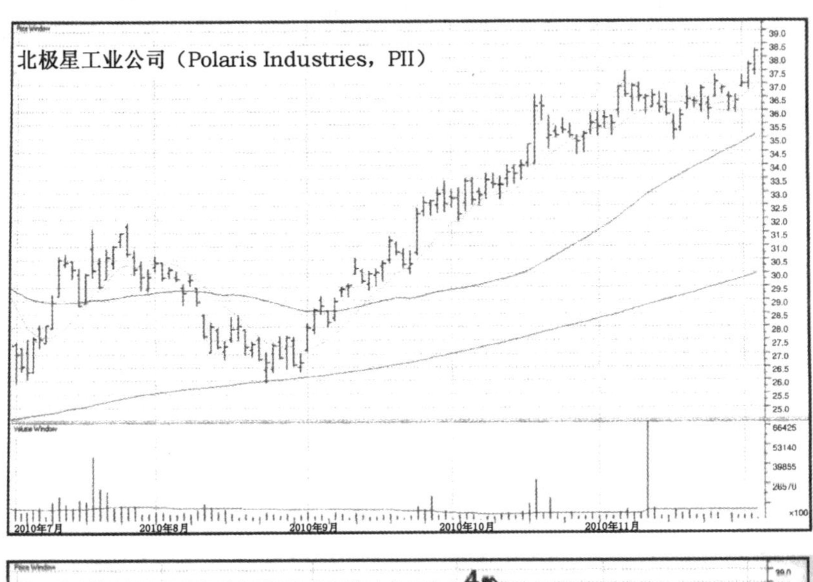

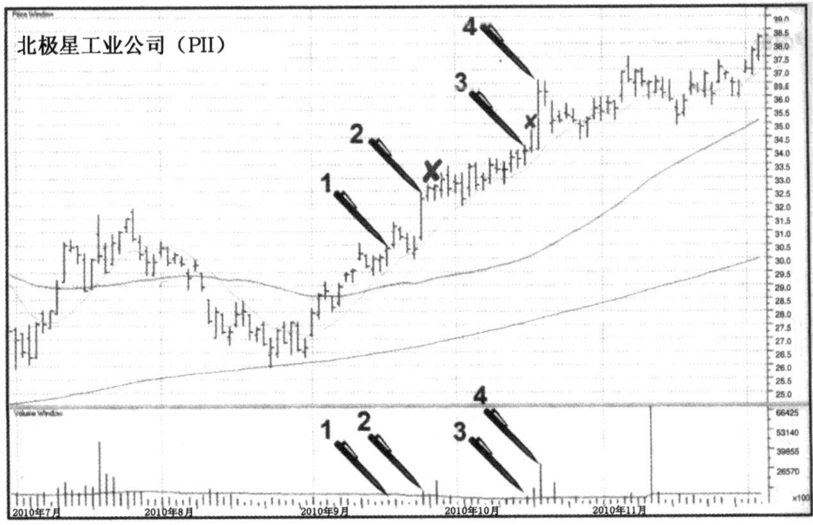

1. 这个较小的口袋支点是一种信号，具有建设性的筑基行为会引发一轮潜

在的突破。

2. 这个口袋支点和突破同时出现。随后以X标记的口袋支点是自10日移动均线的延伸。

3. 这个持续性的口袋支点在远离10日移动均线。随后以X标记的口袋支点是10日移动均线的延伸。

4. 基于投资者个人的风险容忍度，这个持续口袋支点可能是其上部区域的延伸，但是在其下部区域就值得买入。

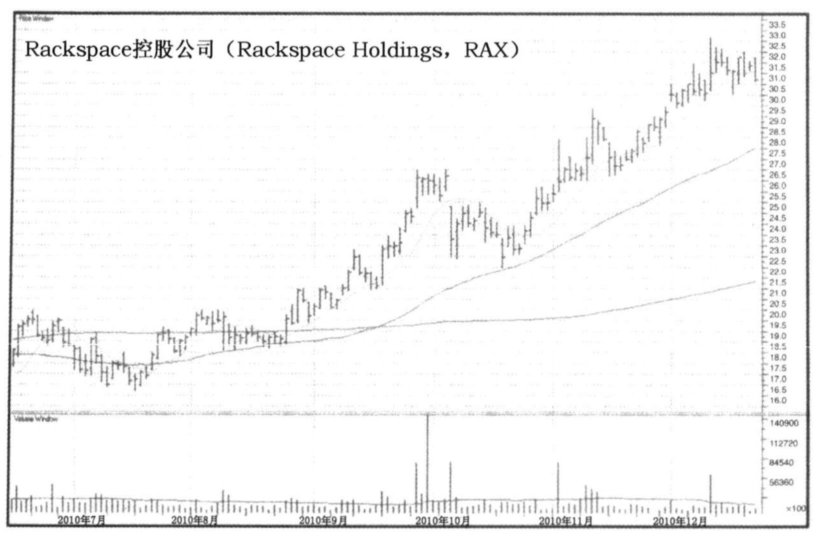

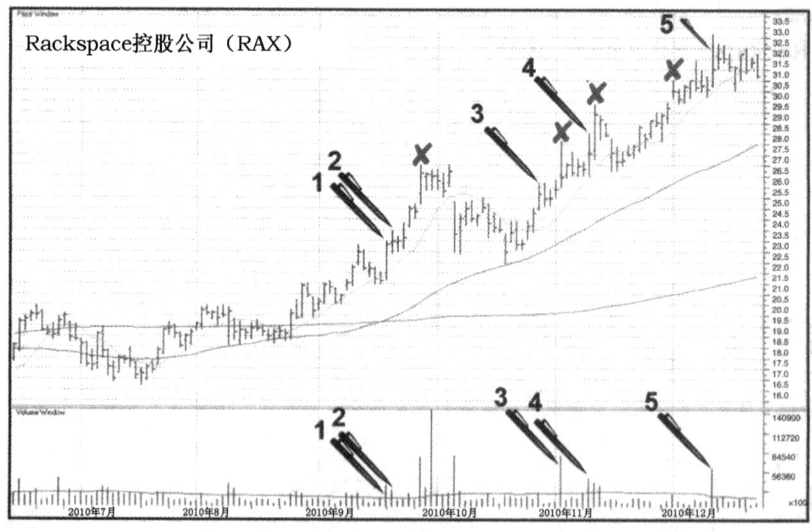

1. 这个持续性口袋支点出现在基部突然之后，但是仍然值得买入。

2. 这个持续性口袋支点处于这第一个口袋支点区间内。随后由 X 标记的口袋支点是 10 日移动均线的延伸。

3. 这个口袋支点出现在该股票自 50 日移动均线反弹之后。尽管该股票之前有一个跳空下跌，但是，它产生了显示支撑的中等柱体的收盘，几周后，反弹脱离了 50 日移动均线。随后由 X 标记的口袋支点是 10 日移动均线的延伸，但是与基部突破同时出现，因此在其区间的下端部分它值得买入。投资者限制这个最大买入点的位置取决于其风险容忍度。

4. 当基部突破了较高的柄部时，这个口袋支点出现了。在该交易日之后，有两个交易日出现了由 X 标记的口袋支点量能标示，但是，第一个 X 出现了重叠，因此，该区域下端部分值得买入。第二个 X 是一种延伸。

5. 这个持续性口袋支点在远离其 10 日移动均线。请注意，该股票收盘于其交易区间的下端，因此多加一些谨慎是很有道理的。

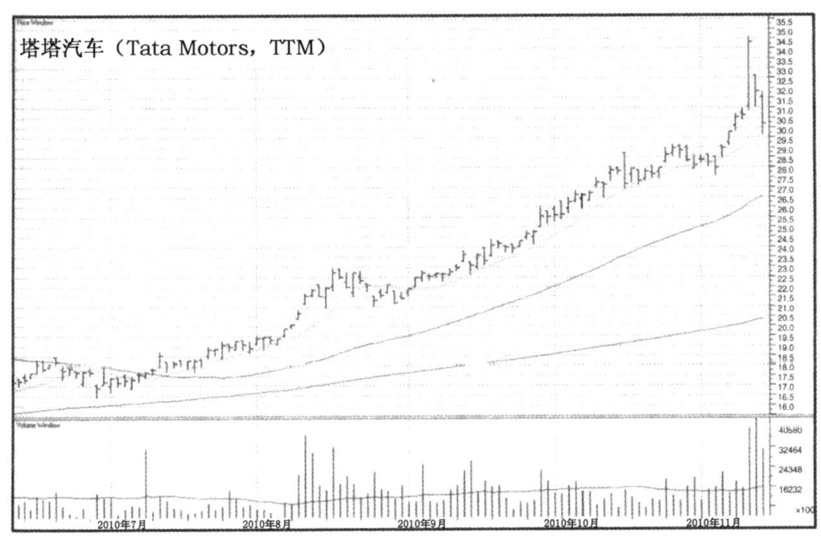

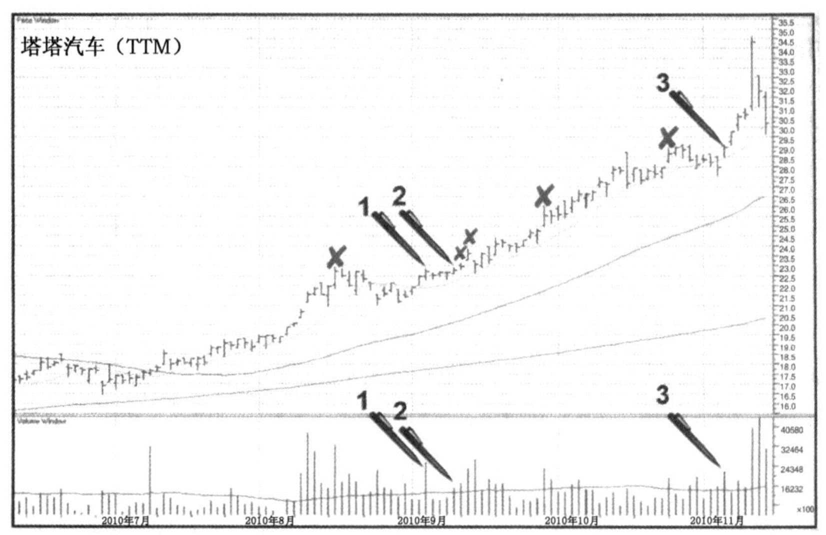

1. 在第一个口袋支点之前的 X 是一种延伸。第一个口袋支点以持续性口袋支点的形式出现,在一个快速盘整中,非常接近 10 日移动均线。

2. 这个口袋支点仍然相对接近 10 日移动均线。在该交易日之后,有 4 个交易日出现了由 X 标记的口袋支点量能标识。第一个 X 的下端部分与第二个口袋支点产生重叠,因此,它值得买入。接下来的三个 X 是 10 日移动均线的延伸。

3. 远离 10 日移动均线的口袋支点在具有建设性的盘整之后出现。

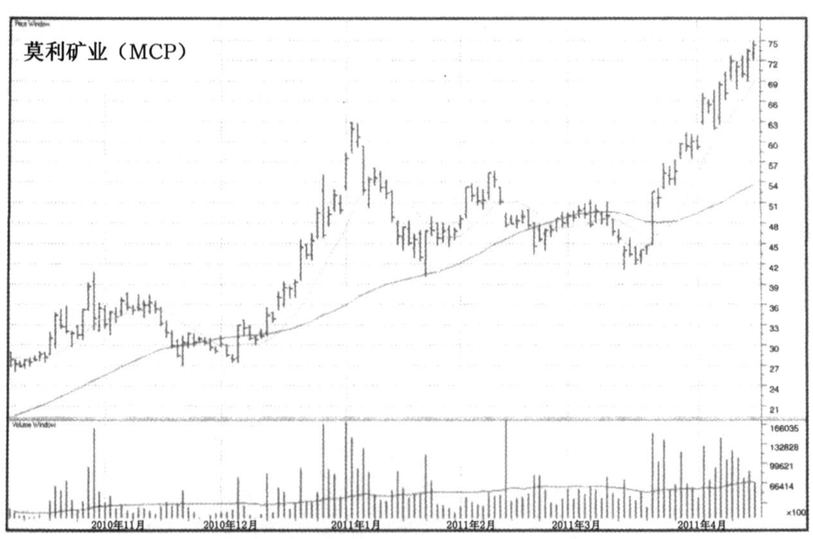

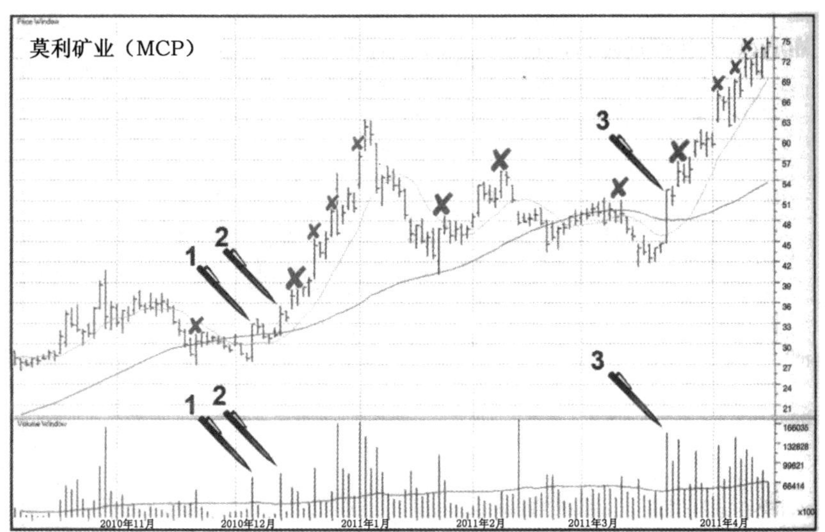

1. 第一个口袋支点前的 X 恰好出现在该股票急速下跌之后，因此，尽管它恰好收盘于 50 日移动均线上方，但是仍然要避免买入它。第一次口袋支点收盘出现在第二次下跌之后，但是这次下跌与第一次下跌级别相等，显示出该股票可能会扭转其下跌趋势。看到收盘位于或高于 50 日移动均线，这总会是一件好事。

2. 第二个口袋支点在基部进一步完成后远离 50 日移动均线时出现。在该交易日之后，有 7 个交易日产生了由 X 标记的口袋支点量能标志，但是前 4 个是 10 日移动均线的延伸，第 5 个出现在急速下跌之后，第 6 个是 10 日移动均线的延伸，第 7 个收盘于 50 日移动均线下方。

3. 在基部已经有机会完成，并积极穿越其 50 日移动均线之后，第三个口袋支点出现。在这个交易日之后，有 4 个交易日出现以 X 标记的口袋支点量能标志。第一个要谨慎购买，因为尽管它有一点儿延伸，但是它跃过了之前基部的中点。第二个、第三个和第四个 X 是相对于整体形态和 10 日移动均线的延伸，尽管基于跳空上涨到新高这种情况而言，第二个 X 是值得买入的。我们在下一章会讨论可买入上涨跳空缺口。

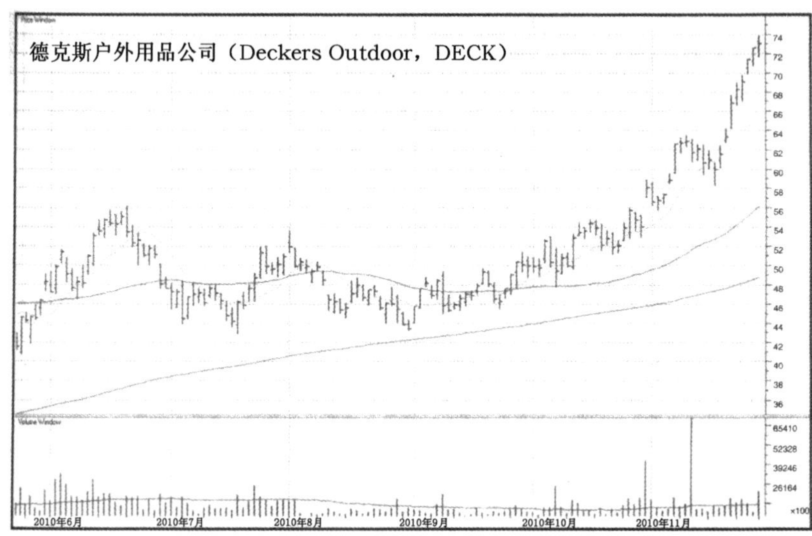

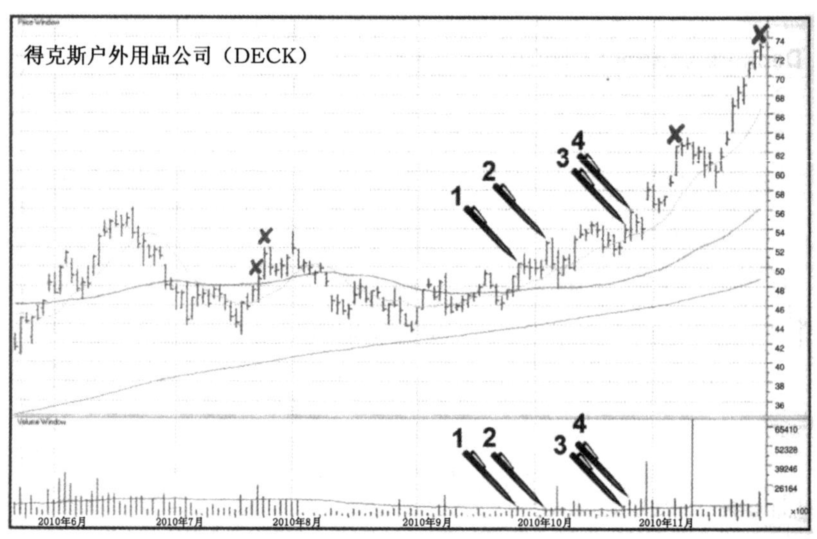

1. 在第一个口袋支点之前的两个 X 恰好出现在该股票快速下跌之后,因此,尽管首次收盘高于 50 日移动均线,并且似乎完成了基部,但是仍然应该避免买入。我们想关注最好的形态,而不是带有灰色地带的形态。第二个 X 是一种延伸,因为它出现在自底部直线拉升式的波动中。在有机会完成基部之后,第一个口袋支点出现远离 50 日移动均线的情况。

2. 第二个口袋支点出现在突破带柄杯子形态之后,柄部出现在基部的上半部。

3. 第三个口袋支点出现远离 10 日移动均线的情况。

4. 第四个口袋支点也出现远离10日移动均线的情况。像德克斯户外用品公司在该交易日那样重新测试移动均线，之后上涨到新高的股票，是一种强势确认形态。接下来的两个X是其10日移动均线的延伸。

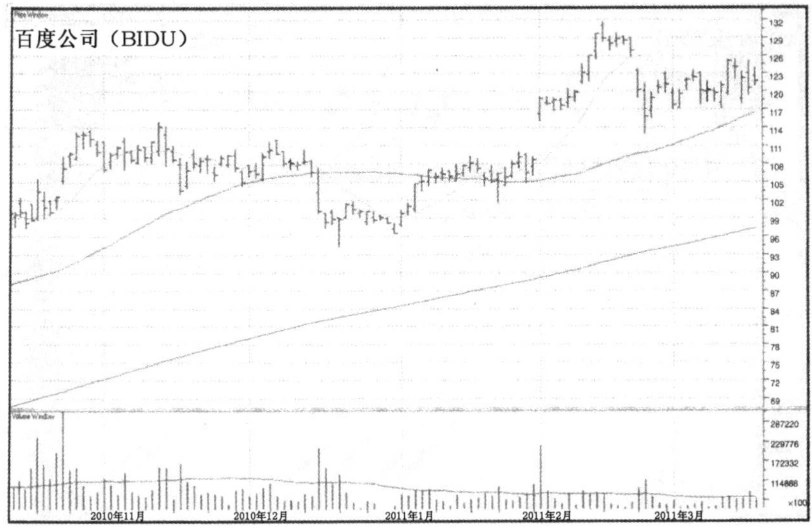

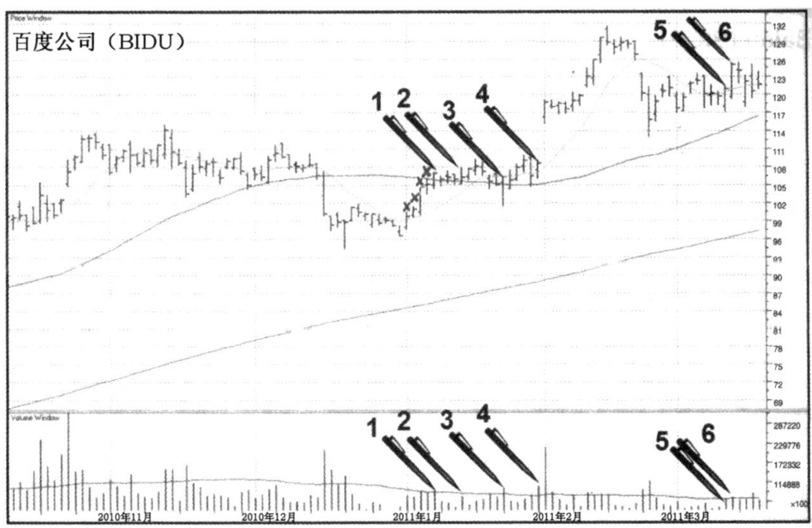

1. 在第一个口袋支点的四个X都出现在50日移动均线下方。第一个口袋支点收盘高于50日移动均线。由于它是自底部直线上升式波动，所以它只是一个开局式头寸。换句话说，不要全仓买入。

2. 第二个口袋支点在以低量横盘波动后出现远离50日移动均线的情况，这具有建设性意义。

3. 第三个口袋支点出现在该股票下跌到其 50 日移动均线之后，并没有出现背离 50 日移动均线的情况。这种放量上涨逆转特别强势，因为它们是机构支撑信号。

4. 第四个口袋支点出现远离 10 日移动均线的情况，是一种在第二天出现可买入上涨跳空缺口的信号。可买入上涨跳空缺口会在下一章进行讨论。

5. 第五个口袋支点出现在基部开始稳定之后。该基部开始于点 4 后该股票的可买入上涨跳空缺口。这种跳空上涨缺口始终是一个极具建设性的信号，因此可以增强这个口袋支点的可能性。

6. 第六个口袋支点就出现在第五个口袋支点之后。这个口袋支点的下端部分与第五个口袋支点出现重叠，是值得买入的。上端部分会带来更多风险，因此，投资者必须决定在哪个点上过于延伸而无法购买。

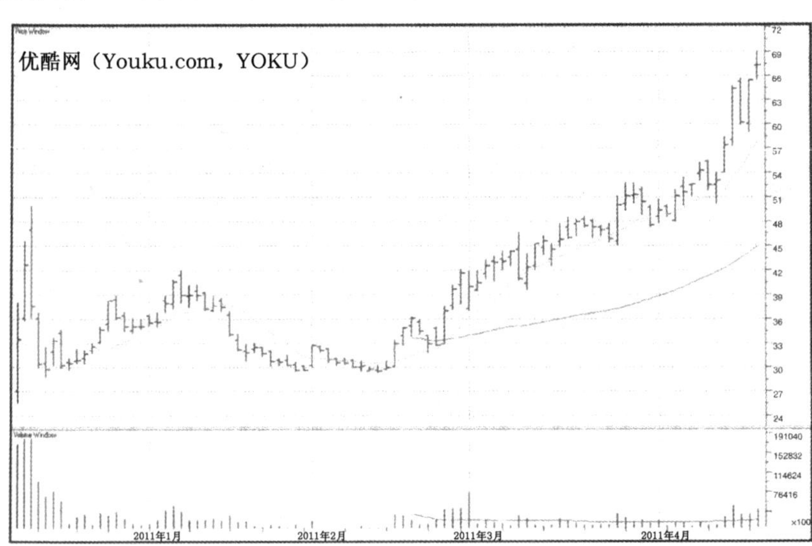

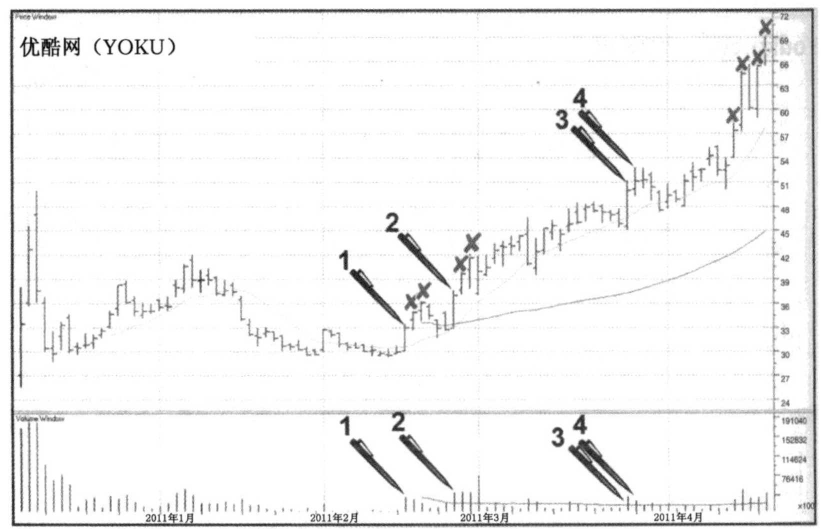

1. 第一个口袋支点出现在远离其低点的紧凑价格盘整之后。该股票是首次公开上市(IPO),因此这不能认为是抄底口袋支点。只有当市场在几个月,至少在几周内持续处于无趋势或下跌状态时,才应该考虑抄底口袋支点。接下来的两个 X 是 10 日移动均线的延伸。尽管它们恰好穿越刚刚产生的 50 日移动均线,但它们是相对于整体形态的延伸,因此产生了更高的风险。

2. 第二个口袋支点出现远离 50 日移动均线的情况。该股票有机会以具有建设性的低量重新测试 50 日移动均线。接下来的两个 X 是 10 日移动均线的延伸。

3. 第三个口袋支点在以建设性低量盘整通过 10 日移动均线后出现远离 10 日移动均线的情况。尽管背离了 10 日移动均线,但是该背离出现在 7 周内,这时投资者不仅不能卖出,而且应该依据七周规则转而使用 50 日移动均线。

4. 第四个口袋支点是 10 日移动均线的延伸。接下来的四个 X 都是 10 日移动均线的延伸。

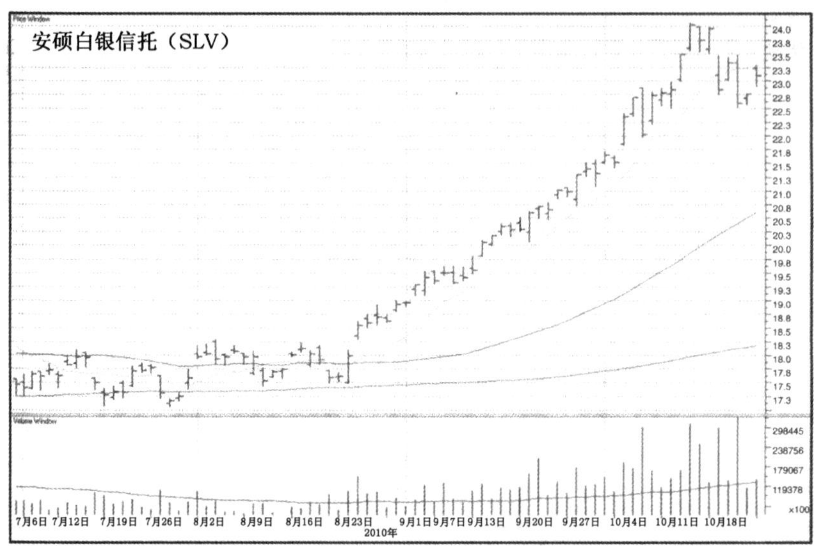

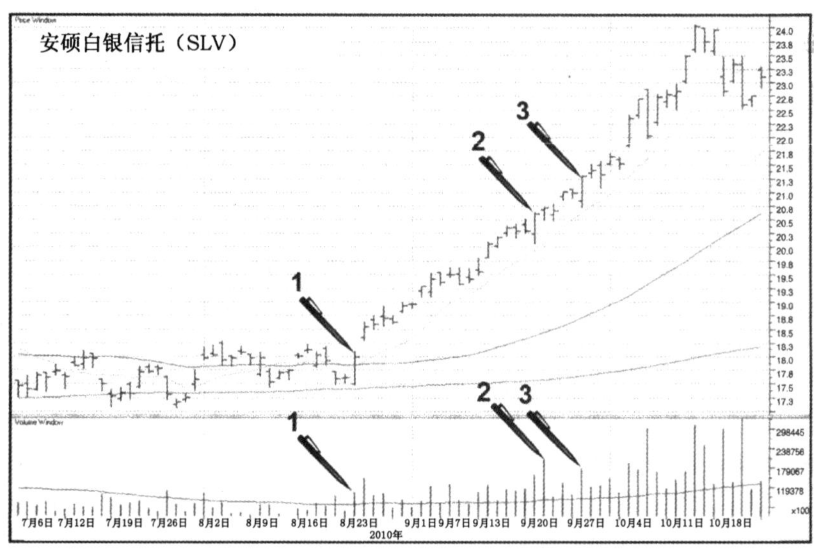

尽管在安硕白银信托日线图中出现大量的口袋支点量能标志，但是只有三个正确的口袋支点。其他所有在沿 10 日移动均线的上升趋势中的口袋支点量能标志，都以 10 日移动均线延伸的形式出现。

1. 第一个口袋支点出现在漫长的基部形态之后，并且收盘高于 50 日移动均线。这是预示第二天小幅跳空高开的信号。

2. 第二个口袋支点出现背离 10 日移动均线的情况。

3. 第三个口袋支点出现背离 10 日移动均线的情况。

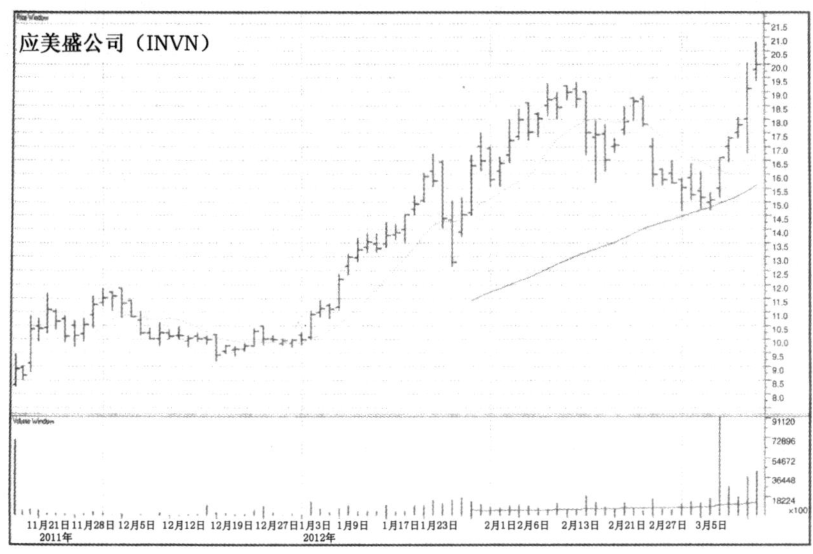

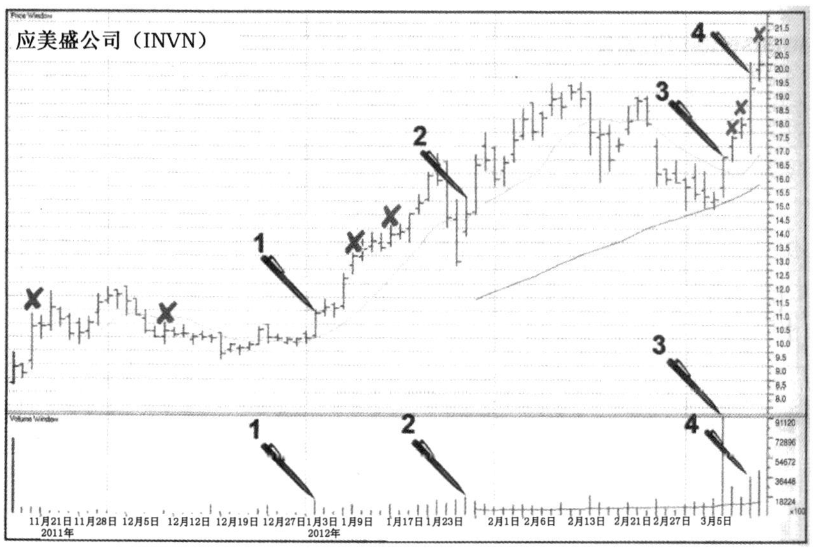

1. 第一个口袋支点之前的首个X在形态中出现太早，因为它就出现在该股票公开上市交易的第三个交易日。第二个X出现在下跌趋势中，并收盘低于10日移动均线。这只股票仅仅交易了几周时间，这种情况增加在此买入的风险。第一个口袋支点出现了远离10日移动均线的情况，并且出现在该股票有机会完成其基部形态，紧凑交易了三周时间之后。接下来的两个X是10日移动均线的延伸。

2. 第二个口袋支点是可买入上涨跳空缺口，这会在下一章进行讨论。它出现在急剧的回调之后，对于像这样的一只具有波动性的新上市股票来讲，这种情况很常见。

3. 第三个口袋支点出现远离其二次发行当天 50 日移动均线的情况。请注意，在这个引致第三个口袋支点的交易日中，当该股票测试其 50 日移动均线时，它如何获得持续性的支撑。接下来的两个 X 是 10 日移动均线的延伸。买入的机会窗口常常就出现在口袋支点出现当天。

4. 第四个口袋支点重新测试，并突破到盘中新高，之后产生了相当强势的收盘。这种上涨逆转形态特别有利。随后的 X 是 10 日移动均线的延伸。

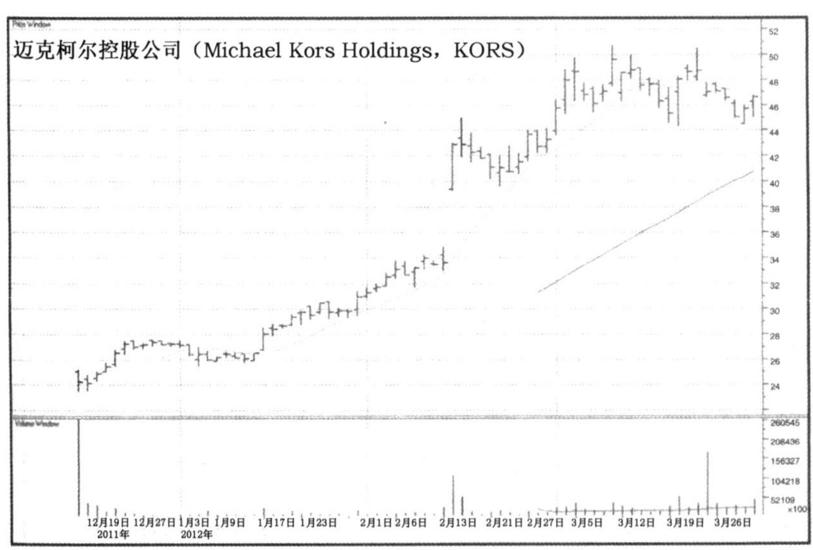

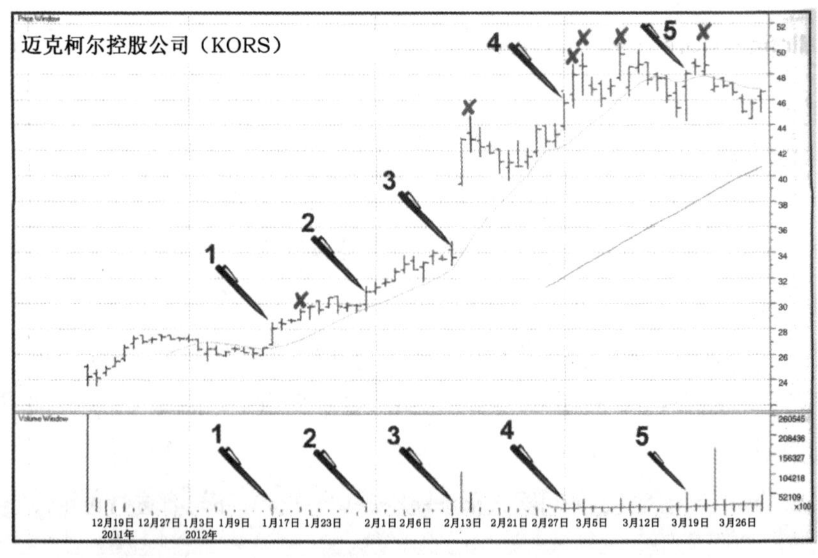

1. 第一个口袋支点与紧凑的价格盘整后突破到新高同时出现。随后的 X 是 10 日移动均线的延伸。

2. 第二个口袋支点是远离 10 日移动均线的上升逆转情况的延续。

3. 第三个口袋支点出现远离 10 日移动均线的情况。它是一个谨慎性的口袋支点，因为它收盘于交易区间的下半部，但是收盘是中等柱体，因此，它可以买入，但或许是半仓买入，因为投资者已经在口袋支点 1 和 2 买入了头寸。随后的 X 是可买入上涨跳空缺口当天开盘价的延伸。可买入上涨跳空缺口在下一章进行讨论。

4. 第四个口袋支点是谨慎性的支点，因为在点 3 口袋支点之后出现可买入上涨跳空缺口，之后该股票上涨到新高。可买入上涨跳空缺口一直是形态中的强势信号，因此，新高可能会买入，假设引致口袋支点的量/价行为具有建设性意义。在本例中，它是一种温和的延伸，因此需要谨慎。随后的三个 X 都是 10 日移动均线的延伸。

5. 第五个口袋支点是谨慎性的，因为它收盘仅高于 10 日移动均线，出现在下跌之后，相对于整体形态而言，这具有一些建设性意义。随后的 X 收盘于区间下半部，并出现在稍具建设性的量/价行为之后；因此，相对于第五个口袋支点，其交易价格较高，但并没有达到标准。

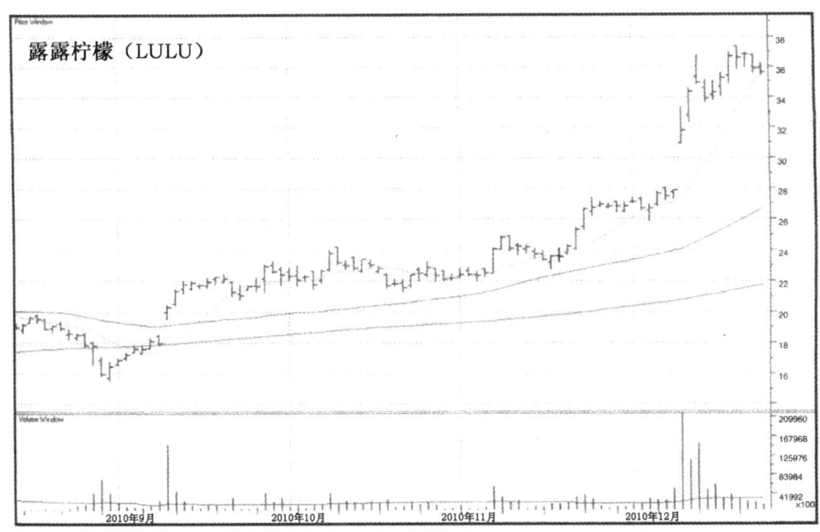

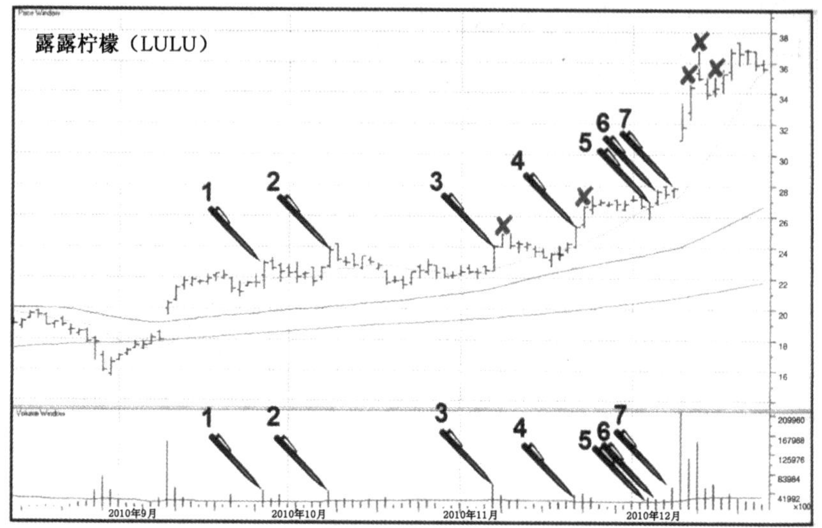

1. 第一个口袋支点在其形态中前期跳空上涨缺口之后出现远离 10 日移动均线的情况，这始终是一个更加强势的信号。

2. 第二个口袋支点出现远离 10 日移动均线的情况。

3. 第三个口袋支点远离其 10 日移动均线，并且出现在低量且具有建设性的价格紧凑横盘盘整之后。随后的 X 是 10 日移动均线的延伸。

4. 第四个口袋支点远离 10 日移动均线。随后的 X 是 10 日移动均线的延伸。

5. 第五个口袋支点下穿 10 日移动均线，之后收盘于 10 日移动均线，处于其交易区域的上端 1/3 之内，这是强势信号。

6. 第六个口袋支点远离 10 日移动均线。

7. 第七个口袋支点远离 10 日移动均线。随后的 X 是相对于之前交易日可买入上涨跳空缺口的延伸，接下来的两个 X 是 10 日移动均线的延伸。

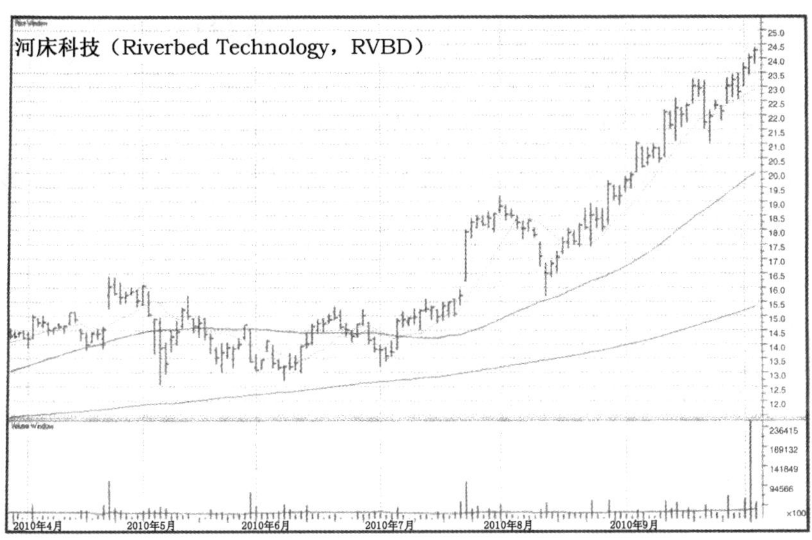

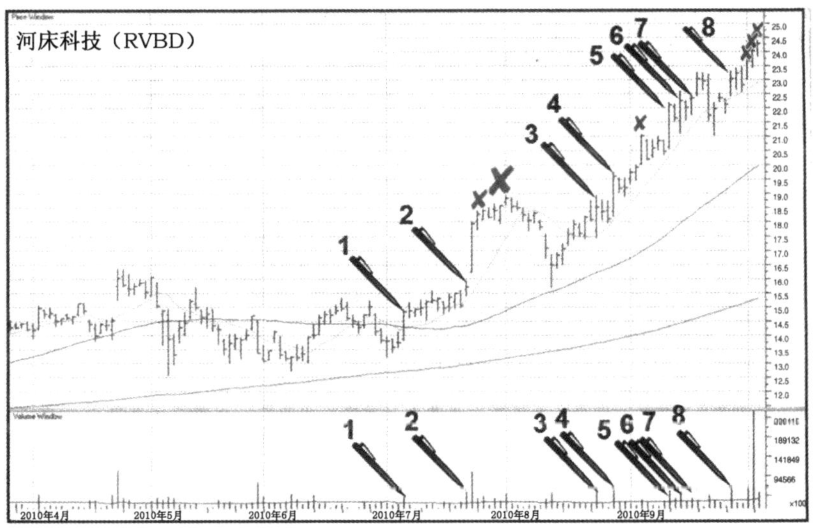

1. 第一个口袋支点出现在具有建设性的基部形态之后，突破了 50 日移动均线，并且收盘接近其盘中高点。

2. 第二个口袋支点在更具建设性的紧凑量/价行为之后远离 10 日移动均线。这是预示第二天突破的信号。随后的两个 X 是 10 日移动均线的延伸。

3. 第三个口袋支点在 10 日移动均线找到支撑，之后产生上涨逆转，收盘接近其盘中交易区间的顶部。

4. 第四个口袋支点远离 10 日移动均线，并触及新高。随后的 X 是 10 日移动均线的延伸。

5. 第五个口袋支点远离10日移动均线。它出现在横盘盘整到10日移动均线之后。

6. 第六个口袋支点也是远离10日移动均线。

7. 第七个口袋支点有点远离10日移动均线,但是仍然处于之前口袋支点买入区间的范围内。

8. 在几周上涨趋势后,第八个口袋支点在小幅修正后远离10日移动均线。接下来的三个X都是相对于10日移动均线的延伸。

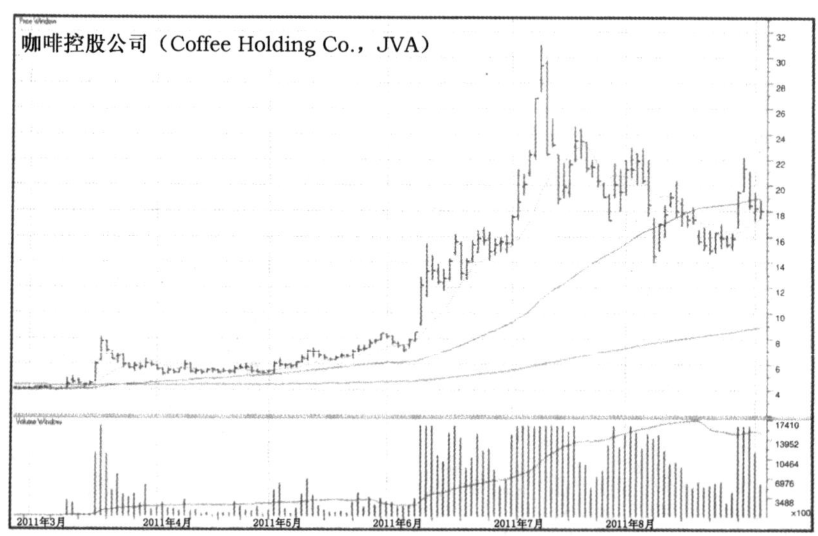

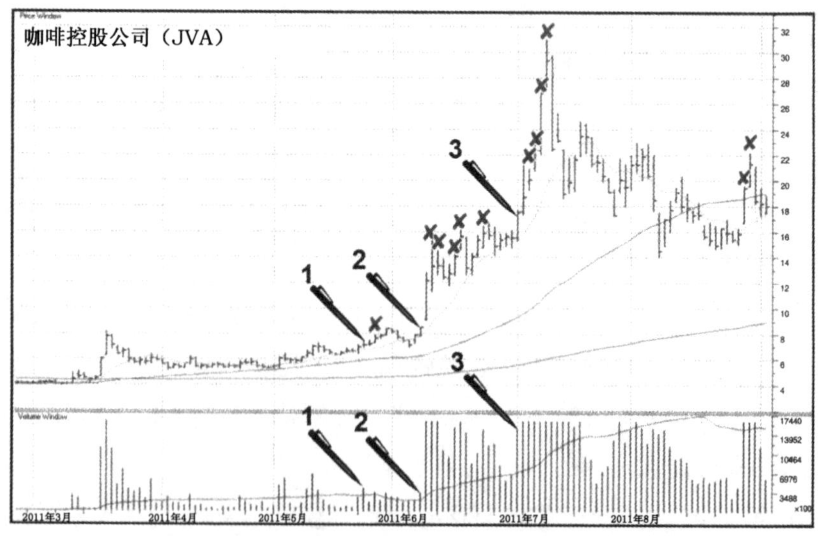

1. 第一个口袋支点与带柄杯子形态的突破同时出现。突破成交量并不充

足，但是该成交量足以符合口袋支点的条件。随后的 X 是 10 日移动均线的延伸。

2. 第二个口袋支点远离 10 日移动均线，并且出现在具有建设性的低量盘整之后。这是预示第二天巨幅上涨的信号。接下来的五个 X 都是 10 日移动均线的延伸。

3. 第三个口袋支点远离 10 日移动均线，并且出现在横盘盘整到 10 日移动均线之后。尽管具有波动性，但它具有建设性，因为咖啡控股公司在所有时间内都保持在 10 日移动均线上方，因此，相对来说，它的波动性并不是太大。接下来的四个 X 都是 10 日移动均线的延伸。第五个和第六个 X 出现在起伏不定的下跌趋势形态之后。

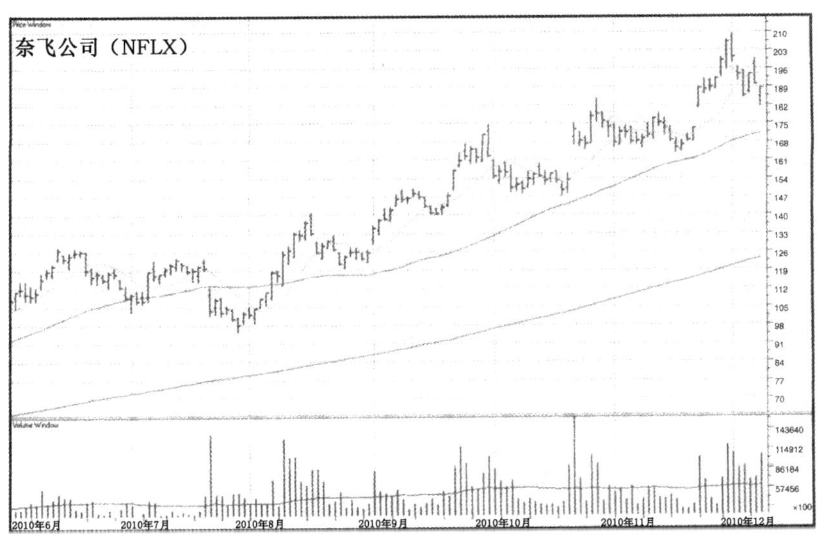

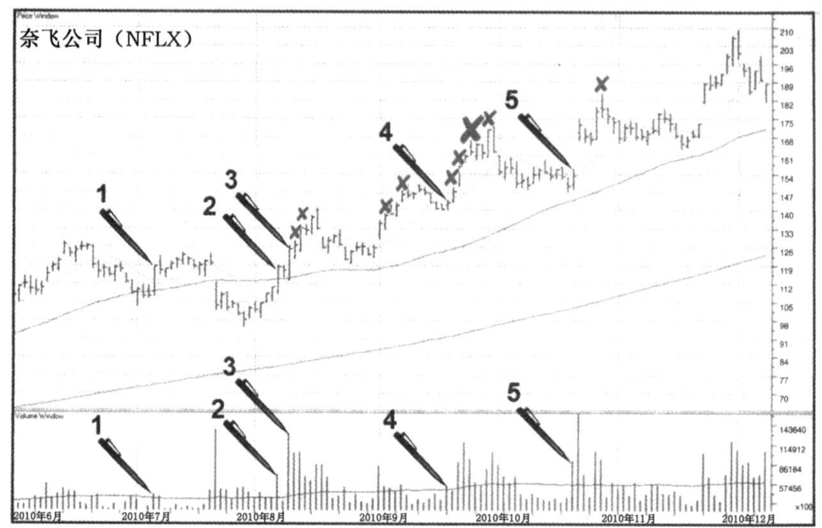

1. 在第一个口袋支点前三个交易日显示出上涨逆转,具有建设性的下跌趋势在此得到支撑,之后该口袋支点远离 50 日移动均线。接下来的两个交易日是围绕 50 日移动均线的平稳、低量交易日。

2. 第二个口袋支点上穿 50 日移动均线,收盘接近于高点,并且出现在形态完成之后。之前的跳空下跌引起一些担忧,因此,这个口袋支点可能被认为需要谨慎对待。

3. 第三个口袋支点远离 50 日移动均线,并向上穿越基部的中点。接下来的四个 X 都是 10 日移动均线的延伸。

4. 第四个口袋支点出现在两个窄幅波动交易日之后,因此,即使它收盘低于 10 日移动均线,但是之前量/价行为非常具有建设性,足以使其具备成为可行的口袋支点的条件。尽管在第四个口袋支点后第一个 X 并非是相对于 10 日移动均线的延伸,但是它可能被认为是相对于整体形态的小幅延伸,因此,它可能被认为是谨慎性的口袋支点。接下来的三个 X 都是相对于之前形态的延伸。

5. 具有建设性的盘整形态几乎触及 50 日移动均线之后,出现第五个口袋支点,并且这是第二天可买入上涨跳空缺口的信号。可买入上涨跳空缺口会在下一章进行讨论。接下来的 X 是 10 日移动均线的延伸。

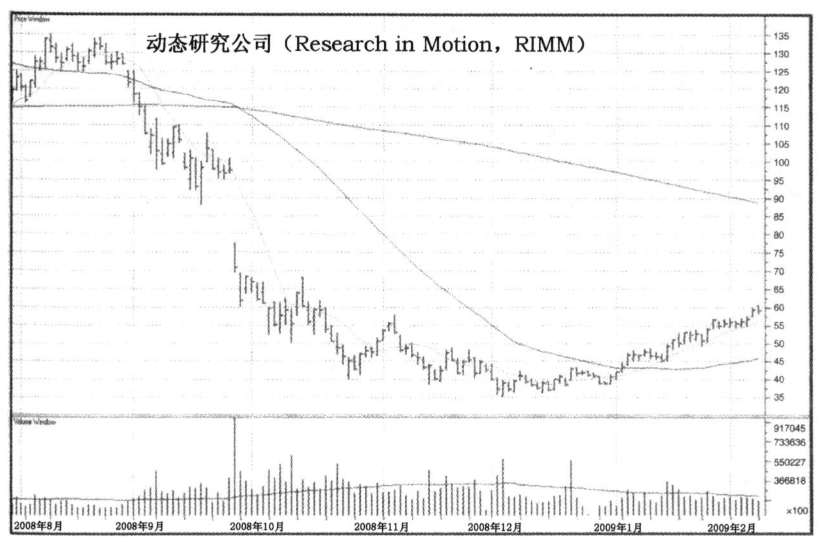

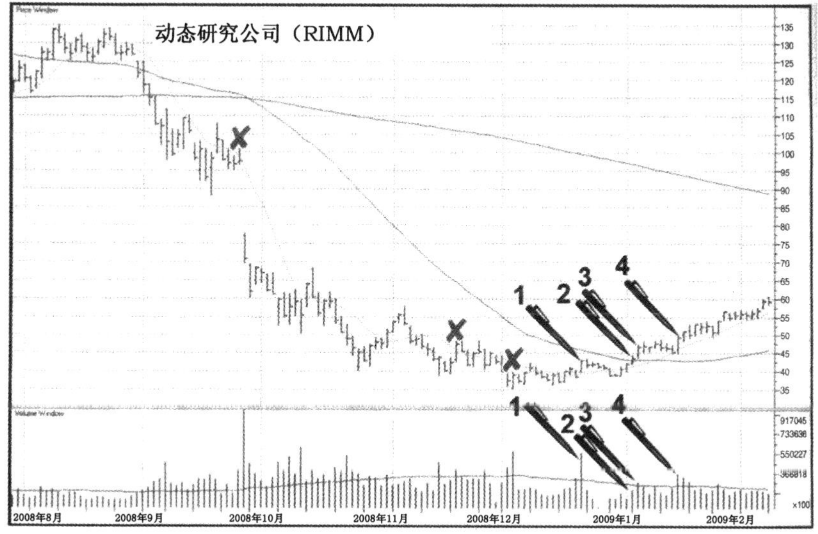

1. 第一个口袋支点之前的三个 X 都出现在下跌趋势中，并在该基部有机会完成之前，因此，它们都是应该避免交易的。第一个口袋支点出现在基部完成之后。尽管它低于 50 日移动均线，但是量能和迷你缺口增加了成功的概率。因此，尽管大多数口袋支点应该处于或高于 50 日移动均线时买入，但是也有一些例外情况，例如本例的情况。这种例外情况可能出现在市场业已出现大幅修正之后，比如在这个例子中，市场在 2008 年出现崩盘。

2. 第二个口袋支点收盘略高于 50 日移动均线。

3. 考虑到该股票处于交易区间，第二个口袋支点后一个交易日也值得买入。它也并非是相对于 50 日移动均线的延伸。

4. 在一系列具有建设性的紧凑交易日盘整,接近 10 日移动均线之后,第四个口袋支点出现远离 10 日移动均线的情况。

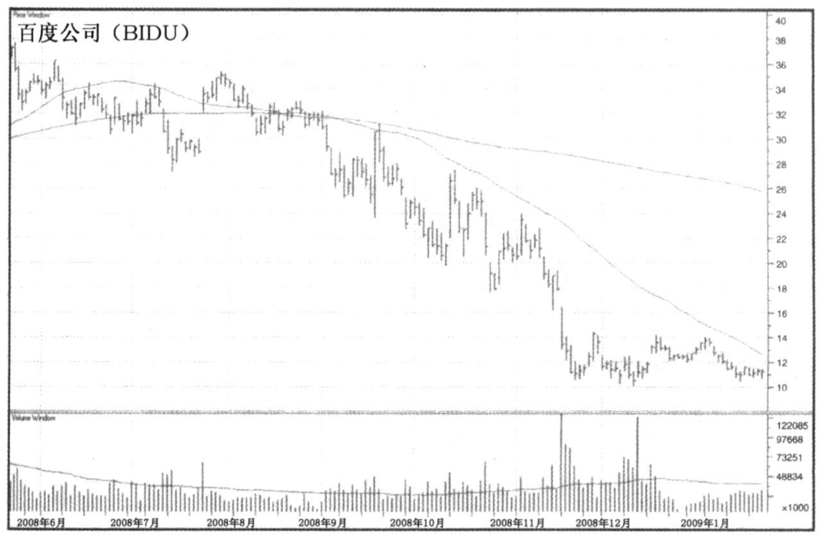

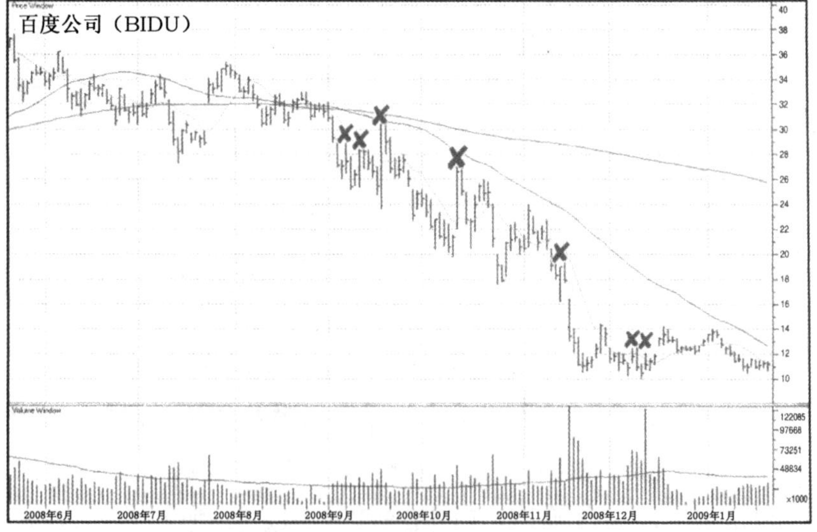

在这幅图表中不存在有效的口袋支点,因为百度在整个图表中处于数个月的下跌趋势之中。

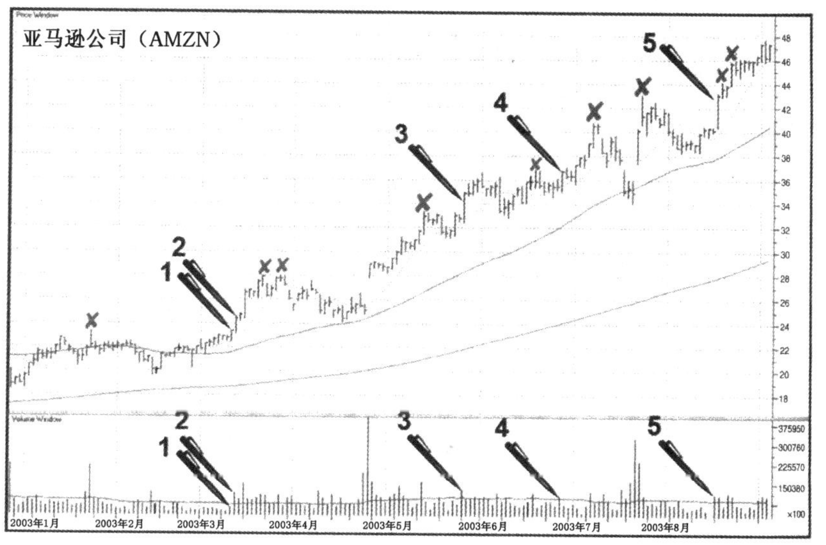

1. 第一个口袋支点之前的X收盘接近于低点,因此,如果投资者已经买入的话,就应该卖出它。在具有建设性的基部形态之后,第一个口袋支点远离10日移动均线,达到新高。

2. 第二个口袋支点是谨慎性的支点,因为低端部分与第一个口袋支点相重叠,因为它可能仍然会被买入,但是上端部分或许会超出投资者的风险容忍度。随后的三个X都是10日移动均线的延伸。

3. 第三个口袋支点远离10日移动均线。它出现在暂时盘整之后。随后的X是10日移动均线的延伸。

4. 第四个口袋支点在有建设性的盘整后远离 10 日移动均线。随后的两个 X 是 10 日移动均线的延伸。

5. 第五个口袋支点在有建设性盘整几乎下跌到 50 日移动均线之后，远离 10 日移动均线。请注意，收盘如何围绕当天柱形图中点或上半部分，它接近于 50 日移动均线，是一种支撑信号。随后的两个 X 是 10 日移动均线的延伸。

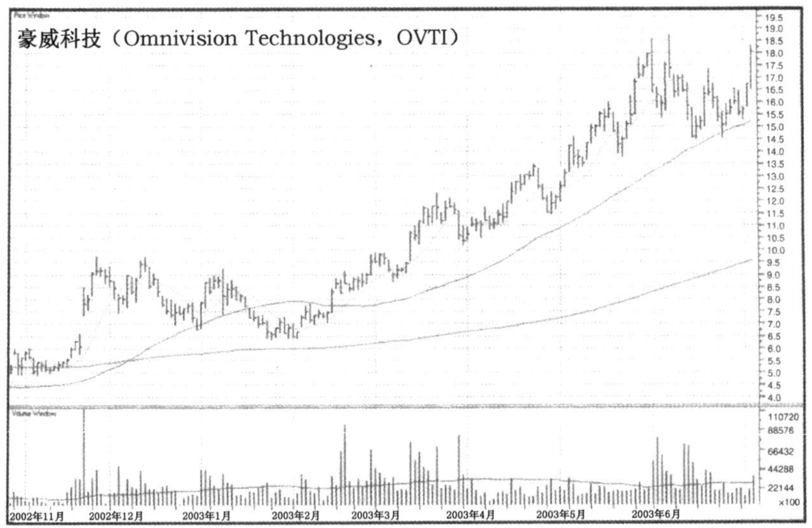

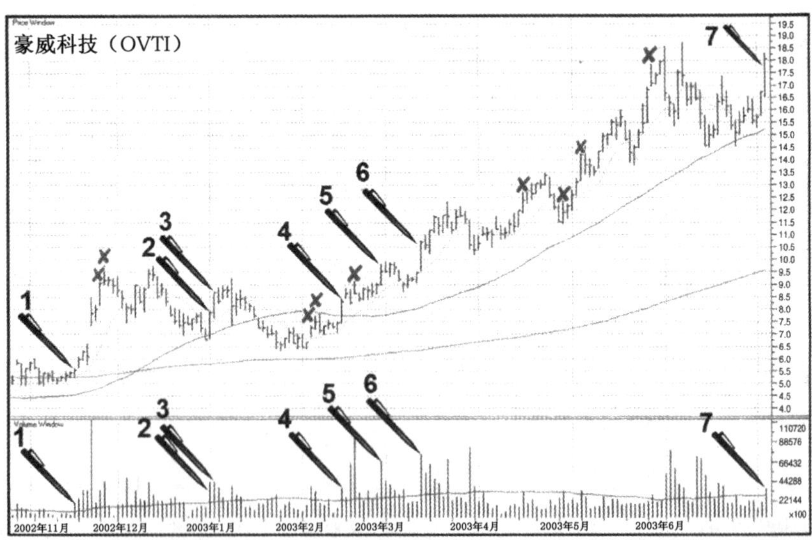

1. 第一个口袋支点远离 10 日和 200 日移动均线。该口袋支点后的两个交易日被认为是值得买入的，因为该股票在突破横盘盘整/基部。接下来的两个 X 都是 10 日移动均线的延伸，并且高于可买入上涨跳空缺口交易日。

2. 第二个口袋支点在建设性地盘整到 50 日移动均线之后出现远离 50 日移动均线的情况。请注意，价格行为并没有马上触及 50 日移动均线，而是具有一种微妙的弧线效应。

3. 第三个口袋支点的一部分是需要谨慎的，因为它是相对于 50 日移动均线的延伸，因为该股票从其 50 日移动均线直线反弹上涨。随后的两个 X 低于 50 日移动均线。

4. 弧线形态在 50 日移动均线下方形成后，第四个口袋支点向上穿越 50 日移动均线。随后的 X 是 10 日移动均线的延伸。

5. 第五个口袋支点是基部突破，因此，尽管它是 10 日移动均线的延伸，但它并不是相对于整个基部的延伸。

6. 第六个口袋支点也是基部突破，并且远离 10 日移动均线。之后第一个、第三个和第四个 X 是相对于 10 日移动均线的延伸。之后的第二个 X 出现在该股票相对快速下跌之后，因此直到其收盘位于或高于其 10 日移动均线时，才应该被买入。

7. 第七个口袋支点是谨慎性支点，因为它稍具 10 日移动均线的延伸特征，并且出现在相对不稳定的价格行为之后，尽管它是一种完成的价格行为。

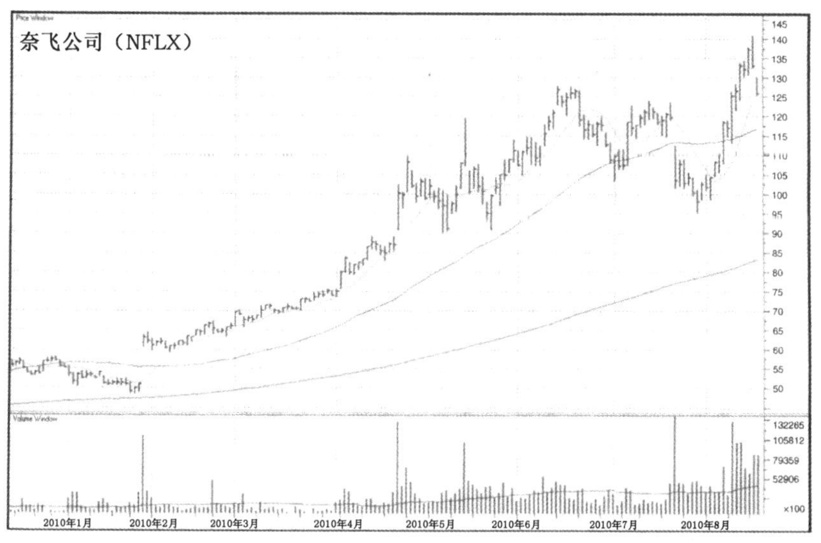

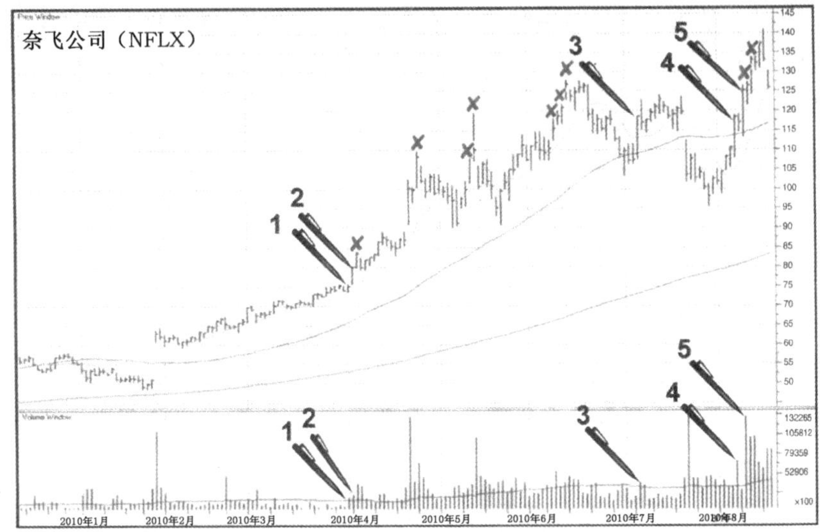

1. 第一个口袋支点在紧凑、具有建设性的上升趋势之后，远离 10 日移动均线。

2. 第二个口袋支点远离 10 日移动均线，但它是谨慎性支点，因为当天部分价格区间或许被认为是延伸的。随后的第一个和第二个 X 是 10 日移动均线的延伸。随后的第三个和第四个出现在 V 形形态之后。V 形形态一般更容易出现失败，因为它们是自底部直线上升类的形态。第五个、第六个和第七个 X 都是 10 日移动均线的延伸。

3. 第三个口袋支点远离 50 日移动均线。引致第三个口袋支点的量/价行为具有建设性，尽管该股票快速下跌到其 50 日移动均线，但是它之后显示出一个上涨逆转交易日，因为它跌穿 50 日移动均线，之后收盘接近当天高点。随后两个交易日出现低量，因为该股票试图进一步走低，但是失败了，因为这是一个具有建设性的信号。

4. 穿越 50 日移动均线的第四个口袋支点是谨慎性支点，因为它出现在不久前的跳空下跌之后。

5. 第五个口袋支点远离 50 日移动均线。随后的两个 X 都是 10 日移动均线的延伸。

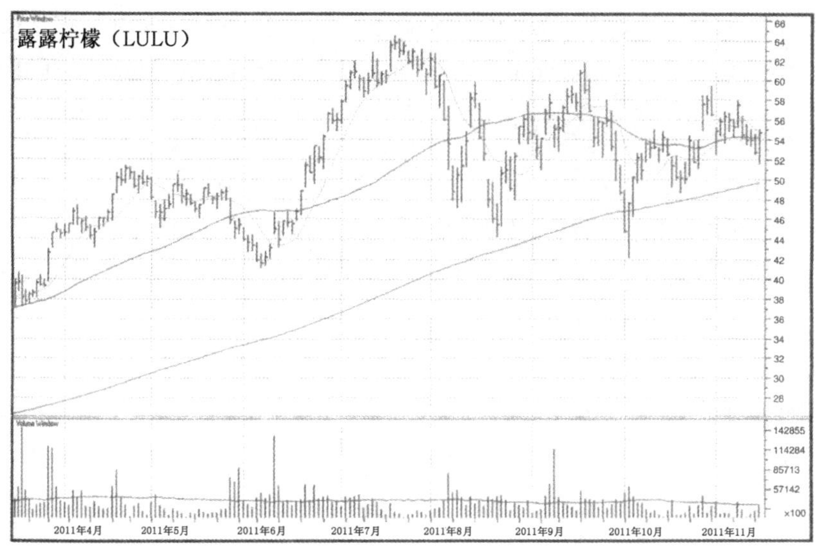

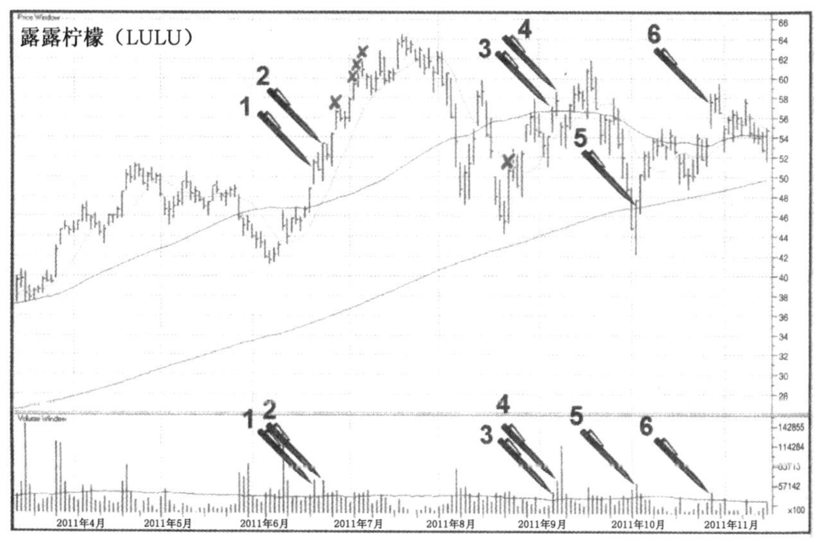

1. 第一个口袋支点是谨慎性支点，因为它走出了从底部直线上涨形态，因此，是一种延伸。也就是说，它与突破至新高同时发生。

2. 第二个口袋支点是一种上涨到新高的逆转形态。这种上涨逆转是强势形态。接下来的四个 X 都是 10 日移动均线的延伸。第五个 X 出现在起伏不定的下跌趋势中。

3. 第三个口袋支点是谨慎性支点，因为它出现在之前几周起伏不定的价格行为之后。也就是说，它收盘于 50 日移动均线。

4. 第四个口袋支点也是谨慎性支点，因为它出现在之前几周起伏不定的价格行为之后,并且它走出了短线的 V 形形态。然而,它冲到前期顶峰,并且收盘高于 50 日移动均线。正如你所看到的,评估口袋支点的质量,就像是评估基部的质量一样,包括各种不同权重的因素。

5. 第五个口袋支点是谨慎性支点,因为它出现在下跌趋势中,但是相对于整体形态而言,它是在重新测试前期低点,收盘仅高于 200 日移动均线。

6. 第六个口袋支点是谨慎性支点,因为它作为迷你上涨缺口的形式出现,并且是在某些起伏不定的价格行为之后。

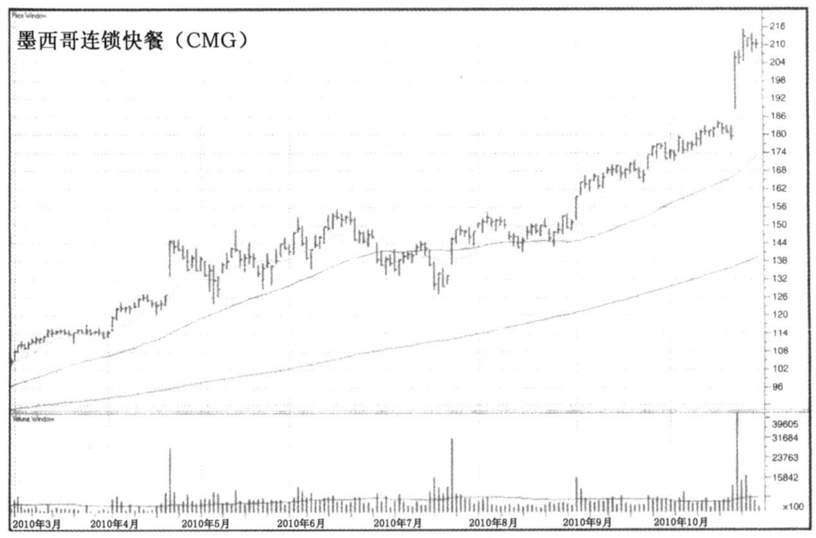

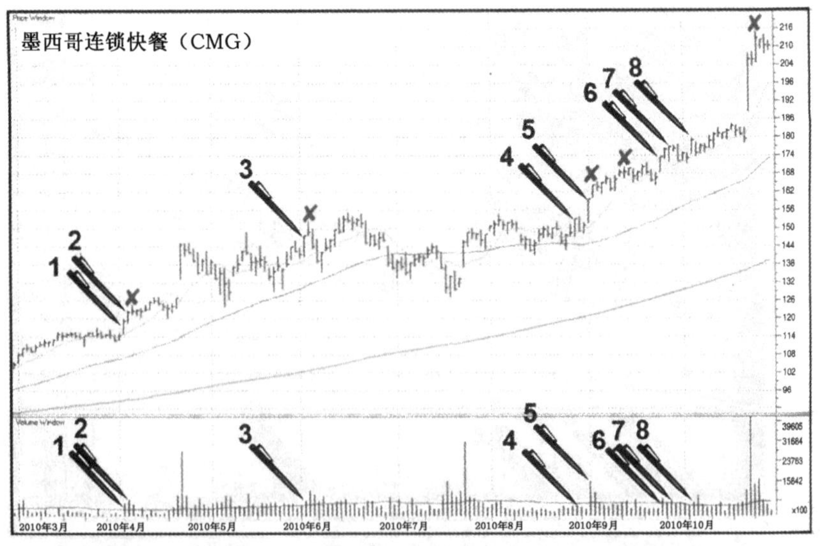

1. 第一个口袋支点远离 10 日移动均线,出现在紧凑的横盘盘整之后。

2. 第二个口袋支点是谨慎性支点,因为部分价格区间可能被认为是相对于第一个口袋支点的延伸。随后的X是10日移动均线的延伸。

3. 第三个口袋支点在具有建设性基部形态之后,远离10日移动均线。它收盘于新高。随后的X是10日移动均线的延伸。

4. 第四个口袋支点在具有建设性基部形态之后,远离10日移动均线。更进一步地说,上穿50日移动均线的缺口始终是一种具有建设性的信号。

5. 第五个口袋支点是突破至新高的基部突破。随后的两个X都是10日移动均线的延伸。请注意,在2010年9月23日,它在不到七周的时间内就背离了10日移动均线,因此,投资者要转而使用50日移动均线背离作为止损。

6. 第六个口袋支点在横盘盘整之后,远离10日移动均线。

7. 第七个口袋支点是谨慎性支点,因为部分交易区间是相对于之前口袋支点的延伸。

8. 第八个口袋支点在短暂盘整后,远离10日移动均线。随后的X是10日移动均线的延伸。

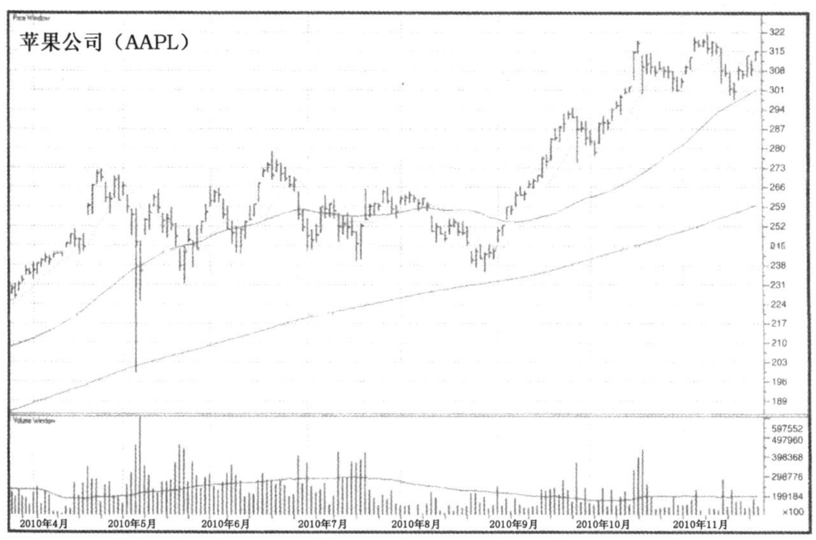

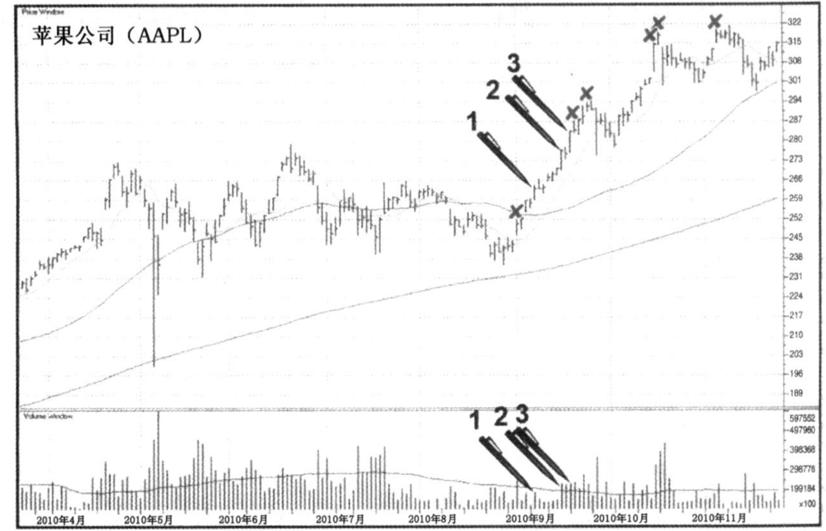

1. 第一个口袋支点之前的 X 低于 50 日移动均线。第一个口袋支点是谨慎性的支点，因为它略具 10 日移动均线的延伸特征，并且出现在自底部直线上涨式价格行为之后。也就是说，之前几天的上涨成交量，包括在第一个 X 处的上涨成交量稍稍减少了有利于该口袋支点发挥作用的概率。

2. 第二个口袋支点也是谨慎性支点，因为它是 10 日移动均线的延伸，并且远高于 W 形态的中点。

3. 第三个口袋支点是一个新高突破。随后的 X 都是 10 日移动均线的延伸。请注意，在 2010 年 10 月 4 日，苹果公司在不到七周的时间内背离了其 10 日移动均线，因此，投资者应该转而使用 50 日移动均线背离作为止损点。

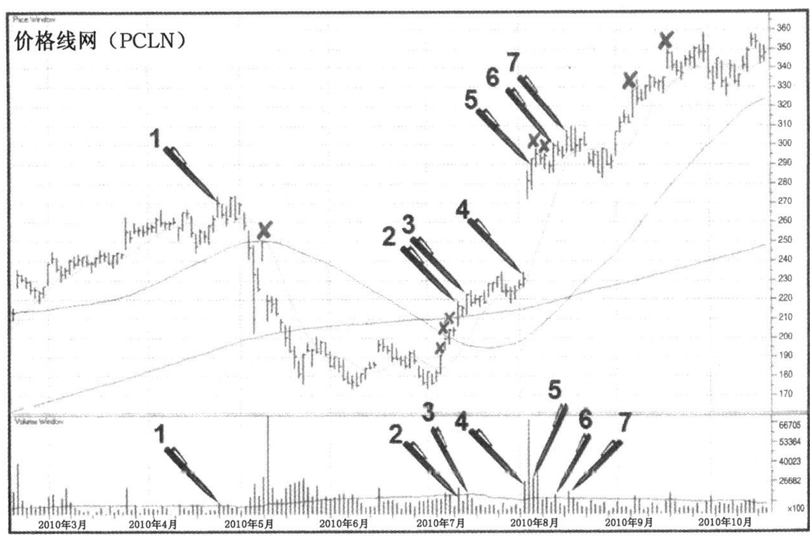

1. 第一个口袋支点是谨慎性支点，因为它略微延伸到了 10 日移动均线上方。随后的第一个 X 低于 50 日移动均线，出现在极其快速的修正之后，并且是一个自底部直线上涨的 V 形形态。接下来的三个 X 都出现在该股票快速的修正之后，因此，尽管该基部实际上已经完成了，但这种完成过程出现在两个月的快速修正之中，所以说，看到口袋支点收盘高于 50 日移动均线是更为安全的。

2. 第二个口袋支点在完成基部形态之后，收盘高于 200 日移动均线。在这个例子中，这种收盘情况通常说明，该基部形态要考虑整体市场的状况。

3. 第三个口袋支点远离 200 日移动均线。

4. 第四个口袋支点远离 10 日移动均线，并且是第二天出现可买入上涨跳空缺口的信号。可买入上涨跳空缺口在下一章进行讨论。

5. 第五个口袋支点是谨慎性支点，因为部分交易区间或许是之前可买入上涨跳空缺口交易日的延伸。接下来的两个 X 都是 10 日移动均线的延伸。

6. 第六个口袋支点是谨慎性支点，因为它是 10 日移动均线的延伸，并且出现在可买入上涨跳空缺口以及持续了三个交易日具有建设性盘整之后。

7. 第七个口袋支点远离 10 日移动均线。接下来的两个 X 都是 10 日移动均线的延伸。

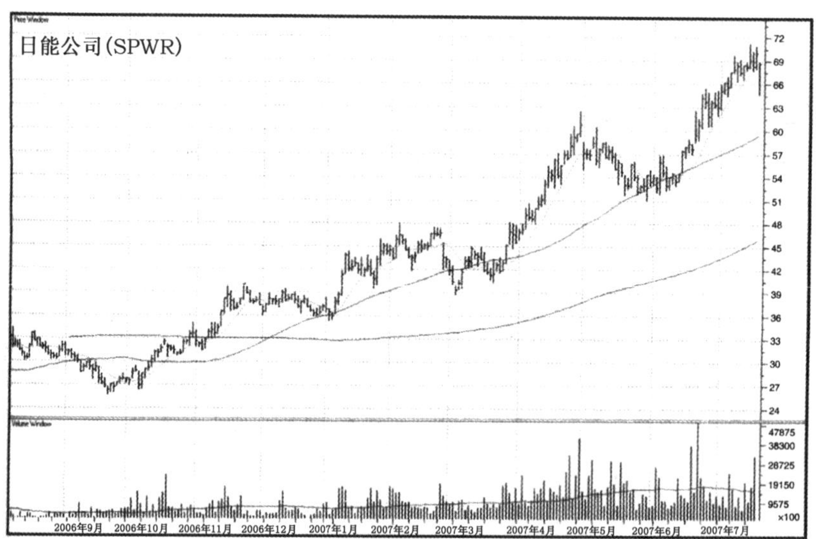

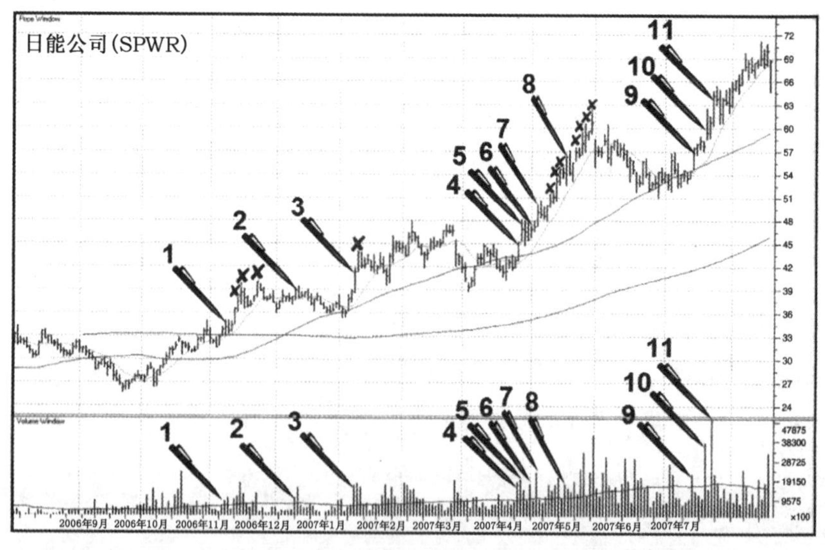

1. 第一个口袋支点在完成具有建设性的基部之后,远离 200 日移动均线。随后的三个 X 都是 10 日移动均线的延伸。

2. 第二个口袋支点在横盘盘整后,远离 10 日移动均线。

3. 第三个口袋支点是新高突破。随后的 X 是 10 日移动均线的延伸。

4. 第四个口袋支点在具有建设性的盘整之后,远离 50 日移动均线。

5. 第五个口袋支点是新高突破。

6. 第六个口袋支点在第五个口袋支点区间之内。

7. 第七个口袋支点是谨慎性支点,因为高于基部高点的部分或许会被一些投资者认为是延伸。接下来的三个 X 都延伸到了 10 日移动均线上方。

8. 第八个口袋支点是谨慎性支点,因为它有点是 10 日移动均线的延伸,但也是一种上涨逆转,一般情况下,这是一种强势形态。接下来的四个 X 都延伸到 10 日移动均线上方。

9. 第九个口袋支点在具有建设性的基部形态与 50 日移动均线相交之后,远离 50 日移动均线。

10. 第十个口袋支点迷你缺口式新高突破。

11. 第十一个口袋支点是谨慎性支点,因为上端部分可以被认为是延伸。

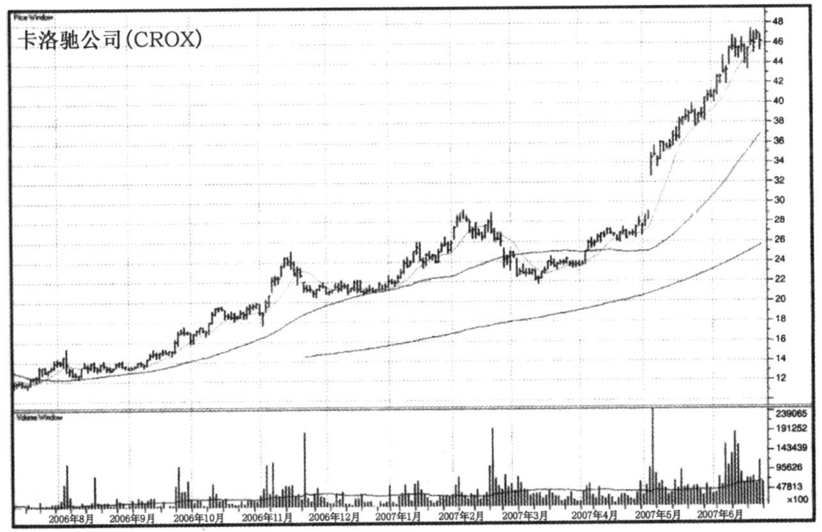

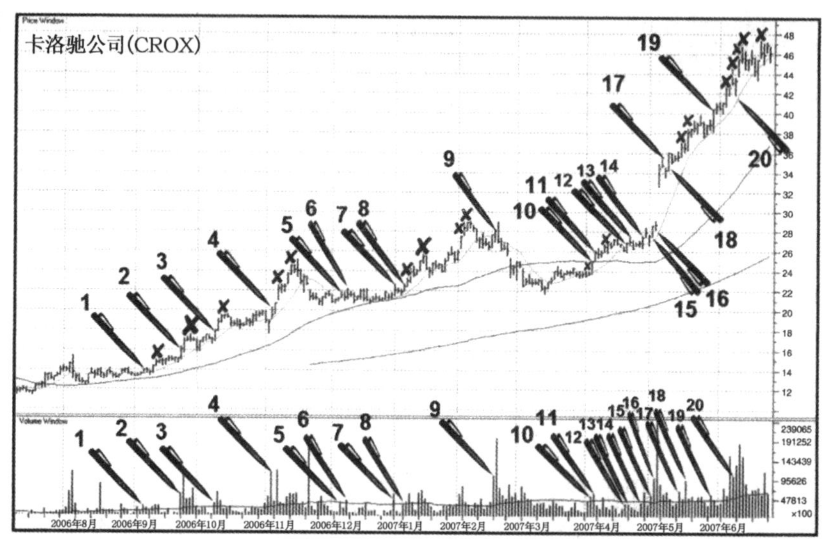

1～3. 前三个口袋支点都远离 10 日移动均线。

4. 第四个口袋支点在两个交易日快速下跌后,远离 10 日移动均线,但是第二个下跌交易日收盘接近交易区间高点,这是一种支撑信号。到此为止,图表中所示的五个 X 都是延伸。

5 和 6. 第五个和第六个口袋支点都远离 10 日移动均线。

7～9. 第七个和第八个口袋支点远离 10 日移动均线。在第八个和第九个口袋支点之间的四个 X 都是延伸。

10～11. 第十个口袋支点收盘在 50 日移动均线上,之前几个交易日的紧凑横盘盘整引致了该支点,而第十一个口袋支点远离 50 日移动均线,随后的 X 是一种延伸。

12. 第十二到第十四个口袋支点都远离 10 日移动均线,这完成了基部的右侧形态。

13. 第十五和第十六个口袋支点都有点是 10 日移动均线的延伸,这二者都是谨慎性支点,但是二者均自前期柄部形态,上涨接近于新高。

14. 第十七和第十八个口袋支点都是谨慎性支点,因为它们的部分价格区间可以被认为是相对于之前可买入上涨跳空缺口交易日的延伸。

15. 第十九个口袋支点远离 10 日移动均线。大量的上涨动能使这个支点成为一个强势的持续性口袋支点。

16. 第二十个口袋支点略具 10 日移动均线的延伸特征,但也是一种上涨逆转口袋支点。图表中所示的最后六个 X 都是 10 日移动均线的延伸。

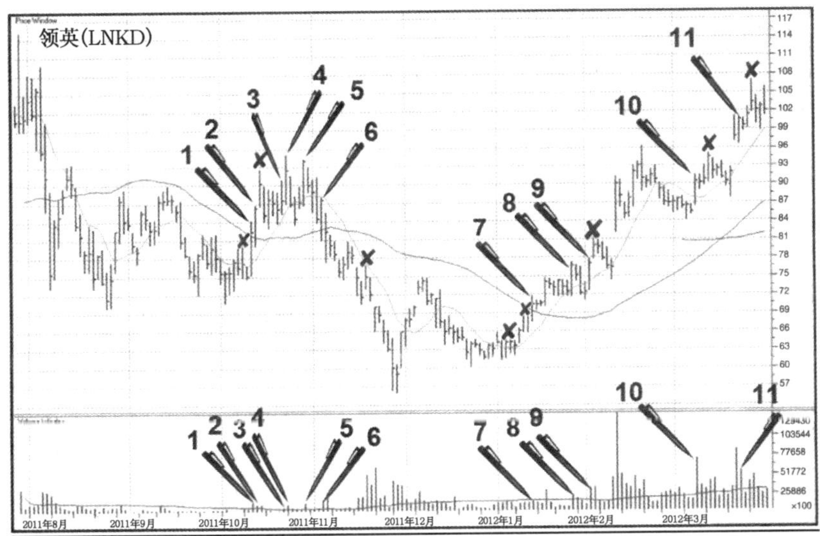

1. 第一个口袋支点之前的 X 低于 50 日移动均线,并且在价格形态仍然有点不稳定时出现。第一个口袋支点收盘高于 50 日移动均线。该价格上涨幅度很大,这也校正了之前价格行为有点不稳定的情况。

2. 第二个口袋支点远离 50 日移动均线。随后的 X 是延伸。

3. 第三个到第五个口袋支点远离 10 日移动均线。

4. 第六个口袋支点远离 10 日移动均线。随后的第一个 X 出现在下跌趋势中。随后的第二个 X 有点过早,因为可能会有人认为,该股票仍然处于下跌趋势中。最好是等待一个更好的形态。随后的第三个 X 就位于 50 日移动均线下方。

5. 第七个口袋支点在完成具有建设性的基部后,上穿 50 日移动均线。

6. 第八个和第九个口袋支点都远离 10 日移动均线。随后的 X 是 10 日移动均线的延伸。

7. 第十个口袋支点在为期三周具有建设性的盘整后,远离 10 日移动均线。随后的 X 处于之前可买入上涨跳空缺口区间之内。第十一个口袋支点实际上是一个可买入上涨跳空缺口。随后的 X 是 10 日移动均线的延伸。

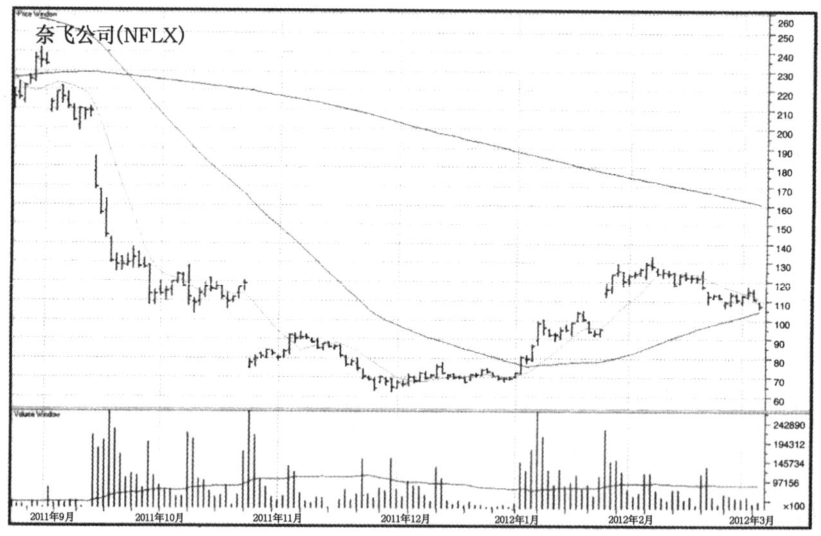

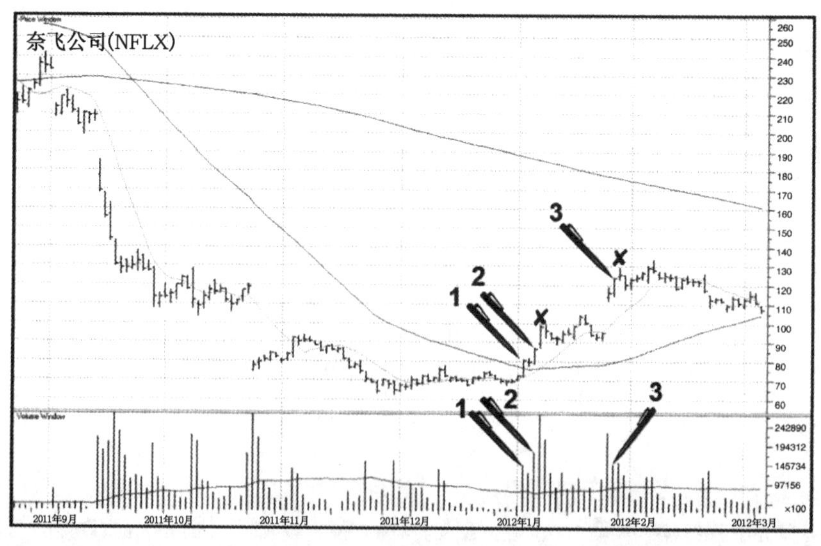

1. 第一个口袋支点上穿 50 日移动均线，并且出现在低量紧凑的横盘价格盘整之后。这种情况出现在整体市场高波动性、无趋势年份之后，因此，该口袋支点值得买入。一般来说，抄底于口袋支点通常应该在上升趋势市场中避免采用。

2. 第二个口袋支点远离 50 日移动均线。随后的 X 是该移动均线的延伸。

3. 第三个口袋支点是谨慎性支点，因为部分交易区间可以被认为延伸到了之前可买入上涨跳空缺口交易日上方。随后的 X 是相对于可买入上涨跳空缺口交易日的延伸。

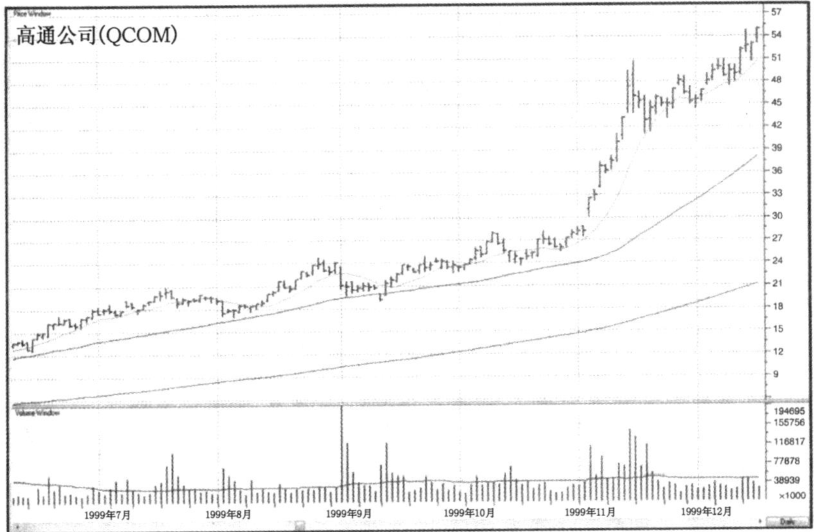

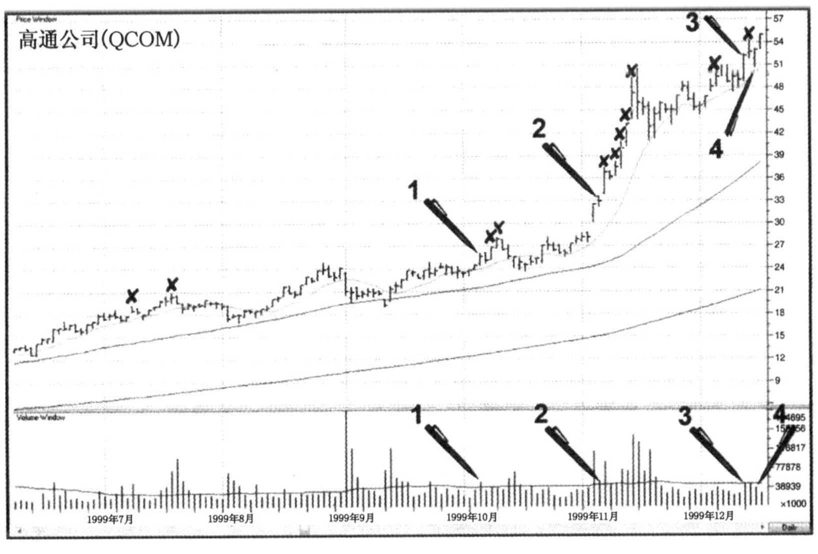

1. 第一个口袋支点远离 10 日移动均线，并且是新高突破。接下来的两个 X 都是相对 10 日移动均线的延伸，尽管有人可能认为，第二个 X 的下端部分能够买入，因为它并非是相对于第一个口袋支点的延伸。

2. 第二个口袋支点是谨慎性支点，因为其部分区间是相对于之前可买入上涨跳空缺口交易日的延伸。接下来的六个 X 都是相对于 10 日移动均线的延伸。

3. 第三个口袋支点在突破新高时，远离 10 日移动均线。随后的 X 是相对于 10 日移动均线的延伸。

4. 第四个口袋支点远离 10 日移动均线。

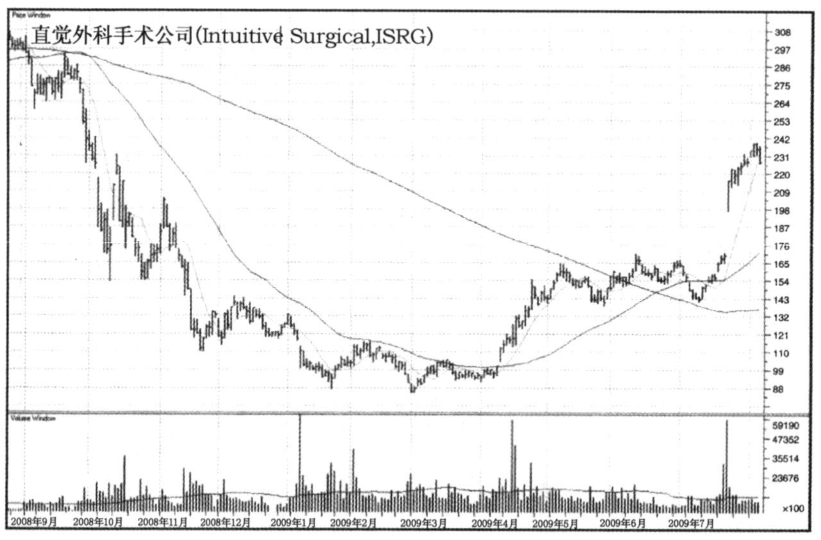

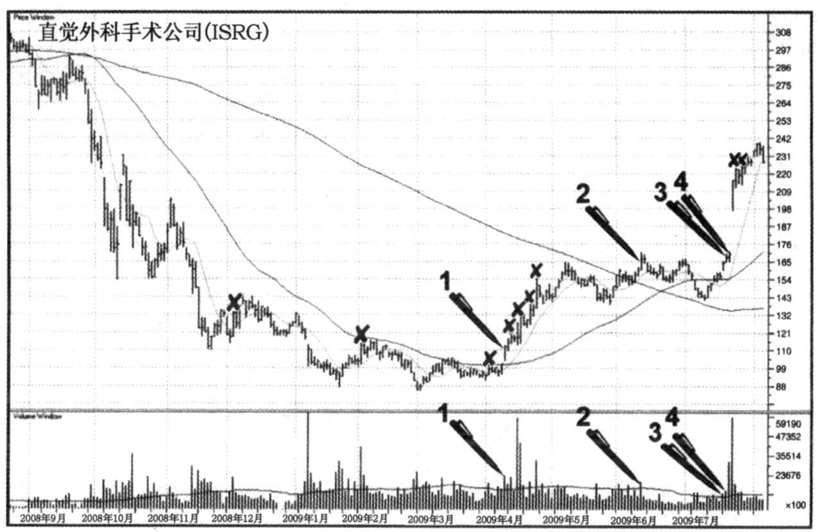

1. 第一个口袋支点之前的头两个 X 都低于 50 日移动均线，并且都出现在下跌趋势中。紧凑盘整后，基部完成，之后第三个 X 出现，并且收盘低于 50 日移动均线。第一个口袋支点远离 50 日移动均线。随后的四个 X 都是 10 日移动均线的延伸。

2. 第二个口袋支点是谨慎性支点，因为，尽管它高于主要移动均线，并且收盘于数月内的新高，但是它略具 10 日移动均线的延伸特征。

3. 第三个和第四个口袋支点突破 W 形基部中点，因此，可以说它们与基部突破同时出现。随后的两个 X 是相对于可买入上涨跳空缺口的延伸。

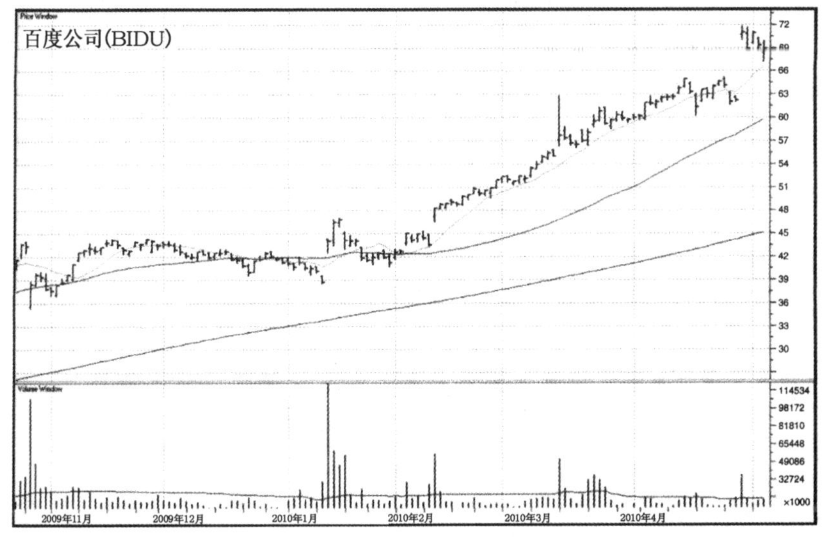

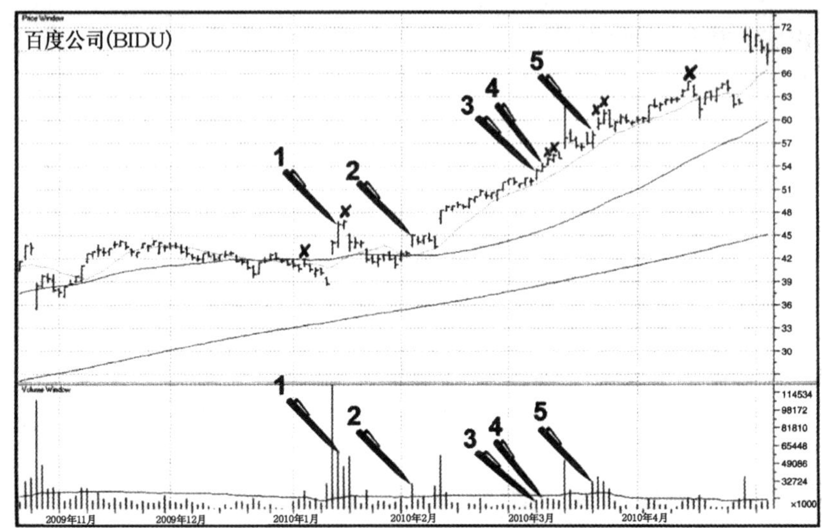

1. 第一个口袋支点之前的 X 恰好位于 50 日移动均线下方。第一个口袋支点是可买入上涨跳空缺口交易日之后的新高突破。随后的 X 是相对于任何一条移动均线以及可买入上涨跳空缺口交易日的延伸。

2. 第二个口袋支点是远离 10 日和 50 日移动均线的迷你缺口。它出现在可买入上涨跳空缺口交易日之后,进一步增大了支持的概率。事实上,可买入上涨跳空缺口出现在五个交易日之后。

3. 第三个口袋支点买入点远离 10 日移动均线。

4. 第四个口袋支点是谨慎性支点,因为上端部分可能被认为是相对于之前口袋支点交易日的延伸。随后的两个 X 都是相对于 10 日移动均线的延伸。

5. 第五个口袋支点远离 10 日移动均线。随后的三个 X 都是相对于 10 日移动均线的延伸。

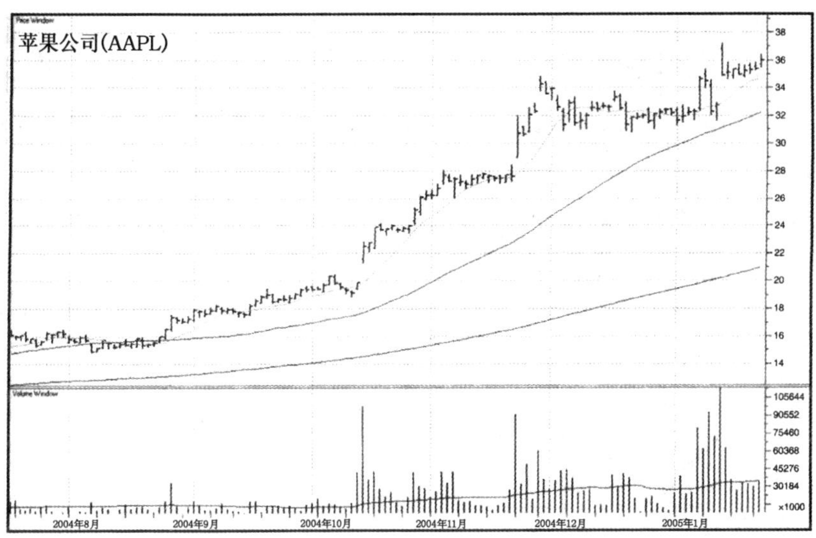

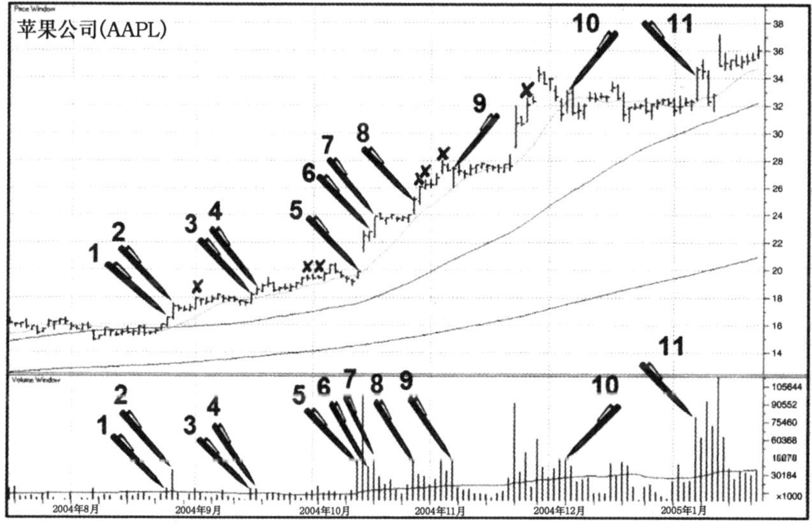

1. 第一个口袋支点远离 10 日移动均线,并且出现在具有建设性的紧凑横盘整理之后。

2. 第二个口袋支点与基部突破同时出现。随后的 X 是 10 日移动均线的延伸。

3. 第三个口袋支点远离 10 日移动均线,并且出现在紧凑的横盘价格盘整到 10 日移动均线之后。

4. 第四个口袋支点是谨慎性支点,因为其部分区间是之前交易日口袋支点的延伸。随后的两个 X 都是 10 日移动均线的延伸。

5. 第五个口袋支点远离 10 日移动均线。

6. 第六个口袋支点处于之前可买入上涨跳空缺口交易区间。

7. 第七个口袋支点是谨慎性支点,因为其部分日交易区间是可买入上涨跳空缺口交易日的延伸。

8. 第八个口袋支点在紧凑的横盘价格盘整后,远离 10 日移动均线。随后的三个 X 都是 10 日移动均线的延伸。

9. 第九个口袋支点是远离 10 日移动均线的上涨逆转。随后的 X 是相对于可买入上涨跳空缺口交易日的延伸。可买入上涨跳空缺口交易日区间很大,因此,部分可买入上涨跳空缺口交易日的价格区间可能被认为是延伸。

10. 第十个口袋支点远离 10 日移动均线。

11. 第十一个口袋支点在紧凑的、横盘数周的基部形态之后,远离 10 日移动均线。

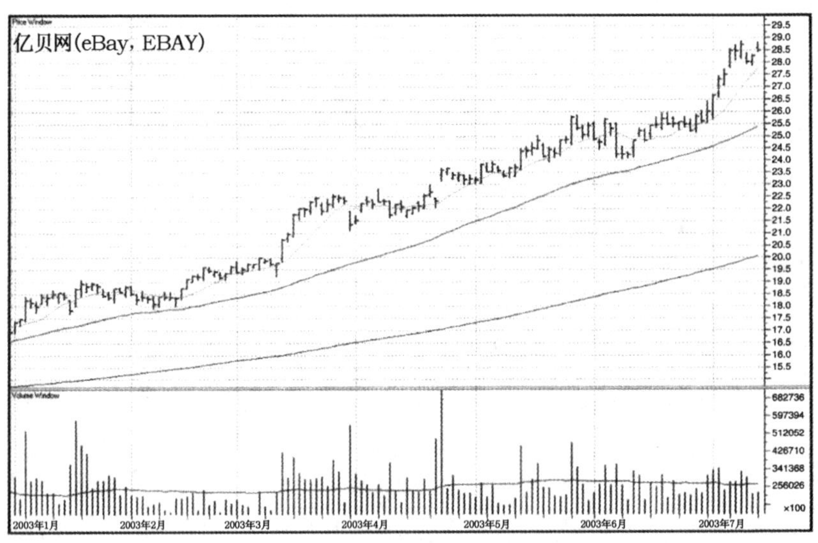

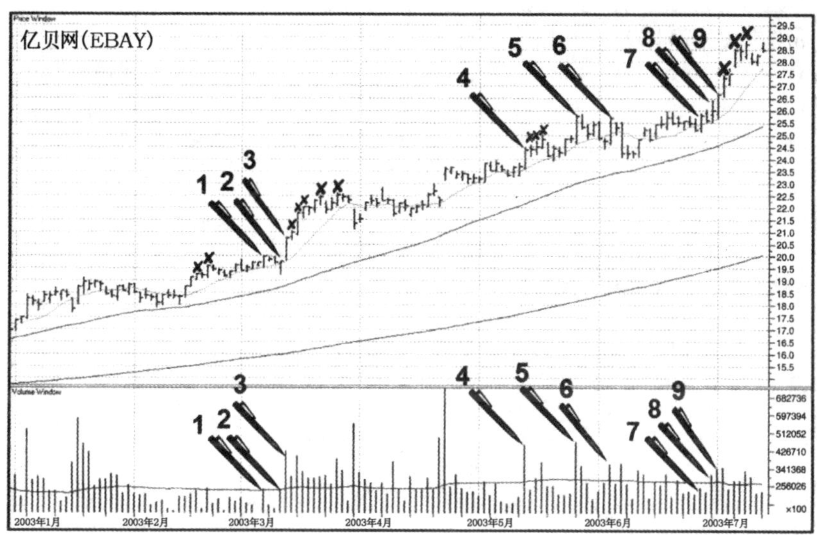

1. 第一个口袋支点之前的两个 X 是 10 日移动均线的延伸。第一个口袋支点远离 10 日移动均线。

2. 第二个口袋支点是上涨逆转,收盘于 10 日移动均线。上涨逆转很有力。

3. 第三个口袋支点远离 10 日移动均线。随后的五个 X 都是 10 日移动均线的延伸。

4. 第四个口袋支点远离 10 日移动均线,并且出现在紧凑的横盘价格盘整之后。随后的三个 X 都是 10 日移动均线的延伸。

5 和 6. 第五个和第六个口袋支点远离 10 日移动均线。

7～9. 第七个到第九个口袋支点在具有建设性的盘整后,远离 10 日移动均线。随后的三个 X 都是 10 日移动均线的延伸。

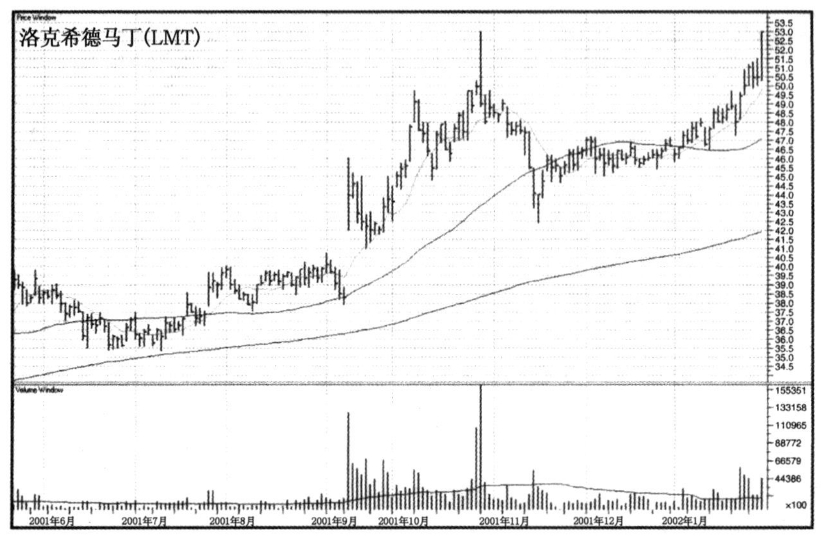

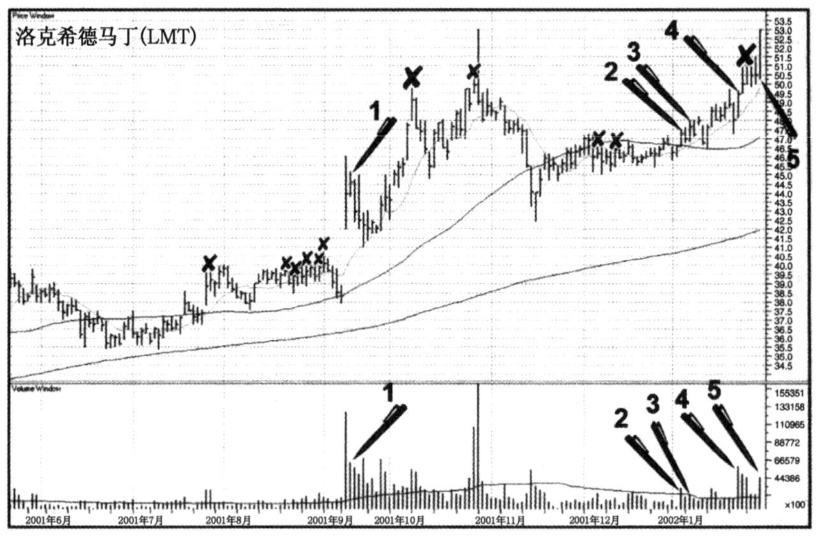

1. 第一个口袋支点之前的六个 X 出现在缓慢波动的形态之中，RS 指标(相对强弱)低。第一个口袋支点是谨慎性支点，因为之前可买入上涨跳空缺口交易日的价格区间相对于之前的形态很大，因此，这种口袋支点可能被认为有点儿延伸。随后出现的两个 X 都是 10 日移动均线的延伸。

2. 第二个口袋支点之前的两个 X 都出现于 50 日移动均线下方。第二个口袋支点在具有建设性的横盘盘整之后，远离 50 日移动均线。

3. 第三个和第四个口袋支点远离 10 日移动均线。随后的 X 是 10 日移动均线的延伸。

4. 第五个口袋支点是谨慎性支点，因为它略具 10 日移动均线的延伸特征，并且是基部突破的延伸，但是该交易日的巨大成交量预示着该支点的信号，增大了成功概率。

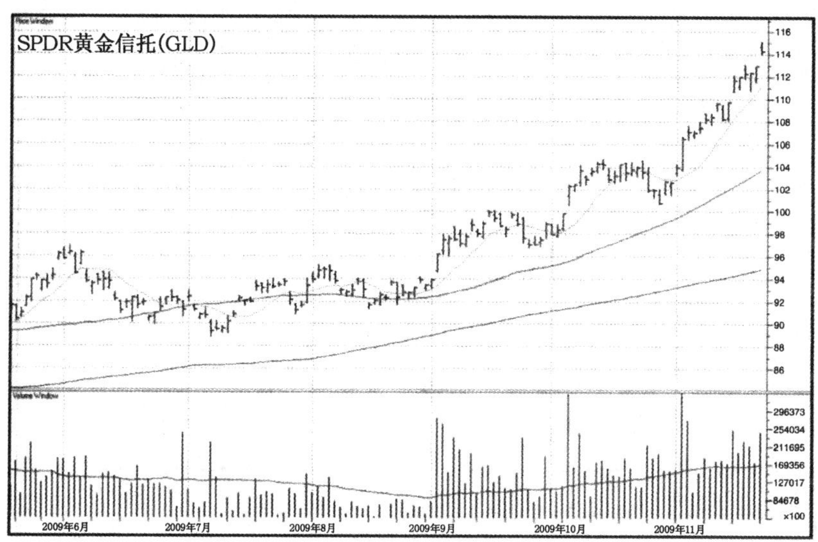

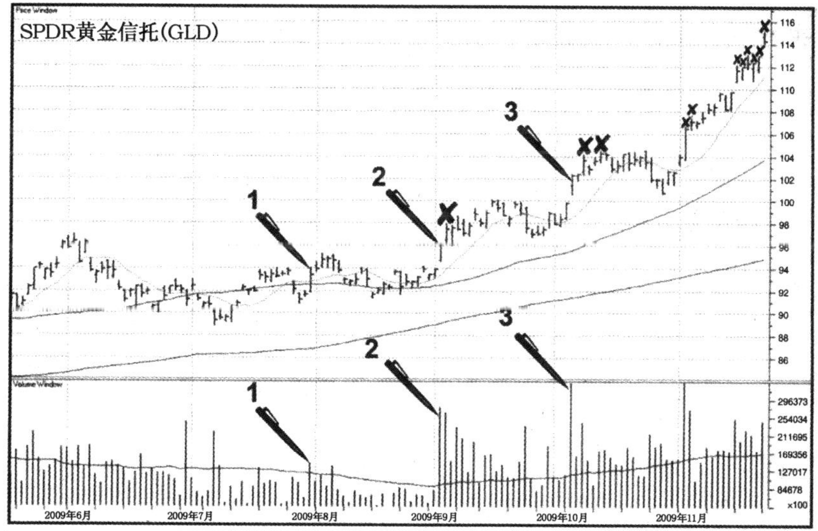

1. 第一个口袋支点在具有建设性的七周盘整后，远离 50 日移动均线。

2. 第二个口袋支点与基部突破同时出现，上涨到该基部中点之上。随后的 X 是相对于基部突破的延伸。

3. 第三个口袋支点是谨慎性支点，因为它可能被认为是有点延伸，但是它具有巨大成交量，并且是可买入上涨跳空缺口。随后的 X 都是 10 日移动均线的延伸。

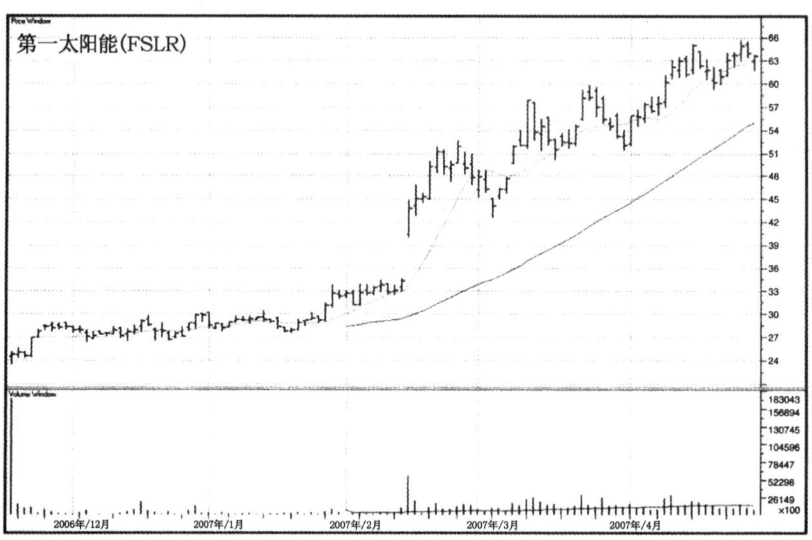

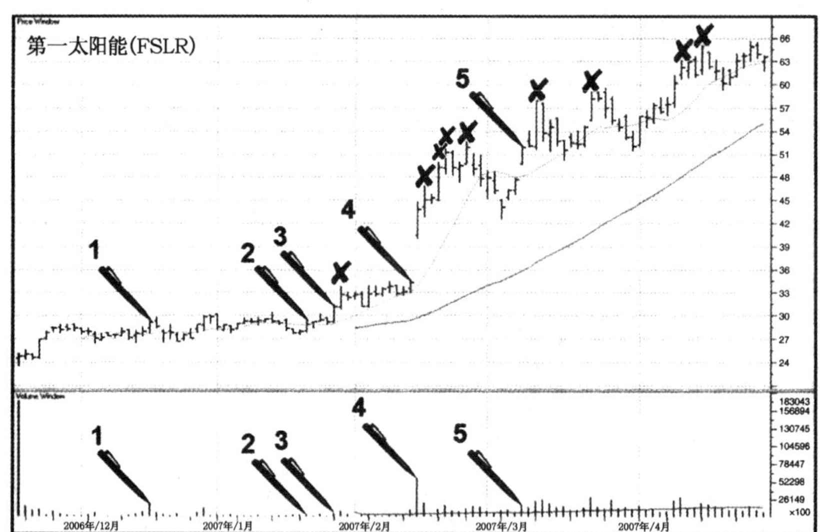

1. 第一个口袋支点远离 10 日移动均线,并且就在该公司 IPO 后数周后出现。

2. 第二个口袋支点远离 10 日移动均线,处于基部形态之中。它能够让投资者及早进入。

3. 第三个口袋支点远离 10 日移动均线,在具有建设性的数周横盘盘整之后,与基部突破同时发生。随后的 X 是 10 日移动均线的延伸。

4. 第四个口袋支点远离 10 日移动均线,并且出现在具有建设性的横盘盘整之后。量能柱在六周内最高，并且这是第二天可买入上涨跳空缺口的信号。随后四个 X 都是 10 日移动均线的延伸。

5. 第五个口袋支点是谨慎性支点，因为它略具 10 日移动均线的延伸特征，并且出现在 V 形形态之后，但是，它在开盘时带量产生迷你缺口，这是强势的信号。随后的四个 X 都是 10 日移动均线的延伸。

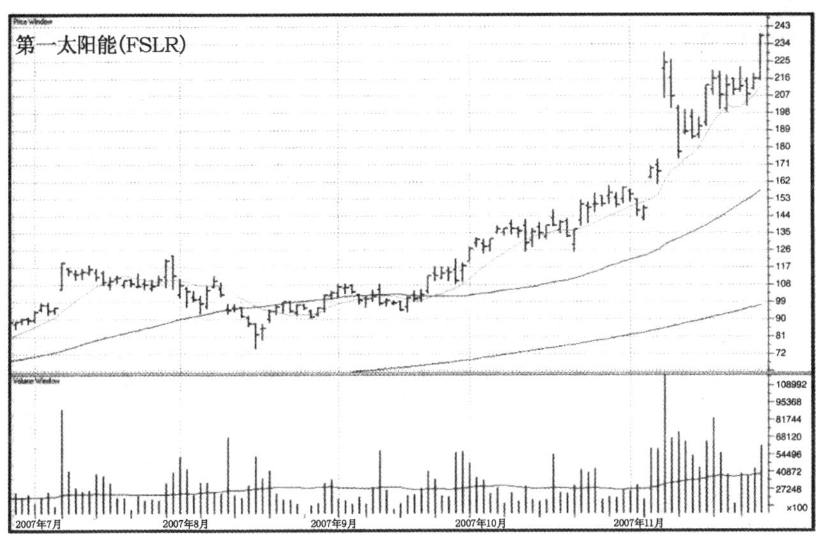

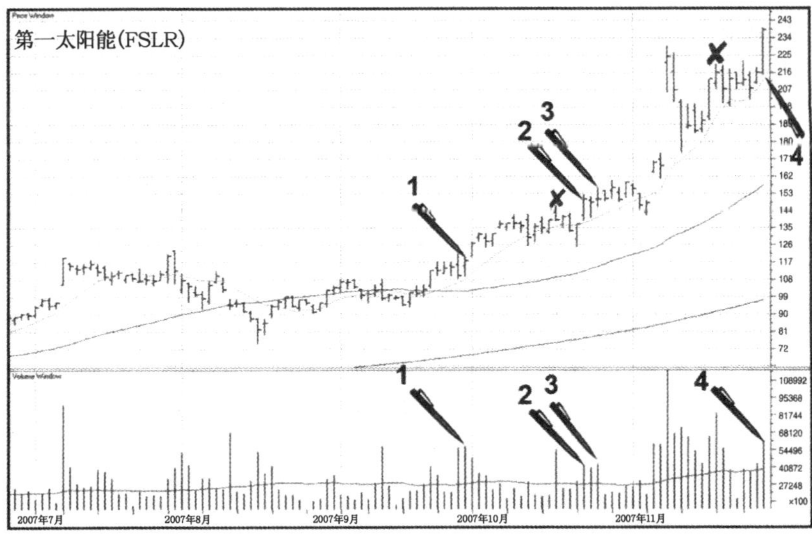

1. 第一个口袋支点远离 10 日移动均线，并且出现在具有建设性的三个月基部形态之后。随后的 X 是 10 日移动均线的延伸。

2. 第二个口袋支点远离 10 日移动均线，并且出现在上涨逆转交易日之后。

3. 第三个口袋支点是谨慎性支点,因为上端区间可以被认为是延伸。随后的X是10日移动均线的延伸。

4. 第四个口袋支点出现在可买入上涨跳空缺口之后。随后的盘整具有建设性,因为它出现在可买入上涨跳空缺口之后,因此,可以允许其出现一点不稳定状态。

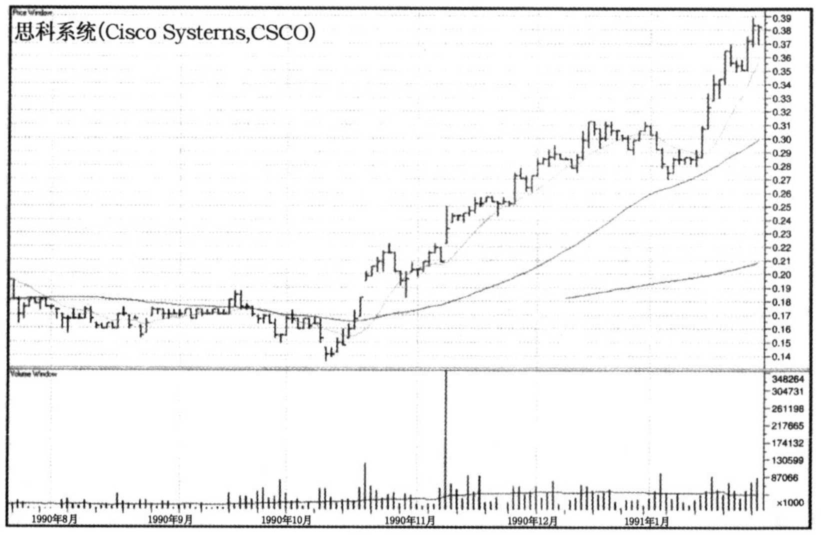

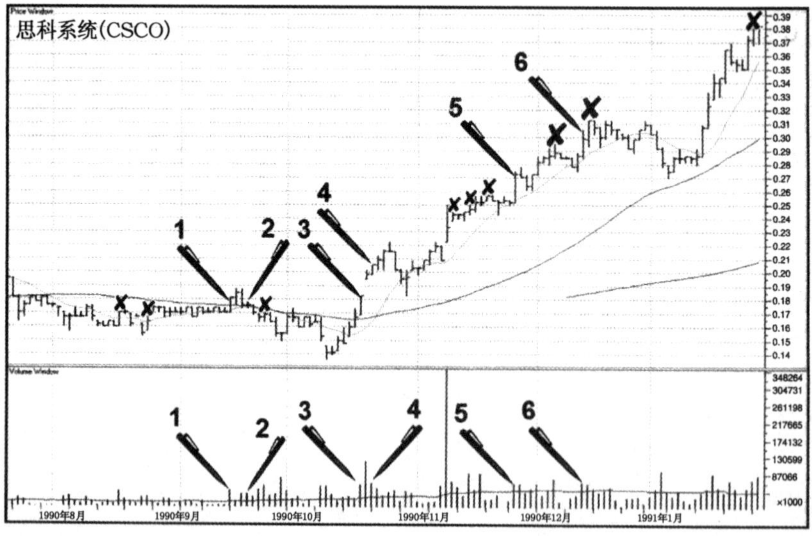

1. 第一个口袋支点之前的两个X出现在下跌趋势之中,并且低于50日移动均线。第一个口袋支点上穿50日移动均线,并且出现在紧凑的横盘价格盘整之后。

2. 第二个口袋支点是紧凑的，恰好收盘于 50 日移动均线，因此，允许其出现中等柱体的收盘。随后的 X 低于 50 日移动均线。如果已经买入，两个口袋支点应该被卖出，因为该股票重新跌回到了其基部。

3. 第三个口袋支点远离 50 日移动均线。尽管它出现在自底部直线上涨价格行为之后，但是它相对于为期数月的整体基部形态而言具有建设性。重要的是不仅看近期的价格行为，而且要看整个基部期间的价格行为。这是为期数月图表之所以理想的原因，一般情况下会显示至少 12 个月的量/价数据。

4. 第四个口袋支点是谨慎性支点，因为其部分区间可能被认为是相对于之前交易日可买入上涨跳空缺口的延伸。随后的三个 X 都是 10 日移动均线的延伸。

5. 第五个口袋支点在紧凑横盘盘整到 10 日移动均线后，远离 10 日移动均线，其中包括一个上涨逆转交易日。随后的 X 是 10 日移动均线的延伸。

6. 第六个口袋支点在具有建设性的价格盘整到 10 日移动均线后，远离 10 日移动均线。随后的两个 X 是 10 日移动均线的延伸。

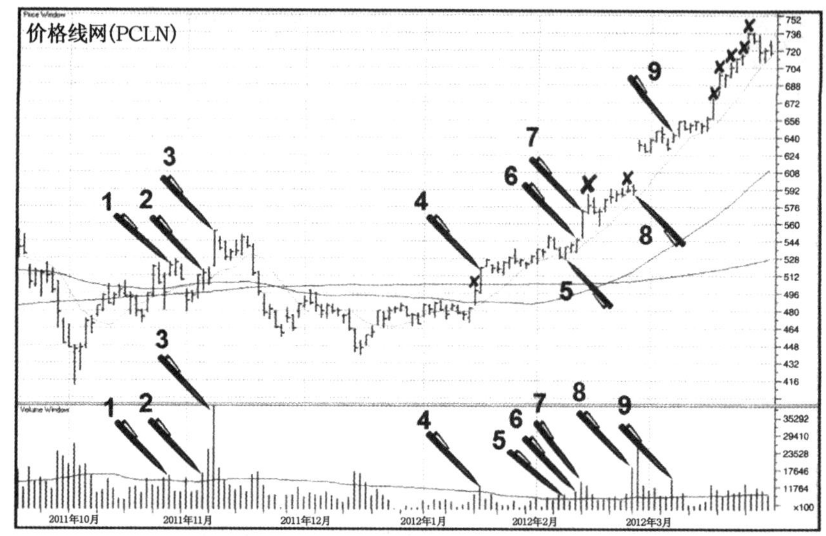

1. 第一个口袋支点是远离 10 日、50 日和 200 日移动均线的迷你缺口。它产生于价格出现价格动荡之后,因此,或许需要建立更小的初始头寸。

2. 第二个口袋支点远离 10 日、50 日和 200 日移动均线。

3. 第三个口袋支点与基部突破同时出现。请注意,2011 年是一个最不具有趋势性、波动性最大的年份,因此,前三个口袋支点应该谨慎买入。绝对不要低估市场背景的重要性。

4. 第四个口袋支点之前的 X 位于 200 日移动均线下方。第四个口袋支点上穿 200 日移动均线,并且在具有建设性的基部形态之后出现。

5 和 6. 第五个和第六个口袋支点在第四个口袋支点之后更具有建设性的量/价行为之后,远离 10 日移动均线。

7. 第七个口袋支点是新高突破。随后的两个 X 是 10 日移动均线的延伸。

8. 第八个口袋支点是远离 10 日移动均线的紧凑交易区间,因此,应该允许它出现中等柱体的收盘情况。该交易日的巨量是第二天可买入上涨跳空缺口的信号。

9. 第九个口袋支点是谨慎性支点,因为其部分区间可能被认为是相对于之前可买入上涨跳空缺口的延伸。随后的五个 X 都是 10 日移动均线的延伸。

小 结

正如你从这些练习中所看到的,正确的买入口袋支点,会让你处于有利的风险—回报状态。正如同其他的买入技术一样,尽管并不是所有的口袋支点都会有效,但是使用正确的风险管理策略,损失能够最小化,而收益可以持续增长。请牢记,即使在 20 世纪 90 年代的强势牛市市场期间,也只有大约一半的基部突破才会有效,并且只有少量的股票显示出它是真正的价格龙头,因此,重要的是,持有并/或金字塔式加码自己的盈利头寸,而减少或卖出自己表现不佳的头寸。

第六章 可买入上涨跳空缺口练习

在本章中，我们会有大量的练习来训练你的图表眼，识别满足定义的跳空上涨缺口，以及可买入上涨跳空缺口所必需的特征。可买入上涨跳空缺口常常呈现出一路上升形态，但是，重要的是理解，跳空上涨缺口过度延伸时，这种上涨的视觉往往只是一种错觉。跳空上涨的股票通常会在接下来的数周或数月内产生巨幅价格上涨。这会导致该股票价格图表出现一种情况，相对于随时间流逝而产生的整体价格波动而言，盈利丰厚股票最初的跳空上涨缺口看起来微不足道，例如，苹果公司(AAPL)在 2004 年 10 月出现巨量可买入上涨跳空缺口式波动之后，在当年最后一个季度的波动情况(见图 6.1)。

在下面的每个练习中，决定你是否要买入图表中的跳空上涨缺口。讨论买入或不买入该股票的理由。

这个跳空上涨缺口并不值得买入。尽管跳空上涨缺口足够大，但是量能只高于平均量能的 48%，或者说是 50 日移动平均成交量的 1.48 倍。可买入上涨跳空缺口成交量必须高于 50 日移动平均成交量的 1.5 倍。1.95 点的上涨缺口高于 40 日真实波动幅度均值(ATR)1.85 点的 0.75 倍。

无论是跳空上涨缺口的价格波动幅度方面，还是成交量水平方面，该跳空上涨缺口都是绰绰有余。请注意这个巨量的上涨成交量柱，这是强势上涨缺口的特征。你或许会注意到，乐威公司在 9 月 9 日跳空上涨缺口前 5 天就出现了口袋支点买入点。当该股票快速下跌到 50 日移动均线下方时，这证明是一个亏损性交易。然而，警惕的交易者可能会在出现跳空上涨缺口时已经重新进入了该

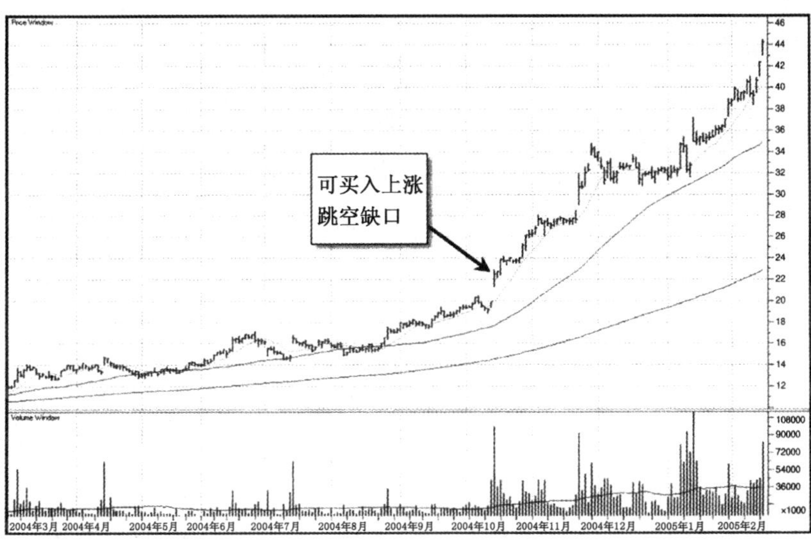

HGS 软件公司供图,版权 2012。

图 6.1　2004 年苹果公司(AAPL)日线。尽管当时的最初跳空上涨缺口波动或许看似很高,但是该股票最终的价格上涨波动让最初的启动上涨行情的跳空上涨看起来微不足道。

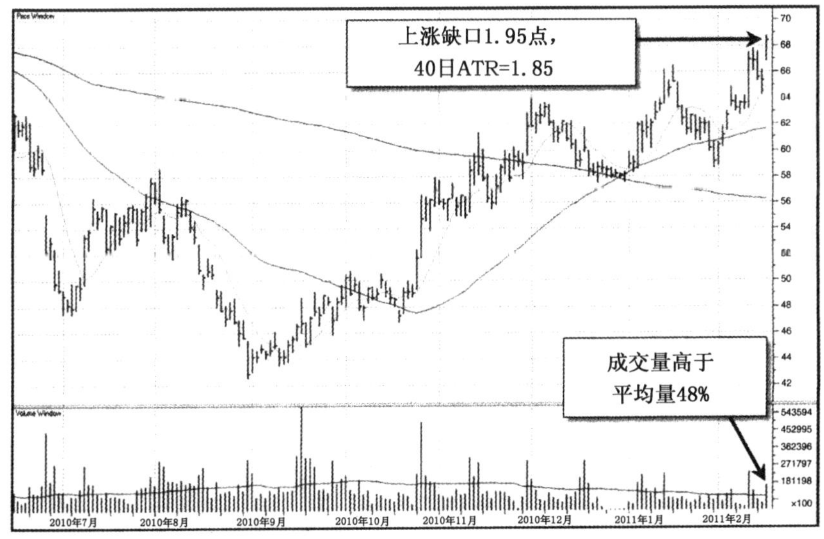

HGS 软件公司供图,版权 2012。

股票,即使这意味着,买入的成本会高于投资者在 9 月 9 日失败的口袋支点买入点之后所卖出的成本。一些交易者在像这样的情况下可能会风声鹤唳,因为从

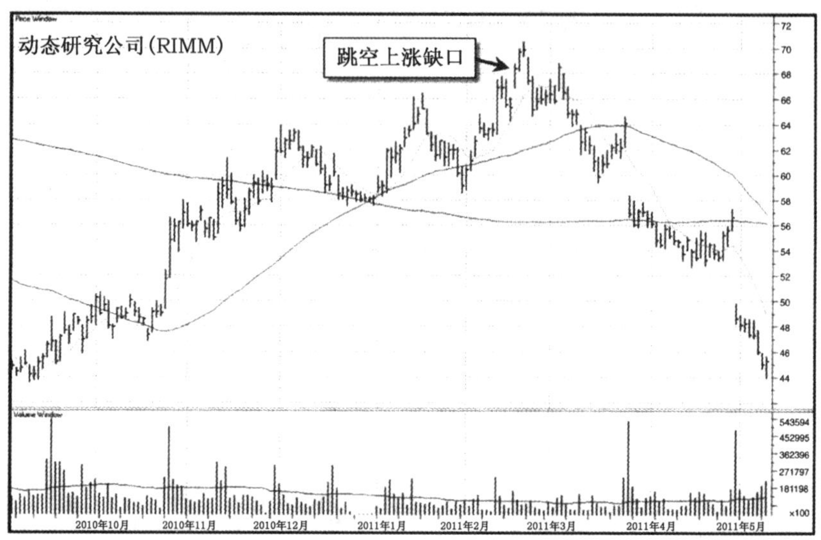

HGS 软件公司供图,版权 2012。

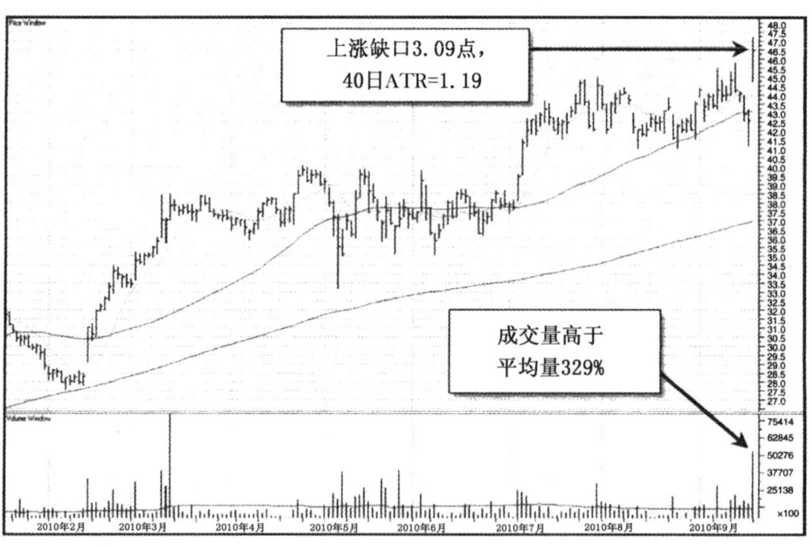

HGS 软件公司供图,版权 2012。

心理上讲,可能被指示马上重新买入显示买入信号的股票,这就出现在以亏损卖出它之后的一个或两个交易日。但是,一些健康的股票运行方式就是如此。市场是一个数字游戏,因此,如果你在龙头股中看到买入信号,不要犹豫,否则它可能会让你失去获得的机会。对趋势跟踪投资者而言,所考虑的真正问题绝对不会是你为该股票支付了多少价格,而是自该点位它会走到什么位置。请注意,乐

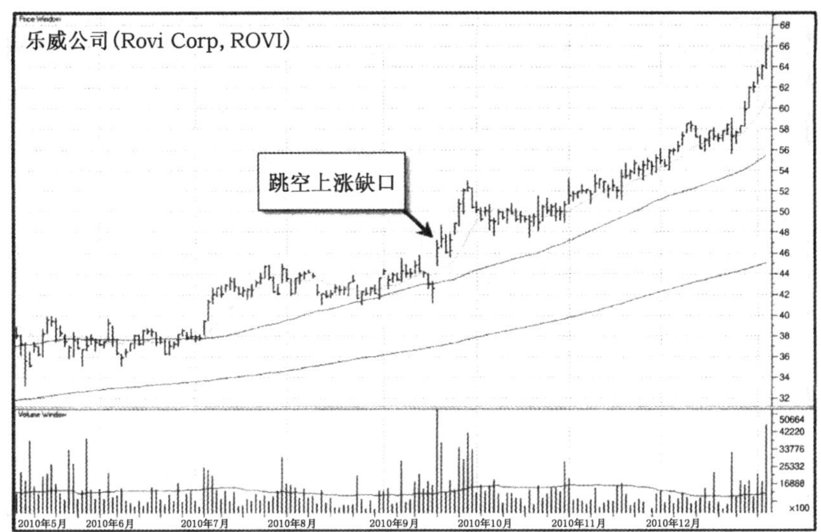

HGS 软件公司供图,版权 2012。

威公司自可买入上涨跳空缺口开始,如何启动了一轮大幅上涨。

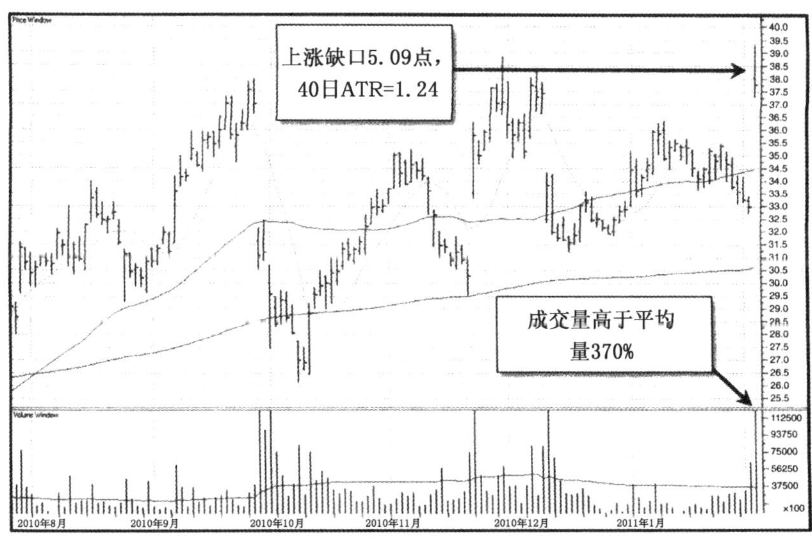

HGS 软件公司供图,版权 2012。

这个达到新高的基部突破跳空上涨缺口是一个强势波动。之前形态中的跳空下跌可能是一些担忧的原因,因此,可能有必要来弥补这个比正常初始头寸更小的头寸。在这个例子中,在形态中出现之前的跳空下跌之后,想让该股票证明自己,在跳空上涨时买入更小的头寸,之后会让投资者处于在口袋支点买入点增

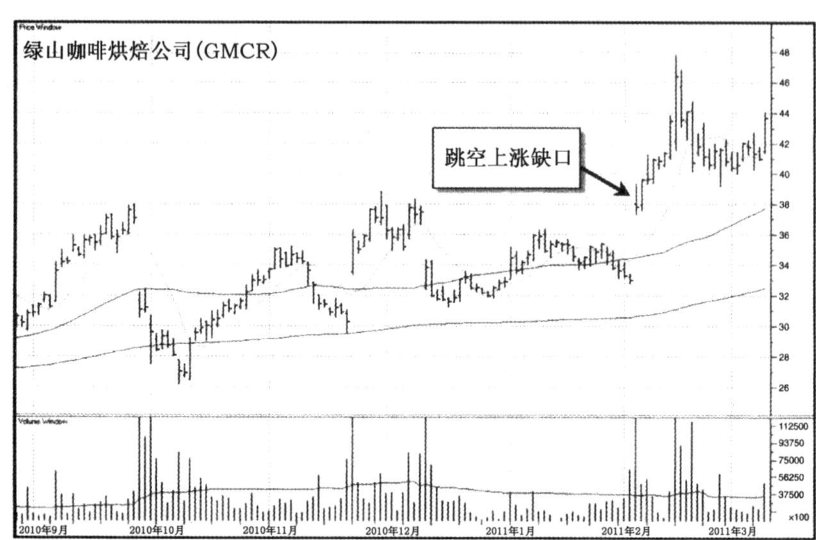

HGS 软件公司供图,版权 2012。

加头寸的状态中,该买入点出现在图表所示的最后一个交易日。

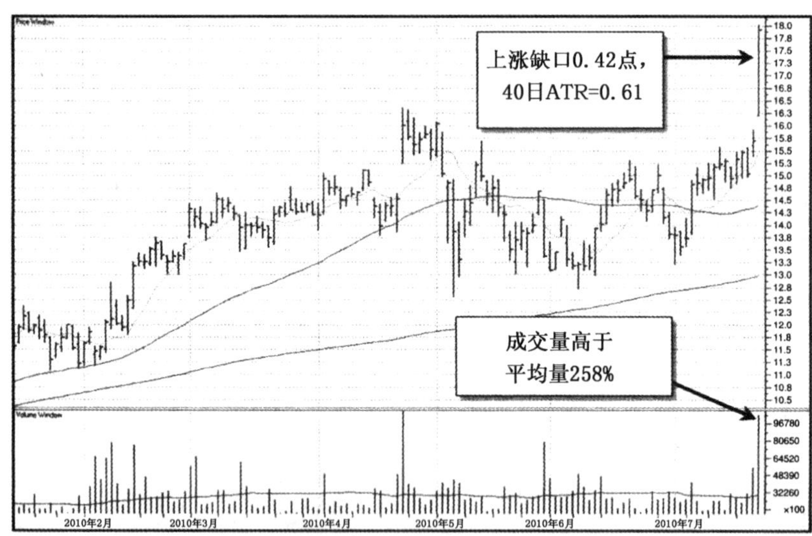

HGS 软件公司供图,版权 2012。

河床科技(RVBD)在 2010 年夏季提供了一个最低标准可买入上涨跳空缺口的好例子,(1)它也是一个基部突破,并且(2)在低点开盘,之后全天走高,收盘接近具有宽幅交易区间交易日的高点。这一个基部突破也意味着,投资者可能会在开盘时基于此买入该股票,并上涨到该基部顶部的 5%之内的点位,因为跳

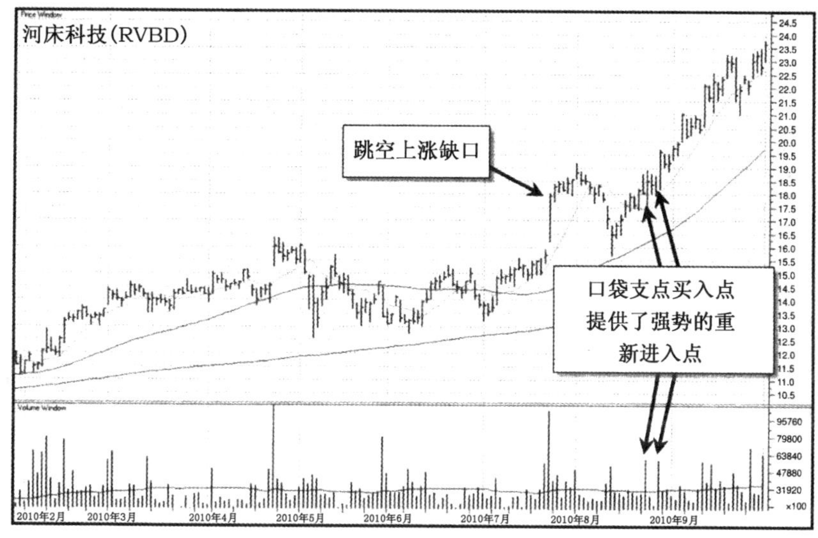

HGS 软件公司供图,版权 2012。

空上涨缺口本身并不高于该股票 40 日真实波动幅度均值的 0.75 倍。然而,该股票维持小幅跳空上涨缺口并迅速走高,这种情况使它更不容易得到资金流入。请注意,当整体市场处于中级修正的后期阶段时,该股票实际上大约在三周后下跌到可买入上涨跳空缺口当天低点之下 3.4%。然而在这种情况下,使用 50 日移动均线,与之前基部顶部相一致,反而作为卖出指标(因为这也是基部突破),这会让投资者在止损之前,给该股票超过跳空上涨缺口当天低点更多的空间(比正常 1%～2%稍多)。将这种情况与快速回调到基部突破顶部相结合,相比于其他情况而言,会让这种情况更易于管理,尽管在开盘跳空上涨缺口时缺少动力。但是,一个有趣的例外情况是,即使投资者在迅速回调到突破点的过程中被震仓抛了该股票,该股票后来也提供了两个口袋支点,该点出现并摆脱回调上涨到新高,这正是河床科技波动真正启动过程中最急剧上涨的部分。

考虑到相对于 40 日真实波动幅度均值 58 美分的 13 美分跳空上涨缺口情况,这个缺口出现在急剧下跌趋势之后,并且不满足作为可买入上涨跳空缺口的条件。另外,它出现在有问题的基部形态构成之后。这是一个没有完成的基部,并且它形成于 200 日移动均线下方。之后,它跳空上涨到 200 日移动均线正下方,在跳水式重回下跌之前,它在此遇到了强大的阻力。在剩下的练习中,假设跳空上涨波动和量能绰绰有余。在最初这五个练习中,我们为你量化了跳空上

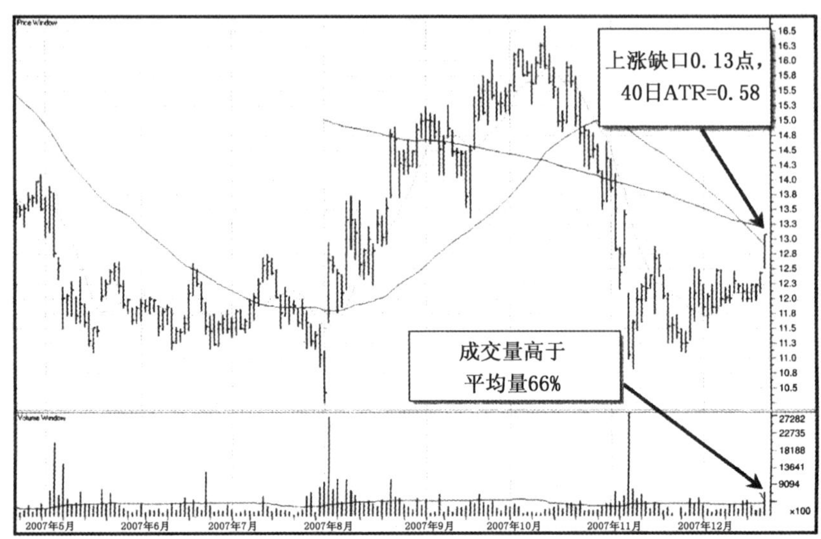

HGS 软件公司供图，版权 2012。

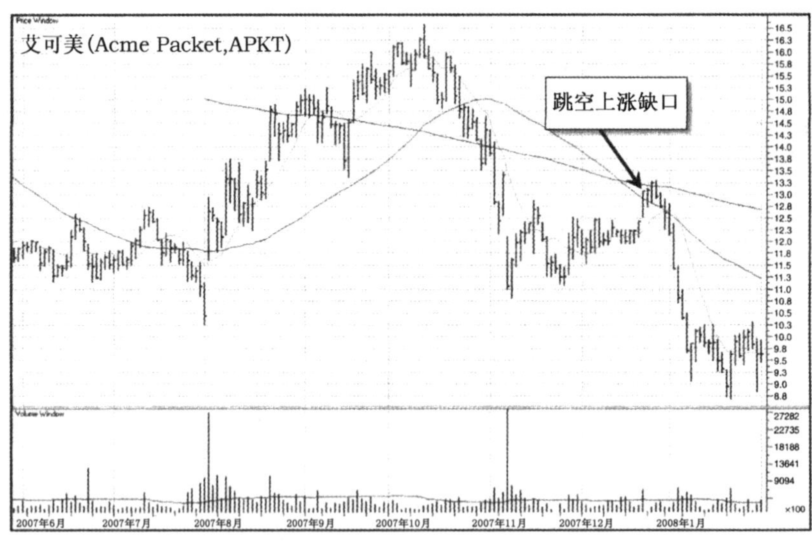

HGS 软件公司供图，版权 2012。

涨缺口的级别和量能水平，但是，事实上，在大多数情况下，投资者应该学会观察跳空上涨缺口式波动，因此剩下的练习，才是你真正需要做的练习。

这个可买入上涨跳空缺口出现在具有建设性的上升趋势之后，可以看到该股票始终沿着 10 日移动均线交易。该股票刚上市，并且在这个可买入上涨跳空缺口出现之前，仅仅交易了两个月时间。新股上市往往更具有波动性，因此，这

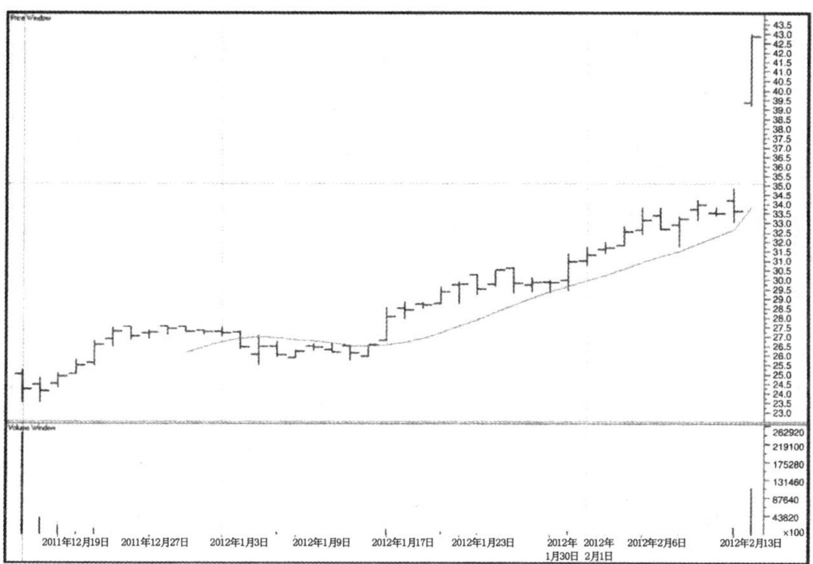

HGS 软件公司供图，版权 2012。

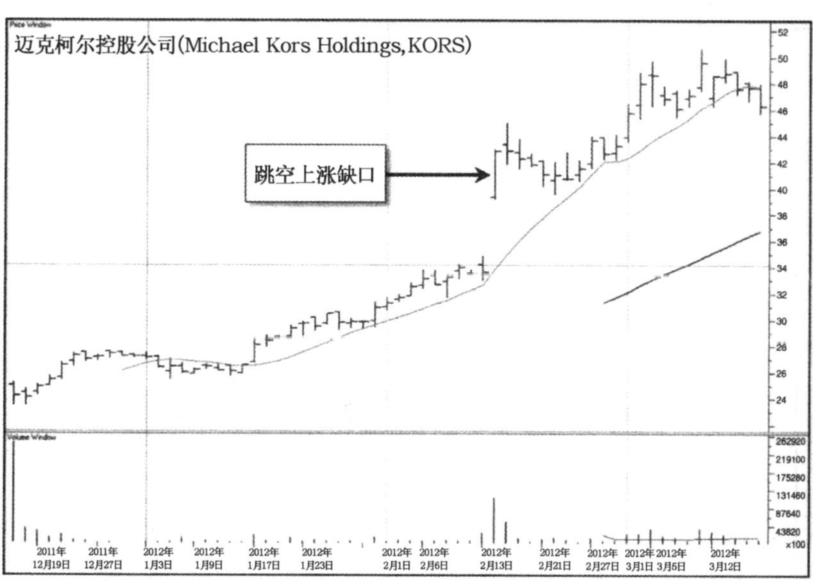

HGS 软件公司供图，版权 2012。

种行为可能会导致比正常利润潜力更大。然而，这会付出某种代价，因为比正常利润潜力更大，也意味着比正常的波动性更大！

这个可买入上涨跳空缺口上穿 50 日移动均线，出现在具有建设性的基部形

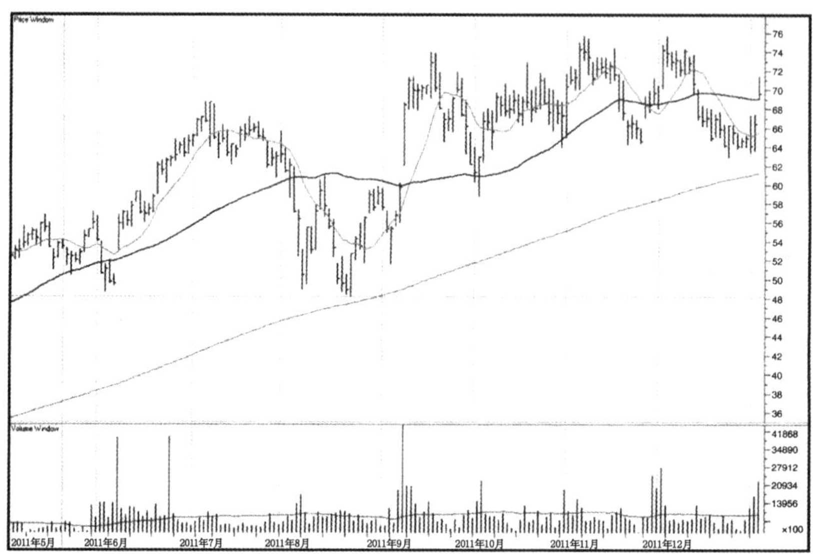

HGS软件公司供图,版权2012。

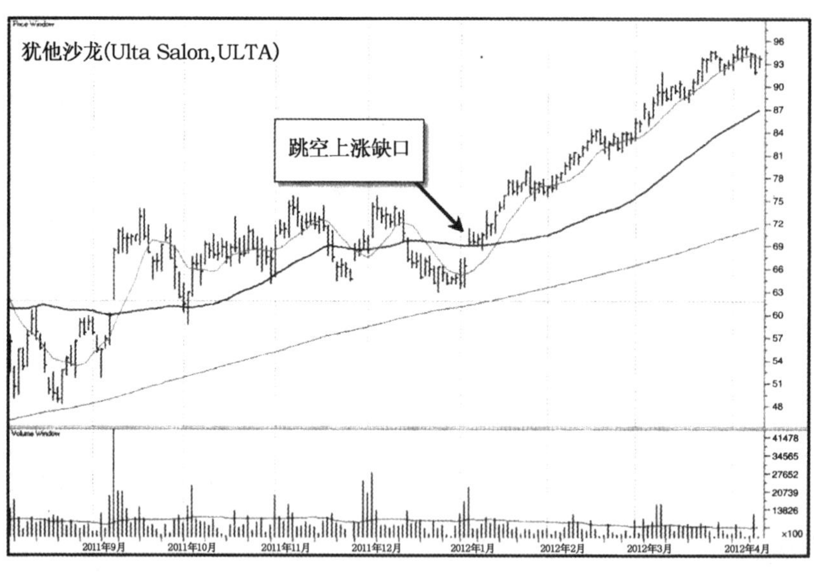

HGS软件公司供图,版权2012。

态之中。这个基部形态之所以具有建设性,因为它有点横盘波动并且较为平缓,之后,在跳空上涨突破关键移动均线之前,沿着低点走出弧线形态。尽管沿着该基部顶端,在该形态中存一些上档供给,但是,该股票在最终推升到价格新高之前,以具有建设性的方式,在随后的交易日中很好地维持住了可买入上涨跳空缺口和 50 日移动均线。

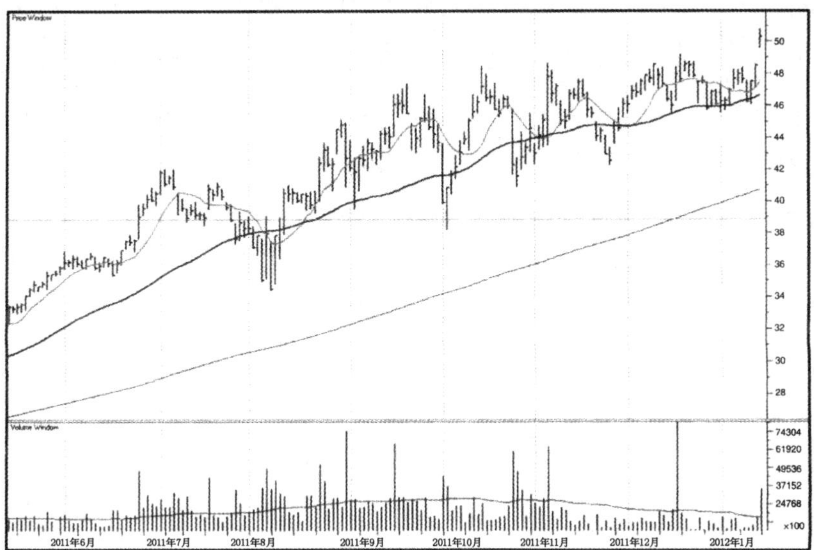

HGS 软件公司供图，版权 2012。

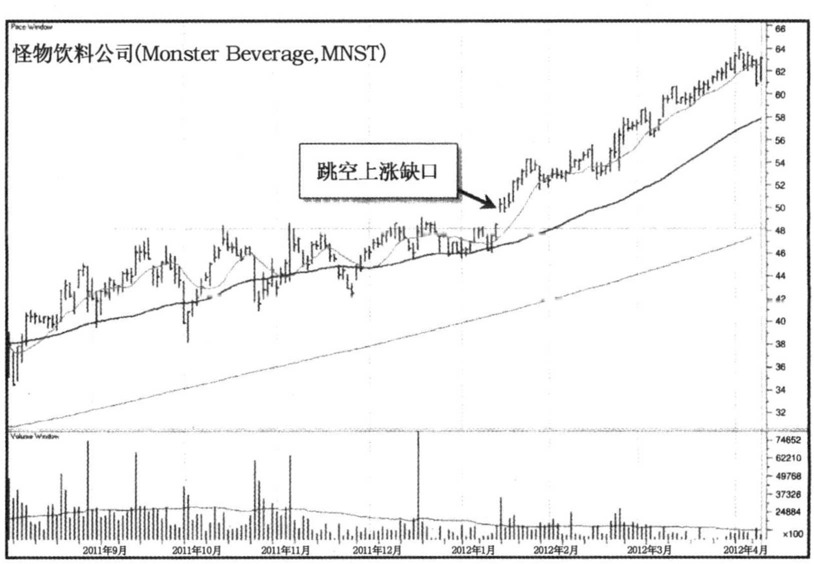

HGS 软件公司供图，版权 2012。

这个上涨至新高的可买入上涨跳空缺口出现在具有建设性的基部形态之后，当该形态沿 50 日移动均线逐步形成时，它呈现出紧凑式上涨态势。怪物饮料公司(MNST)，原来的汉森饮料公司(Hansen's Beverage，HANS)，以极其古怪的方式进行波动,它上涨到 40 多美元,在最终稳定下来之前,三次跌破其 50 日移动均线。始终具有建设性的是看到,股票量/价行为在其平稳下跌时变得更加紧凑,并且,通常情况下,这会为一些买入/卖出信号的出现打好基础。注意在该可买入上涨跳空缺口交易日之前的口袋支点买入点,在该股票平稳下跌并变得更加紧凑之后,脱离 50 日移动均线。

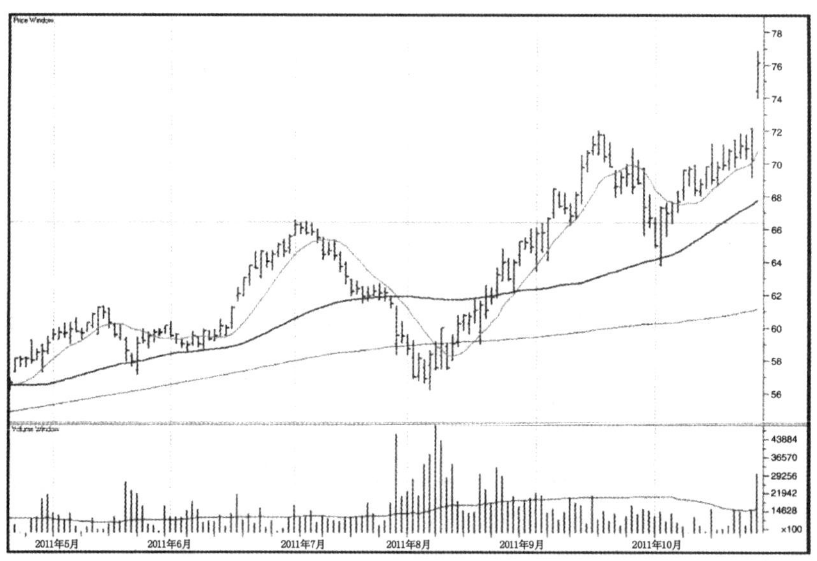

HGS 软件公司供图,版权 2012。

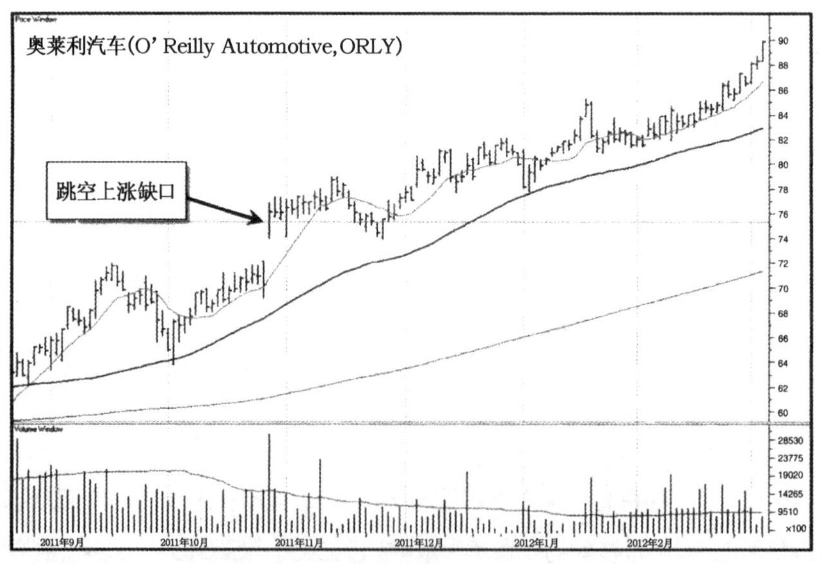

HGS 软件公司供图,版权 2012。

短线杯体基部形态在 50 日移动均线获得支撑，它在这里形成了该形态的低点，之后，出现可买入上涨跳空缺口。几周以后，它跌破跳空上涨缺口当天盘中低点，少于 1%～2%，这是在止损退出之前，这是标准可允许自由空间。奥莱利汽车在整个持续的上升趋势中很好地维持在 50 日移动均线上方，当它持续走高时，会使它更容易被投资人持有。

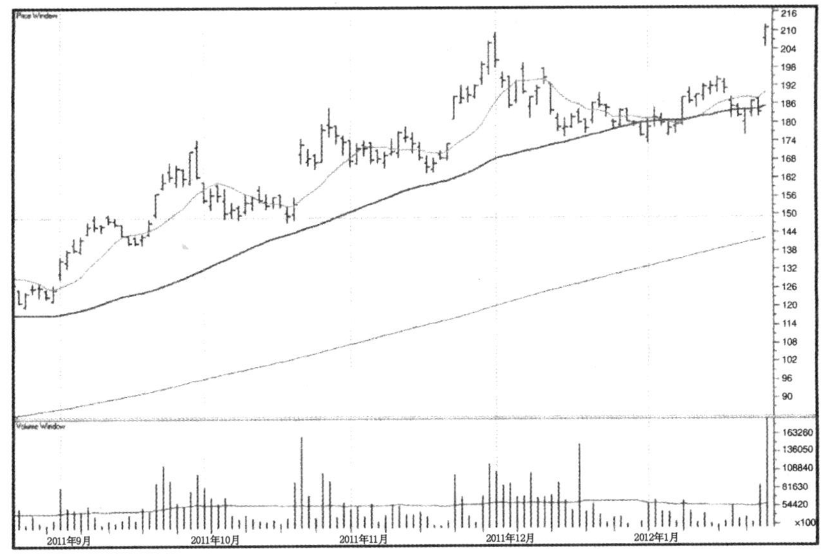

HGS 软件公司供图，版权 2012。

这是一个很好看的基部突破式可买入上涨跳空缺口，当它沿着 50 日移动均线波动时，它从具有建设性的基部形态中产生。在这个例子中，奈飞公司说明了为何完美的可买入上涨跳空缺口仍然可能会止损退出，它就出现了这种情况。当该股票跌破可买入上涨跳空缺口当天盘中低点，超过了可以接受的自由空间时，这次交易就失败了。之后，就在几天后，它背离了其 50 日移动均线，但是仍然维持着上涨趋势，这里似乎是每前进四步就后退三步。图表的左侧，投资者能够看到奈飞公司之前失败的可买入上涨跳空缺口，并且这是奈飞公司在 2011 年期间典型的形态，反过来说，这是当年无趋势波动性整体市场环境的作用。

当然，预测这种无趋势波动性整体市场环境，以及与之相伴随的个股不稳定行为，可能有点徒劳无功。在类似于奈飞公司的这种情况下，在这种挑战性行为出现几个月后，投资者能够依据竞争状况制定出头寸规模的决策，通过寻找其他

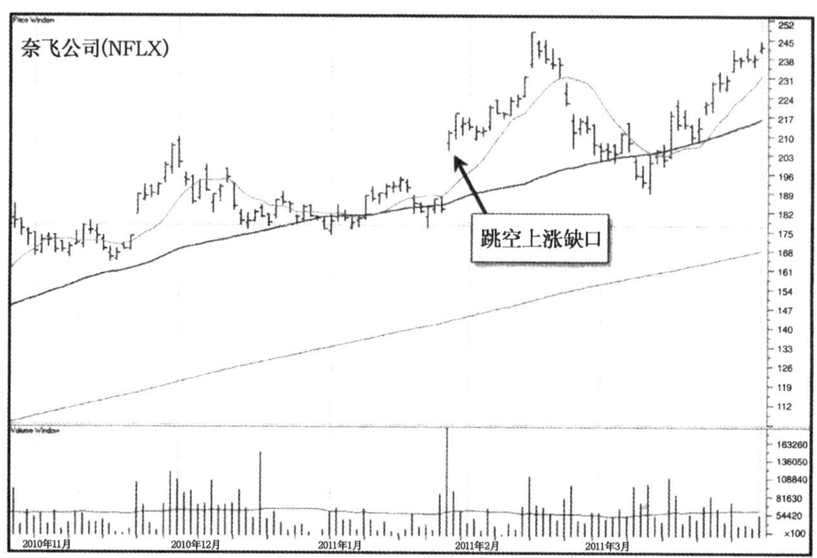

HGS 软件公司供图,版权 2012。

股票,避免像奈飞公司这样的股票,尽管也是无趋势波动性整体市场,但是其他股票以更具有建设性的方式进行交易。

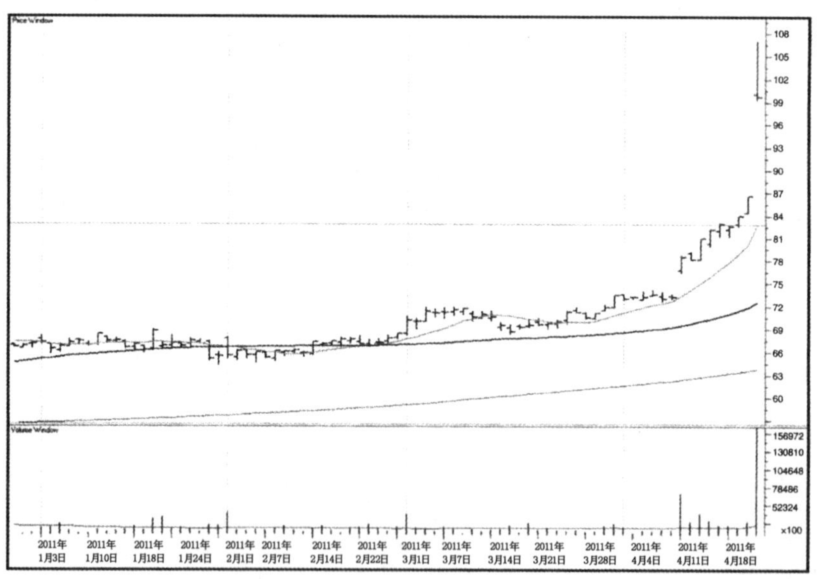

HGS 软件公司供图,版权 2012。

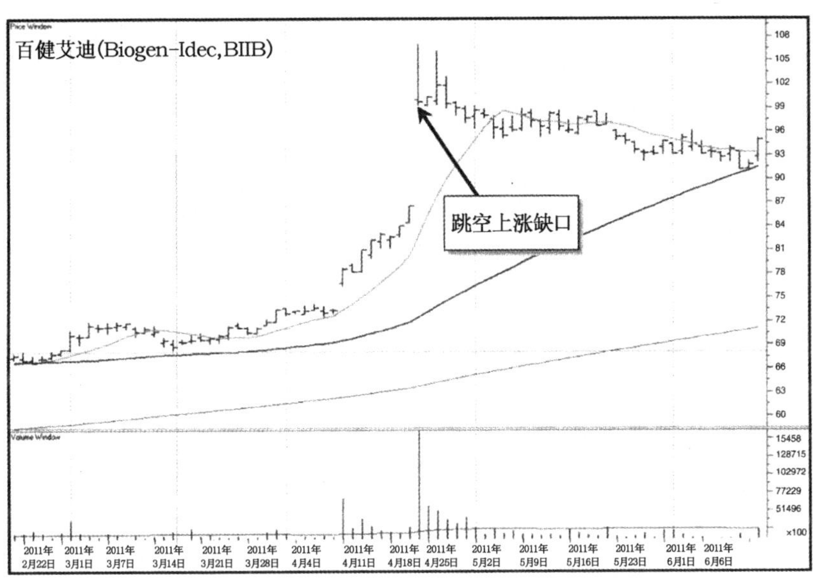

HGS软件公司供图,版权2012。

这个跳空上涨出现在快速上涨趋势之后,并且更多的是一种衰竭型缺口,这时,该缺口不值得买入,并且应该避免。请注意图表中产生于八天前的跳空上涨缺口。相比之下,它走出了结构良好的盘整形态,其间,该股票的量/价行为紧凑,因此很值得买入。讨论中的跳空上涨缺口是两周内的第二个跳空上涨缺口,因此,变得有点过于明显,而无法发挥作用,在几天内,当该股票缓慢跌向50日移动均线时,该跳空上涨缺口就失败了。

这个跳空上涨缺口实际上值得买入,并且,本应该在开盘时至少买入部分头寸。这是避免在像这样的情况下落后,西菲义德在当天剩余的时间内持续走高,在其高点收盘。投资者在当天交易区间内买入的位置越高,之后可买入上涨跳空缺口失败时所带来的潜在损失就越大,并且该股票突破到跳空上涨缺口当天盘中低点下方,在止损退出之前,有额外的1%～2%的回旋空间。在这种情况下,不难看出,西菲义德迅速穿过跳空上涨缺口当天的盘中低点,超过了回旋空间的合理水平。

第一太阳能在一年时间内产生了巨幅上涨(+1 104%),之后,这个跳空上涨缺口出现。即使投资者只有这张图表,并且无法看到该股票之前的长线波动(我们始终提倡,检查投资者考虑买入股票的日线图和周线图,来获得关于该股

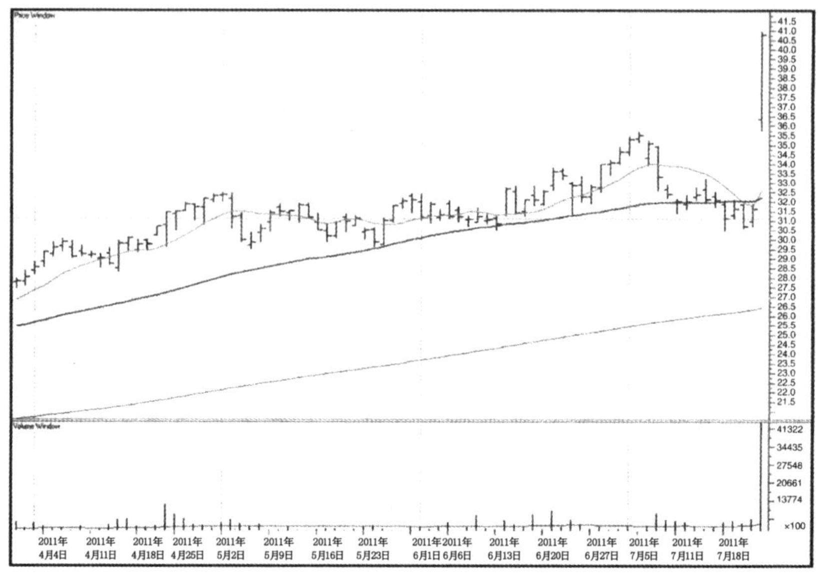

HGS 软件公司供图,版权 2012。

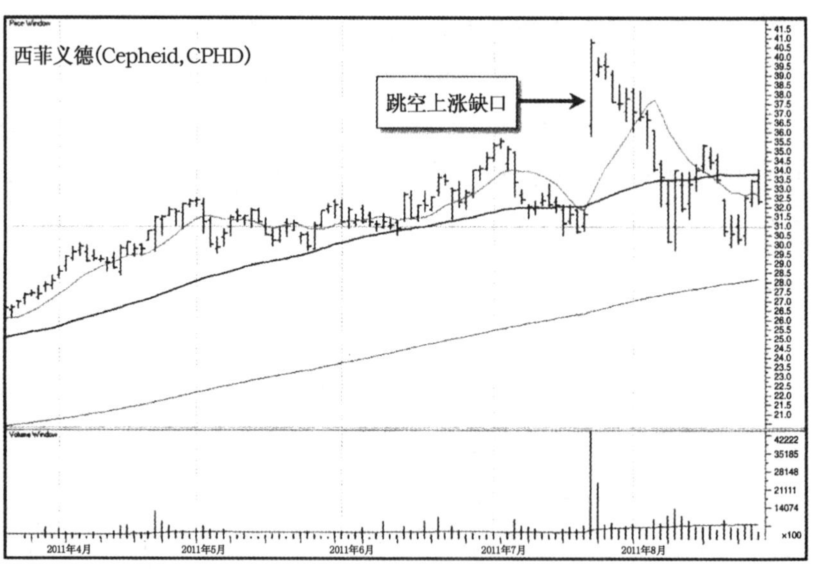

HGS 软件公司供图,版权 2012。

票在其整体趋势和价格波动中所处位置的全景式了解),该跳空上涨缺口出现在该股票重大修正之后,并且也在错误的基部形态之后,该形态中,跳空上涨缺口之前的右侧部分并没有跌破之前低点。之后,第一太阳能跳空上涨,突破其 50

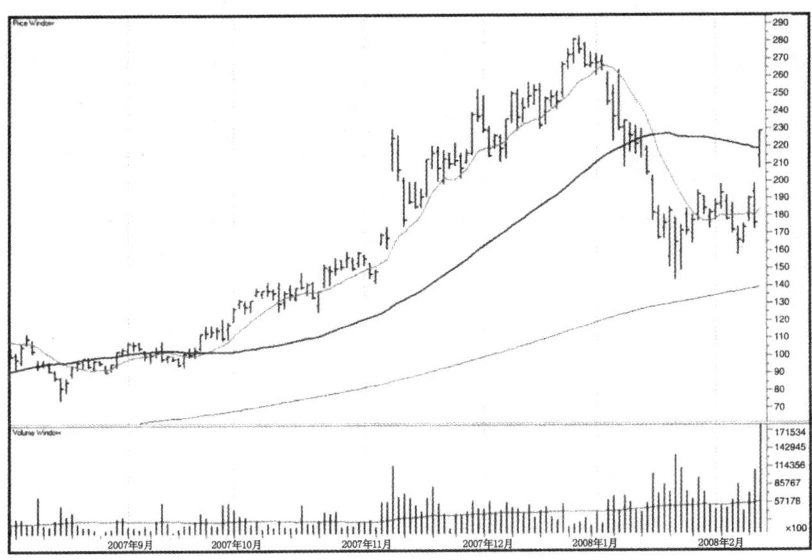

HGS 软件公司供图,版权 2012。

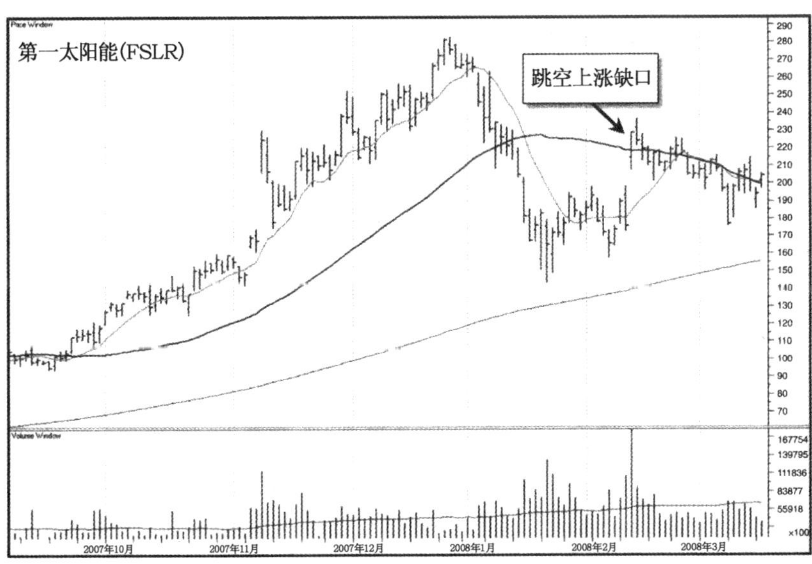

HGS 软件公司供图,版权 2012。

日移动均线,诱使投资者买入,因为该股票在之前一年中业已产生了这样的重大波动。投资者可能会买入比正常头寸更小的头寸,来试试水,知道了该基部形态并不完美,几天之后,当该股票跌破跳空上涨缺口当天低点时,不论幅度多大(没有回旋空间),都要卖出,因为此次买入的风险比正常情况下更大。

如果投资者等待在 2008 年 3 月 27 日出现的口袋支点,他可能已经获得了大约 15%的回报了,两个月之后,当该股票于 2008 年 5 月 28 日背离其 50 日移动均线时,卖出它。2008 年,增加 15%是一个极为出色的回报,直到市场在当年年底崩盘,在大部分时间内,它都是一个不稳定的、无趋势的年份。

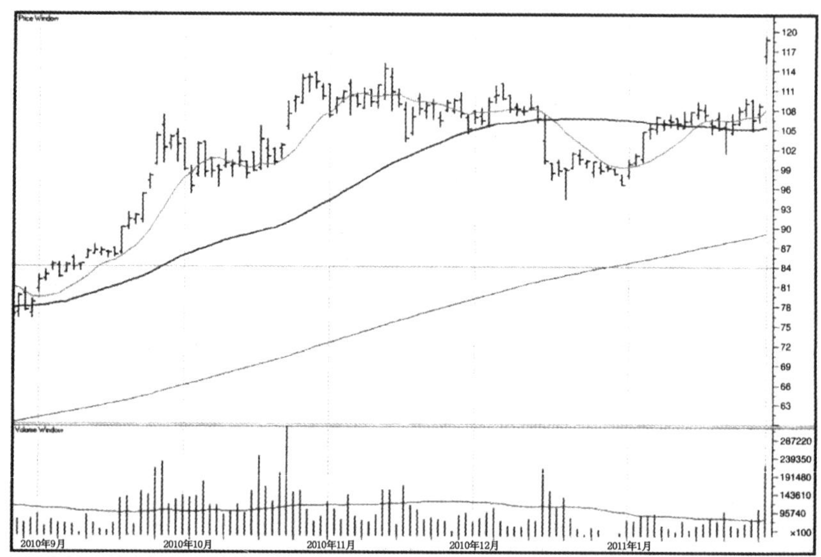

HGS 软件公司供图,版权 2012。

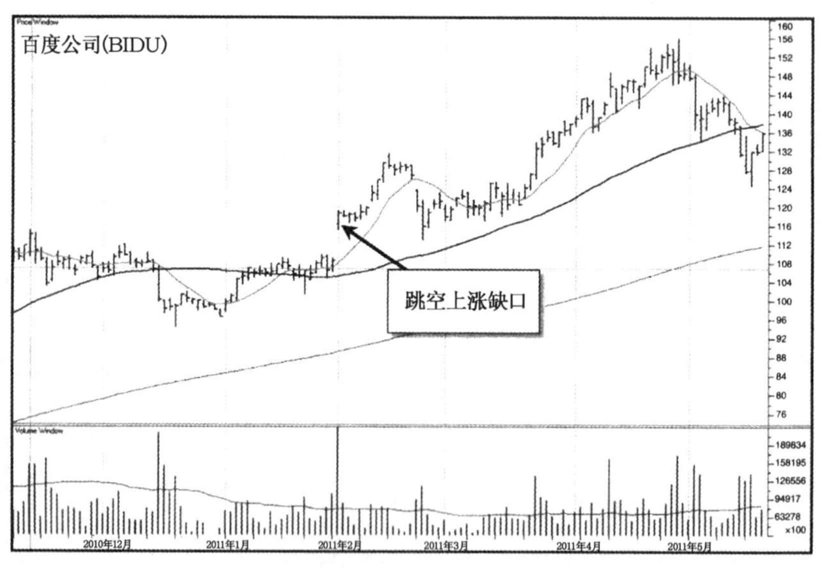

HGS 软件公司供图,版权 2012。

这种基部突破类可买入上涨跳空缺口出现在具有建设性的基部形态之后，可以看到该股票自跌破其 50 日移动均线的抛售中恢复元气。然而，百度公司反弹到了该线上方，并且当它在跳空上涨缺口之前横盘波动时，它维持紧凑、平缓和安稳的下跌。尽管上市时间已久，百度公司自 2009 年初开始就一直是龙头股，但是，这并不能阻止这个可买入上涨跳空缺口发挥作用。三个月后，当它背离 50 日移动均线时，卖出它会获得大约 12%的小幅回报。考虑到 2011 年是艰难的一年，充满了亏损性交易，这种回报还不错。在这个例子中，百度公司也证明了，在跳空上涨缺口当天盘中低点下方，应该允许出现一些下跌空间，来应对一些波动性。请注意，在跳空上涨缺口之后三周，百度公司跌破了跳空上涨缺口当天的盘中低点，但是并没有收盘于该水平下方，因此，留出一些空间会使投资者留在该股票之中。

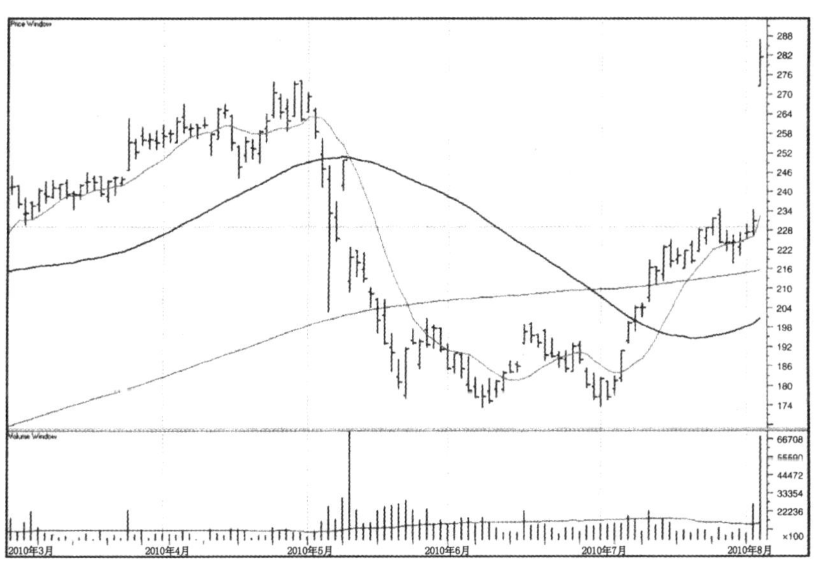

HGS 软件公司供图，版权 2012。

这是一个与众不同的基部突破类可买入上涨跳空缺口，基于其盈利报告，也出现在具有建设性的基部完成之后，上穿 200 日移动均线，并且随后跳空上涨至新高。这个深杯式基部形成于 2010 年 5 月“瞬间暴跌”之后，这种情况暂时性地重创了很多股票，但是价格线网(PCLN)触底回升，沿着杯形基部低点具有建设性的横盘波动，之后开始在杯体右侧上涨。导致该可买入上涨跳空缺口成功的关键因素之一是，从 2009～2012 年，价格线网的状态是作为一只可靠的“盈利

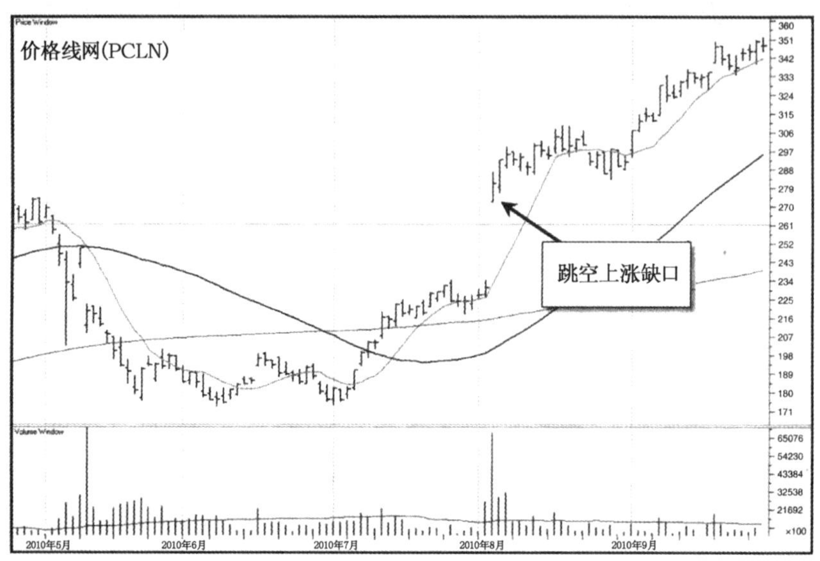

HGS软件公司供图,版权2012。

股"龙头。

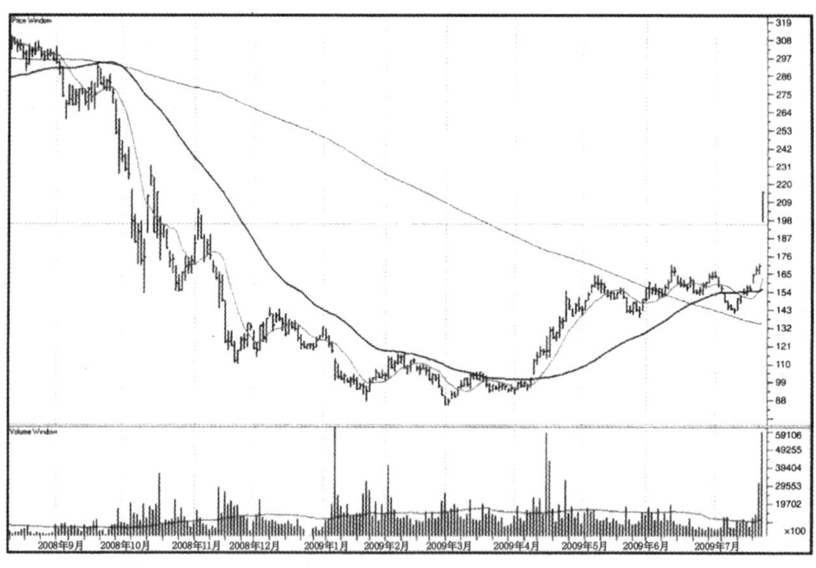

HGS软件公司供图,版权2012。

直觉外科手术公司(ISRG)类似于之前的例子价格线网(PCLN),因为它修正、下跌,之后完成新基部的低点,然后在基部形态右侧一路上涨,最后出现了这个可买入上涨跳空缺口。基部低点形成于2008年大崩盘之后,这导致大多数股

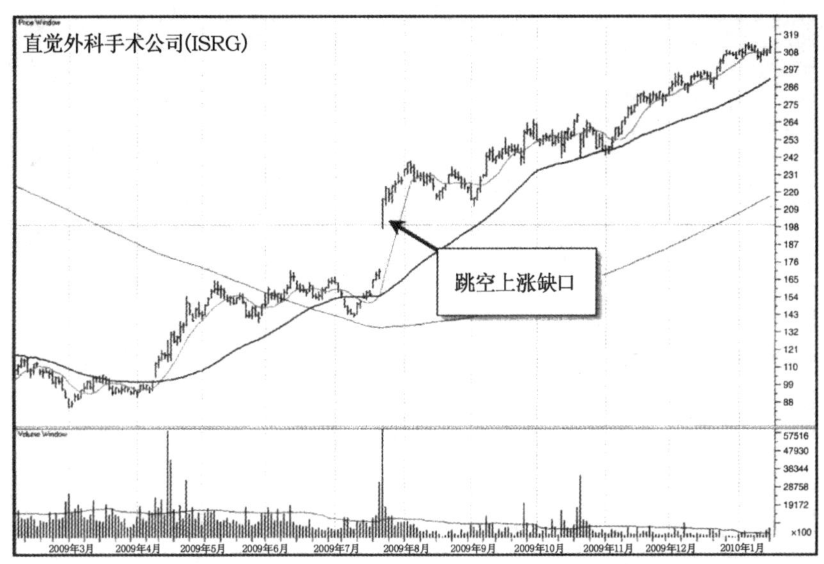

HGS 软件公司供图,版权 2012。

票亏损了至少一半的市值。一旦该股票恢复,之后当它重新在 200 日和 50 日移动均线出现具有建设性的横盘波动时,就处于一个获得新买入信号的有利位置,就会以这种强势跳空上涨缺口的形式出现,这也是强劲盈利报告的结果。这是一个重大的可买入上涨跳空缺口,到该交易日收盘时,推升该股票上涨 26.9%。在图中,如果该股票看似是延伸的,那么在之前图表形态中,它并非如此。看起来买入的情况很令人担忧,但是,即使你犹豫再三,两个月后,也会产生另一个买入该股票的机会,2009 年 9 月 9 日,它产生了口袋支点和标准的基部突破。

这个可买入上涨跳空缺口出现在短线、具有建设性的盘整之后,远离 50 日移动均线。请注意,河床科技公司(RVBD)这个可买入上涨跳空缺口出现在该股票紧随基部突破和可买入上涨跳空缺口所形成的上涨趋势之后,如练习 4 所示的 2010 年 7 月的情况。该形态中的第二个跳空上涨缺口非常清晰,并且一旦市场处于清晰的上涨趋势中,它就出现了。返回到 7 月,市场仍然深受中期修正的折磨,并且该股票紧随该可买入上涨跳空缺口的犹豫行为可能是市场的作用,市场自身还没有处于上升趋势中。然而,河床科技公司(RVBD)在 7 月的强势行为,在随后的市场追盘日和新一轮牛市反弹中,把它确认为潜在的强势龙头股,因此,到 2010 年 10 月第二个跳空上涨缺口出现时,该股票很好地位于其上升趋势中,在第二个跳空上涨缺口之后,它确实做到了。

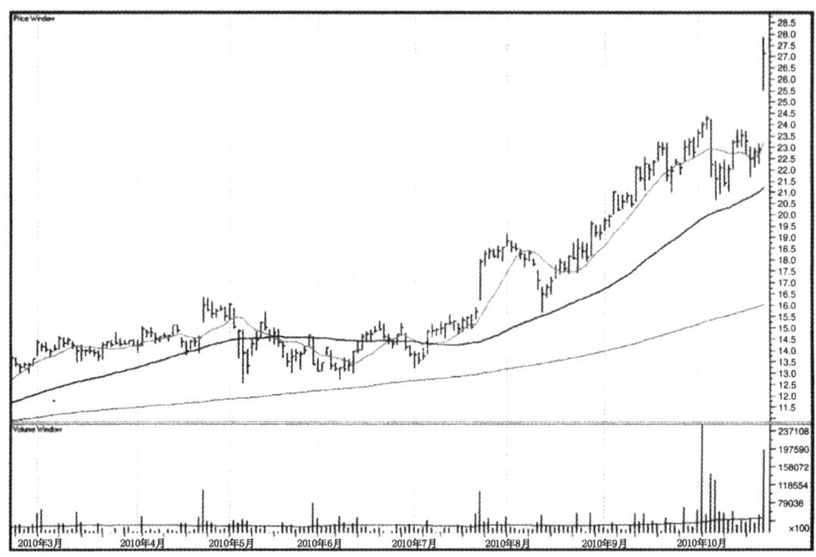

HGS 软件公司供图，版权 2012。

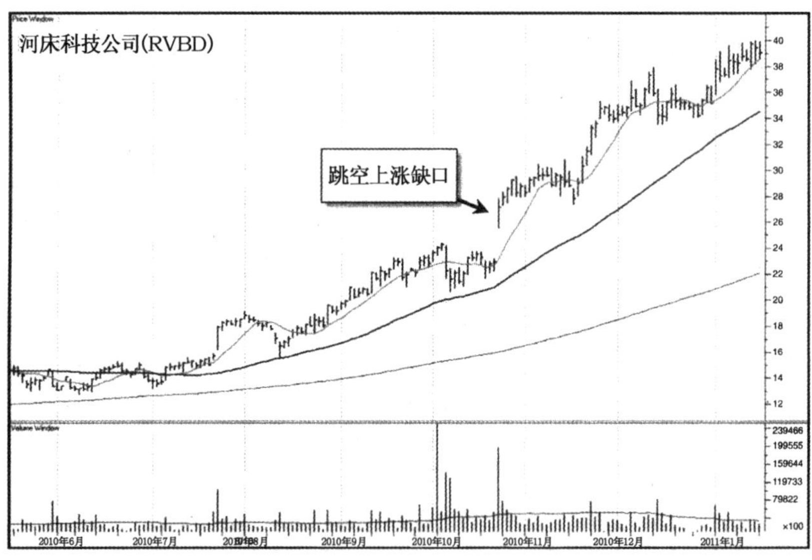

HGS 软件公司供图，版权 2012。

这个可买入上涨跳空缺口出现在快速跌破 50 日移动均线之后，尽管值得买入，但是该股票不稳定行为让它多了一点风险性。艾可美（APKT）在跳空上涨缺口之后，确实在持续走高，因为它是云计算板块中的一员，在 2010 年大部分时间内，该板块都是领先板块，因此，由于它是领先板块中的龙头股，当它成为值得

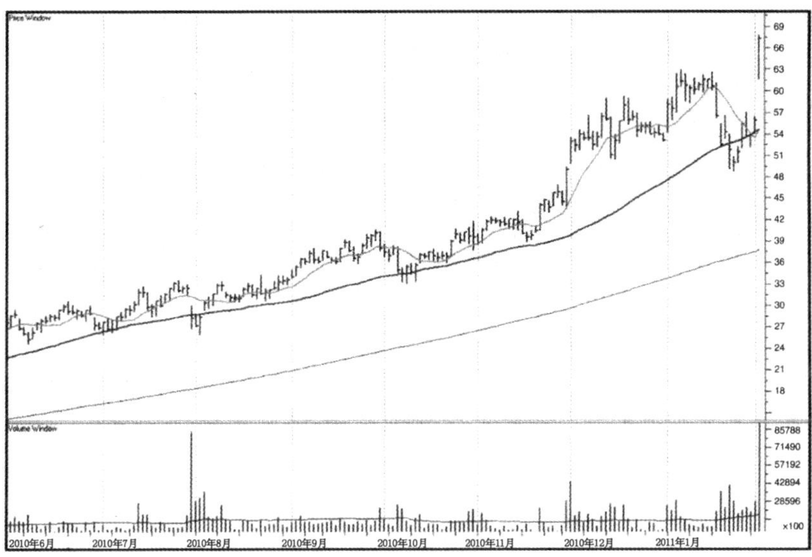

HGS 软件公司供图，版权 2012。

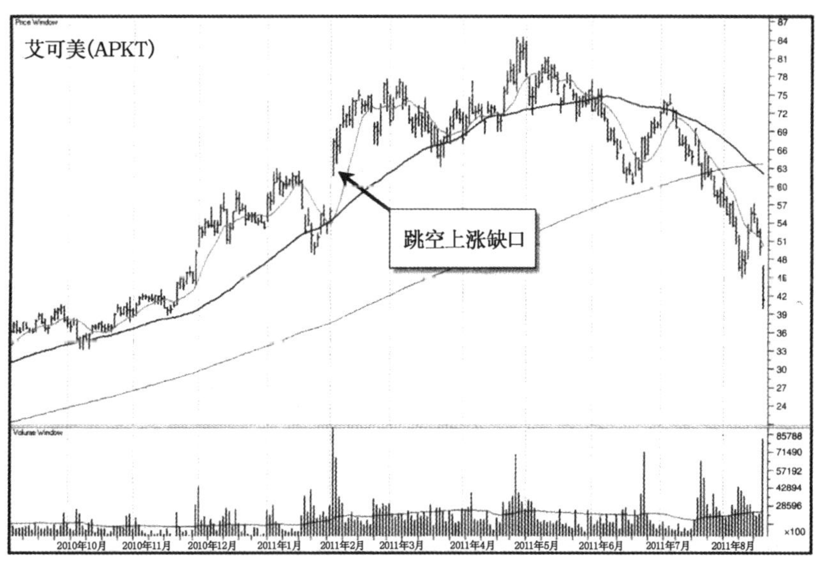

HGS 软件公司供图，版权 2012。

买入的股票时，投资者必须考虑这个跳空上涨缺口。虽然它在七周后背离了其 50 日移动均线，但是该交易最有可能在接近盈亏平衡点时退出。

艾可美(APKT)这个可买入上涨跳空缺口出现在 2010 年 2 月，并且也是一个标准的基部突破，除此之外，在初期云计算领域内，把艾可美作为龙头股，当

HGS 软件公司供图,版权 2012。

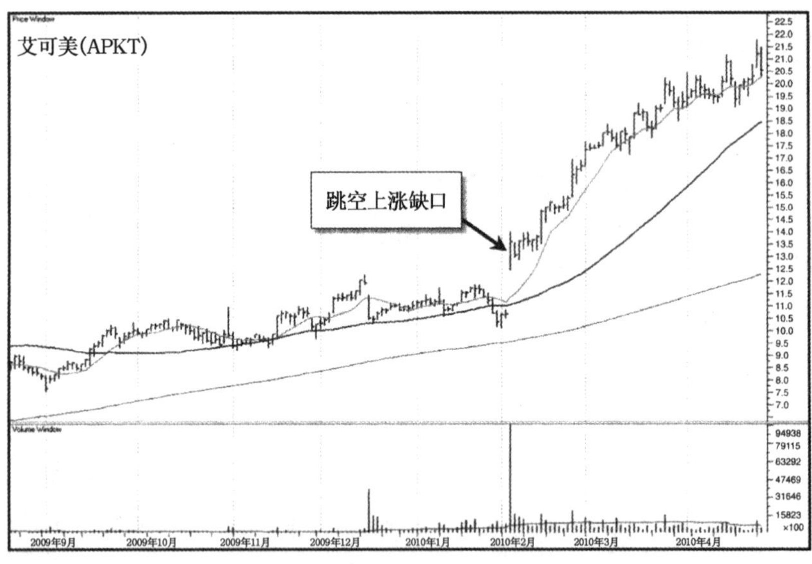

HGS 软件公司供图,版权 2012。

时,云计算正在成为一个大事件。艾可美当天收盘上涨 27%,这在日线图上看起来是很好的延伸,因为它处于 7 个月的基部形态之中,但事实是,就在这个可买入上涨跳空缺口之后不久,它启动了一轮真正的大幅价格上涨。如果投资者对作为标准基部突破买入该股票没有把握,因为它非常迅速地变成了该突破点的延伸，那么他本可以只使用买入这类跳空上涨缺口的规则。因此，可买入上涨跳空缺口技术提供了一种买入其他延伸性突破的方法。果断的行动总是必要的，但是，很多情况下，如果你在真正的跳空上涨缺口当天未能买入股票，那么该股票常常会给你提供第二个进入点，或者是紧随跳空上涨缺口当天，具有建设性地低量回调，正如艾可美在接下来的两天所做的那样，或者是在随后的交易日产生口袋支点。

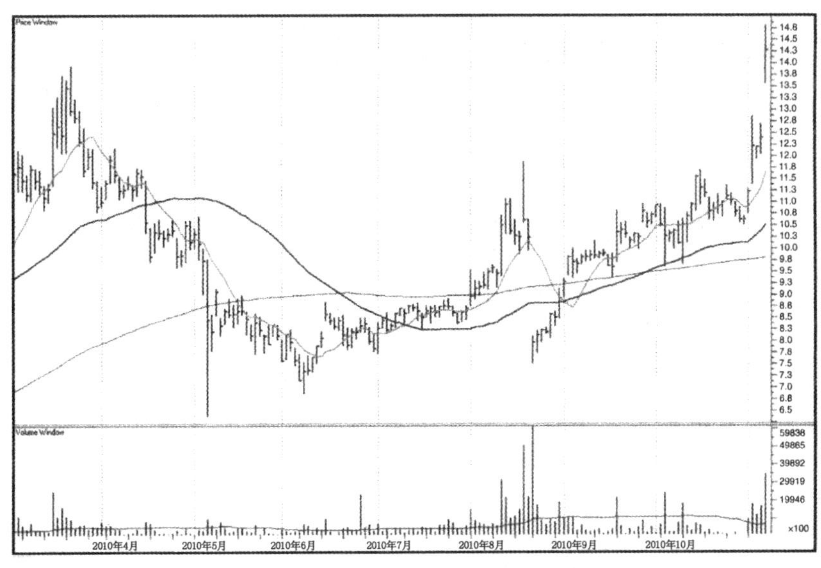

HGS 软件公司供图，版权 2012。

这个突破至新高的可买入上涨跳空缺口出现在具有建设性基部形态之后。尽管它或许看起来是延伸的，或者是直插云霄，但事实上，只有在该股票走出更大基部形态时，它才出现。尽管在 2010 年 8 月 23 日出现跳空下跌缺口（在图表左侧），但是该股票能够形成具有建设性的右侧基部，因为它远离 50 日移动均线找到了稳定的支撑，之后完成了紧凑的柄部。图中，在 2010 年 11 月 5 日，跳空上涨走出 7 个半月的基部形态，是进一步的补偿。

当跳空上涨缺口出现在该股票相当快速的下跌趋势之后，这不是可买入上涨跳空缺口。尽管它在跳空上涨缺口当天，能够收盘在 50 日移动均线，但是该基部形态处于下跌趋势之中，没有横盘波动，也没有处于具有建设性的上升趋势中，因此，这种跳空上涨缺口应该基于此而避免买入。

这个可买入上涨跳空缺口出现在数周紧凑的价格盘整之后。百度公司

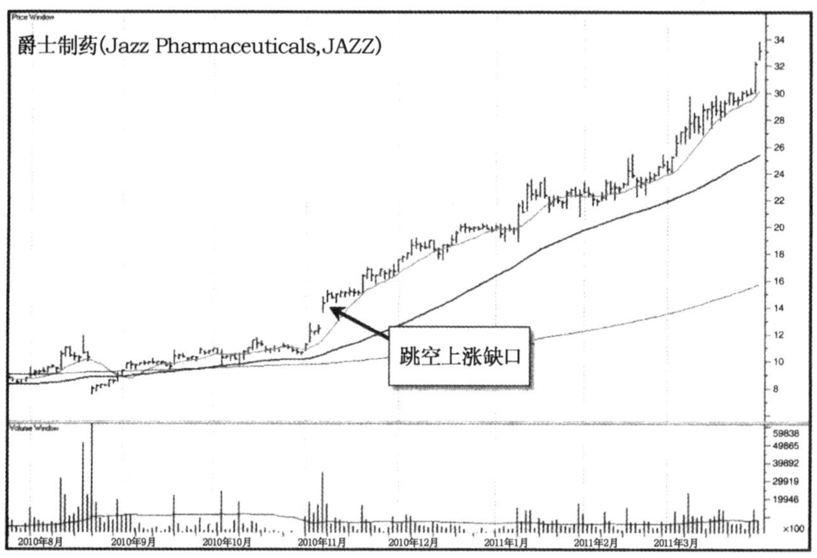

HGS 软件公司供图,版权 2012。

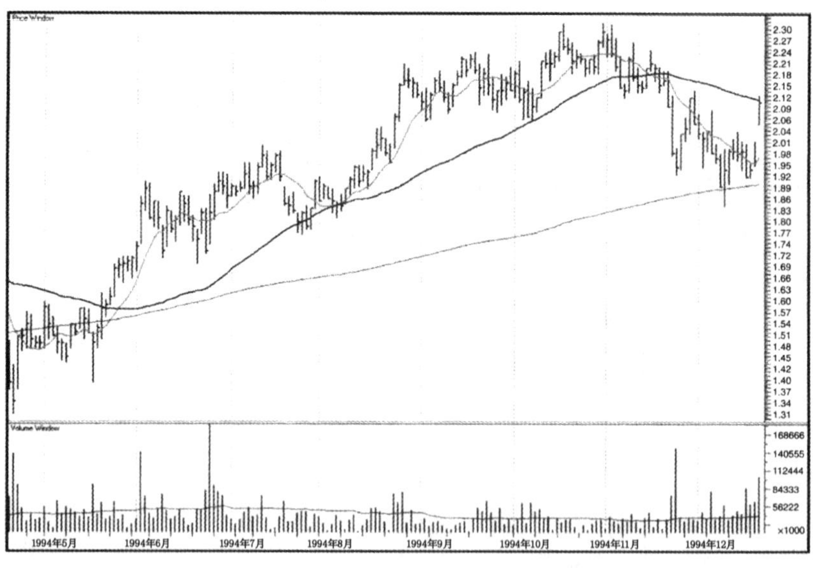

HGS 软件公司供图,版权 2012。

(BIDU)也正在走出 20 个月的基部和盘整,自 2005 年首次公开上市开始,它就已经形成了该基部。尽管在可买入上涨跳空缺口之前,它看起来好像是自底部直线上涨的形态,但是,可买入上涨跳空缺口前三天的价格加速上涨,在此之前是弧线式的基部形态,相对于这个基部形态,它仍然具有建设性。

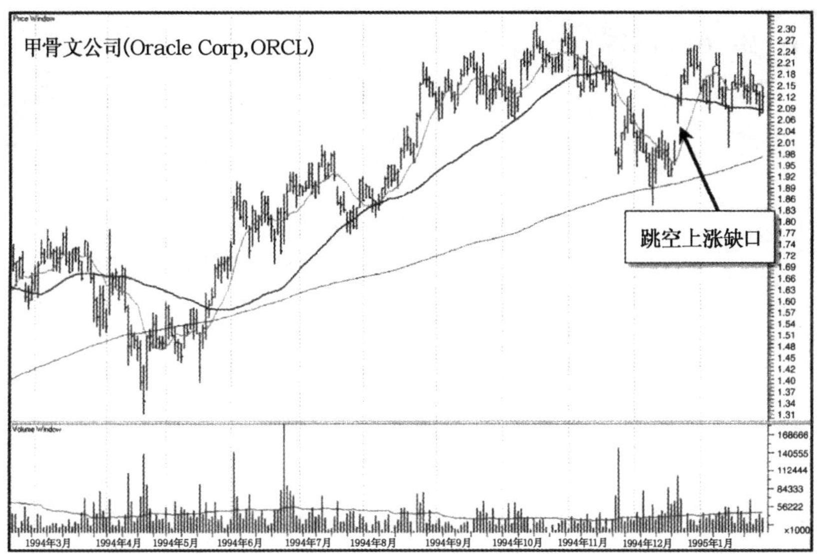

HGS 软件公司供图,版权 2012。

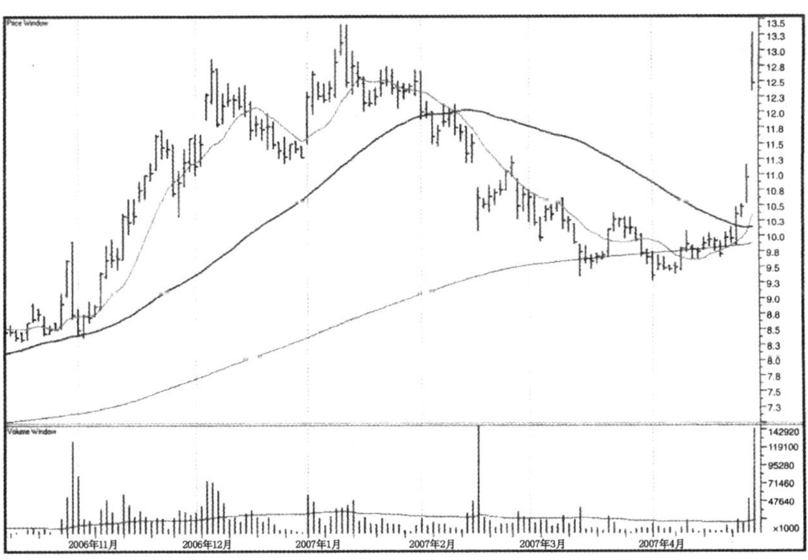

HGS 软件公司供图,版权 2012。

之后,百度公司跌到可买入上涨跳空缺口当天盘中低点下方 2.4%,在图表背景中,这是不错的情况,并且也不应该卖出,尤其是考虑到可买入上涨跳空缺口前三天的价格加速上涨。如果投资者在跳空上涨缺口后一个交易日,跌到跳空上涨缺口当天盘中低点下方时,卖出该股票,那么,他们仍然能够在 5 月 14 日

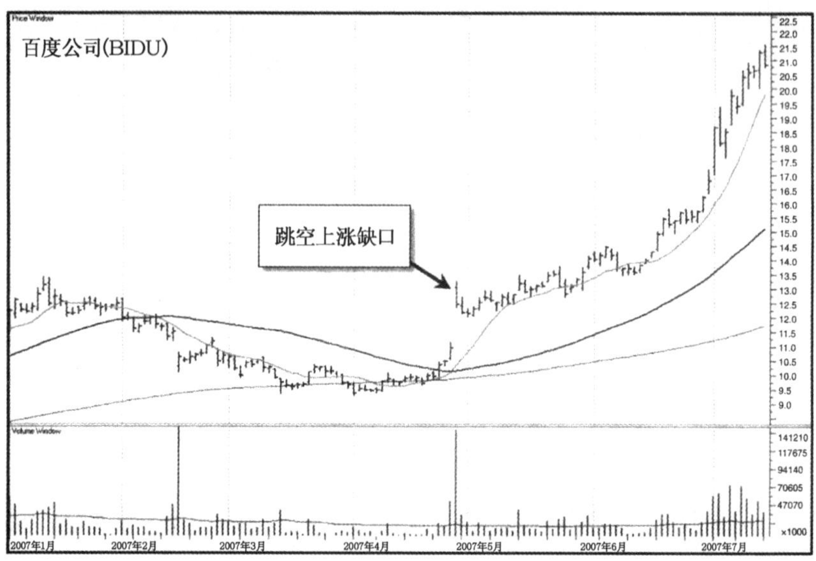

HGS 软件公司供图,版权 2012。

买回来,当时,在跳空上涨缺口之后几周出现了口袋支点买入点。这是一个棘手的例子,但是,关键是正在走出长期的、约 20 个月的盘整,这种巨量跳空上涨缺口极其强势,为百度公司启动真正的价格上涨奠定了基础,这时,它首次走出其长期基部,这轮上涨甚至延伸到了 2012 年。

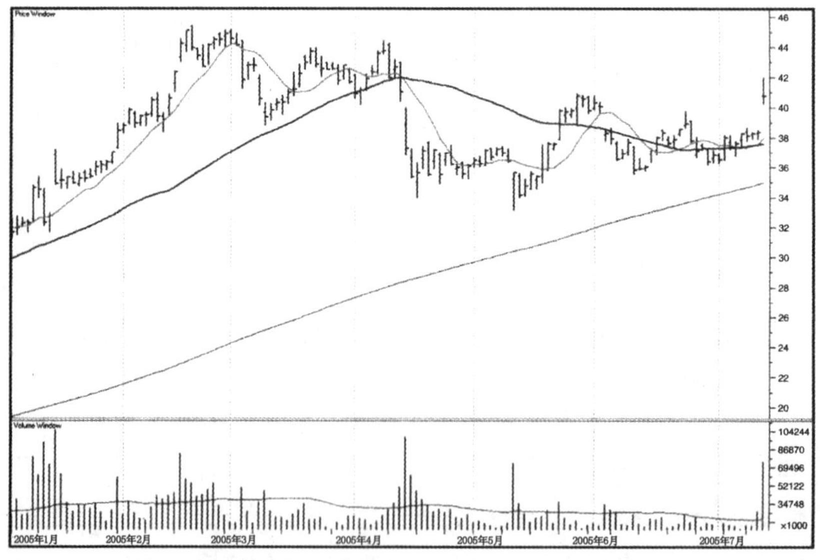

HGS 软件公司供图,版权 2012。

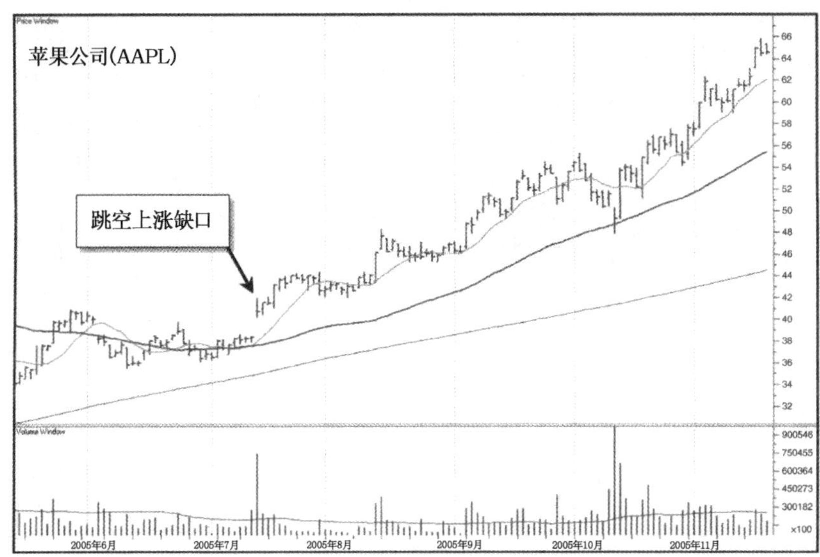

HGS 软件公司供图，版权 2012。

这个非常值得买入的跳空上涨缺口出现在紧凑价格横盘盘整之后的苹果公司(AAPL)基部形态中。请注意，该形态在可买入上涨跳空缺口之前，确实呈现出紧凑式上涨并沿 50 日移动均线平稳下来的现象。同样，通常的情况是，该跳空上涨缺口之后的交易日中，有很多可买入上涨跳空缺口的股票，当该股票沿 10 日移动均线趋势走高时，会呈现出很多口袋支点买入点，这些都是本应该买入的，这种情况会进一步让投资者在那些证明是大幅盈利的股票上，进行金字塔式加码，并持有巨大头寸。

考虑到之前日线图中小形带柄杯子类基部中的跳空下跌缺口，投资者一开始或许会回避菲尼萨公司(FNSR)这个可买入上涨跳空缺口。然而，在交易区间内，跳空下跌缺口下端带有长尾，该杯体的低点显示出了强势支撑行为。此后，该股票能够重新跟上 50 日移动均线，然后开始紧凑式上涨，更加持续性地沿着 50 日移动均线，产生了长达三周的紧凑价格行为，之后开始上涨到新高。所有这些引致可买入上涨跳空缺口具有建设性的行为，都会弥补该股票在小型杯体左侧跳空下跌缺口期间的糟糕行为。

绿山咖啡烘焙公司(GMCR)是一只龙头股，在 2009 年市场出现低点之后，在其上涨趋势过程中，可以看到很多跳空上涨缺口，并且这些缺口在图表上很明显。这个跳空上涨缺口非常值得买入，并且它紧跟着之前在 2011 年 2 月所出现

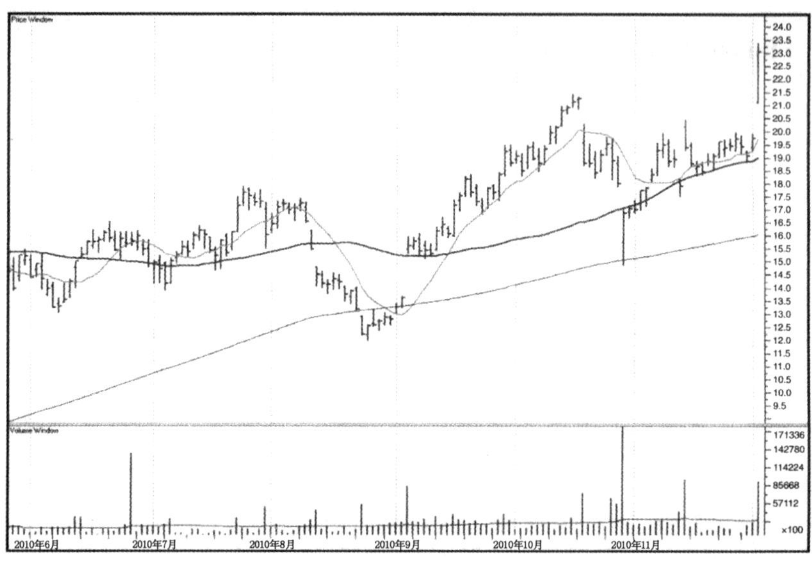

HGS 软件公司供图,版权 2012。

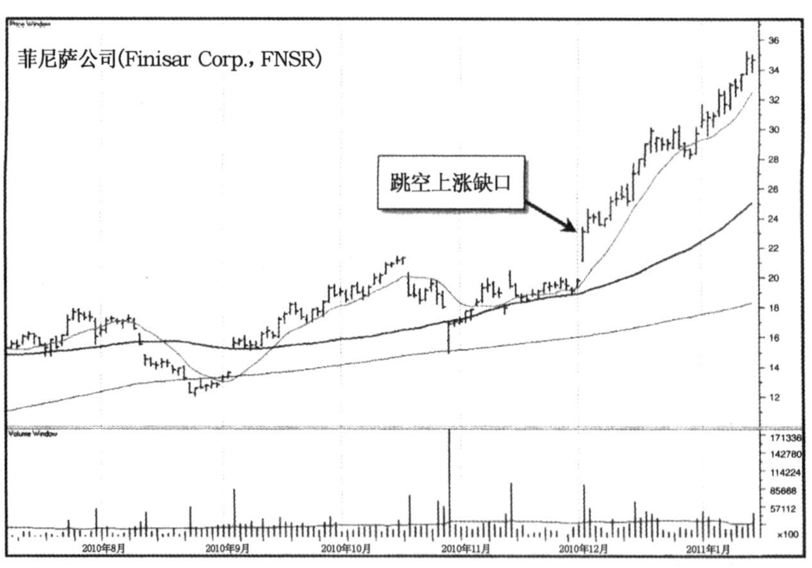

HGS 软件公司供图,版权 2012。

形态中的跳空上涨缺口。这两个上涨缺口都出现了巨量,该股票从未回调到过这个价格。在这个练习中,具有建设性的盘整领先于所讨论的跳空上涨缺口,可以看到该股票在其一路上涨过程中非常紧凑地向上,但是在 10 日移动均线顶部并非如此。请注意,紧随可买入上涨跳空缺口之后的价格过程很缓慢,但是,在

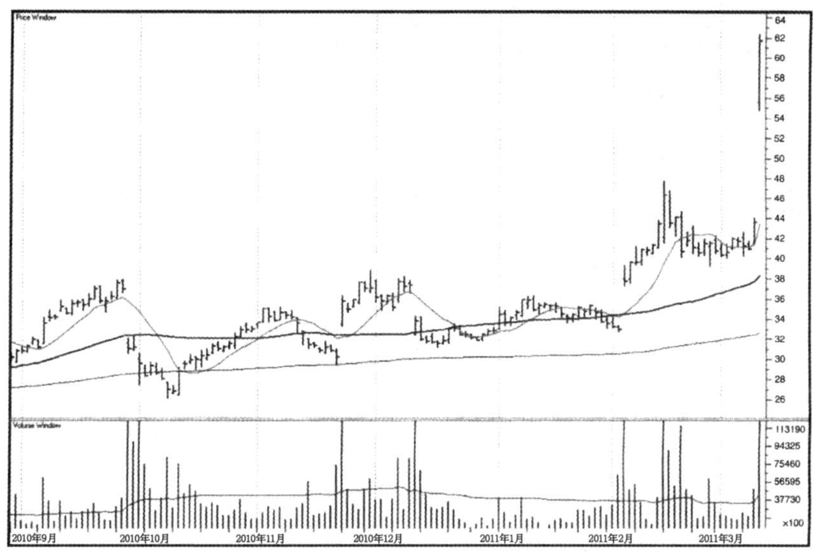

HGS 软件公司供图,版权 2012。

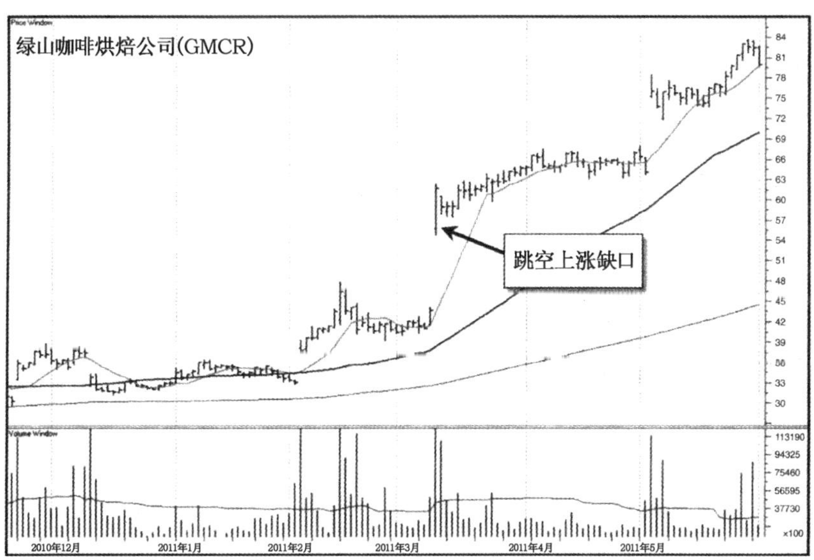

HGS 软件公司供图,版权 2012。

2011 年这个特殊的市场环境下,整体市场中的不稳定、无趋势行业提供了这种行为的大背景。在更为强势、更加具有趋势性的市场环境中,价格波动可能会有点缓慢,因为投资者或许会决定基于此卖出股票。然而,对于 2011 年的绿山咖啡烘焙公司,整体市场环境就是这样,大多数股票几乎都没有什么涨幅,并且涨幅通常也是不稳定的,因此在整体市场背景下,没有什么具有大幅潜在盈利的股票可以买入,这使持有绿山咖啡烘焙公司成为很不错的选择。当投资者每天或者全天进行操作时,他会感觉到在既定时间内有多少强势股票值得买入。这种情况应该会对下列内容产生动态的和直接的影响:投资者在投资组合中持有多少种股票,投资者个人的市场风险,以及投资者是否决定止损疲弱的投资组合,为潜在的更强势股票留出空间。

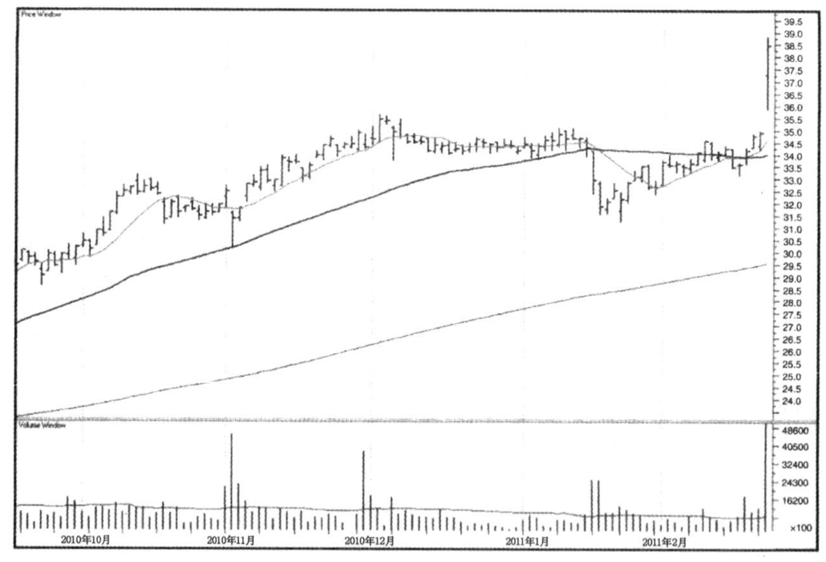

HGS 软件公司供图,版权 2012。

这是康宝莱(HLF)一个非常好的基部突破类可买入上涨跳空缺口,出现在具有建设性的 11 周基部之后。该基部右侧呈现弧线形,沿着 50 日移动均线紧凑式上涨,之后带巨量跳空上涨,并走出基部。你可能看到跳空上涨缺口当天价格条开盘的情况,以及该价格条如何延伸到该股票开盘价下方,表明该股票在该交易日跌至开盘价下方,但之后反弹,并于接近高点处收盘。这肯定是一个具有建设性的行为,但是,在开盘时买入可能会让你感到恐惧而卖出头寸,它在走低,尽管它从来没有填补该缺口,因此,只要它没有违反你的最大亏损容忍度,在整个盘中疲弱期间就值得持有。

这个例子说明了观察一年以上价格数据的重要性。要是投资者观察 2009 年的周线图,就很容易看到绿山咖啡烘焙公司这只市场龙头股,很明确的在 2011 年末达到了长期的顶部。伴随着一系列带巨量大幅下跌,在图表左侧的重

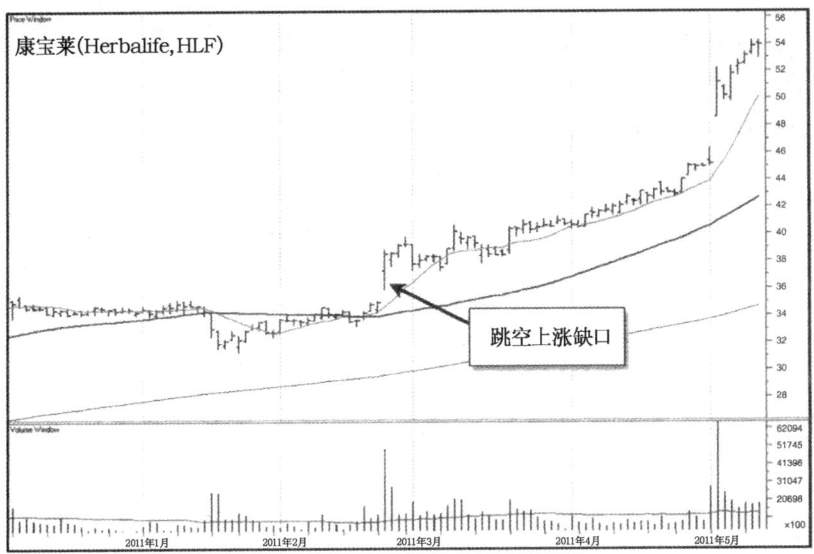

HGS 软件公司供图,版权 2012。

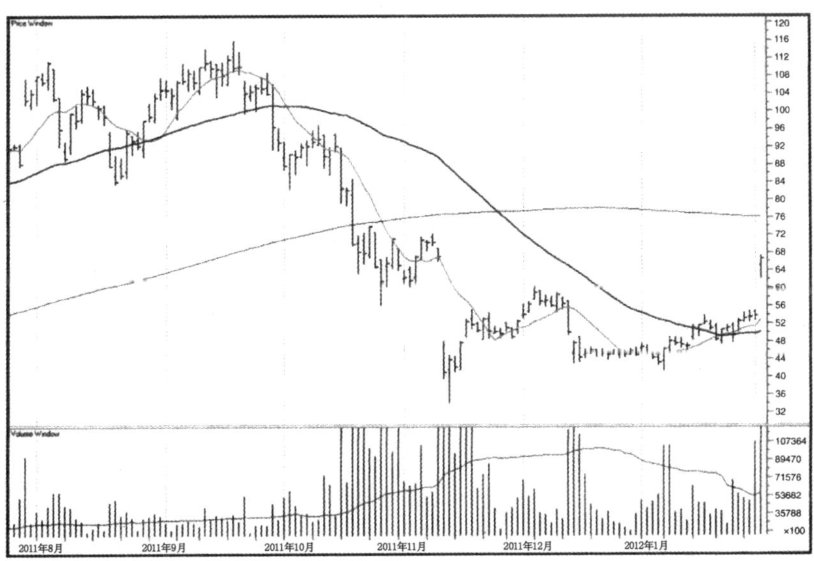

HGS 软件公司供图,版权 2012。

要跳空下跌缺口之后,出现了跳空上涨缺口。尽管绿山咖啡烘焙公司是之前的龙头股,在 2011 年底出现价格大幅上涨,但是,图表中所显示的行为表明了清晰的筑顶行为,之后在图表左侧出现巨量抛售,之后,这种情况催生了很大的跳空下跌缺口。因为下跌的幅度以及绿山咖啡烘焙公司在机构投资组合中非关键股

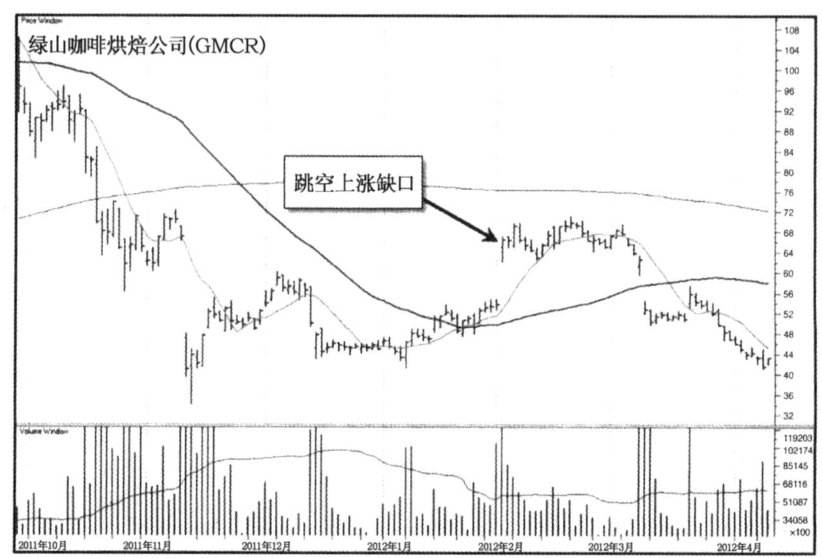

HGS 软件公司供图，版权 2012。

票的情况，所以机构投资者不可能马上重新买入这只前龙头股，它不再是机构投资组合中的最大盈利股了。

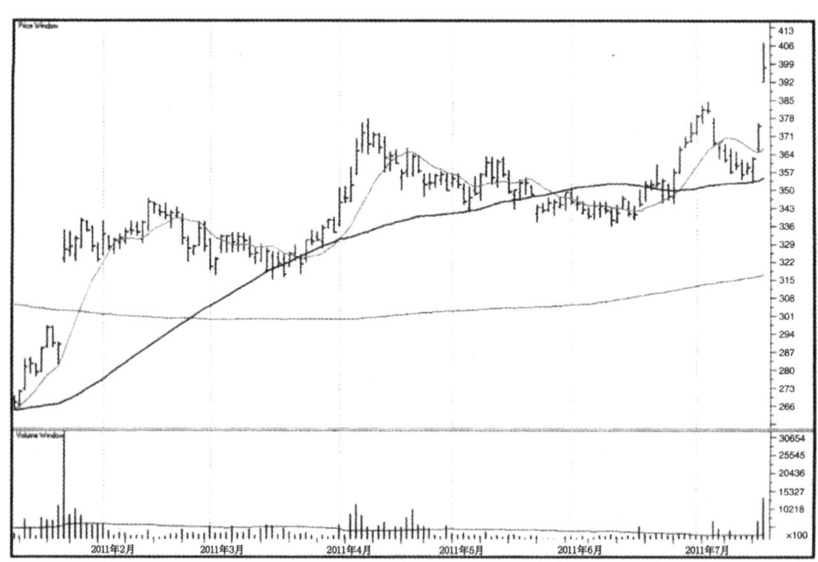

HGS 软件公司供图，版权 2012。

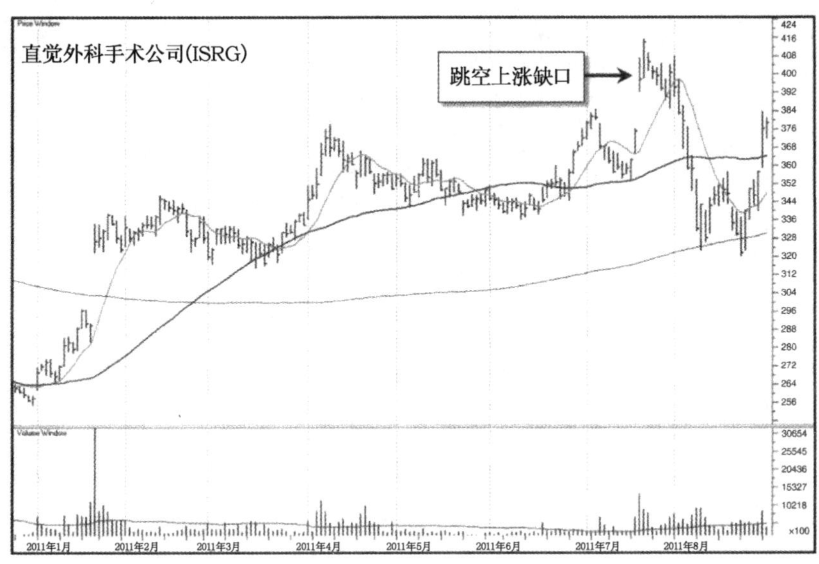

HGS 软件公司供图,版权 2012。

这个可买入上涨跳空缺口出现在具有建设性的基部形态之后,但之后当该价格跌到该交易日次日的跳空上涨缺口当天低点下方时,它就失败了。这个跳空上涨缺口的失败出现在 2011 年 8 月,这个月中,整体市场遭受到了急剧的修正下跌。2011 年的整体市场环境波动性强并且呈现无趋势状态,对大多数股票来讲,获得大量持续性上升趋势更加困难。一旦市场摆脱压力,直觉外科手术公司在 2011 年 10 月就又产生了一个可买入上涨跳空缺口,如果使用七周规则,这就会在不到 6 个月的时间内,以相对小的波动性获得大约 28%的收益。尽管在不到 6 个月的时间内 28%的收益看似并不算很大,但是它所测算出来的年化回报率约为 61%。

在 1995 年科技股大牛市期间,美光科技(MU)是一只获利丰厚的股票。随着该股票在 1995 年 2 月初突破,在它已经形成了强势上涨趋势后,出现了这个可买入上涨跳空缺口。5 月末,该股票最终产生了首次回调,并测试其 50 日移动均线,当机构投资者进来买入该股票时,它在此突然下跌并找到了现成的支撑。之后,美光科技向上反弹,脱离了 50 日均线,尽管此时成交量较为清淡。就所需要的成交量和价格来讲,这个跳空上涨缺口勉强符合条件,之后,在第二天,美光科技出现了巨量逆转,这可能是疲弱的信号。如果投资者在可买入上涨跳空缺口当天买入,依据巨量逆转,他可能会在第二天卖出部分头寸,在几天后,美

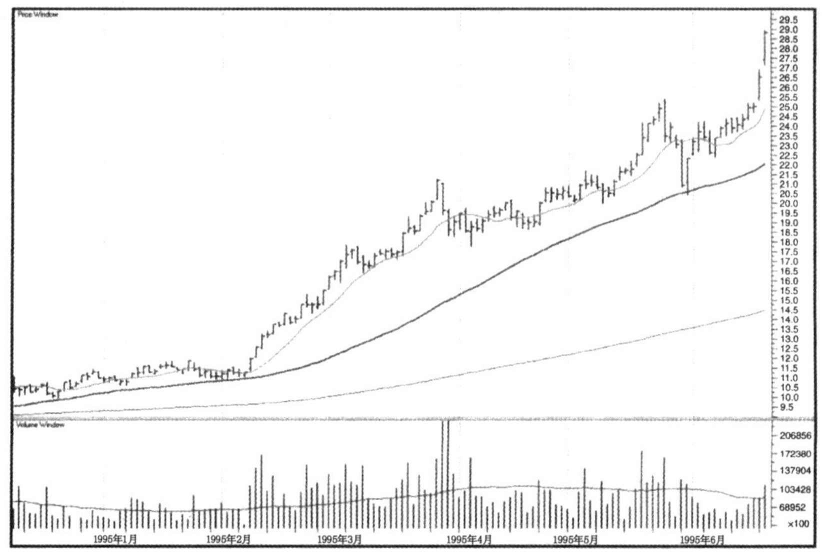

HGS 软件公司供图,版权 2012。

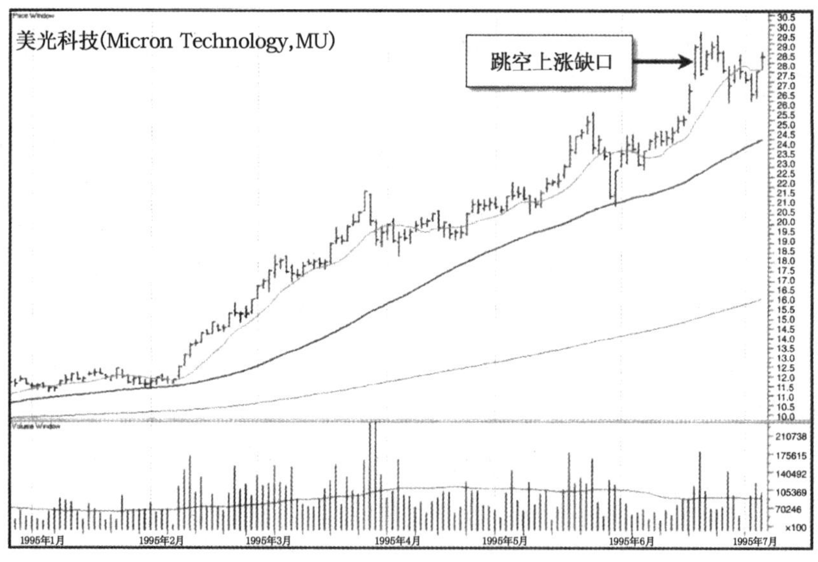

HGS 软件公司供图,版权 2012。

光科技跌破跳空上涨缺口当天低点时,卖出剩余的头寸。投资者不会给予该股票任何的灵活性(空间),因为考虑到成交量并不是很强势,并且当跳空上涨缺口出现时,该股票处于延伸状态,这个可买入上涨跳空缺口有几处初始缺陷。

在新兴的大股龙头谷歌(GOOG)完成具有建设性的基部形态后,出现了这

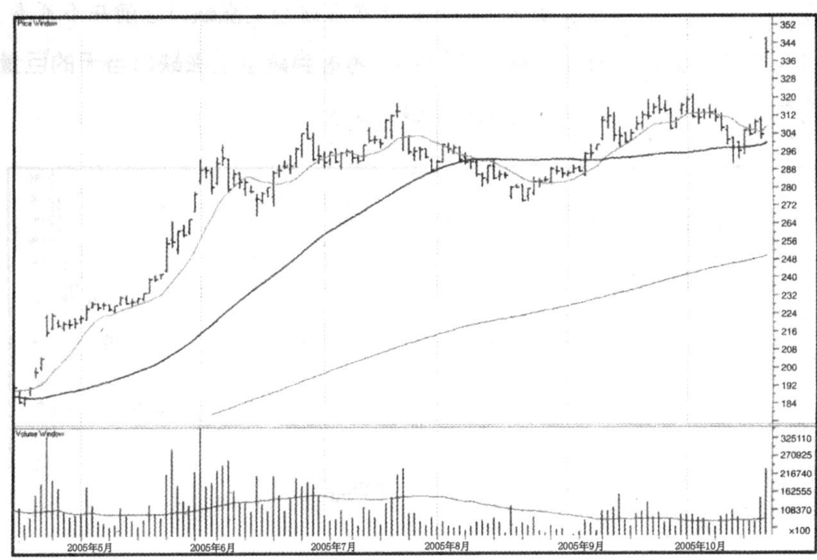

HGS 软件公司供图,版权 2012。

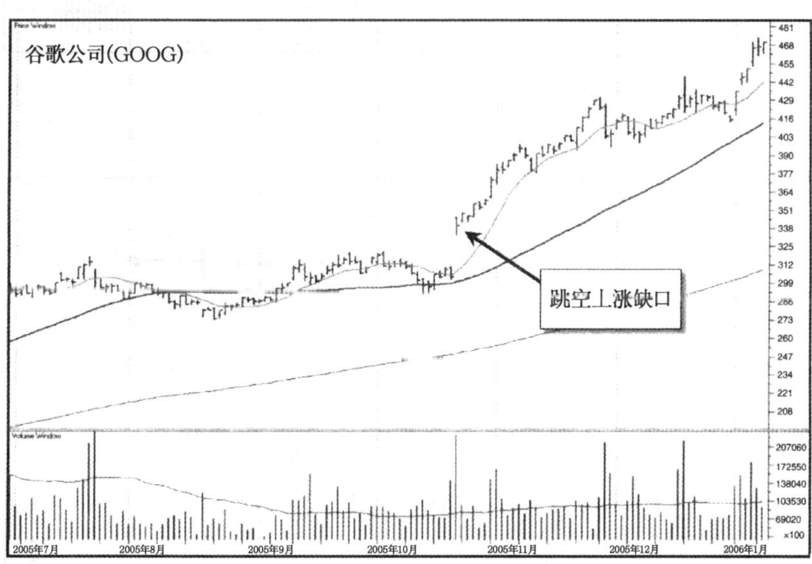

HGS 软件公司供图,版权 2012。

个基部突破类可买入上涨跳空缺口,这也证明了它自 2004 年 8 月上市以来的强势龙头地位。请注意,这个可买入上涨跳空缺口的价格区间紧凑,因此限制了下跌风险,假设投资者在使用标准的可买入上涨跳空缺口止损,它设定在可买入上涨跳空缺口当天盘中低点,再加上额外 1%～2%的下跌空间,有时,如果具体的环境允许,额外空间甚至会更大。谷歌的走势在跳空上涨缺口之前并不紧凑,但是它确实维持在50日移动均线上方,并且,考虑到跳空上涨缺口当天的巨量上涨成交量,它能够作为可买入上涨跳空缺口买入。

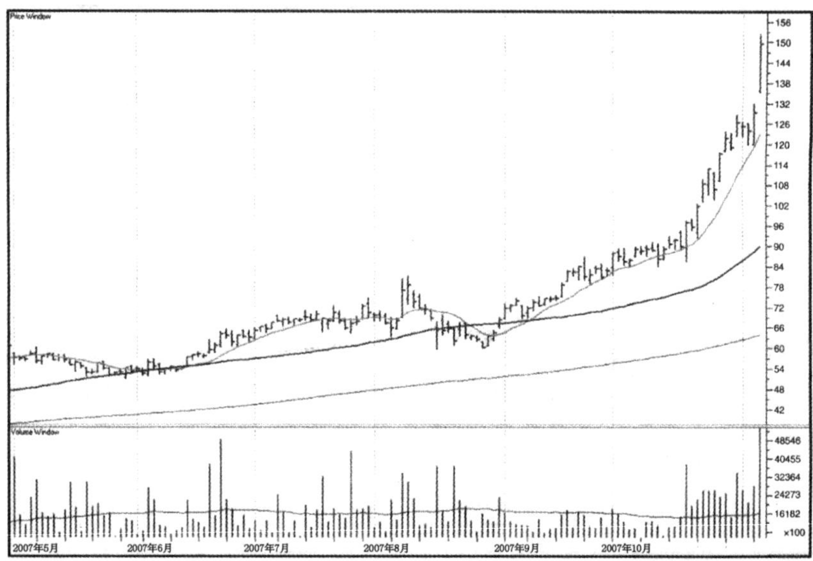

HGS软件公司供图,版权2012。

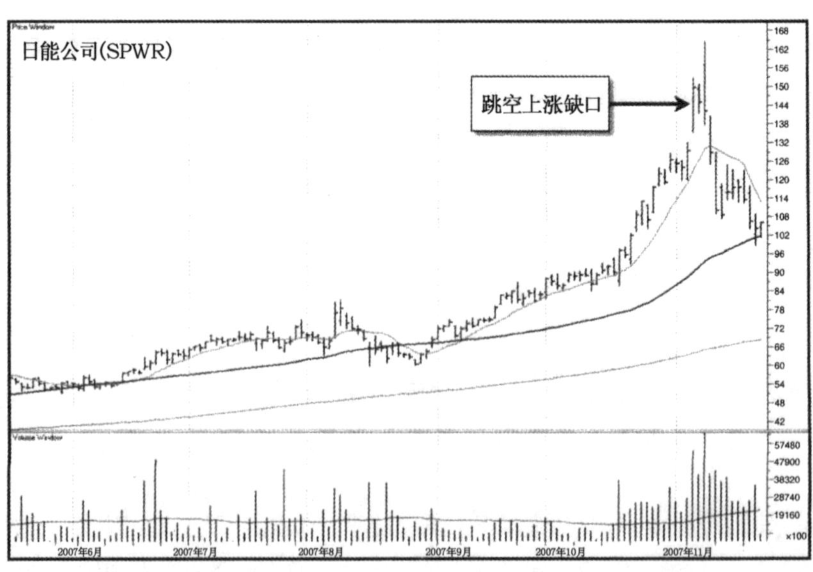

HGS软件公司供图,版权2012。

这个练习可能有点儿太厚颜无耻了,到现在为止,但愿读者会看到,这个答案是多么显而易见,但是它表明了一种看法。跳空上涨缺口出现在仅仅几周的巨幅上涨之后,并且出现在上涨过程中,应该避免买入。日能公司(SPWR)是2007年间的太阳能大龙头股,在这一年,可以看到大量的太阳能股票作为新股上市,并且启动了一轮典型的、巨幅的板块上涨,这种情况让人们想起了1995年的半导体股票和1999年的网络股票。在这个跳空上涨缺口之前,以抛物线式上涨所获得的巨量收益之后,日能公司大涨表明了高潮式顶点,并且跳空上涨缺口出现在其末期,这只是一个衰竭型缺口,并不是一个可买入上涨跳空缺口。如果投资者在这个跳空上涨缺口当天买入,就是一个明显的错误,但是,至少投资者会被迫关注可买入上涨跳空缺口所使用的止损位,并且在两天后,出现巨量逆转交易日,卖出股票。实际上,该成交量是这只股票历史上最高的,有助于产生该股票的极好做空机会,我们把这部分内容留给了另一本书来介绍。

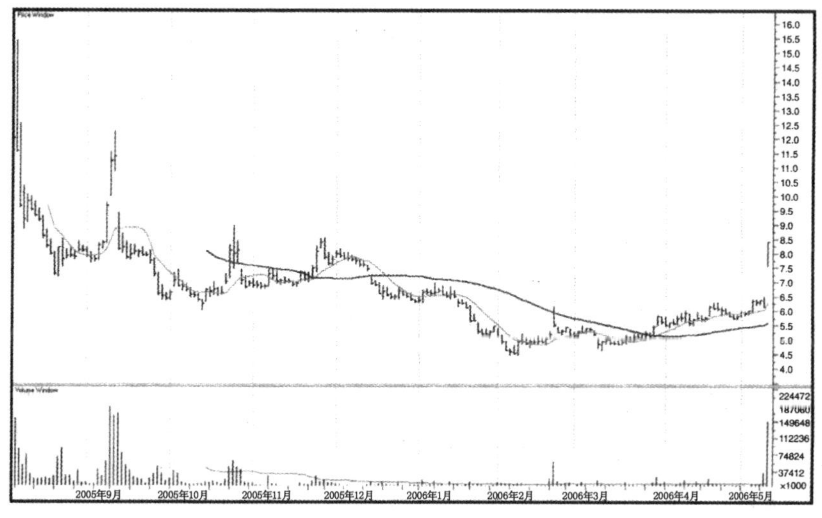

HGS 软件公司供图,版权 2012。

练习22显示了百度公司(BIDU)在2007年上半年的一个类似跳空上涨缺口,但本练习中的这个缺口出现在一年多以前的2005年。这个可买入上涨跳空缺口出现在具有建设性基部形态之后,尽管百度公司当时的相对强弱(RS)指标在这个跳空上涨缺口前是极低的17。百度公司低RS的部分原因在于,它刚刚在9个月前作为新股上市,并且在其2005年夏季的首个交易日出现急剧的跳跃式上涨之后,还没有明显的价格上涨。其实,百度公司在IPO交易日疯狂上涨

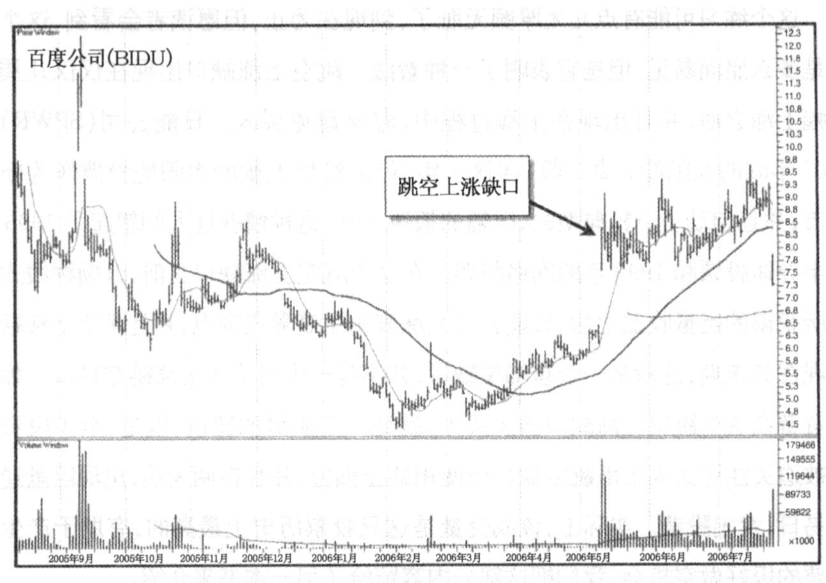

HGS 软件公司供图，版权 2012。

之后，陷入了一个长期的基部形态。回顾一下，百度公司上市发行价是每股 28 美元，在交易首日，上涨到高达 151.21 美元，之后当天收盘于 122.54 美元。自此之后，它基本上全部处于下跌之中，该股票直到 2007 年 6 月才再次看到这个收盘价。考虑到百度的这种经历，投资者或许会在可买入上涨跳空缺口当天买入少量头寸，但是，请注意，在接下来的数周内，该股票并没有选择出方向。时间就是金钱，并且百度公司的时间价值很可怕，因此，投资者在几周内会明智地卖出，在该股票出现跳空下跌之前，这样做当然是很不错的，就在图表的最右侧，它确实出现了跳空下跌缺口。

小 结

这些可买入上涨跳空缺口练习未必会全部得到正确的答案，但是，为了培养自己的眼光，判断正确的可买入上涨跳空缺口一般看起来是什么样子，以及在评估它们时，必须考虑什么样的具体环境。在大多数情况下，可买入上涨跳空缺口是一种容易的交易，尽管它常常看起来价格太高而不敢买入，因为，即使在正确的可买入上涨跳空缺口失败时，通过确定跳空上涨缺口当天的盘中低点，就可以发现不错的退出点，之后，把它作为你的卖出指标。比较不容易的部分是，在买入该股票时，尽可能接近盘中低点，以便于你可以使下跌幅度最小化，或者，至少在该价格上，所出现的风险会处于你的个人风险偏好和容忍度之内。使用可买入上涨跳空缺口意味着，为了尽可能全面地理解，如何确认和处理这种通常情况下会带来回报的买入信号和形态，需要研究很多例子。在这个过程中，读者应该把本章仅仅看成是起点。

第七章　交易模拟

把前面章节所涉及内容整合在一起的最有效方式是，参与一些旧式的交易模拟。我们会带着你，一步一步、一天一天地回顾最近牛市周期中两只龙头股的相关量/价行为。以这种方式，依据我们所采用的具体OWL(欧奈尔—威科夫—利维摩尔)投资和交易方法规则和技术，就如何实时做出决策，你可以获得一些实践性认识。

这是理论联系实际的地方，并且，对于证明投资者如何操作口袋支点、可买入上涨跳空缺口和其他与七周规则以及关键移动均线相关联OWL买入点，这是唯一真实和有效的方法。现实生活中，真实市场肯定是在不断地动态变化，用真金白银在市场上操作，会存在很多细微差别、扭曲和例外情况，这需要投资者在健康完善的买入和头寸管理规则背景下进行判断。在某个点位它会立即变得更加可靠，要培养投资者的这种判断力，需要对亲身实践的经验在一定程度上进行加工处理。尽管我们并不能将多年的市场经验赋予你，无法把你连接到某种科幻式的思想机器，直接给你输入经验丰富的交易者和投资者的共同智慧和判断力，但是，我们能带你了解一些例子，它们能够模拟实时的决策制定。我们希望以这种方式加快你的成长，培养对市场的判断力，具体来说，就是评估利用口袋支点、可买入上涨跳空缺口、七周规则以及使用关键和相关移动均线获得成功的概率。

为此，我们选择了两只新世纪的股票，2007～2008年太阳能公司第一太阳能(FSLR)和2010～2011年云计算股票艾可美(APKT)。通过从最近市场中所选择的两个例子，我们希望把这个模拟转化成在十进制时代当前市场交易的背景。

2007～2008 年第一太阳能(FSLR)

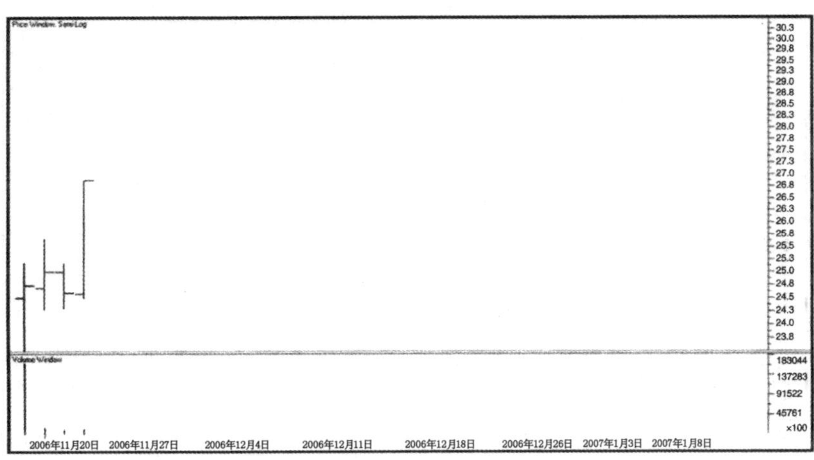

HGS 软件公司供图，版权 2012。

图 7.1　2006 年 11 月 22 日

在 2006 年末股票市场上，即将打响的一轮太阳能股票领涨第一枪始自第一太阳能有限公司的首次公开募股(IPO)。第一太阳能的 IPO 价格是 20 美元，并且该股票最初于 2006 年 11 月 17 日交易时的股票代码为 FSLR。我们的方法规定，当 IPO 首日出现疯狂和不连贯行为时，投资者和交易者绝对不要参与首次交易。最好是首先让该股票稳定下来，并且第一太阳能实际上马上就以具有建设性的方式步入上涨过程，很快就出现了跳空上涨缺口，并且其在 IPO 价格上方略超过 20%的水平进行交易。之后，它以小型的 IPTO 紧旗类形态盘整了两天多的时间。11 月 22 日，该股票上市交易的第四天，出现了 IPO 类口袋支点买入点。考虑到第一太阳能是一只炙手可热的新股，从日线图短旗形态中突破具有建设性，并且，从技术上来讲，确实出现了上涨的成交量，高于该形态之前 10 个交易日中的任何一个下跌成交量。因此，第一太阳能的小规模头寸本应该买入，尽管该股票仅仅交易了四天。在这种极为罕见的例子中，紧随 IPO 四个交易日的量/价结构实际上是可以采取行动的。

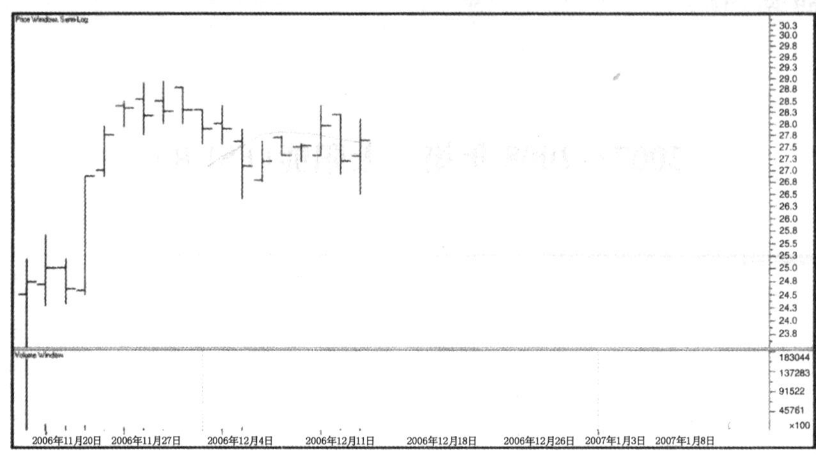

HGS 软件公司供图,版权 2012。

图 7.2　2006 年 12 月 12 日

第一太阳能背离了其 10 日移动均线,下跌到了之前交易日盘中低点下方,收盘于 10 日移动均线下方。然而,该股票到收盘时重新上涨到了 10 日线上方,因此,在这个阶段,在更具灵活性的、像第一太阳能一样的新股中持有头寸的一种方法是(1)等待收盘,或者(2)等待看看该股票是否会跌破 12 月 5 日的低点——这在图表中是 7 天之前。以这种方式,投资者能够解释并管理像第一太阳能这样炙手可热的新股相关的内在波动性。

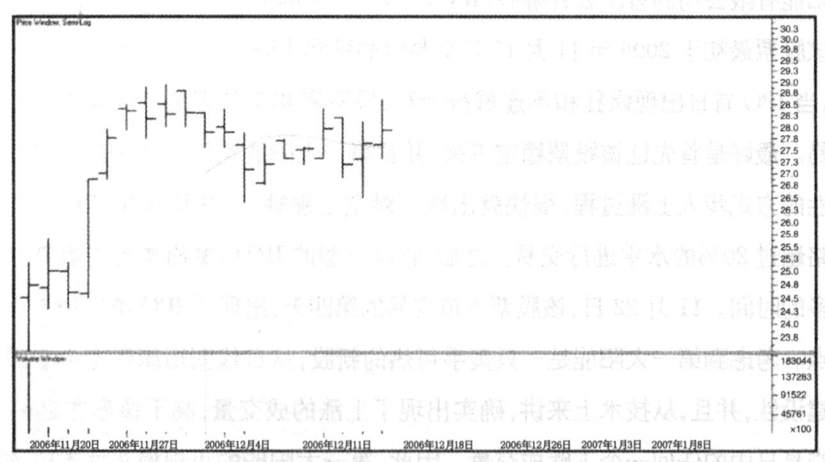

HGS 软件公司供图,版权 2012。

图 7.3　2006 年 12 月 14 日

这是一个口袋支点买入点，尽管该股票收盘于该交易日交易区间的中部，我们称为中柱型收盘或中区间收盘。

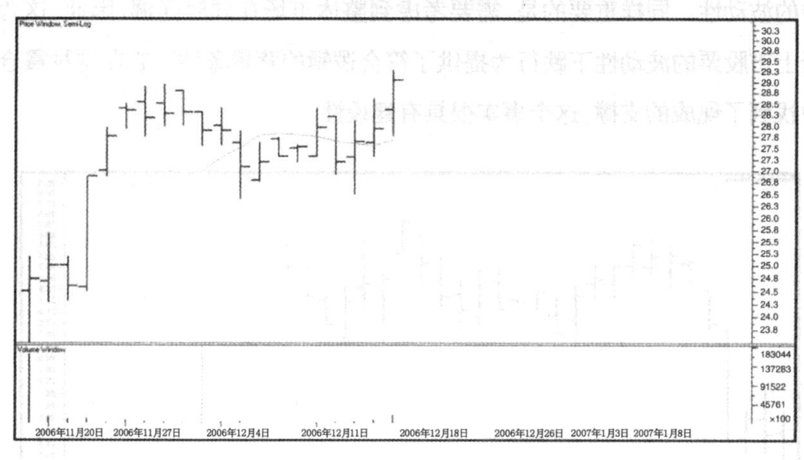

HGS 软件公司供图，版权 2012。

图 7.4　2006 年 12 月 15 日

紧跟着前一交易日的中柱型口袋支点，这是一个明确的口袋支点买入点，上涨远离 10 日移动均线。因此，连续两个交易日出现两个买入点，即图 7.3 中的 12 月 14 日和图 7.4 中的 12 月 15 日。

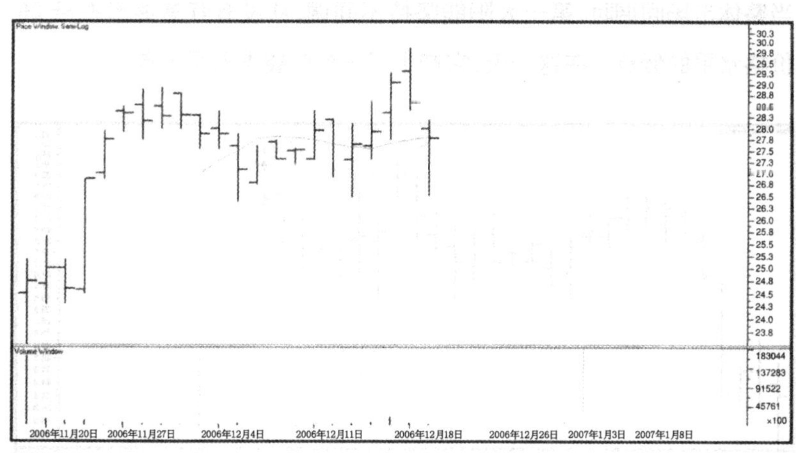

HGS 软件公司供图，版权 2012。

图 7.5　2006 年 12 月 19 日

这是一个迷你跳空下跌缺口，出现较低的成交量，并且找到了盘中支撑。第一太阳能短暂盘旋下跌,但是沿之前基部低点找到支撑,并没有下跌到新低,最终接近于日交易区间的高点,这时,请再次注意第一太阳能在 IPO 之后首日交易中的波动性。同样重要的是,需要考虑到整体市场在同时回调,因此,这为这只新上市股票的波动性下跌行为提供了符合逻辑的背景条件。它在这种震仓策略中找到了现成的支撑,这个事实很具有建设性。

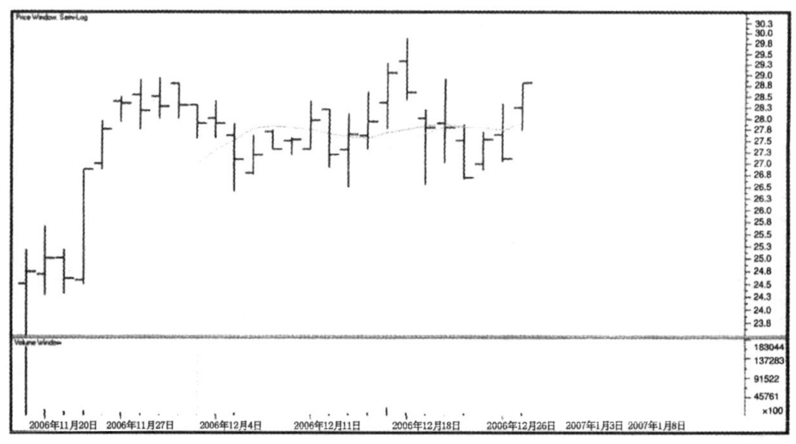

HGS 软件公司供图,版权 2012。

图 7.6 2006 年 12 月 27 日

当整体市场回调时,第一太阳能坚持不回调,从没有背离该形态沿 26～27 美元价格水平的低点。在这一天,它产生了一个口袋支点买入点。

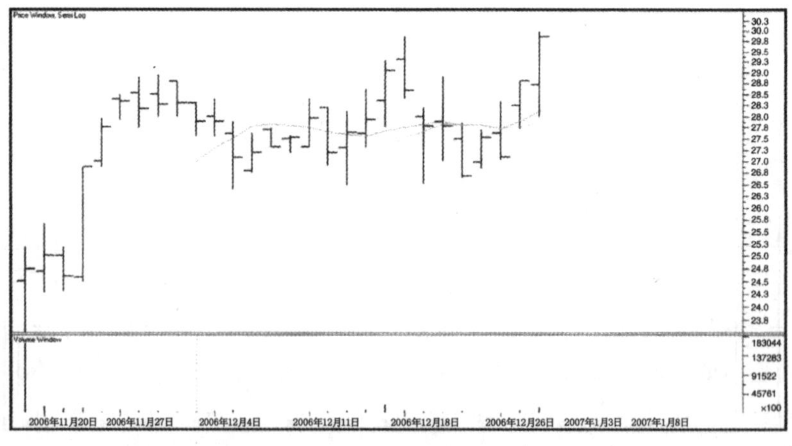

HGS 软件公司供图,版权 2012。

图 7.7 2006 年 12 月 28 日

第一太阳能产生了一个口袋支点买入点，这也是一个新高基部突破，并且，该股票收盘非常具有建设性，接近当天日交易区间的顶部。

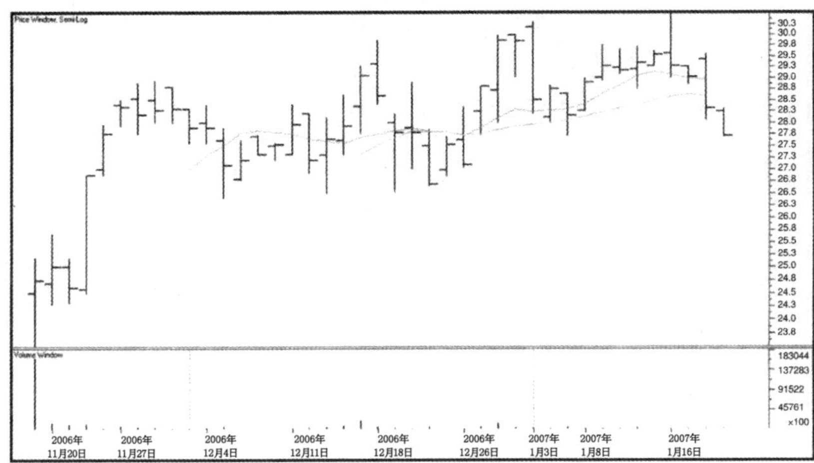

HGS 软件公司供图，版权 2012。

图 7.8　2007 年 1 月 19 日

这天出现了背离 10 日移动均线的情况，但请注意，该股票在背离后没有产生新低。相反，它继续勾勒这个平缓、横盘的基部。

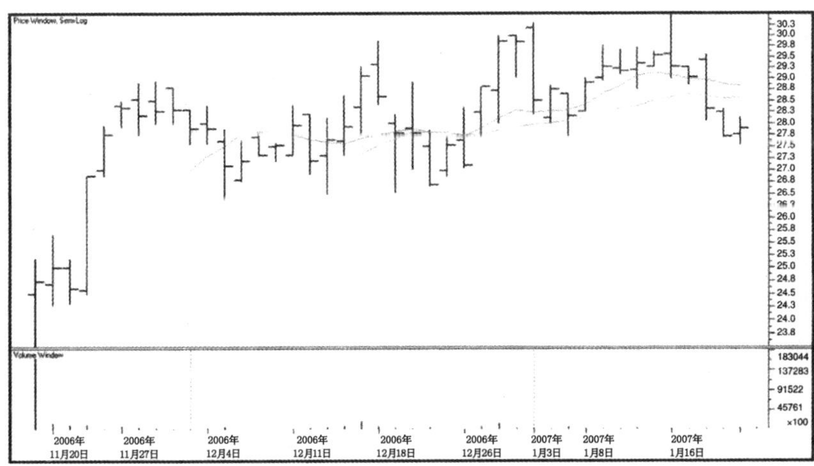

HGS 软件公司供图，版权 2012。

图 7.9　2007 年 1 月 22 日

当该股票沿其基部低点获得一些支撑时，它产生一个口袋支点，但这个口袋支点出现在 10 日移动均线下方，因此，最好是避免这个支点。

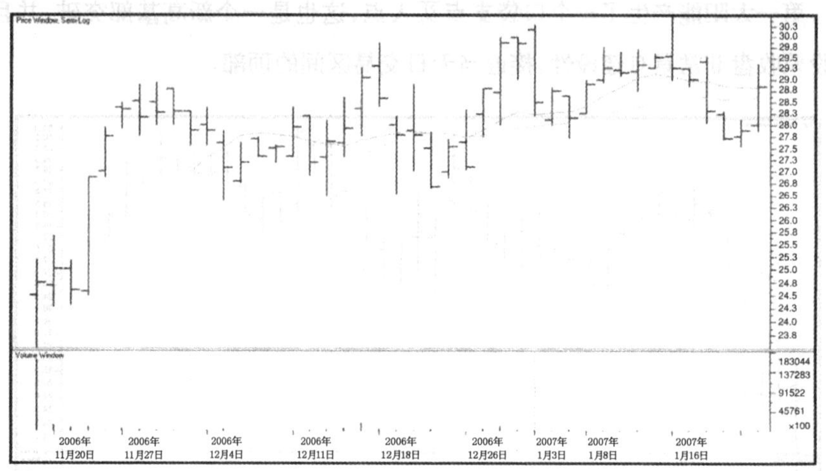

HGS软件公司供图,版权2012。

图7.10　2007年1月23日

这个口袋支点买入点收盘于10日移动均线上,因此,它是可行的,并且可以买入。

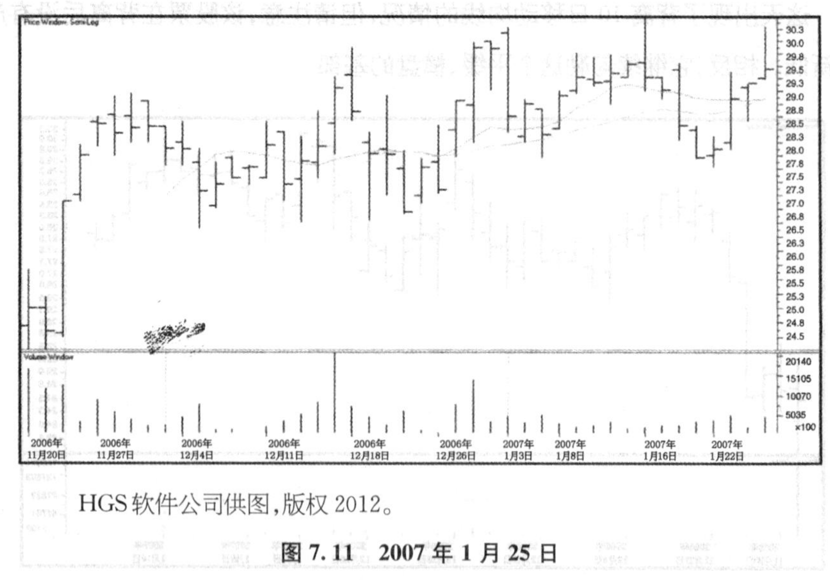

HGS软件公司供图,版权2012。

图7.11　2007年1月25日

这是另一个口袋支点买入点,在前期高点遭遇阻力,反转下跌,收盘接近该股票交易区间低点。如果投资者决定在此买入,有必要保持谨慎。

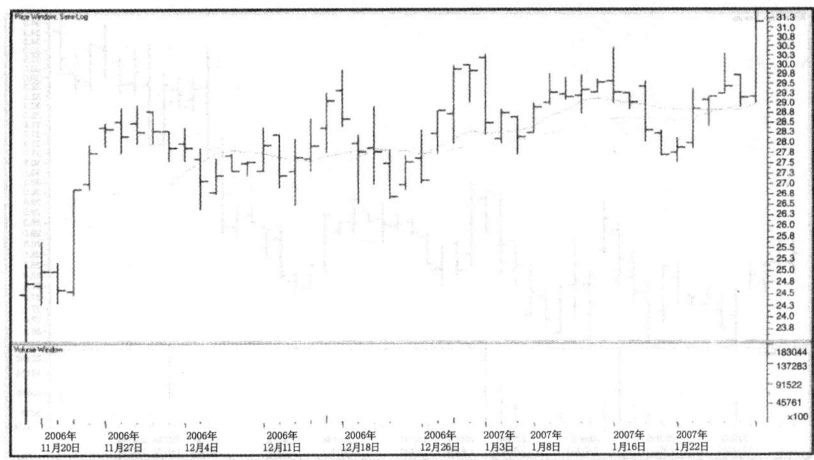

HGS 软件公司供图,版权 2012。

图 7.12　2007 年 1 月 29 日

最后,口袋支点买入点也是一个新高基部突破买入点。除此之外,整体市场同时产生了一个短期低点。

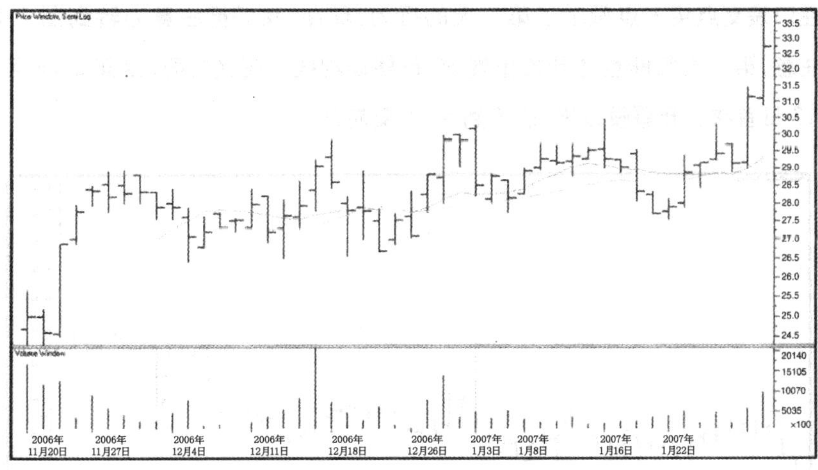

HGS 软件公司供图,版权 2012。

图 7.13　2007 年 1 月 30 日

尽管今天的行为具有口袋支点买入点的量能特征,但是价格行为所产生的位置,是 10 日移动均线的良好延伸,因此最好是避免这个支点。

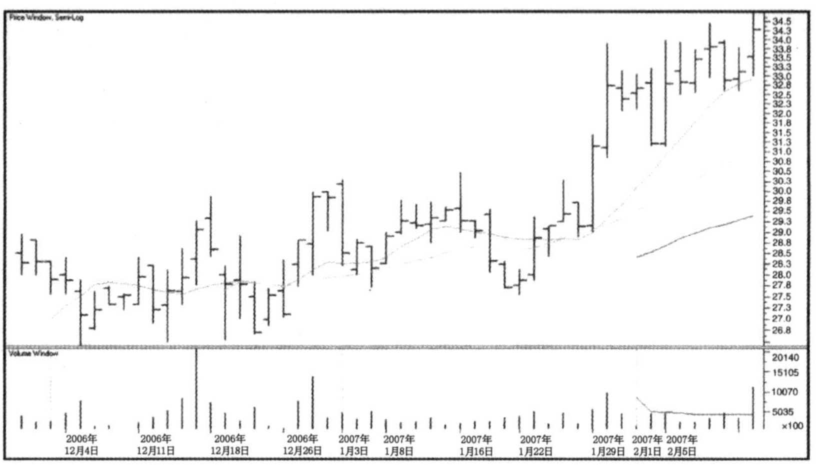

HGS 软件公司供图,版权 2012。

图 7.14　2007 年 2 月 2 日

自从 1 月 29 日(见图 7.12)量/价行为——以来,该股票很好地沿其 10 日移动均线上升。现在,它产生了持续性口袋支点,远离了 10 日移动均线。这个持续性口袋支点买入点预示了第二天的行为,现在,我们把注意力转到图 7.15。请注意,第一太阳能也才开始出现 50 日移动均线。在这之前,自其 2006 年 11 月 17 日首次公开募股以来,还不到 50 个交易日。

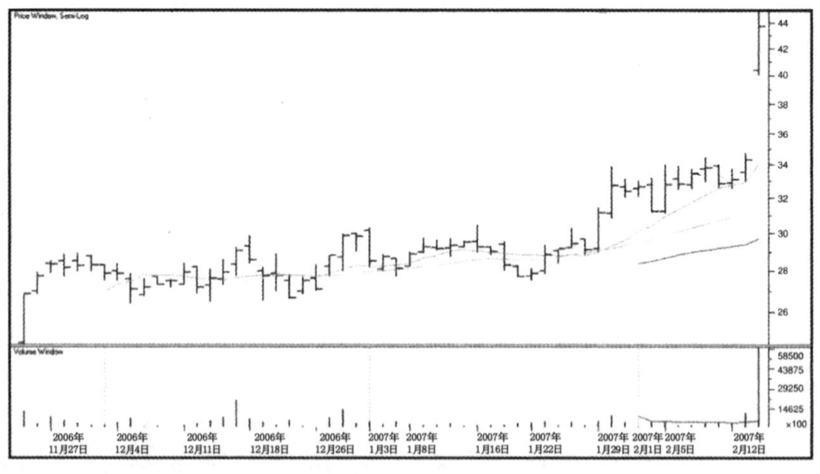

HGS 软件公司供图,版权 2012。

图 7.15　2007 年 2 月 14 日

这是一个可买入上涨跳空缺口，前一天的持续性口袋支点买入点预示了它的出现。乍一看，该股票价格过高而不能买入。但是，它是极为炙手可热以及很新的太阳能板块中的龙头股，并且重要的是要知道，这个可买入上涨跳空缺口发出信号，该股票正在启动其实际性上涨，考虑到它处于该股票生命周期中的相对早期阶段。

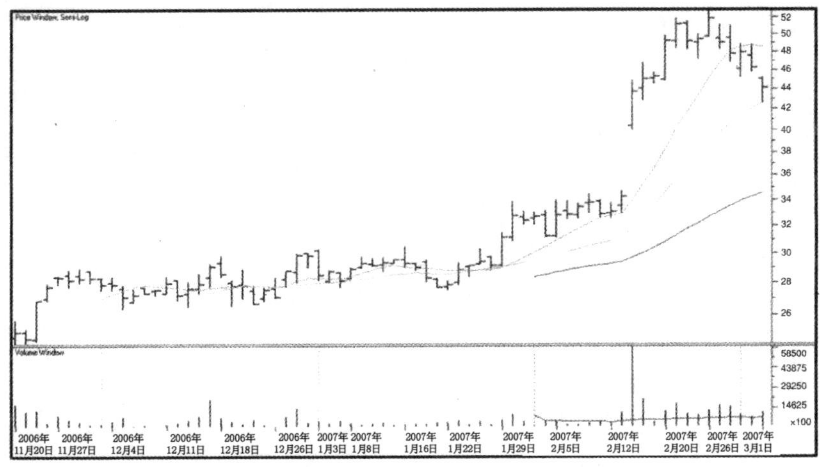

HGS 软件公司供图，版权 2012。

图 7.16　2007 年 3 月 5 日

在 1 月 29 日突破(见图 7.12)的七周之内，该股票背离了其 10 日移动均线。根据七周规则的要求，我们现在会使用 50 日移动均线作为该股票的卖出指标。该股票的这次回调是由短期、快速的市场修正所引致的，可以看到纳斯达克综合指数自其顶部下跌了 7.9%。

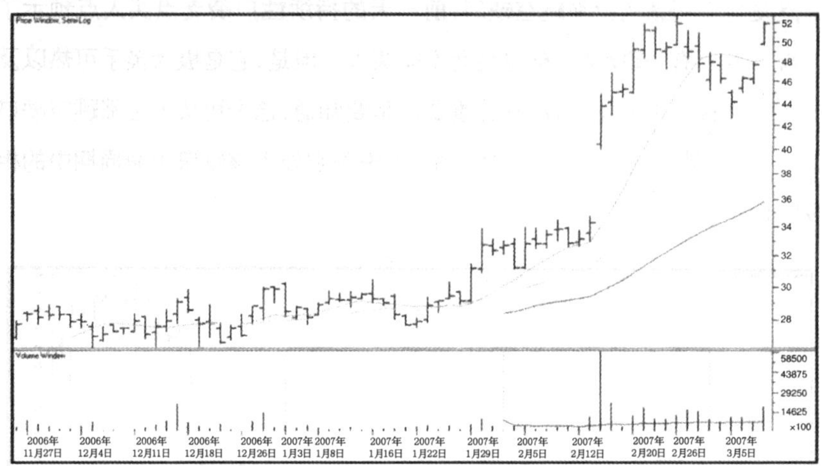

HGS 软件公司供图,版权 2012。

图 7.17　2007 年 3 月 8 日

该股票反弹,跳空上涨到 10 日移动均线上方,产生一个口袋支点买入点,但是,这个口袋支点出现在 V 形形态之中,因此,最好是避免这个支点。从积极的方面来看,市场仍然处于修正的阵痛之中,并且第一太阳能推升回其高点,与整体市场的疲弱形成鲜明对比,这是一个逆向强势信号。

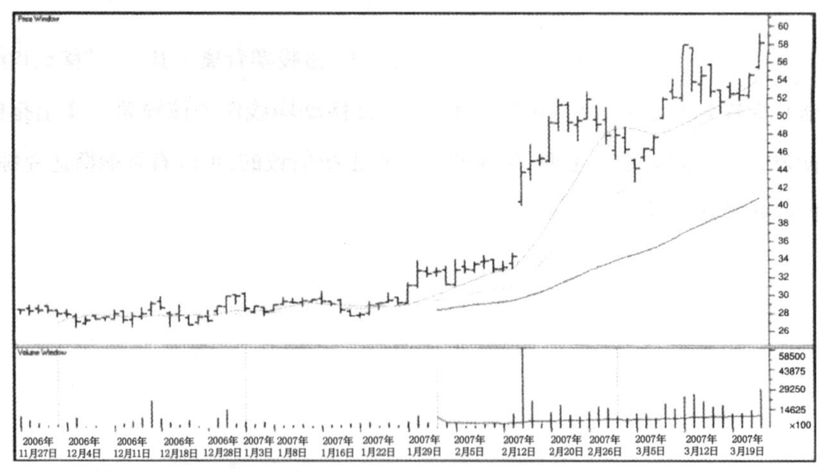

HGS 软件公司供图,版权 2012。

图 7.18　2007 年 3 月 22 日

尽管产生于 V 形形态,但是,3 月 9 日(见图 7.17)的口袋支点持续上涨,并且该股票沿其 10 日移动均线已经稳定下来。这天，该股票产生一个口袋支点买入点，它略微有些延伸，但是投资者可以通过买入较少数量来弥补这一缺陷。

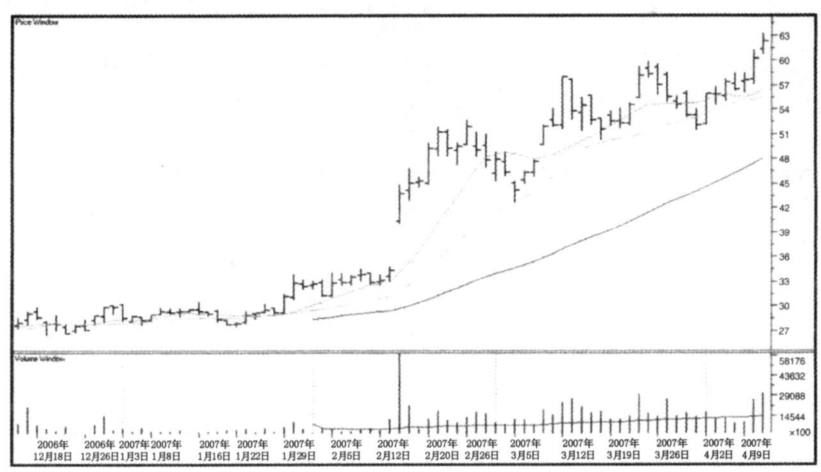

HGS 软件公司供图，版权 2012。

图 7.19　2007 年 4 月 11 日

这是一个口袋支点，也是 10 日移动均线的延伸，因此，应该避免交易。读者或许会注意到，考虑到第一太阳能是相对新的股票，随着它产生更多的历史价格，我们会增加该图表的宽度，从本质上来讲，即缩小图表来显示更多该股票之前的量/价数据。看到之前长达一年的量/价历史数据，总是很有用的。

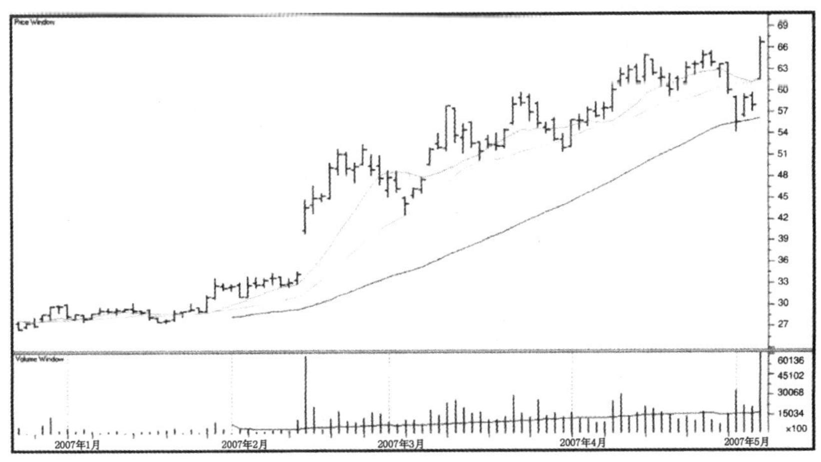

HGS 软件公司供图，版权 2012。

图 7.20　2007 年 5 月 4 日

这个可买入上涨跳空缺口出现在自50日移动均线反弹之后,这很有建设性。因为第一太阳能并没有直接满足七周规则中把10日移动均线作为卖出指标(见图7.16)的要求,所以我们使用50日移动均线作为卖出指标。该股票在50日线找到现成的支撑,并且该可买入上涨跳空缺口与该股票自3个月前突破以来首次回调到50日移动均线极其一致。

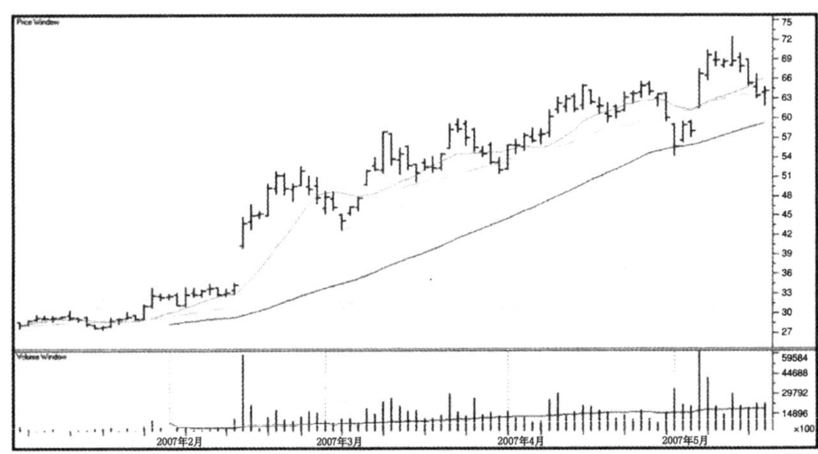

HGS软件公司供图,版权2012。

图7.21　2007年5月16日

该股票在可买入上涨跳空缺口出现七周内背离了其10日移动均线,因此,我们仍然使用50日移动均线作为卖出指标。请注意,该股票并没有背离5月4日(见图7.20)跳空上涨缺口当天的盘中低点,因此,在此基础上,该股票的持续性非常良好。

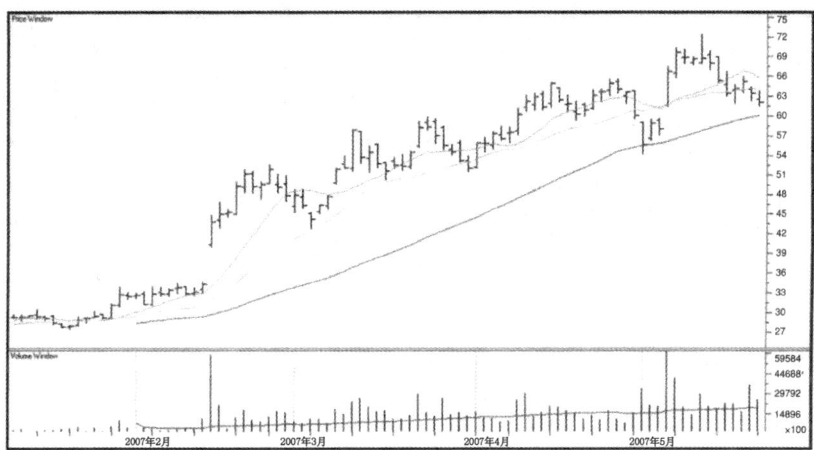

HGS 软件公司供图，版权 2012。

图 7.22　2007 年 5 月 21 日

该股票几乎跌破了 5 月 4 日(见图 7.20)可买入上涨跳空缺口当天的低点，仅仅差几美分，这恰好处于 1%～2%的自由空间之内，并且它恰好位于或接近于 10 周和 50 周移动均线——不要卖出。

HGS 软件公司供图，版权 2012。

图 7.23　2007 年 6 月 12 日

这是一个上涨逆转类口袋支点买入点，该股票当天早盘在此首次跌破了 10 日移动均线，之后逆转反弹上涨。支撑性成交量飙升，产生了口袋支点量能信号，并且推升该股票返回到 10 日移动均线上方，产生了一个清晰的口袋支点买入点。

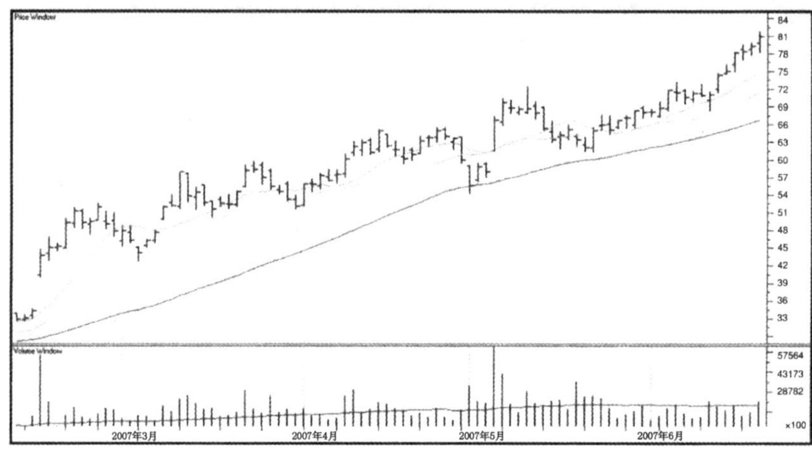

HGS 软件公司供图,版权 2012。

图 7.24　2007 年 6 月 20 日

这个口袋支点出现在自 10 日移动均线延伸的点位,因此,现在应该很明显的是,尽管成交量满足了口袋支点量能信号的条件,但是价格行为并没有满足条件。

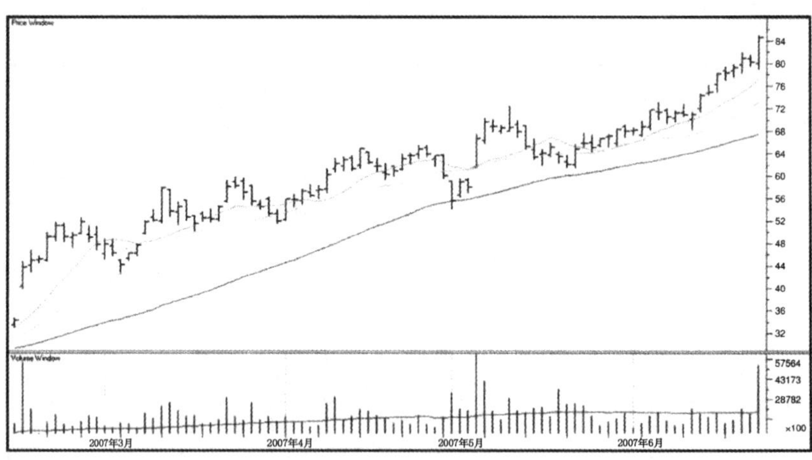

HGS 软件公司供图,版权 2012。

图 7.25　2007 年 6 月 22 日

这是另一个延伸性口袋支点,但是其延伸性较低,并且出现了巨量买入成交量,因此,在出现类似的情况下,投资者可以买入低于正常情况下的数量,这会被认为是一个持续性口袋支点。

这个跳空上涨缺口出现在一个延伸的位置,并且出现在该股票过去 5~6 个

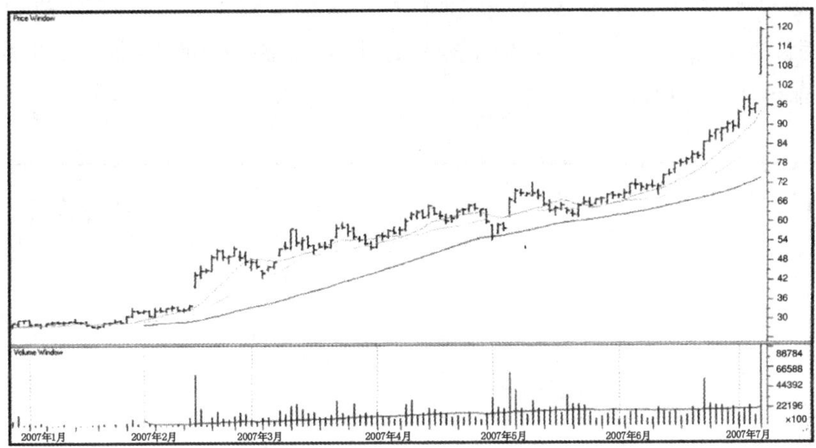

HGS 软件公司供图,版权 2012。

图 7.26 2007 年 7 月 9 日

月产生巨幅上涨之后,因此,这可能是一个高潮式缺口,而不是发出启动快速并加速上涨趋势信号的缺口。在这个位置,趋势处于加速状态,从过去时的角度来看,有点是抛物线式上涨。因此,产生在这种背景之中的跳空上涨缺口时最好避免交易。

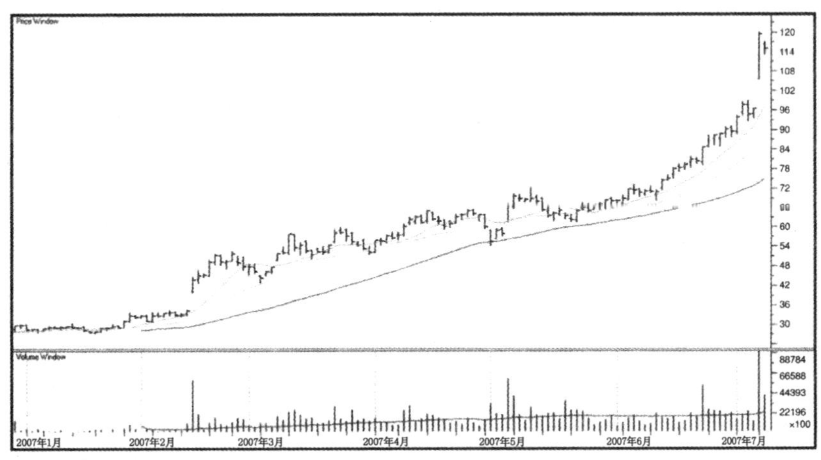

HGS 软件公司供图,版权 2012。

图 7.27 2007 年 7 月 10 日

此时,正像我们平常说的那样,自 5 月 4 日可买入上涨跳空缺口(见图 7.20)以来,第一太阳能维持在高于、或者说遵循其 10 日移动均线大约七周时间,因此,我们现在依据七周规则,转而使用背离 10 日移动均线作为卖出指标,而不是使用背离 50 日移动均线。考虑到该股票紧随其巨幅前期价格上涨的延伸性情况,所以这是有利的。

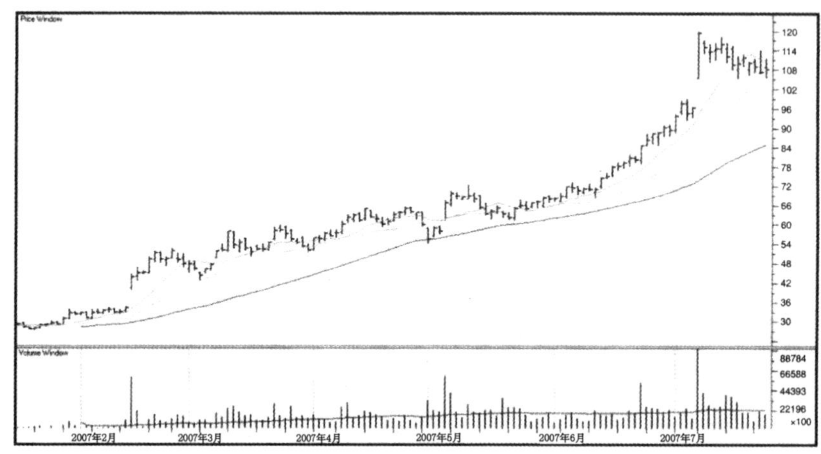

HGS 软件公司供图,版权 2012。

图 7.28　2007 年 7 月 25 日

该股票在技术性地背离 10 日移动均线,但是它在紧凑、窄幅的价格通道内出现这种情况,因此,不要卖出。更为谨慎的做法是,等到该股票跌破 7 月 18 日低点时,才卖出。

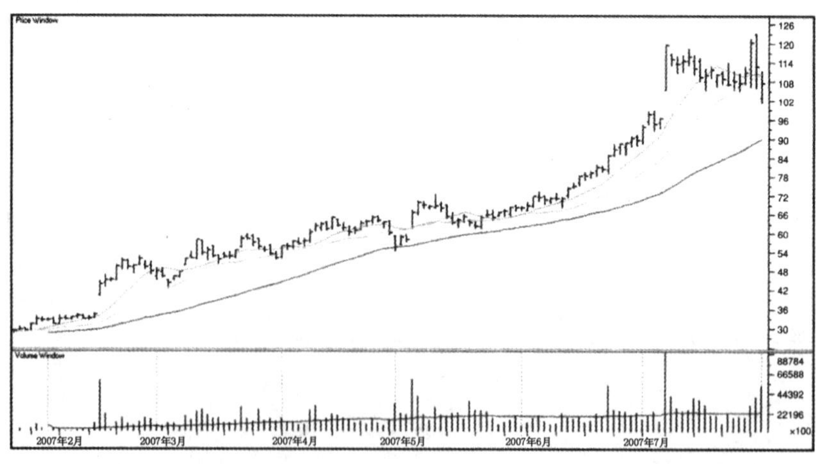

HGS 软件公司供图,版权 2012。

图 7.29　2007 年 8 月 1 日

该股票试图突破并逆转,在试图创出新高时失败了。之后,它跌破了之前紧凑的、横盘旗形形态的低点,该形态在之前两周内形成,下跌到 7 月 18 日低点这个关键点。因此,该股票明确地背离了 10 日移动均线。请注意,与该背离同时出现的是,该股票下跌到 7 月 9 日跳空上涨缺口(正如我们在图 7.26 中所进行的讨论,这不是很值得买入)的盘中低点,并超过了可允许的 1%～2%回旋空间,因此,这就是一个卖出点位。

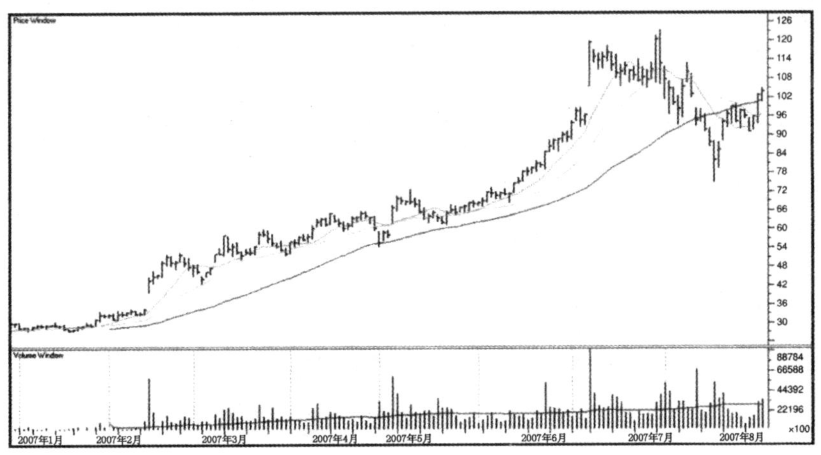

HGS 软件公司供图,版权 2012。

图 7.30　2007 年 8 月 31 日

当该股票突破其 50 日移动均线时,这个口袋支点出现,但是它或许出现过早。自 2006 年 11 月上市以来,这个口袋支点恰好出现在该股票已经完成首次大幅修正并背离其 50 日移动均线之后。该股票可能需要更多时间来修复由于快速下跌以及背离 50 日移动均线所带来的技术性破坏,构建一个新的、健康的基部形态。因此,只应该买入比正常情况下更小的头寸规模。

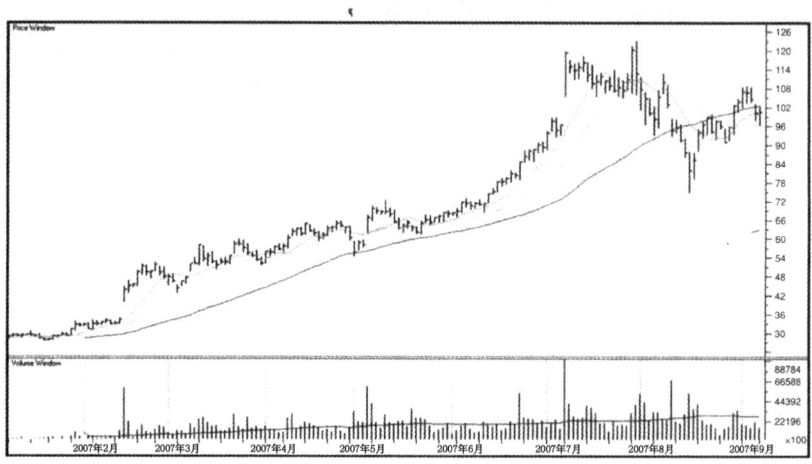

HGS 软件公司供图,版权 2012。

图 7.31　2007 年 9 月 10 日

就在 8 月 31 日(见图 7.30)出现过早的口袋支点之后不久,第一太阳能背离了 10 日移动均线。如果投资者在过早的口袋支点买入了比正常情况下较少的头寸,那么它应该被卖出,因为该股票可能会在相当长的时间内持续构建其基部。

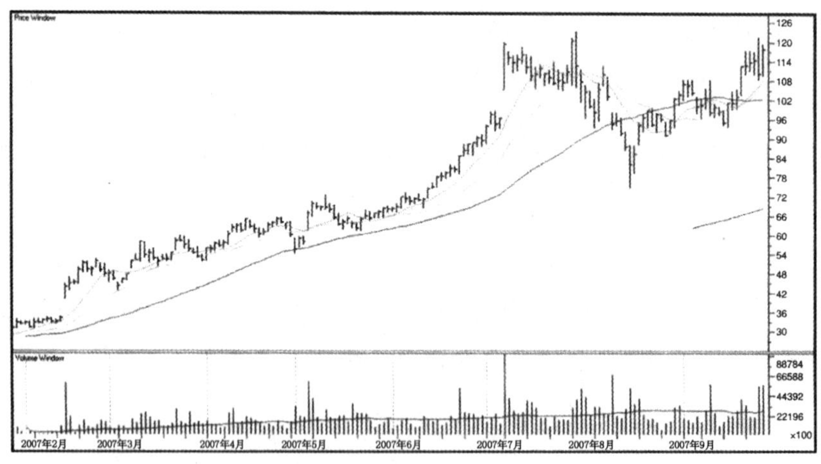

HGS 软件公司供图,版权 2012。

图 7.32　2007 年 9 月 28 日

在该股票有机会构建并完成一个强势基部形态之后,出现了口袋支点买入点。在该点位,投资者可以重新买入该股票,其思路是该股票新一轮上涨的机会可能即将来临。

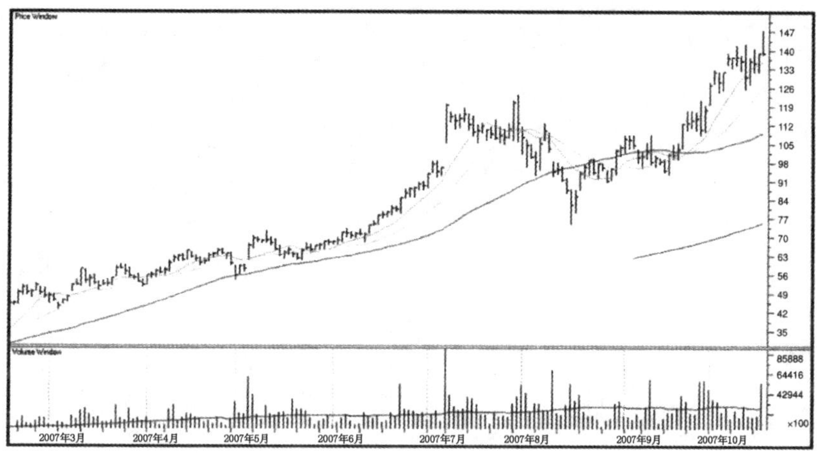

HGS 软件公司供图,版权 2012。

图 7.33　2007 年 10 月 17 日

这天一开始看起来像是在酝酿着口袋支点买入点,但是到收盘时,该股票巨量逆转下跌。如果基于 9 月 28 日(见图 7.32)这个潜在的口袋支点,在重新买入时增加了股票头寸,那么,基于这个下跌式逆转,投资者应该卖出部分或全部头寸,因为这个口袋支点逆转下跌到了收盘价。

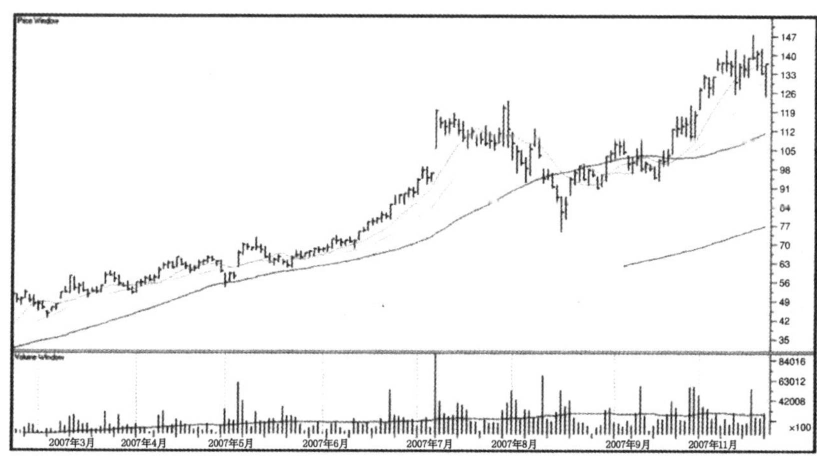

HGS 软件公司供图,版权 2012。

图 7.34　2007 年 10 月 22 日

在 9 月 28 日买入点七周内,该股票背离其 10 日移动均线,因此,根据七周规则,我们使用 50 日移动均线作为卖出指标。

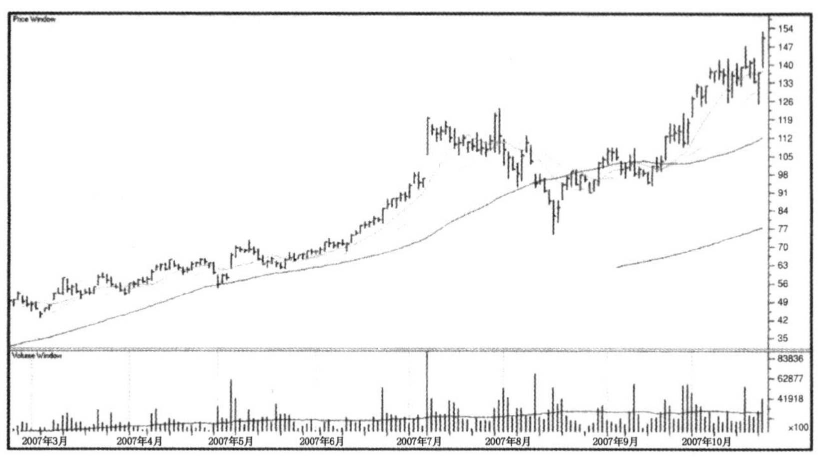

HGS 软件公司供图,版权 2012。

图 7.35　2007 年 10 月 23 日

远离 10 日移动均线的口袋支点买入点出现,并且,如果提供了一个便利点,可以增加投资者在 9 月 28 日(见图 7.32)所买入初始头寸;或者,如果投资者在图 7.33 的逆转日全部抛售,就可以启动一个新头寸。

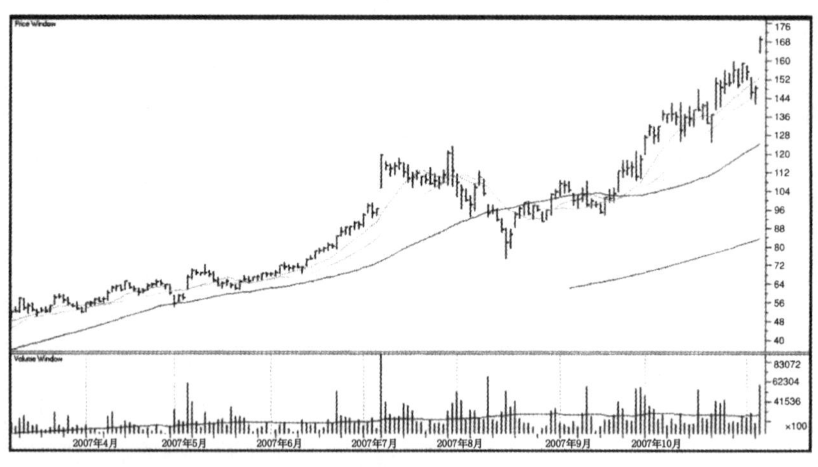

HGS 软件公司供图,版权 2012。

图 7.36　2007 年 11 月 6 日

这是一个可买入上涨跳空缺口,提供了另一个加码该股票头寸的点位。值得注意的是,此时,整体市场开始反转,并且在 2008～2009 年熊市开始确立之前,形成了其最终的顶部。通常情况下,龙头股可能在整体市场见顶时产生对抗行为，在几周内继续走高，有时会超过真正市场顶部几个月的时间。因此，投资者应该依据七周规则进行操作，旨在避免受到单独整体市场行为的恐吓而提前卖出自己的头寸。

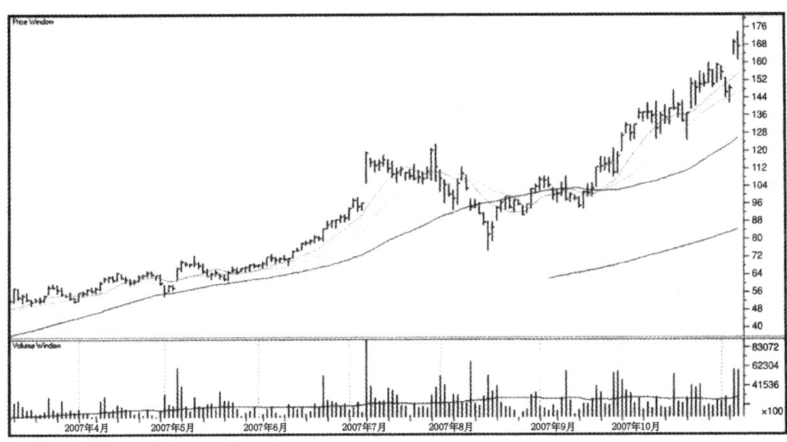

HGS 软件公司供图，版权 2012。

图 7.37　2007 年 11 月 7 日

紧随可买入上涨跳空缺口的交易日中，该股票跌破了前一天盘中低点 1.6%，这是一个可以接受的跌幅。同样，如果投资者前一个交易日没有买入股票，那么他能够在今天买入该股票，因为该股票保持在昨天可买入上涨跳空缺口区间之内。

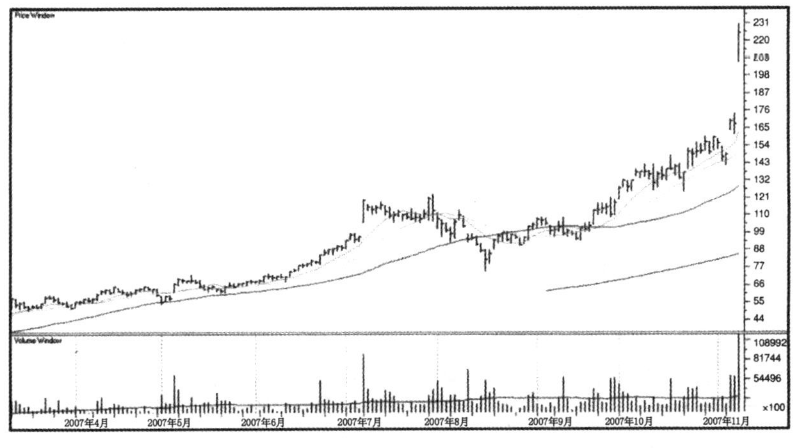

HGS 软件公司供图，版权 2012。

图 7.38　2007 年 11 月 8 日

这个跳空上涨缺口是非常延伸的,并且与两天前(见图 7.36)可买入上涨跳空缺口接踵而至,因此,应该避免交易它。然而,幸亏这种强势上涨,从买入之前可买入上涨跳空缺口操作中,在该头寸中已经获得了一些不错的盈利。

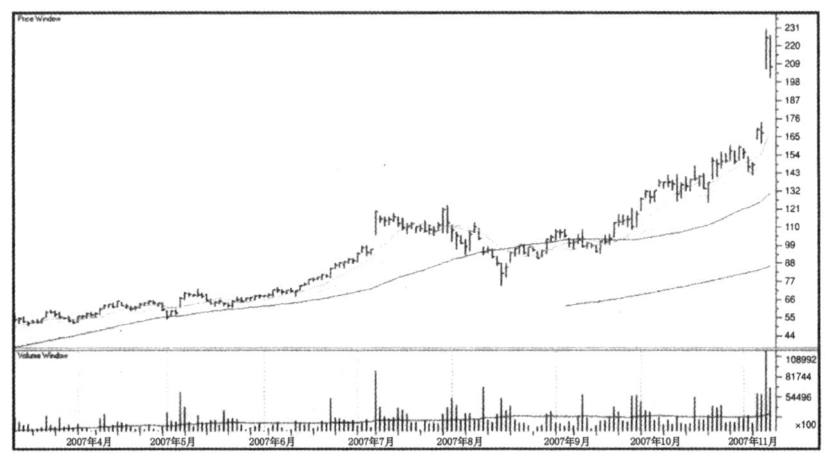

HGS 软件公司供图,版权 2012。

图 7.39　2007 年 11 月 9 日

该股票跌破前一交易日盘中低点 2.6%,并且,这种情况至少可以被看作是部分卖出信号,投资者在此可以卖出全部头寸的一半,锁定从该强势上涨中所获得的盈利,自 9 月 28 日(见图 7.32)买入点以来,该股票产生了巨大的涨幅。

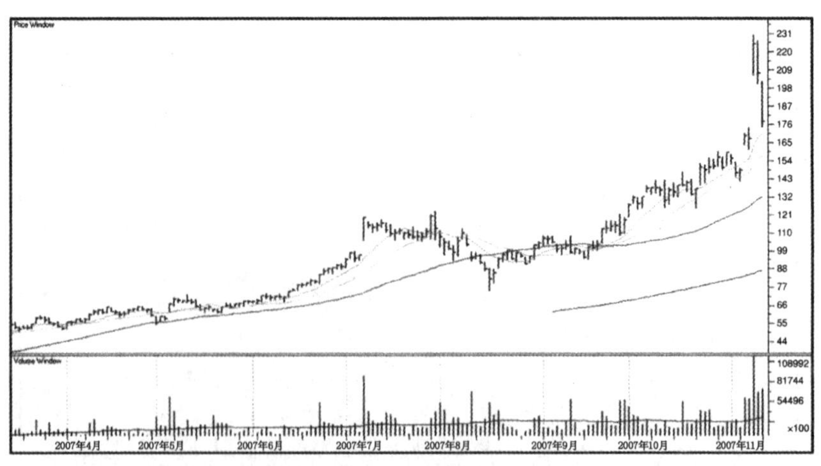

HGS 软件公司供图,版权 2012。

图 7.40　2007 年 11 月 10 日

该股票进一步下跌到了跳空上涨缺口当天盘中低点下方，因此，投资者应该基于这种情况卖出剩余的第一太阳能股票。

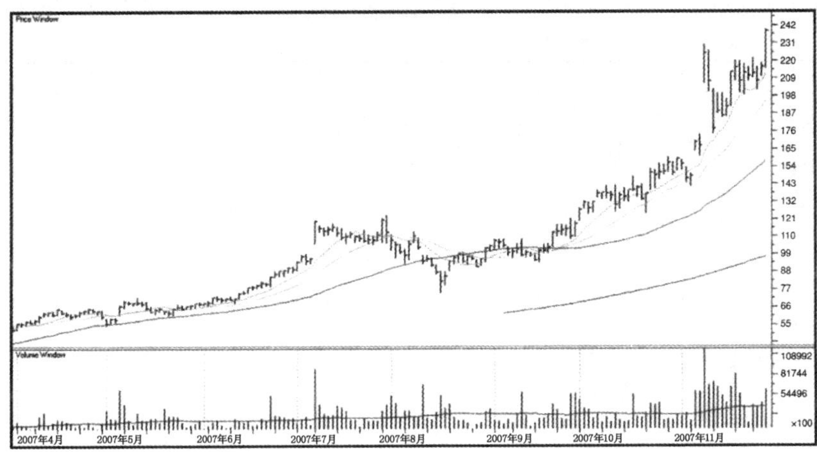

HGS软件公司供图，版权2012。

图7.41　2007年11月29日

尽管出现了数周不利行为，但第一太阳能还是产生了口袋支点买入点，远离了10日移动均线。投资者可以再次启动第一太阳能头寸，尽管风险在增加，但由于整体市场状况以及该股票的上涨有点晚了，因此变得更加明显。

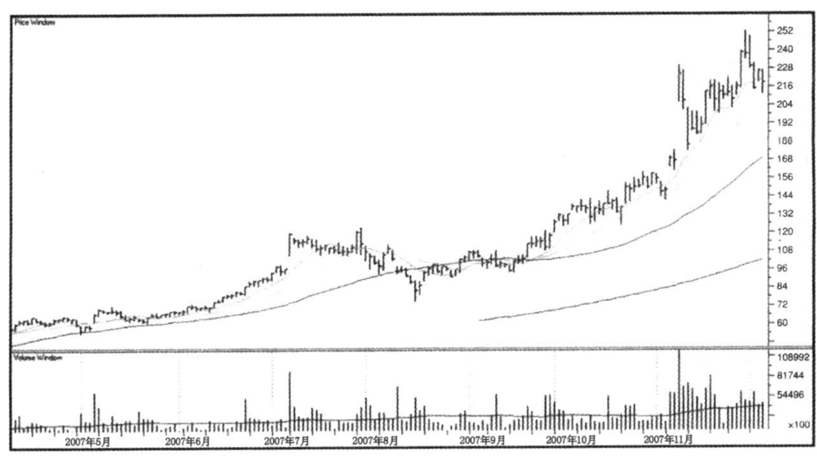

HGS软件公司供图，版权2012。

图7.42　2007年12月6日

该股票在重新进入点之后七周之内背离了其 10 日移动均线,因此,投资者将会使用 50 日移动均线作为卖出指标,如果该股票背离 50 日线,就卖出该股票。

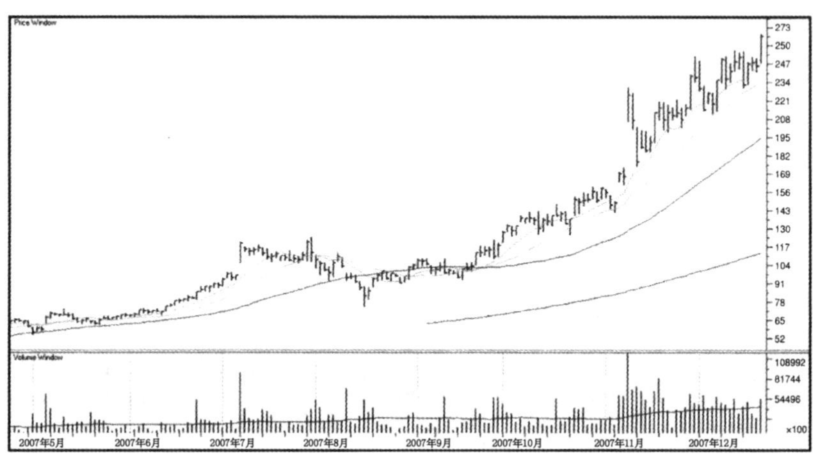

HGS 软件公司供图,版权 2012。

图 7.43　2007 年 12 月 21 日

由于整体市场正在上涨,远离短期低点,所以这只持续上升的第一太阳能股票搭上了整体市场暂时上涨的“顺风车”,闪现了一个口袋支点买入点,远离了 10 日移动均线。

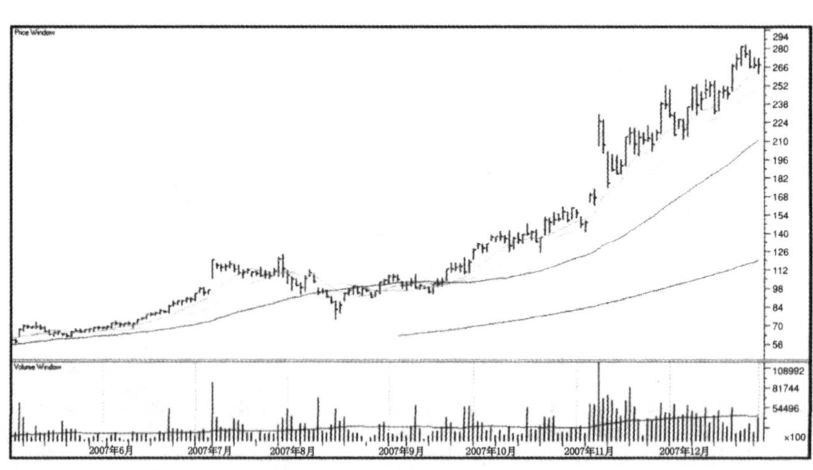

HGS 软件公司供图,版权 2012。

图 7.44　2008 年 1 月 2 日

当该股票收盘略高于当天交易价格的中部区间时,出现了另一个远离 10 日移动均线的口袋支点买入点,但是非常微小。然而,该股票存在的一个问题是,整体市场开始再次反转下跌,因此,如果投资者在这个阶段仍然持有第一太阳能,那么应该在这里保持警惕。

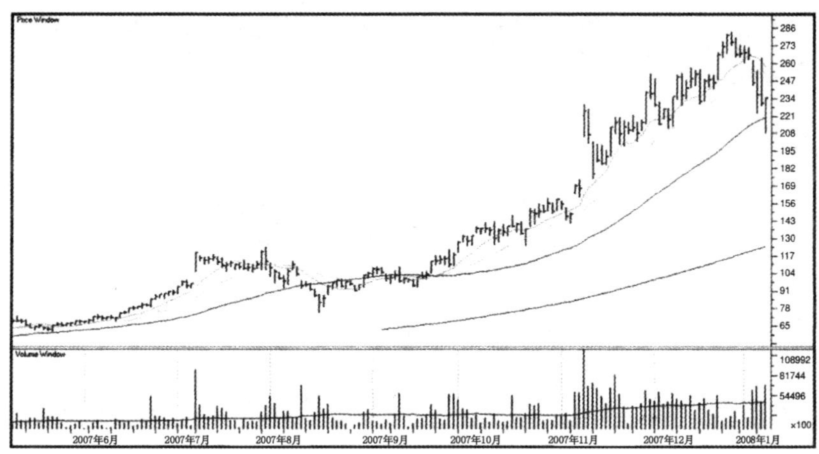

HGS 软件公司供图,版权 2012。

图 7.45　2008 年 1 月 9 日

现在,第一太阳能也感受到了整体市场的压力,此时,它回调跌向其 50 日移动均线。然而,该股票在 10 日移动均线获得了一些强势的支撑成交量,并且出现了远离 50 日移动均线的逆转式口袋支点买入点。但是,考虑到该股票之前巨大的价格涨幅,以及整体市场的状态,这种自顶部的快速下跌,并下跌到 50 日移动均线的情况,为避免这个口袋支点买入点提供了合理背景。

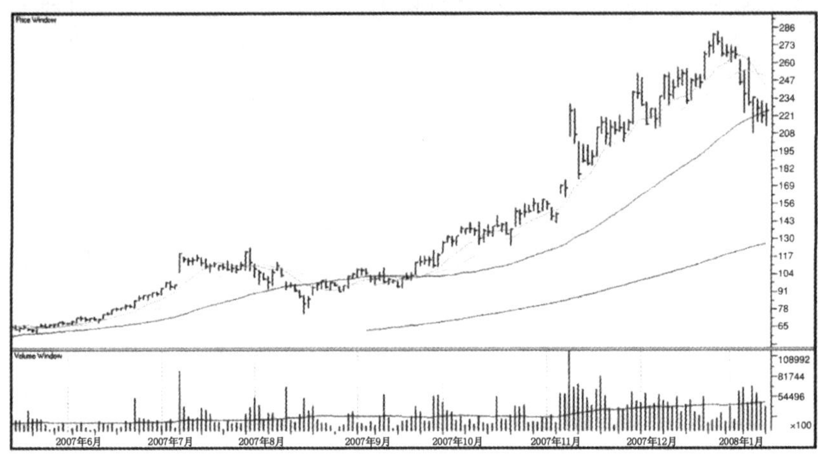

HGS 软件公司供图,版权 2012。

图 7.46　2008 年 1 月 14 日

现在,该股票背离了其 50 日移动均线,并且要卖出。现在所有的第一太阳能股票都应该抛售一空。

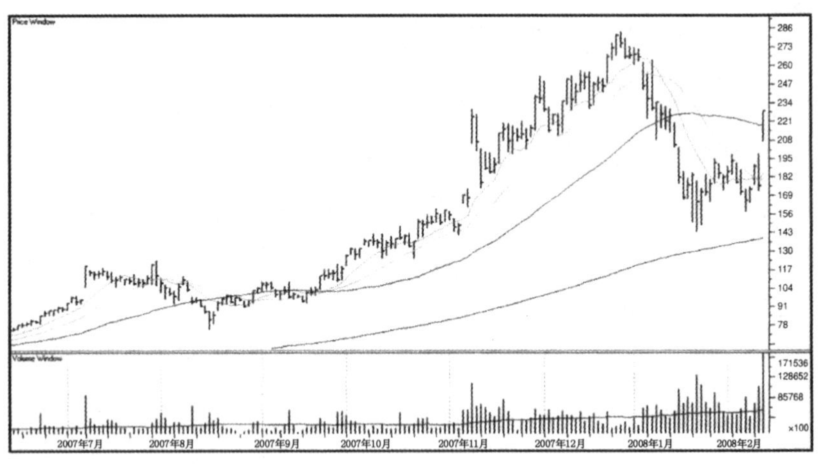

HGS 软件公司供图,版权 2012。

图 7.47　2008 年 2 月 13 日

这是一个有缺陷的跳空上涨缺口,出现在第一太阳能严重的修正之后,正常情况下,这是龙头股已经见顶的信号。之前龙头股要花费几个月时间形成顶部,并且出现了类似于这种情况的痉挛式上涨。尽管这个跳空上涨缺口确实收盘高于 50 日移动均线,但是它出现在存有缺陷的量/价形态之后:(1)没有跌破之前低点,(2)没有圆弧底式基部,(3)之前在 50 日移动均线下方的量/价行为不稳定,并且也没有表明该股票平稳下跌以及产生该跳空上涨缺口的形态。因此,这是一个不可买入上涨跳空缺口。

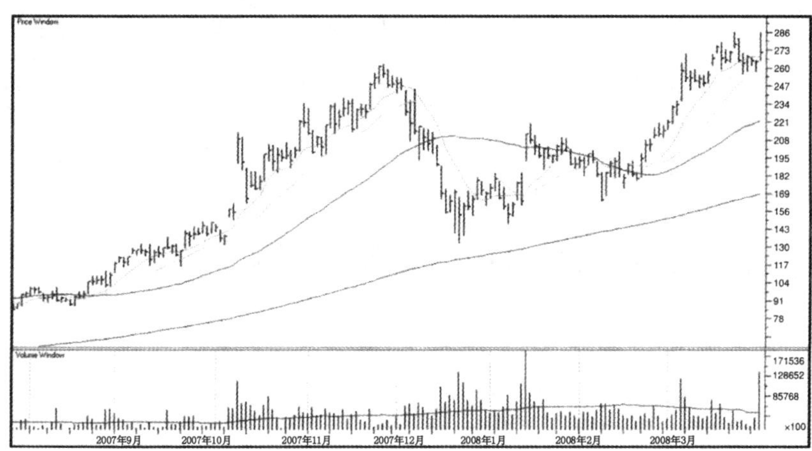

HGS 软件公司供图,版权 2012。

图 7.48　2008 年 4 月 4 日

过去两周,该股票已经在挑战其历史高点,但是这种行为值得怀疑,因为它是自底部的直线式上涨,并且出现在具有缺陷的基部中,这是一个不正确的带柄杯子形态,其柄部形态在该形态的下半部。整体形态呈现出宽大松散结构,出现在之前巨幅价格上涨之后,并且在该股票生命周期相当后期的阶段。如果第一太阳能将要出现另一轮价格上涨,那么它会在更加具有建设性的基部形态中才会出现这种情况。

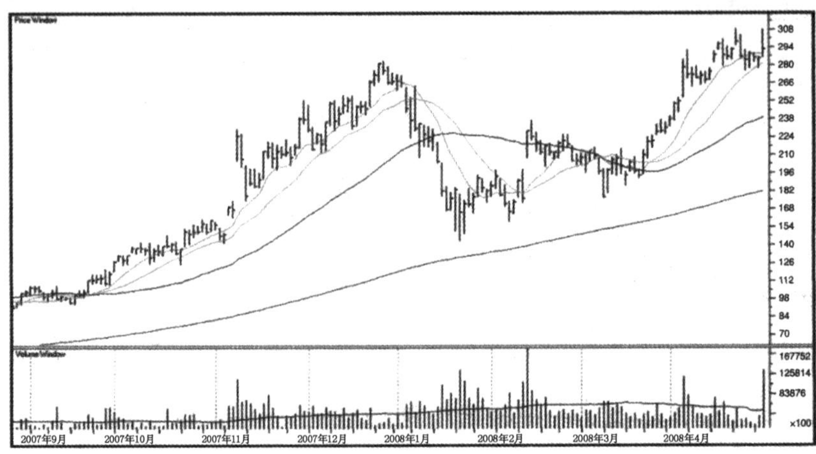

HGS 软件公司供图,版权 2012。

图 7.49　2008 年 4 月 30 日

这是一个口袋支点,但是该股票收盘在交易日区间的下半部。同样,导致该口袋支点产生的量/价行为也不具有建设性。如果投资者买入了这个口袋支点,那么他应该准备马上卖出,并且,如果它开始波动的话,就保持一个紧凑的下跌止损点。

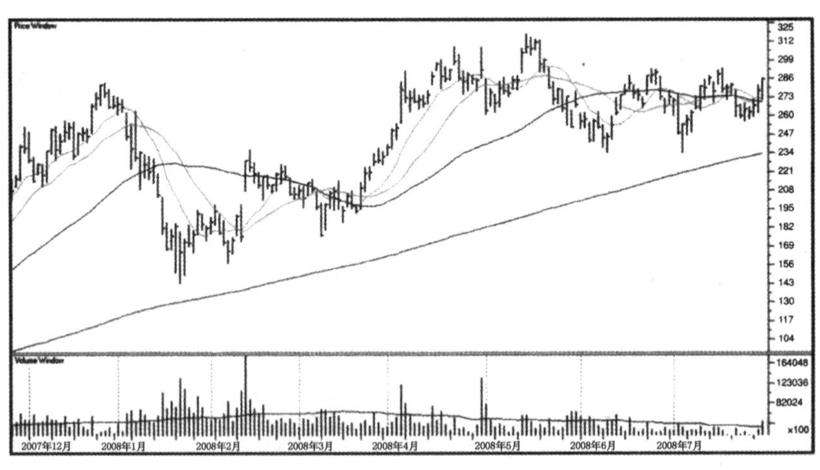

HGS 软件公司供图,版权 2012。

图 7.50　2008 年 7 月 30 日

2008 年,春季大部分时间和整个夏季,整体市场处于横盘波动,并且第一太阳能也同步进行横盘波动。这里,当该股票试图构建一个新基部时,我们在这种横盘波动中看到了一个口袋支点买入点。考虑到该股票之前巨幅价格上涨以及在该基部之内的宽大、松散的区间价格走势，投资者可以在这里买入少量头寸，或者就是完全避免交易它。最好的情况下，该股票需要更多时间；最糟糕的情况下，它是在构建一个长期顶部。

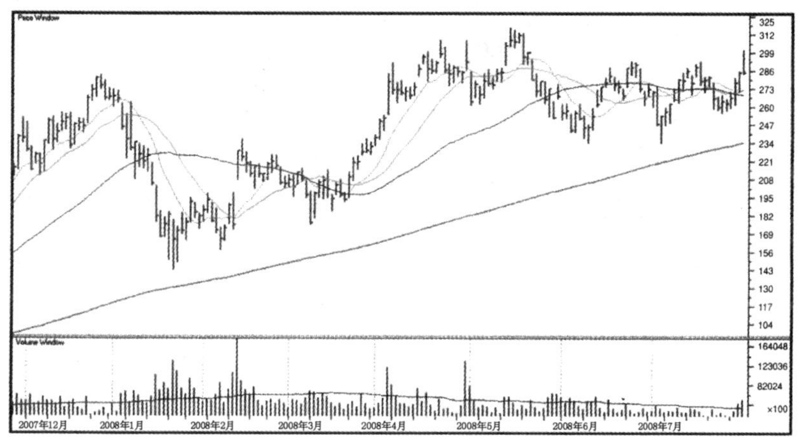

HGS 软件公司供图，版权 2012。

图 7.51　2008 年 7 月 31 日

这是一个在尝试性突破时的巨量逆转。如果基于该交易日早期可能的突破而买入股票，那么卖出它，或者是保持一个紧凑的止损点，如果该股票走低，就在第二天卖出。

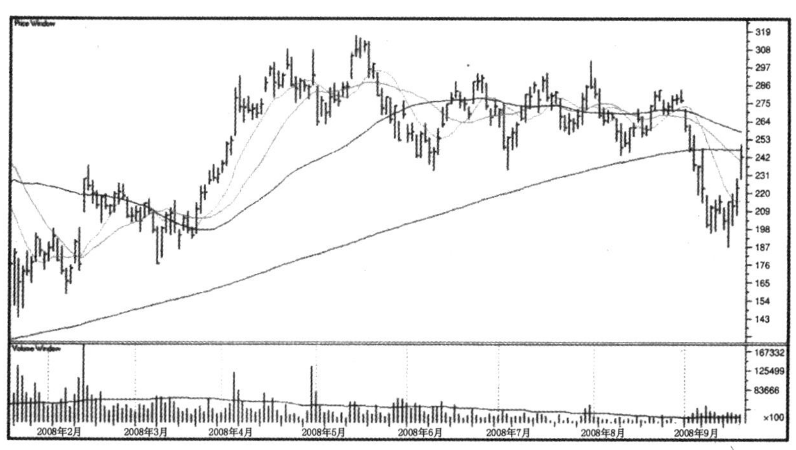

HGS 软件公司供图，版权 2012。

图 7.52　2008 年 9 月 19 日

在突破至新高失败后,第一太阳能现在发现自己位于其 200 日移动均线下方。这里,在后期基部失败型卖空形态中,它试图向上反弹到 200 日移动均线和 50 日移动均线。实际上,当整体市场也同时快速转向下跌时,基于这种情况,这会是该股票的一个理想的卖空点。

2010~2011 年艾可美(APKT)

2010~2011 年,看到了云计算的出现,从本质上讲,其思路是,人们可以使用在互联网上托管的虚拟网络远程服务器代替本地服务器,旨在存储、管理和处理数据和其他应用程序。通过减少对携带所有使用者数据和应用程序的需要,现在,使用智能手机、笔记本电脑或平板电脑,可以进行运算。艾可美公司是该领域的一家公司,是会话边界控制器的制造商,可以通过网关支持流媒体应用的路由。这种技术是像诸如网络电话或 VOIP 以及视频会议应用程序的关键部件,并且随着越来越多这类应用性技术在无线网络上应用,艾可美的业务开始蓬勃发展,导致该股票价格出现大幅上涨。

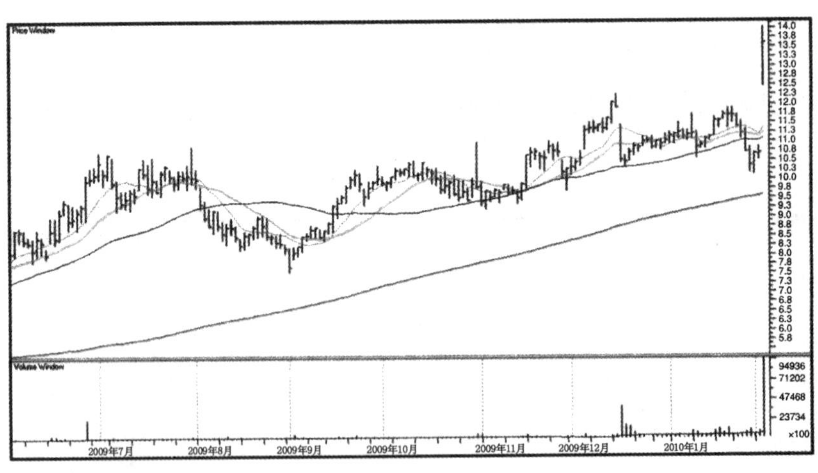

HGS 软件公司供图,版权 2012。

图 7.53　2010 年 2 月 3 日

艾可美所发出的良好信息是,出现巨量可买入上涨跳空缺口。新龙头股往往在启动时会出现像这样的巨大涨幅,它产生于之前长期的盘整,在行情爆发之前,这种盘整会让每个人对此毫无兴趣。通常情况下,在这里买入初始头寸。

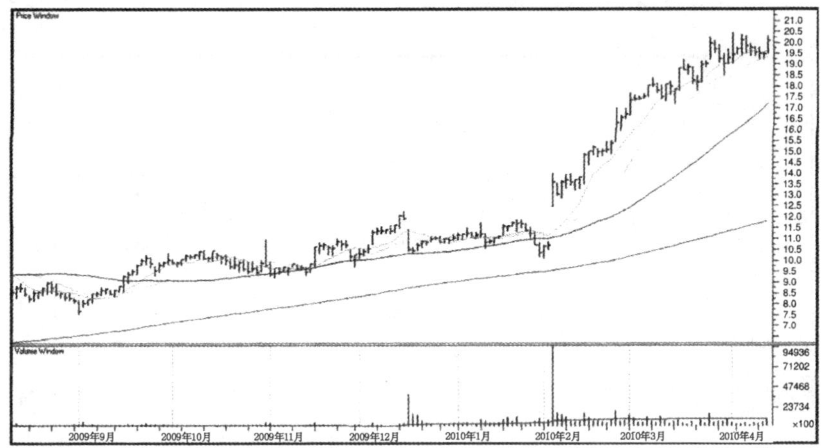

HGS 软件公司供图,版权 2012。

图 7.54　2010 年 4 月 14 日和 15 日

紧随 2 月 3 日(见图 7.53)跳空上涨缺口,艾可美沿着其 10 日移动均线出现非常好的趋势。在这个上涨趋势中,有几个口袋支点量能标志,但它们都是 10 日移动均线的延伸,因此并不是有效的,不值得买入。直到 2 月 14 日这天,当该股票上涨并远离 10 日移动均线时,才出现正确的口袋支点买入点。这是一个持续性口袋支点,并且在第二天即 2 月 15 日,在突破至新高时,也是一个口袋支点买入点,处于 14 日支点的区间之内。

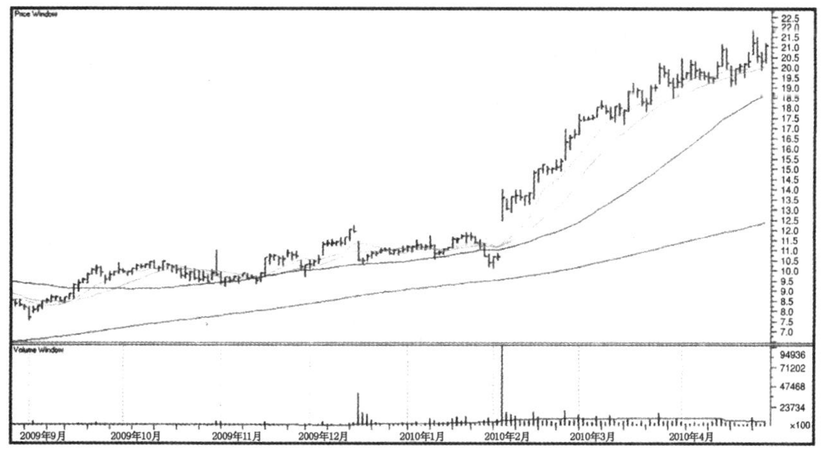

HGS 软件公司供图,版权 2012。

图 7.55　2010 年 4 月 29 日

这个持续性口袋支点值得买入,并且发出了第二天所出现行为的信号。

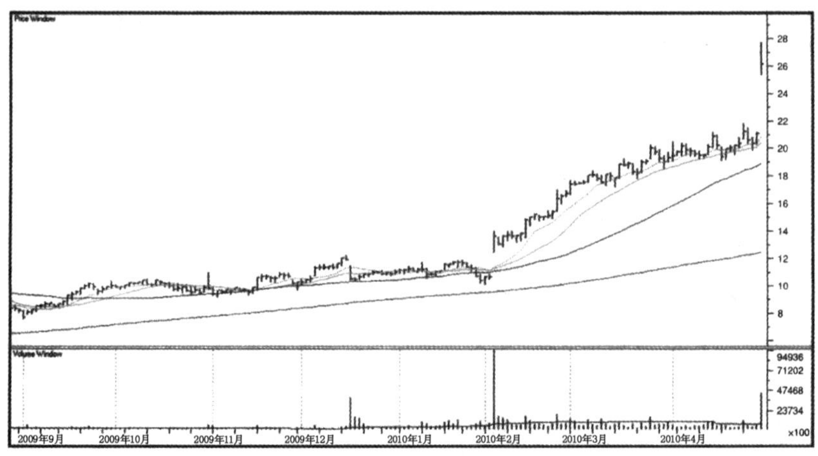

HGS 软件公司供图,版权 2012。

图 7.56　2010 年 4 月 30 日

这是一个可买入上涨跳空缺口,这时,该股票走出了还没有出现抛物线式上涨的具有建设性的上涨趋势。像往常一样,我们在该交易日盘中低点使用止损,增加 2%的下跌空间。

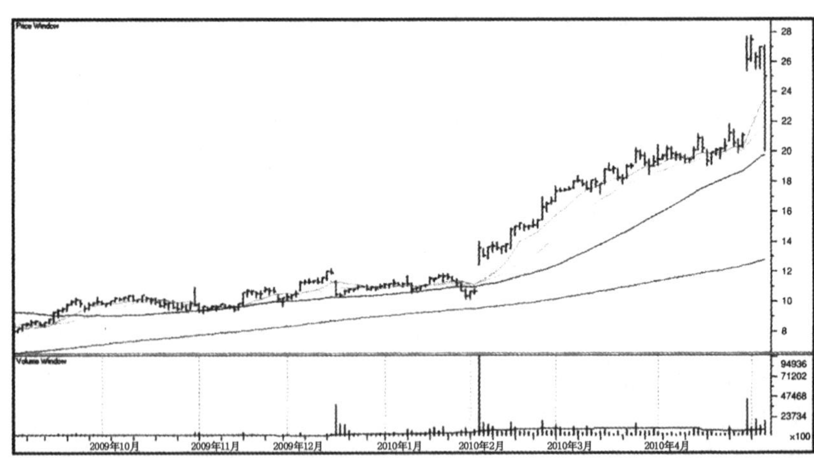

HGS 软件公司供图,版权 2012。

图 7.57　2010 年 5 月 6 日

4 月 30 日(见图 7.56)可买入上涨跳空缺口出现四天之后,该股票跌破可买入上涨跳空缺口当天盘中低点,超过了所允许的 2%空间,因此我们抛售该股票,兑现利润。

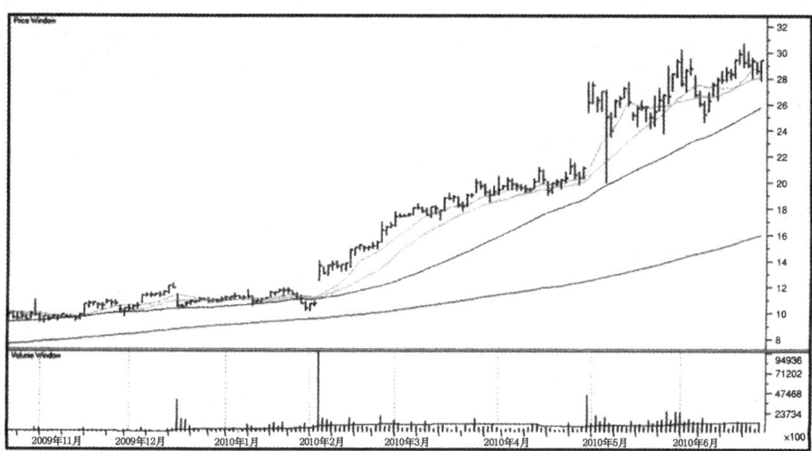

HGS 软件公司供图,版权 2012。

图 7.58　2010 年 6 月 25 日

该股票提供给我们一个重新进入的信号,口袋支点买入点突破 10 日移动均线。

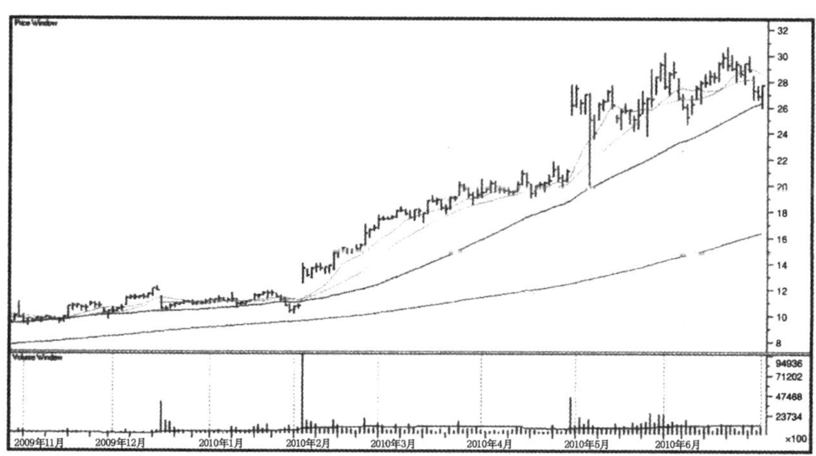

HGS 软件公司供图,版权 2012。

图 7.59　2010 年 7 月 1 日

在 6 月 25 日(见图 7.58)口袋支点出现七周内,该股票背离其 10 日移动均线,因此,将会使用 50 日移动均线作为最终卖出指标。请注意,在这一天,该股票恰好触及 50 日移动均线,验证这里所使用的七周规则。

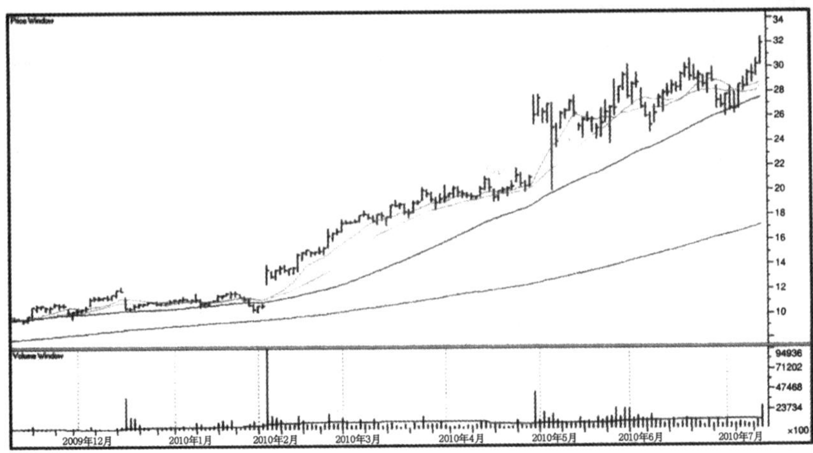

HGS 软件公司供图,版权 2012。

图 7.60 2010 年 7 月 14 日

这是一个在巨量突破至新高时出现的口袋支点,这时,该股票走入上升式基部。这时可以买入。

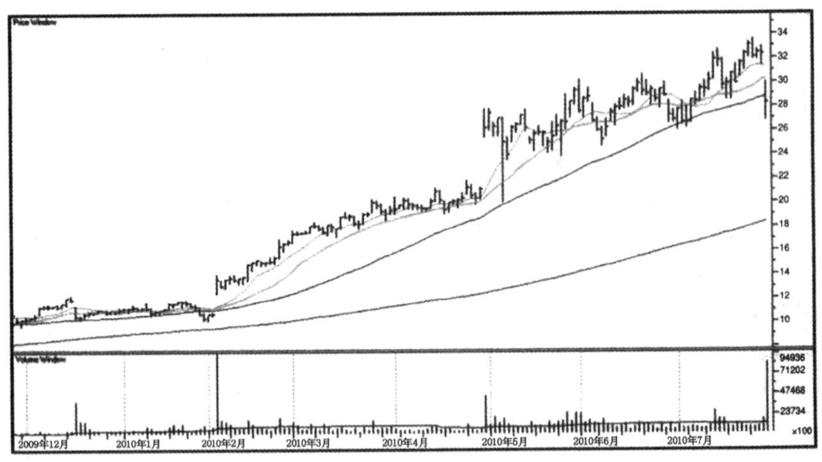

HGS 软件公司供图,版权 2012。

图 7.61 2010 年 7 月 30 日

这是一个带巨量下跌成交量的大幅跳空下跌缺口。该股票在这里大幅跳水,没有任何理由。在这个重大跳空下跌缺口行为中,我们就在开盘时卖出,因为波动性可能是最好的情况,并且还可能出现进一步的抛售行为。

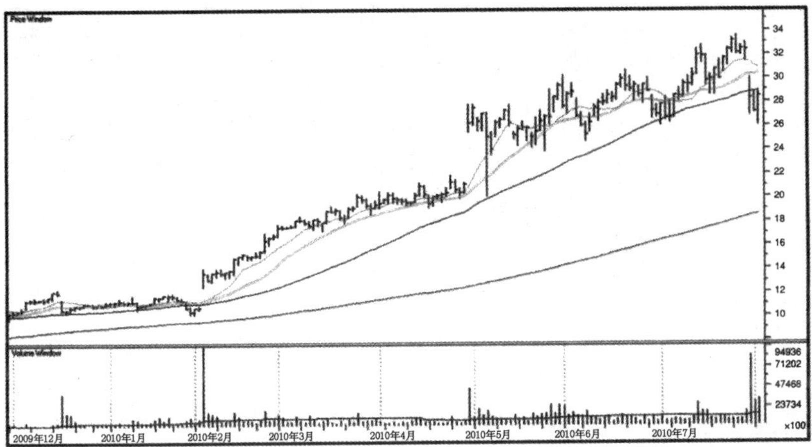

HGS 软件公司供图,版权 2012。

图 7.62　2010 年 8 月 3 日

现在,该股票正式背离了其 50 日移动均线。如果你在三个交易日前 7 月 30 日出现巨大跳空下跌缺口时还没有卖出,那么到今天,我们肯定会卖出。

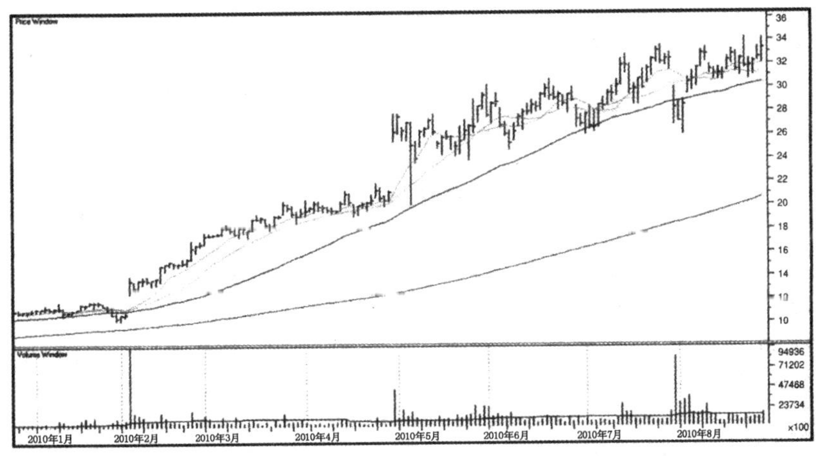

HGS 软件公司供图,版权 2012。

图 7.63　2010 年 8 月 27 日

50 日移动均线的背离原来是一次震仓。然而,风险必须管理,并且这类行为会导致更大幅度的损失,其概率超过了持有该股票的需求,考虑到之前自 2010 年 2 月最初突破到 5 月 6 日(见图 7.57)出现卖出信号,在该股票中产生了巨额利润。

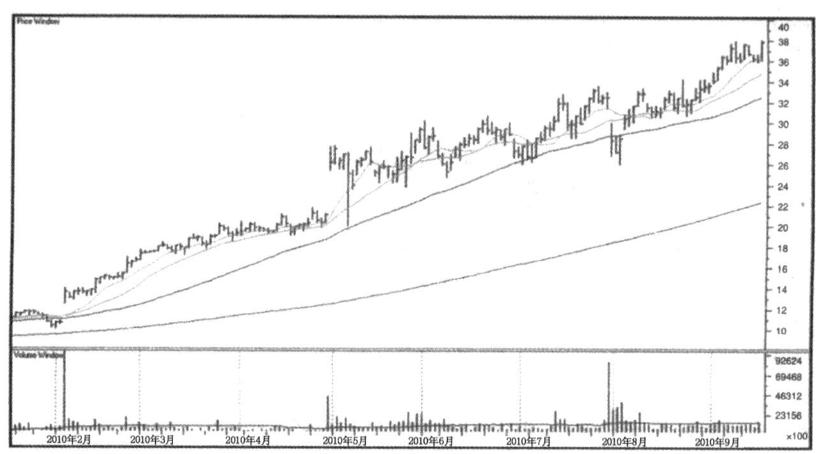

HGS 软件公司供图，版权 2012。

图 7.64　2010 年 9 月 17 日

艾可美远离其 10 日移动均线，闪现出一个口袋支点买入点，因此，我们再次进入到该股票中。我们并不会考虑之前在 50 日移动均线下方卖出了该股票，我们更感兴趣的是，该股票会自该点位走向哪里。

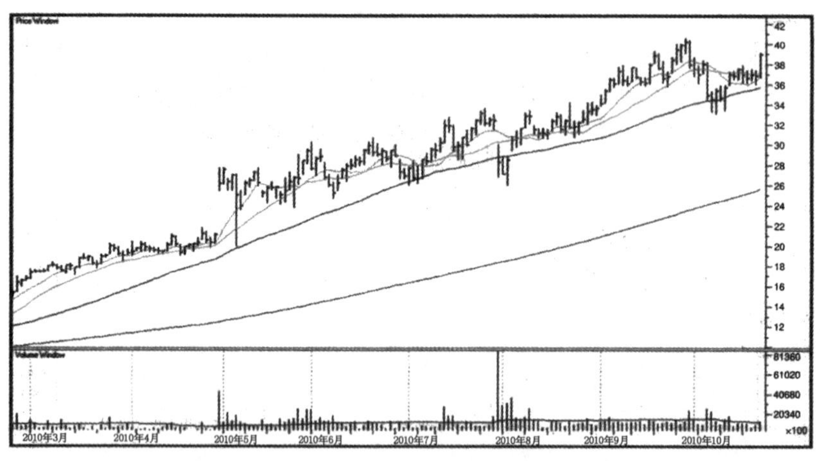

HGS 软件公司供图，版权 2012。

图 7.65　2010 年 10 月 22 日

紧随 9 月 17 日的口袋支点，该股票背离了其 10 日移动均线，但是在 50 日移动均线找到了支撑，我们使用该线作为卖出指标。该股票已经上涨远离了 50 日移动均线，并且在今天，当它沿 10 日移动均线走出紧凑的横盘盘整时，闪现出一个口袋支点买入点。

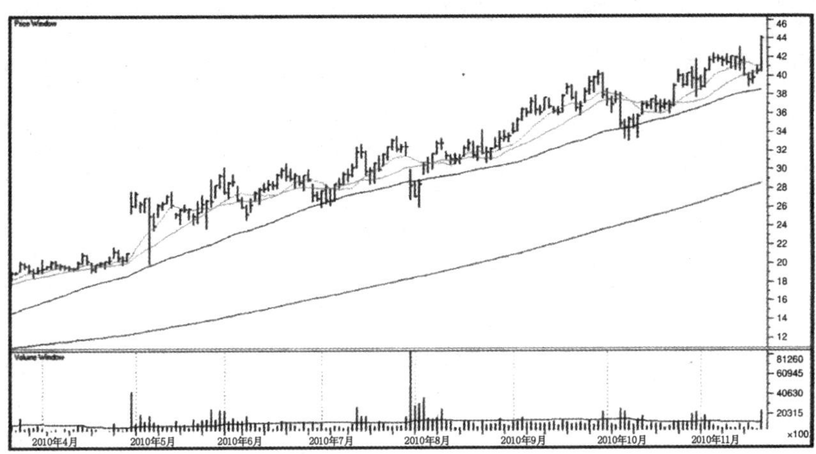

HGS 软件公司供图,版权 2012。

图 7.66　2010 年 11 月 19 日

自最近口袋支点买入点(见图 7.65)以来,艾可美持续稳步走高,并且今天它闪现出另一个口袋支点买入点,突破远离 10 日移动均线。这产生了一些强势上涨成交量。

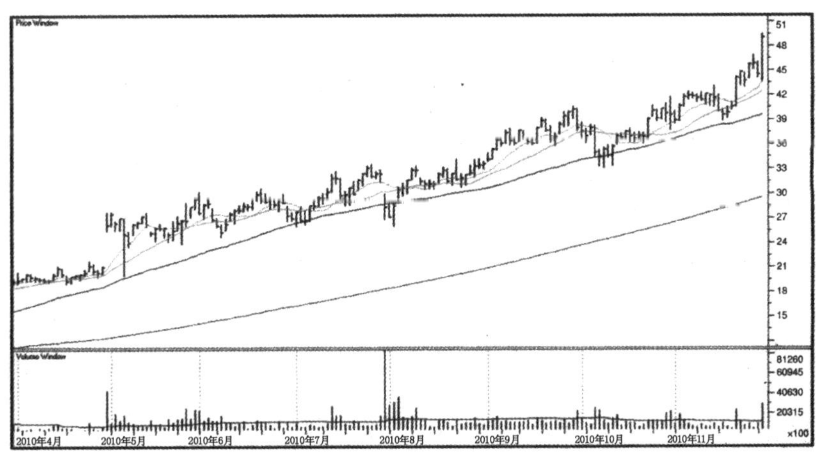

HGS 软件公司供图,版权 2012。

图 7.67　2010 年 11 月 30 日

该股票开始积累了一些上涨动能,有助于弥补早期开始时的一些错误。今天,它也闪现出另一个口袋支点,其成交量甚至高于 11 月 19 日(见图 7.66)强势口袋支点的成交量。请注意,这是一个持续性口袋支点,并且,如果投资者由于宽幅的日交易区间而在当天高位买入股票,那么可以被认为具有一定的延伸特征。

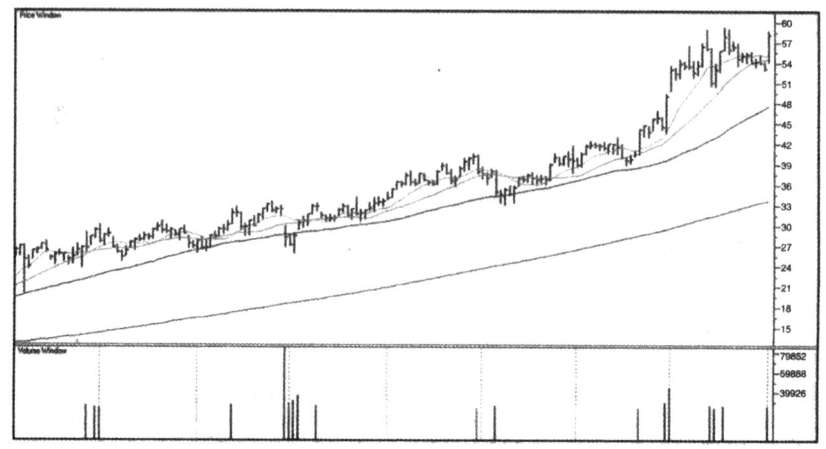

HGS 软件公司供图,版权 2012。

图 7.68　2011 年 1 月 3 日

自艾可美最近闪现出正确的买入点以来,已经超过一个月了,并且,自那时起,它已经上涨了不少。但是,该股票在今天又产生了另一个口袋支点买入点,并且它出现了强势的成交量。请注意,我们仍然使用 50 日移动均线作为我们卖出指标。

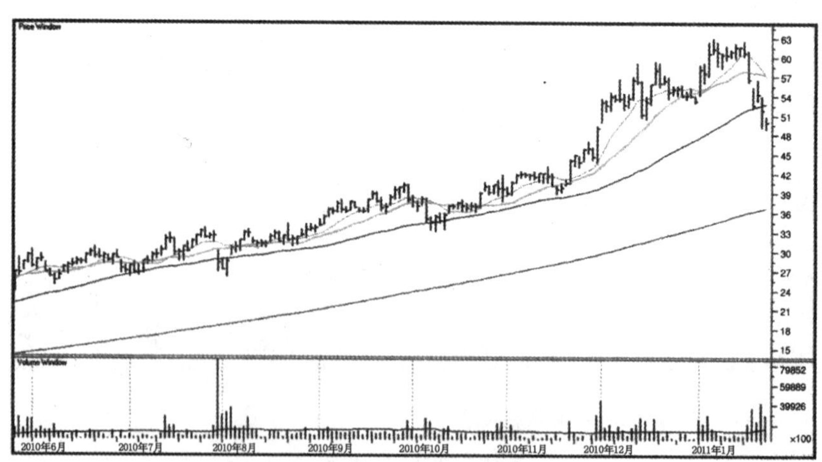

HGS 软件公司供图,版权 2012。

图 7.69　2011 年 1 月 25 日

该股票背离了其 50 日移动均线,因此,我们抛出了所有股票。因为我们在最近回调时并没有增加大规模头寸,所以保持了来自较早买入点的一些利润。

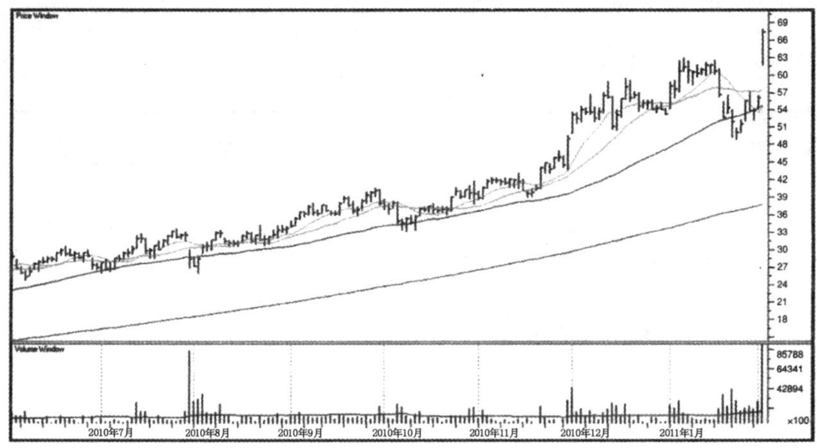

HGS 软件公司供图,版权 2012。

图 7.70　2011 年 2 月 2 日

艾可美似乎喜欢在 50 日移动均线将投资者震仓出局,并且 1 月 25 日(见图 7.69)背离 50 日移动均线后,它出现了反转,并且产生了另一个可买入上涨跳空缺口。我们重新进入该股票,买入了正常的初始头寸。

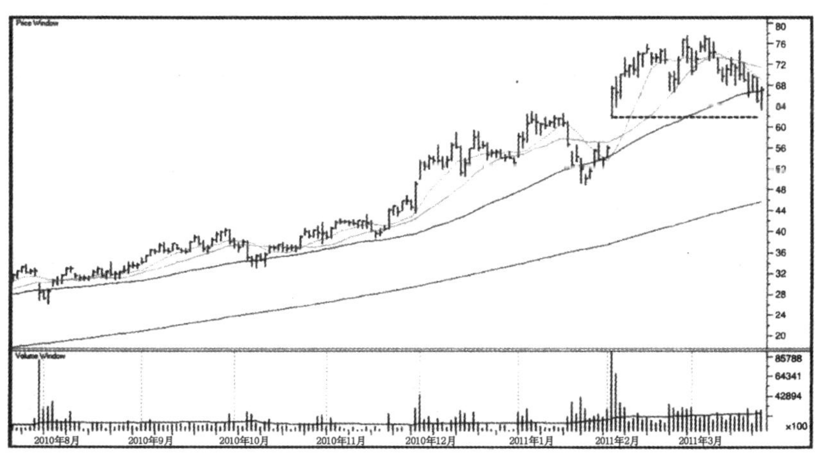

HGS 软件公司供图,版权 2012。

图 7.71　2011 年 3 月 23 日

艾可美决定再次背离其 50 日移动均线,基于该移动均线背离,把这种情况作为技术性卖出信号。然而，这里有一个利好因素，那就是该股票还没有下跌到2月2日（见图7.70）跳空上涨缺口盘中低点下方，因此，投资者可能会给该股票更多一点空间，而是使用这个盘中低点作为止损点，尤其是考虑到该股票在50日均线的震仓历史行为。

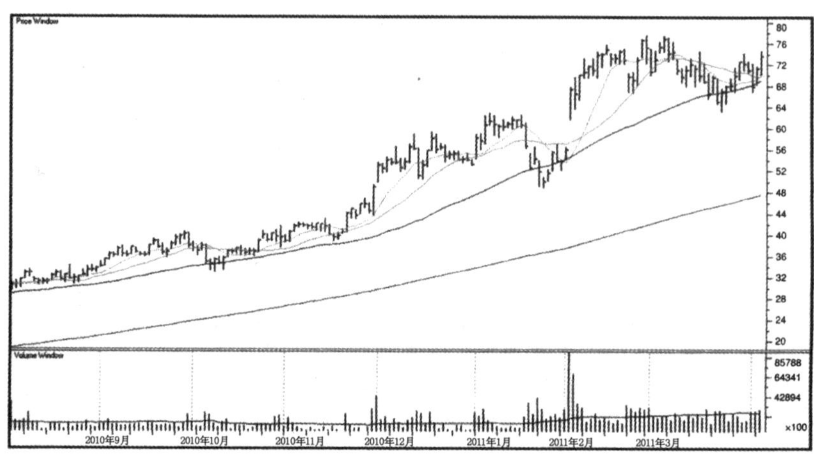

HGS软件公司供图，版权2012。

图7.72　2011年4月5日

果然不出所料，艾可美在50日移动均线震仓，并且再次走高。今天，它产生了一个口袋支点买入点，向上远离了10日移动均线。

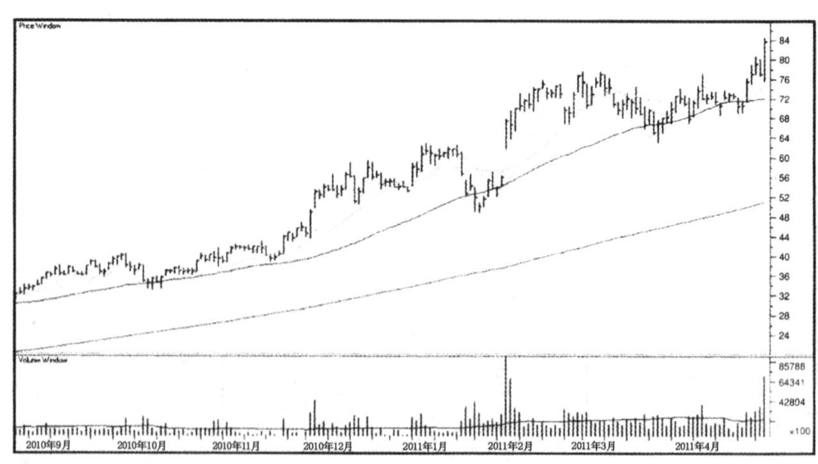

HGS软件公司供图，版权2012。

图7.73　2011年4月27日

这是一个口袋支点买入点,也是基部突破,因此可以买入。然而,该股票由于到了后期阶段,因此在这时候很明显。自从其于 2010 年 2 月首次突破以来,已经上涨了一年多。令人好奇的是,这次突破是否有效。

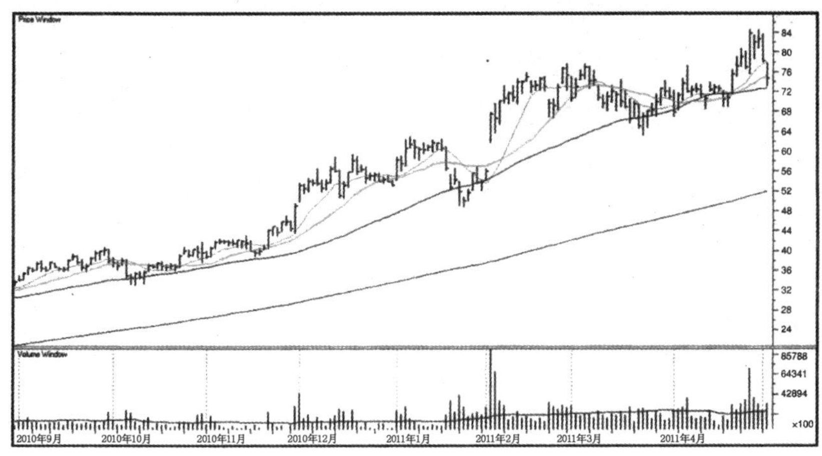

HGS 软件公司供图,版权 2012。

图 7.74　2011 年 5 月 3 日

该股票跌回到其基部,自此开始,该次突破事实上开始出现动摇,之后,该股票最终在接下来的数周内永久性地背离了其 50 日移动均线。应该注意到的是,2011 年,大多数龙头股,诸如苹果公司(AAPL)以及价格线网(PCLN)都没有出现明显的上升趋势,因为 2011 年是一个几乎没有趋势并且波动性很强的市场年份,该年最终让很多精明的投资者感到举步维艰。

小 结

通过观察如何实时运用我们的规则和方法,读者应该对该过程的动态性有了更好的理解。我们也没有选择两个完美的案例,正如我们看到,艾可美几次背离 50 日移动均线,不料却将我们震仓出局,我们卖出头寸后,该股票几乎马上就反转上涨了。同样,通过第一太阳能(FSLR)可以看到,在炙手可热板块中的新股应该如何处理,在本案例中是太阳能板块,尽管它有内在的波动性。

读者应该知道,没有任何系统或方法是完美的,因为市场不会总是按照完美的方式运行。形势总是动态的,并且当投资者在整个过程中坚持同样的动态性时,必须始终考虑新信息因素。在某只股票上被震仓出局并不会妨碍投资者在该股票恢复并产生一个新的买入点时重新买回它,有时,它会比我们被震仓出局的点位高出很多个百分点,同时,这是我们希望读者从这次交易模拟中获得的重大教训之一。不考虑不确定性,并且不顾偶尔出现的糟糕信号,投资者必须绝对坚持在方法论、交易和风险管理规则方面的纪律性。这是从不可避免挫折中恢复的唯一方法。耐心和毅力总归是需要的,还有对市场不断变化信息的绝对开放心态。

这个过程总会与预测市场和龙头股当前的正确行为相关,因为我们可能从来不会确切地知道未来的情况。这次交易模拟说明,所有这些如何在我们的方法中发挥作用,并且,如果我们能够把这传达给读者,就完成了我们自己的使命。

第八章　常见问题解答

自从我们的第一本著作《像欧奈尔信徒一样交易——我们如何在股市赢得18 000%的利润》出版，以及推出极其成功的 VirtueofSelfishInvesting. com 网站以来，我们收到了成千上万封电子邮件，提出了与这两个渠道所呈现内容主体相关的大量问题。我们获得问题的多样性和独特性成为本章常见问题解答的令人注目的纲要，通常是指用首字母缩拼词表示的 FAQs。它们在主要标题下进行了分组，但是很多 FAQs 可能在几个领域内重叠，诸如口袋支点和头寸规模，二者可能同时与在既定时间内马上买入股票的过程相关。

在某些情况下，这些 FAQs 本身可能会激发更深层次的问题，并且如果你遇到过这些问题，希望你给我们发送电子邮件，我们的邮箱是 info@virtueofselfishinvesting. com。

最近，如果你希望通过输入搜索词到我们的关键词搜索框查找特定主题，或者进入我们网站中不断更新的 FAQs 版块，那么请访问 www. virtueofselfishinvesting. com/faqs。

口袋支点买入点

口袋支点买入点十律(提示)

1. 正如基部突破一样，正确的口袋支点应该会出现在具有建设性的基部形态之内，或者是走出该基部形态。

2. 该股票的基本面应该强势，也就是说，优秀的业绩、销售额、税前利润、净资产回报率、在其领域内是强势龙头等。

3. 当天成交量应该超过之前 10 天中最大的下跌成交量。

4. 如果该口袋支点出现在该股票突破之后的上涨趋势中，那么它应该围绕其 10 日移动均线出现建设性的行动。只要它显示出反弹能力，成交量高于之前 10 天最大下跌成交量，就有可能会跌破 10 日移动均线。

5. 口袋支点有时会与基部突破或跳空上涨缺口同时出现。这种情况可能被认为是，应该出现附加的上涨动力。

6. 如果整体图表形态处于几个月的下跌趋势中(5 个月以上)，就不要买入口袋支点。最好是等待基部的弧形部分形成后，再买入。

7. 如果该股票低于关键移动均线，诸如 50 日移动均线或 200 日移动均线，就不要买入口袋支点。如果该股票恰好位于其 50 日移动均线下方，并且在 200 日移动均线附近获得支撑，那么可以买入，所提供的这个基部具有建设性。

8. 如果该股票形成 V 形形态，在该形态中，抛售导致大幅下跌，跌穿 10 日移动均线或 50 日移动均线，之后以 V 形形态呈直线式返回，那么在这种情况下，不要买入口袋支点。这种形态容易导致失败。

9. 避免买入出现在楔形形态之后的口袋支点。

10. 一些口袋支点可能会出现在该股票成为基部延伸之后。如果该支点恰好出现在 10 日移动均线附近，就可以买入，否则它就是一种延伸，并且应该避免买入。给 10 日移动均线留出追上该股票价格的机会，该股票在此会盘整几个交易日，之后买入这个口袋支点。

对于有效的口袋支点来讲，该口袋支点收盘必须接近于其交易区间顶部吗？如果满足了所有的标准，但是收盘价处于当天交易区间下半部或最下面四分之一处，它仍然会是一个有效的口袋支点买入点吗？

在理想情况下，我们更愿意看到该股票收盘于当天交易区间的顶部。然而，如果它收盘在交易区间的上半部，并且当天出现上涨，那么它仍然可能被认为是有效的。量/价行为总是取决于其背景因素，因此，例如，我们想知道为何它会收盘于当天交易区间的下半部。可能当天整体市场疲弱，在这种情况下，这种收盘情况更容易被接受，或者说，该股票可能是一只交投清淡的小盘股，从本质上来讲，就有更多的波动性。

我的问题与双重口袋支点有关,也就是说,某只特殊股票在仅仅几个交易日内出现了多个口袋支点。从统计意义上来讲,在双重口袋支点情况下,这是增加了价格升值概率吗?或者说这是增加了价格升值的百分比吗?

口袋支点具有背景性因素,就像市场上的大多数事情一样。多重口袋支点仅仅在几个交易日内扎堆出现,但是这种情况并不会导致该股票出现大幅价格上涨,在极为强势市场或者牛市背景下,多重口袋支点或许会被认为是一种弱势行为,但是,在弱势或者熊市背景下,它可能是一种强势信号。在弱市中反弹的股票显示出强势。在某种情况下,该股票走高,随之产生更多口袋支点买入点,当然,当龙头股趋势走高时,它们往往会产生多重口袋支点,这一般是股票表现走好的情况。如图 8.1 所示,口袋支点的强度也可能是一个影响因素,我们从图中可以看到莫利矿业(MCP)的两个巨量口袋支点,恰好就出现在它上涨,远离横盘盘整和基部形态低点之时。在这种情况下,这些口袋支点是出现在整体市场反弹阶段清晰的强势信号,因此是强势市场的强势行为,并且会产生极为快速的价格上涨。

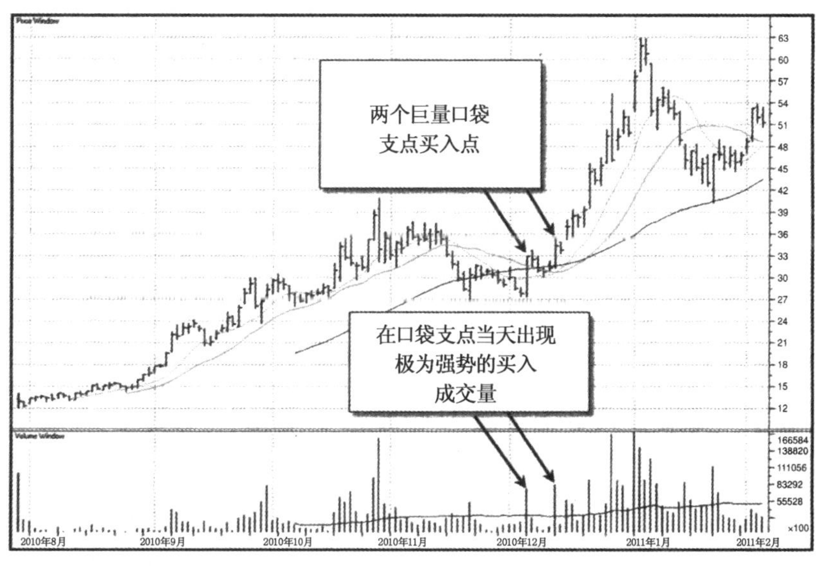

HGS 软件公司供图,版权 2012。

图 8.1　2010 年莫利矿业(MCP)日线。基部形态导致了价格非常快速的上涨,随着该股票在该形态右侧上涨,出现了两个巨量口袋支点。

如果在当天早盘建立了初始头寸,因为股票这时成交量巨大,有望出现口袋

支点买入点，但是之后，成交量逐渐降低，并且出现成交量不够的情况，那么我要马上卖出头寸吗？

这取决于你自己，基于你自己的头寸情况以及风险管理。如果该股票维持上涨，并且收盘接近或处于当天高点，但是并没有满足当天成交量高于之前10天任何下跌成交量的条件，那么它就不符合口袋支点买入点的定义。然而，如果当天成交量高于前一天的成交量，换句话说，就是出现上涨，那么，从技术角度而言，它在当天的行为仍然很好，尽管没有达到口袋支点所需要的量能标准。如果你最初决定了在何时建立头寸，如果它确实没有达到口袋支点所需要的成交量，那么你就会卖出，这就会是你的止损规则。如果你买入该股票，想使用3%～5%的止损位，那么这就会是另一种止损规则。这是完全不同的两种处理方法，它基于你对该交易、自己的风险容忍度以及交易时间范围的最初期望。请牢记，市场中始终会存在风险。（另参见“止损和常用卖出规则”。）

股票的口袋支点买入点具体在哪里？如何与基部突破中的口袋支点进行比较？

从本质上来说，口袋支点是一个早期进入点，它可能出现在股票基部中，或者说与基部突破相互联系（给突破增加进一步的确认和可信度）。它也可能以持续性口袋支点的形式出现，在该股票突破基部之后作为增加筹码的点位，或者在它继续其上涨趋势时，成为该基部的延伸。

所采用的支点要与整幅图表相匹配。对于基部突破，这是不足的，但是仍然要结合外部环境加以考虑。例如，对于某些基部，你能够划出向下倾斜的线，并且这会充当你的突破点。在另外一些基部，它就是该股票触及新高时的基准点。对于其他基部来说，作为基准点的是柄部高点而不是整体基部高点。

对于口袋支点来说，通常情况下，支点是口袋支点出现当天的收盘价。在它与基部突破同时出现的情况下，正常的突破点（新高、柄部高点或向下倾斜的线）通常会是基准点。请注意，如果该股票出现巨幅上涨交易日，投资者必须把这个因素考虑到自己的风险容忍度之内，这样的股票可能会出现更大幅度的回调。

强势市场中有如此多的口袋支点，你如何发现最好的支点，或者你会全部买入它们吗？

在强势牛市中，有很多健康龙头股票，其走势持续向好并且趋势走高，打个比方说，这种诱惑或许会尝试亲吻所有孩子，但这种情况是不可能的。为了赚到大钱，一旦市场出现在新一轮反弹或牛市中，投资者必须基于客观证据，试着关注自己认为最有可能成为龙头的股票。因此，如果新出现龙头股有些新特征(把2004 年的苹果公司和谷歌公司，2007 年的太阳能股票或者 1999 年的网络股看作股票板块或股票的例子，它们在其价格大幅上涨过程中产生了很多新特征)，你在该股票中以很好的价格持有良好的头寸，例如，没有必要来进行干预，或者抛售头寸，或许会对最近强势收益进行巩固，以利于股票在今天的走势。当整体市场出现平缓甚至下跌时，通常情况下，龙头股当天会上涨，因此，如果这些龙头股在市场上涨时出现停滞，投资者也不应该感到诧异。只要该股票休整并出现正常走势，就无须进行操作。

当你看到龙头股产生了一个口袋支点买入点，并且自己的投资组合中没有更多的空间时，可以卖出最疲弱的股票，为新股票腾出空间。在正确操作时，这会产生将自己的资金强制投入到最强势股票的效果。换句话说，你卖出更迟缓、更疲弱的股票，为最强势的股票留出空间，请牢记，强势股票会经历之前所讨论的短暂休整期，尤其是在获得巨大盈利之后。

你经常说，在大多数情况下，自 10 日移动均线上方点位启动价格上涨的口袋支点买入点，可以被认为是一种延伸。请解释。

本书中显示了很多延伸性口袋支点的例子，这些支点并不是有效的口袋支点买入点。然而，从视觉上来看，这只是自 10 日移动均线上方点位出现的口袋支点。通常情况下，你会看到图表中的当天价格条，以某种形式触及 10 日移动均线，要么上涨远离该线，要么上涨突破该线。一种可能的例外情况是，出现远离或突破 10 日移动均线的真正价格跳空上涨，在这种情况下，如果你想象延伸当天价格条的底部到前天收盘价，填满这个缺口，那么它就会触及或者非常接近该线了。

股票在什么情况下会被认为在其整体价格波动中过于延伸而无法买入这个口袋支点？威廉·J. 欧奈尔指出，投资者不应该追逐超过突破点 5%左右的股票，但是，你的方法似乎与该规则并不是特别相关。

我们的方法与该规则无关，是因为(1)它仅适用于标准基部突破买入点，(2)它并不适用于大量其他买入点和技术，而我们在自己的方法中会使用这些买入点和技术。你支付的价格越高，你的风险和亏损规则也就会越大。例如，不要买入超过基部突破买入点 5%以上股票的简单逻辑是，如果你在这个正确的口袋支点上涨5%才买入,要是这个买入点被证明是假的,那么你的亏损就会超过5%。在大多数情况下,我们不会买入涨幅超过5%的股票,只是会等待下一个买入信号。并没有准确的统计证据表明,买入高于其基部突破4.8%的股票的风险性会低于买入高于其基部突破5.2%的股票。一切都可以归结为,当投资者基于买入点,不论是标准的基部突破、口袋支点买入点,还是可买入上涨跳空缺口,买入股票时,他认为自己能够容忍的最大可能损失。

为了把七周规则应用到某只特定股票上,什么会导致七周时钟重置归零?它会在每个持续性口袋支点或可买入上涨跳空缺口重置吗?

它会为可买入上涨跳空缺口重置。通常情况下,它会为基部之内或与基部突破同时出现的口袋支点重置,尽管这需要考虑其背景因素。在某些特定情况下,计数时间会在口袋支点前几个交易日或更长时间。它不会为持续性或后继式口袋支点重置。

在应用七周规则时,你仅在该股票突破基部,或者它首次收盘高于该移动均线之后,才开始计算周数吗?

计数情况取决于整体图表的背景因素。在一些情况下,图表遵循口袋支点之前的10日移动均线,计算数就从这里开始。对于后继式口袋支点(支点出现在突破之后)以及一些跳空上涨缺口,都属于这种情况。该股票在构建基部的情况下,计数一般从关键买入点当天开始(例如,口袋支点、标准基部突破、可买入上涨跳空缺口等),因为该股票仍然会在横盘的基部形态内上下波动,它不大可能在数周内遵循其10日移动均线,尽管通常情况下它会在基部内遵循其10日移动均线,这只是一件理所当然的事情。因此,这种在基部内短期遵循10日移动均线的情况,通常应该不包括在计数之内。

你可以讨论一下如何处理股票XZY吗?我犯了一个错误,在交易的最初30分钟内买入了该股票。我认为它在突破基部,因此,我加码了在早期口袋支点所买入的股票。现在,它看起来不像是聪明之举。

首先,你必须知道,你的措辞是有缺陷的;我们在特定环境下如何处理股票并不相关,因为我们可能处理每一只股票的方法都不一样,反过来说,这或许与你处理股票的方式完全不同。你如何处理股票完全取决于自己的个人风险管理偏好以及交易风格,所有这些应该与你自己的个人心理保持一致,并且在进入交易前,需要对这些因素加以考虑。无论你在什么时候买入股票,都要预先确定自己卖出该股票的条件,如(1)自你的进入点下跌的百分比——典型的止损百分比;(2)对该交易的期望;(3)突然出现在该股票中的不寻常的或有害的行为;(4)相反的整体市场条件;诸如此类。

如果你基于自己在任何时候看到的牛市技术性行为增加头寸,在这之后不久,牛市技术性行为逆转,使得你增加头寸的前提条件出现错误,那么你如何处理这种情况?如果你增加头寸,它下跌到你增加头寸的价格下方,这部分处于买入价格水平下方,因此,你必须决定,对于这部分头寸的止损点在哪里,是10日移动均线还是50日移动均线?是在之前基部顶部还是之前突破点的顶部?是该基部的底部,还是其他一些允许支撑位的前期低点?或者说,是全部头寸最大的下跌幅度为7%~8%吗?这些以及其他类似问题,还有风险管理参数,都需要你加以考虑,并且,如果你真的想知道如何交易以及如何投资,就要亲自操作。把你自己武装起来!(另参见“止损和常用卖出规则”。)

2011年,可能从来不会真正抓住某个趋势,在这一年如何执行口袋支点买入点?

口袋支点买入点并不代表股票指数或投资组合,它们会获得某种指数性业绩。投资者必须知道,口袋支点是什么,以及如何来使用口袋支点。口袋支点买入点的重点,不是它一定会比买入清晰的突破更为成功,而是它会提供可能的早期进入点或适合的加仓点(如果它是持续性口袋支点的话),在寻求启动或构建龙头股头寸时,将它们放到你的技术工具箱内。利用所有口袋支点并试图衡量其绩效,并不会告诉你口袋支点的有效性——口袋支点并不是一项投资策略,它们是技术工具,因此,它们体现了某种总体业绩的想法并不准确。你可以依据口袋支点买入三只股票,其中两只或许可能不起作用,但是第三只可能会导致股票出现快速的价格上涨。诸如2010年以及2011年的莫利矿业。那么,你从买入成功口袋支点中所获得的绩效,取决于你在此如何处理头寸,因此,在从中期到长期的过程中,它完全独立于口袋支点本身。

2011年的确非同寻常,但是,2011年上半年白银和黄金的口袋支点导致这两种商品出现了强势上涨。使用贵金属ETF,如SPDR黄金股票(ETF)和安硕白银信托(SLV),基于整个强势上涨趋势中的口袋支点买入点,这些上涨完全值得参与。正如我们在第三章所进行的讨论,2011年对我们来说是成功的一年,主要因为我们能够抓住白银在该年4月和5月所形成的抛物线式趋势。

你如何利用历史数据测试口袋支点交易策略?

口袋支点买入点可以回溯测试到20世纪20年代。在这次回溯测试中,卡彻博士观察符合OWL方法中基本面和技术面特征的量/价行为,也就是说,在其领域中的龙头股(或者像利维摩尔所说的,“当天的主要股票”),强有力的盈利/销售增长、优秀的利润率、净资产回报率(ROE)等。卡彻博士也关注基本面相对较弱的股票。具有强劲基本面特征的股票在过去20多个市场周期中已由数以百计的历史实例加以证明了,在具有建设性的口袋支点买入点买入时,这种情况会显示出更高的成功率。

基于严格的回溯测试,包括数千次,及至上万次量/价图表的检测,该方法不仅在2004~2006年横盘不稳定的市场中有效,而且在20世纪90年代以及完全不同的时代,诸如兴旺的20年代——大约100年前,都有效。我们一般认为,如果在20世纪90年代就有了口袋支点工具,那么我们的回报会远远超出之前的实际回报,并且在21世纪前十年的中期更为不稳定、横盘的市场环境中,也肯定会超出实际回报。

对于产生口袋支点或跳空上涨缺口的股票,为什么一些股票相对于另一些股票更难处理?

在连续的市场疲弱期间,主要指数遭到大幅抛售,股票会多次产生口袋支点买入点,因此,最初它不会导致进一步上涨,以及实际上弱势收盘或者连续几个交易日下滑。任何一只股票的行为,无论它有多么强势,总会受到整体市场背景因素的影响。因此,困难可能是整体市场环境所带来的。它也可能是受到与行业或板块相关消息的影响,或者该股票作为一只小盘股而出现交投清淡的情况。

在买入口袋支点的时候,你建议交易者使用什么作为止损指导?你经常把10日移动均线作为卖出指标,但是,如何在卖出股票时使用你的10日/50日移动均线(我假设该技术是在产生利润时卖出股票)?另外,它如何应用其他人所提出的最大7%~8%的亏损?在什么时候,我们为该股票提供最大允许亏损为下跌7%~8%的空间,而不是在其背离10日移动均线时卖出它?

大多数以OWL方法为导向的投资者,使用最大止损为7%~8%,这也是威廉·J. 欧奈尔所提倡的。在我们看来,始终坚持这条规则总是谨慎的。如果该股票在其达到该价格水平之前背离了其10日移动均线,那么,无论你决定是持有自己的头寸,还是卖出,取决于很多因素。这些因素包括整体市场的强度以及股票的质量。从另一方面来讲，如果你产生了利润并且该股票在不到七周时间内背离了其10日移动均线，那么，依据七周规则，你应该使用背离50日移动均线作为卖出指标。七周规则也表明，如果该股票至少在七周内没有背离其10日移动均线，那么投资者应该使用背离10日移动均线作为自己的卖出点(另参见“止损和常用卖出规则”)。

在ETF与股票中使用口袋支点买入点存在差异吗？它在这里全部适用吗？

更广泛的指数型ETF的行为在股票中过于分散以致不太可靠，这时，口袋支点适用于股票。然而，在ETF涵盖范围小的情况下，它只关注单一投资品，诸如GLD和SLV只是针对黄金和白银的ETF产品，这时，口袋支点确实也会有效。决定ETF产品交易是否与口袋支点买入点相关，最可能取决于它的涵盖范围，并且在这种情况下，单一商品ETF所显示出来的可买入性，就像它们是股票一样。

我发现，如果在我买入出现口袋支点的股票后，它在几天内没有走高的情况下，很难坚持持有它。当我卖出它后，它就开始走高。

我在口袋支点上最大的障碍是，在口袋支点似乎并没有出现大幅变动时，对持有口袋支点买入点缺乏耐心。

投资者应该如何决定口袋支点买入点是否有充分的时间，合理地预期它应该显示出产生利润的信号，或者说它是否应该被其他东西所清算，这时，你有什么建议吗？

如果你买入口袋支点，并且即使市场处于上升趋势市场，它在一周或两周内也并没有走高，那么你或许会为了另一只闪现出口袋支点买入点的股票而卖出它，或者如果你还有买入另一只自己想买入的股票的余地，你会把它保留在投资组合中。当然，投资者必须自己决定，他们希望自己的交易资金承担多大程度的风险，并且这归根结底取决于每位投资者的个人风险容忍度。另一方面，如果你的股票由于当前市场疲弱而没有走高，假如它还没有触及你的止损位，就可以持有该头寸。即使市场处于牛市阶段，股票也可能会以露露柠檬(LULU)在2010年下半年(见图8.2)的方式产生几个口袋支点。该股票拒绝下跌，并且在横盘盘整过程中持续产生口袋支点，这种情况是一种潜在的强势信号，之后事实证明正是如此。就像往常一样，股票行为受到整体市场环境因素的影响。

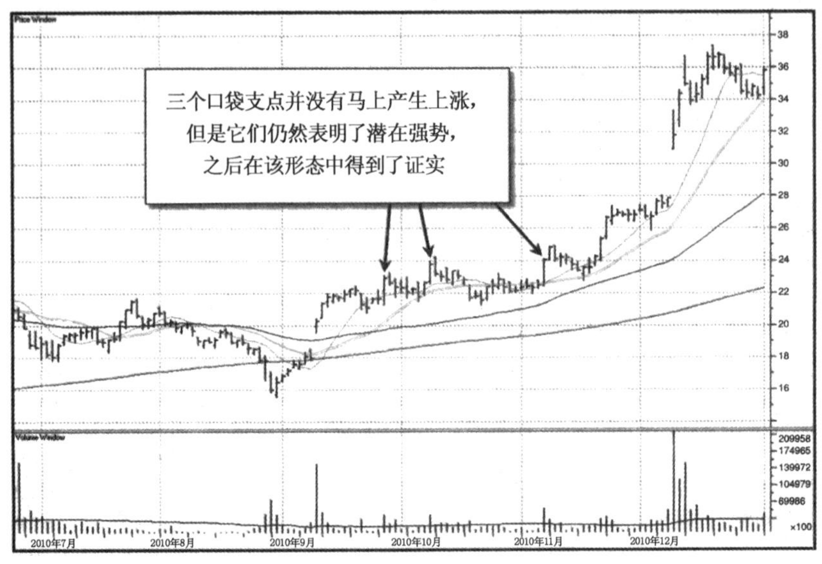

HGS软件公司供图,版权2012。

图8.2　2010年露露柠檬(LULU)日线。三个口袋支点并没有马上产生上涨。第一个口袋支点出现了几天的横盘,第二个失败了并且该股票走低,第三个出现横盘并下跌,之后,该股票反转并启动了协调一致的价格上涨行为。

如果股票跌破口袋支点当天低点,有可能做空吗?

这或许会有很多种可能情况,但在这一点上肯定不会是做空。在强势牛市市场环境中,口袋支点买入点可能会在接下来的几个交易日内跌破口袋支点当天的盘中低点,却仍然能发挥作用。在不稳定的、毫无方向的市场环境中,例如,就像在2011年所看到的情况一样,跌破其口袋支点当天低点的股票可能会走低,但是,接下来的下跌实际上是否是高盈利的卖空机会,这种观点并不甚明朗。要想确定这种情况,投资者必须在宏观背景下解释该股票的行为,诸如该股票可能开始形成的任何类型的顶部形态,就像后期失败基部一样,不再论及失败的口袋支点买入点。作为一个例子,图8.2中,露露柠檬(LULU)跌破了形态中第二个口袋支点买入点当天低点(中间箭头),但是该股票维持在50日移动均线上方,反转并上涨。

比如说,股票遵循其10日移动均线,之后在某个交易日跌到该线下方。在随后交易日中,该股票并没有背离首次跌破交易日当天低点,并且反弹到10日移动均线。一周后,该股票再次跌破10日移动均线,但并没有跌破一周前初次下穿10日移动均线当天的低点。第二次跌破10日移动均线会向上调整你的止

损点吗(到第二次跌破当天的低点)?在初次跌破后,第二次跌破并没有背离初次跌破当天低点的情况下,会有一些时间来重置止损位吗?

第二次跌破可能会向上重置你的止损位,将其设置为第二次突破当天的低点,但是,这要考虑到整体图表的背景性因素。例如,如果该股票看上去好像以横盘的形式运行了几天,甚至是几周,那么你可能会使用第一次背离当天低点作为自己的卖出指标。否则,当该股票收盘第二次低于其 10 日移动均线时,之后突破到该低点下方,你可能要卖出所有头寸的一半。之后,当跌破第一次背离当天低点时,卖出剩余头寸。

如果股票产生口袋支点买入点,但是你在第二天才能够进行交易,那么你在第二天什么位置进入呢?

如果你白天上班,当你在晚上进行当天市场回顾、观察和研究时,才看到口袋支点买入点,要是你想持有该股票并且它仍处于口袋支点买入点的合理区间内,那么你应该在第二天买入该股票。理想情况下,你希望这个区间尽可能狭窄。但是,如果你知道,你在第二天必须多支付 $X\%$,那么你也会知道该交易中的风险也会提升 $X\%$。这就看每一名投资者来确定他或她最大的 $X\%$价值,基于他或她自己的风险容忍度,以及该股票图表的背景因素。波动性越强的股票,就会有越高的最大 $X\%$。在某些情况下,如果这个 X 高于你的最大 $X\%$水平,你必须完全放过这次交易。在一个良性市场中,有很多买入可靠口袋支点的机会,因此,你绝不应该觉得自己需要抓住每一个口袋支点买入点(另参见“止损和常用卖出规则”)。

我想在口袋支点买入点买入的股票,现在自我初次看到的价位上涨了,因为我没能及时买入它。它仍然值得买入吗?或者我太迟了而不能买入?

每一名投资者必须决定,在口袋支点之上多大的百分比就是过于延伸而不能购买的情况。保守型投资者会把这个百分比设置在相对较低的水平,可能是低于口袋支点 3%。投资者也应该考虑该股票的波动性。相对强弱(RS)高于 95 的高波动性股票,可能会产生巨大的上涨潜力,因此,投资者可能会希望在稍晚买入这种股票时允许提供给它们更多一些空间,在他们认为该股票过度延伸之前。它所交易的价格偏离其口袋支点的幅度要大于他们正常情况下愿意容忍的水平。请注意,股票在哪一点位会被认为过度延伸,始终应该放到该股票整体波动性以及上涨潜力背景下进行考虑。

依据盈利报告所产生的口袋支点信号买入股票,你对持有这种股票有什么看法?

在即将发布利好的盈利报告时,口袋支点量/价行为能够提前一天或两天发出信号。也就是说,如果你在该股票中并没有产生利润缓冲空间,那么在股票发布盈利报告时持有大规模头寸是一种愚蠢行为。在发布盈利报告而没有利润缓冲空间时,你可以持有较小规模的头寸,但是请谨记,超过10%的跳空下跌缺口也是可能的。除此之外,在发布盈利报告后,该股票下跌并触及你的卖出警报,使用正常卖出规则退出该股票。

如果选择在盈利报告发布时持有股票,就要考虑你的风险以及头寸规模。例如,如果你希望在XYZ发布盈利报告时持有10%的头寸,XYZ下跌20%,那么你的投资组合整体损失是2%。如果希望持有20%的头寸,你遭受到投资组合损失就是4%。要在既定背景下可能产生的潜在风险因素框架内考虑这个问题,并且你愿意容忍这潜在的下跌风险。另外,还要考虑到下跌20%~30%的最坏情况,这种情况极为罕见,但仍然始终存在这种可能性。在10%的头寸上下跌30%,会对你的投资组合造成3%的损失,因此,要以这种方式考虑各种各样的潜在结果。

在首次出现持续性口袋支点时,我买入股票,因此,这是我在该股票的初始头寸。对于该头寸来讲,最佳的止损位是什么,也就是说,是背离10日或50日移动均线,还是其他标准?

由于你买入了持续性或后继式口袋支点,也就是说,当该股票上涨到该基部之上时,口袋支点出现,如果这是你的启动头寸的话,你可能希望使用背离10日移动均线作为卖出指标。请记住,如果损失超过你的最大允许程度,对于大多数投资者来讲,是7%~8%,不要再问任何理由,你也必须卖出它。这就是说,在触及7%~8%最大下跌止损之前,可能会出现背离10日移动均线的情况(另参见"止损和常用卖出规则")。

有没有可能预测口袋支点买入点?

如果该股票停留在10日或50日移动均线,卖出量能枯竭,那么投资者能够预测这类头寸的上涨,无论它最后是不是口袋支点。买入极端的量能枯竭可以用于强势龙头股,因为它们偶尔会出现在强势趋势中,其间它们会在上涨过程中伴随着强势的成交量,之后,在再次走高前量能枯竭时,迅速盘整。这更加适合于那些可以处理较高风险的投资者，因此，需要采用一种更为积极的买入策略。在经过一段时间——几天或几周——观察特别强势龙头股的交易后，有时可能会对其产生出一种感觉，并且，如果投资者也观察了股票行业和特征，同时实际上也拥有所讨论的股票，那么投资者对这种行为的感觉有时更多的是出于直觉。

当我看到股票中出现一个口袋支点买入点时，我总会希望看一下它是否会略微小幅回调，这样我就会获得更好的价格。有时，其间差价是50美分到1美元，但是很多情况下，该股票只会上涨到更高价格。我是不是过于吹毛求疵了?

你是过于吹毛求疵了。如果该股票处于口袋支点当天的合理区间内，那么它就是可买入的，并且，至少应该建立初始头寸。请谨记，买入任何股票的重点不是为了1～2个点而买入它们，而是为了50%～100%，甚至更高的涨幅。对于经验匮乏的投资者来讲，这种事情似乎难以全面理解。它们过于关注1～2个点的波动，以及他们是在小幅摆动的顶部还是底部进入的，而不是等待正确进入时间，并抓住潜在更大的波动，在一开始，这就是首要目标。

什么是口袋支点的成功率?

实际上，在上升趋势市场中，大约一半高质量股票所出现的口袋支点会发挥作用。在20世纪90年代，这大约相当于上升趋势市场中标准基部突破的成功率。区别在于，口袋支点买入的损失通常情况下会在5%以内，并且小于买入突破时的损失，因为突破的本质导致其往往会在主要移动均线上方更高位置，诸如10日或50日移动均线。因此，对于任何股票，不论以何种方法买入它，最重要的是在每个头寸上建立止损。伯纳德·巴鲁克曾说，要想赚大钱，投资者不必在所有时间内操作正确，而是在一些时间内操作正确，只要他能够充分利用自己的头寸，在处于正确状态时让交易持续下去，并且在出现错误时快速止损头寸损失。

似乎在很多情况下，当我在交易日结束的时候浏览股票时，很多股票最终并没有满足口袋支点的标准，是由于看似随机的巨幅下跌交易日，当天下跌成交量远远超过了日均成交量，尽管在过去两周内所有其他下跌交易日都有更加正常的成交量水平。要不是过去两周内某个单一巨量下跌交易日扭曲了成交量形态的话，本来可以产生口袋支点，你如何处理这类情况? 你是否会使用纯粹的方法，在真正口袋支点出现前避免交易该股票? 或者说，你仍然认为这种情况是可以买入的?

最好是使用纯粹方法,并避免交易该股票。在一个健康的市场上,将会出现很多买入机会。在我们看来,最为慎重的是买入基本面和技术面最好的股票。因此,在有疑问时,作为例外情况处理是不实际的,而且也是不必要的。

当市场导向模型发出卖出信号并且整体市场处于下跌趋势或者出现修正时,你会按照常规买入股票吗?这似乎与只有在市场处于上升趋势才买入股票的观点相悖?

如果股票在市场修正期间产生口袋支点买入点,尤其是在该修正已经下跌了相当大的幅度时,那么它们可能有时会成为逼近市场底部并反转上涨的预兆。因此,它们至少值得关注并把这次特定股票放置到自己的买入观察名单之中,以防整体市场确实出现一轮新的强势上升趋势。

投资者应该注意股票中具有建设性的积极量/价行为,甚至是整体市场疲弱期间。股票选择可能会随时出现。我们筛选股票很严格,并且在我们认为市场导向模型发出卖出信号时,会变得更加严格。如果我们看到某些股票通过了所有的筛选条件,那么我们会对此更加关注,并且在某些情况下,甚至会在该股票买入初始头寸,尤其是,如果产生了容易确认的并且紧凑的止损位。

你买入一个单位的某只股票。出现翻倍情况,之后卖出。在几天内,闪现出具有吸引力的口袋支点。你会买回两单位的该股票,还是恢复到原来的一个单位?

这取决于很多因素。如果我在自己的账户中仍然持有相同数量的现金头寸,整体市场保持在上升趋势中,并且该股票仍然像我在卖出一单位前一样具有吸引力,那么我可能会买入两个单位。底线是,在你第二次买入该股票时,对于你应该多买还是少买的问题,并没有硬性规定。

可买入上涨跳空缺口

你如何决定出现跳空上涨缺口的股票是否值得买入?如果值得买入,你如何确定进入时间点?你是在开盘时进入,还是等待它交易一会儿才进入?你在当天前半个小时买入,还是稍后的时间?我确信在确定何时买入跳空上涨缺口时并没有硬性规定,但是我愿意从你那里得到一些诸如此类问题的概括性想法。

一般来说,如果出现跳空上涨缺口的股票在显示出优秀的基本面(卓越的收入、销售额、净资产回报、税前利润、产业组别、机构投资者支持等),以及优秀的技术面(在跳空上涨缺口交易日之前的量/价行为应该是具有建设性的),那么它就值得买入。

至于你如何确定自己的进入时间,你会遇到一个关键点;实际上,基于盘中和每日交易过程,在确定何时买入跳空上涨缺口这个问题上,并没有硬性规定。你必须考虑到(1)在跳空上涨缺口之前以及当天的整体市场行为;(2)在跳空上涨缺口之前以及当天的股票行为;(3)该股票的整体基本面和技术面强度;(4)在该股票开盘交易后的跳空上涨缺口成交量,例如,该股票在前5分钟、15分钟、30分钟等时间段内达到了多大的成交量。

你可能会在开盘时就决定买入该股票,只要你知道该股票在该交易日有可能下跌超过你的最大风险水平,并迫使你退出该头寸,那么这种情况也没有什么不妥。你也可以决定在该交易日等待,看看之后该跳空上涨缺口可以在多大程度上得到维持,即使这种情况意味着你或许会不得不支付更多一点的代价。

如果你在跳空上涨缺口当天买入一只股票,并且当天低点比你买入的点位高7%~8%,那么你仍然在跳空上涨缺口当天低点设定止损位吗?

如果你的最大风险是7%~8%,那么你首先要坚持该规则,并且你可能会由于它超过了你的风险水平而不会买入这个跳空上涨缺口。另外,在个别情况下,你也可以建立一个允许自己增加最大风险到9%~10%的规则。这里,该股票的跳空上涨缺口是一只在基本面和技术面上都极为出色的强势龙头股。

当该股票跌破跳空上涨缺口当天低点时,你总会卖出吗?

一般情况下,我们允许该股票跌破跳空上涨缺口低点1%~2%,也就是说,1%~2%的自由空间,除非该股票已经上涨了至少几个交易日,之后回撤到其跳空上涨缺口当天的低点,而整体市场仍然强势。龙头股不应该在强势整体市场交易走高后跌破其跳空上涨缺口当天的低点。另一方面,如果整体市场疲弱,那么1%~2%自由空间的指导线仍然适用。

止损和常用卖出规则

你如何决定卖出自己的头寸?

我们使用很多卖出指标,它们取决于头寸规则、整体市场情况、股票自身的量/价行为以及移动均线。由于这种情况,当我们使用移动均线背离作为卖出指标时,我们或许会早些或晚些卖出,这取决于其他的考虑因素。对变化的市场环境采取灵活性操作能够提升回报,但是如果投资者让其情绪掩盖了其所看到的事实,那么它也会减少回报。卖出一部分是艺术性的,一部分是科学性的,一部分是左脑分析,一部分是右脑分析。

我发现,难以理解的是,你实际上多长时间使用一次50日线背离。在很多情况下,50日会让投资者付出其利润的50%~60%,然而,我很想努力保持住大部分收益。你有没有基于股票获得百分比的其他特殊规则?

实际上,如果该股票是龙头股,它就会是处于某种上升趋势的股票。把过去几年中的百度公司(BIDU)、苹果公司(AAPL)、动态研究公司(RIMM)等股票作为实例。它们在该过程中也会有起伏,它们往往会背离10日移动均线,但是不会背离50日移动均线。这种情况会让投资者保持头寸,并且由于口袋支点而走高时加码该股票。如果股票很好的位于50日移动均线之上,那么它可能会在至少七周内遵循其10日移动均线,使用七周规则,它表明,一旦该股票在遵循10日线至少七周时间,之后背离其10日移动均线,就要兑现利润。然而,请注意,如果你的股票抛售严重,比如自价格顶部出现迷你跳空下跌缺口或者巨量逆转交易日,那么一定要减少50%以上的头寸。另外,如果整体市场环境恶化,投资者也可以决定收紧止损位。

这就是说,对于龙头股,使用背离50日移动均线而不顾整体市场环境,从长远来看是保持该股票的一种最佳方法,因为最强势的股票在其价格上升趋势被彻底打破之前,不会背离其50日移动均线。另外要注意,当股票在上升趋势后出现停滞,它允许其50日移动均线跟上其价格,因此,即使股票或许在某段特定时间内似乎很好地在其50日移动均线上方交易,该股票的起伏也会允许50日移动均线触及或跟上该股票的价格。然而,要是该股票在酝酿高潮式上涨,就注意并准备卖出。一般情况下,高潮式上涨出现在该股票已经连续上涨几个月之后。

请谨记,一些投资者使用较短的时间段,或者更为保守,因此,更愿意使用10日或20日移动均线,而不是使用50日移动均线。

我无法清晰地认识到如何设置止损。我知道一些关于股票遵循移动均线以及你在最近书中所提及的一些规则的观点,但是我不知道,你实际上是依据推移

式止损、常规式止损进行交易，还是依据心理止损点进行交易。我听到过几种观点和理论。有些人说，不要使用机械式止损，因为计算机会看到它并且抓住我的100股股份(不管你是否相信，这确实感觉到在很多情况下会出现)。另一些人似乎是使用心理止损点，但是当你的股票遇到美国证券交易委员会通知去进行审计(GMCR)或者石油平台发生爆炸(BP)等事件……在心理止损可以使用之前，该股票已经上涨了，你会怎么办？其他一些时候，我已经止损完毕，不料却看到在第二天出现大幅上涨。我真诚地希望你可以提供给我一些深刻见解或资源，因为我无法解决所发现的这些充满矛盾的观点。

我们使用心理止损。当该股票走高时，我们使用诸如10日和50日移动均线，追踪心理止损。机械式止损最终被人为触发，因此它们并不如心理止损那样理想，尽管它们仍然有效，因为事实上，除非你的头寸规模相对该股票成交量非常巨大，并且你的止损价格与该股票的交易价格非常接近，心理止损一般不会被人为触发。如果你输入如34或34.5这样的整数，那么它就有更大的被触发机会，因为其他很多人会把其卖出止损位设置在这些整数周围。通常情况下，最好是把止损价格就设置在整数位下方几美分，诸如33.98或34.47。

在由于爆炸性新闻而产生跳空下跌缺口的情况下，一般来讲，该股票会在该跳空下跌缺口前几个交易日或几周就会发生其量/价行为的警示性信号。这解释了为何我们两个在跨越20余年的职业生涯中没有遇到股票出现几次严重跳空下跌缺口情况的原因。如果你面临严重的跳空下跌缺口，那么卖出该股票。在随后的日子中，你能够重新将自己的资金投入到那些发出买入信号的股票中，这些股票相比于出现跳空下跌缺口的股票明显会更健康。出现跳空下跌缺口股票的风险，就是为何你希望在某只股票中更加缓慢构建头寸的一个理由。随着在该股票的利润增长，你可以通过口袋支点买入点增加该头寸。当你止损退出时，该股票要是出现反转向上，并走高，那么这就是交易生活。希望它会出现。但是，如果你的卖出规则是健康的，随着时间流逝，你的止损会为你节省很多金钱，并且，在此过程中，发挥作用的股票除了弥补你所遭受的小幅损失之外，还会有富余。

推移式止损与紧凑式止损之间的区别是什么？

推移式止损是指随着股票走高，你在自己头寸交易价格下方设定某个价格。一般来讲，推移式止损会随着该股票的上涨而上涨——其意图是产生一个保证你在该头寸中保持利润的退出点。紧凑式止损非常接近于你买入股票的点位,例如,在90美元买入股票XYZ,设定止损位在88.28美元,仅仅略超过2%——这是一个非常紧凑的止损,以致如果该股票并没有出现想象中那样的走势,你就会以极少的损失及时止损。例如,我们试图预测XYZ的突破,而不是买入口袋支点或突破,我们会在初始头寸上保持紧凑式止损,显然,如果该股票确实显示了口袋支点或者新高突破买入点,就会很轻易地买回它。

我使用止损指令,因为我无法持续地观察自己的股票价格。做市商为了震出止损指令的情况会有多么普遍?我的头寸非常大,大约有10万美元。

如果你无法观察自己股票,止损指令很好。考虑到你10万美元的头寸规模,你的止损可能被人为触发,因此,我们的建议是,你的止损位或许在逻辑止损位上应该再增加1%~2%的缓冲空间,以避免被人为触发。

要是你持有的股票出现跳空下跌缺口会怎么样?

相对于整体图表,带巨量以相当大百分比跳空下跌缺口是一个巨大的红旗。通常情况下,大多数这种跳空下跌缺口都应该卖出。如果该股票遭受超过15%的跳空下跌缺口,那么心理上会倾向于希望持有该头寸,而不是接受如此大的损失。但是,统计研究业已经表明,这种股票应该卖出,通常情况就在跳空下跌缺口当天开盘时。这就是说,如果你无法让自己在首次跳空下跌缺口当天卖出股票,那么,如果在随后交易日中,它跌破了跳空下跌缺口当天低点,就应该卖出它。

如果跳空下跌缺口不太严重,你或许不会卖出,或者卖出部分头寸,那么,等待观察该股票在该交易日的运行情况。有些股票可能最终会在跳空下跌缺口当天交易区间高点收盘。观察随后几天的量/价行为,以保证该股票并不会违背自己的卖出规则。

用20日移动均线作为卖出指标怎么样?

大多数情况下,不使用20日移动均线,尽管有极少数的例外情况,例如,在2010年和2011年安硕白银信托(SLV)的情况下,讨论中的证券,无论是一只股票还是单一商品的ETF,就像SLV一样,可能往往会遵循20日移动均线。当观察到这种情况时,如果投资者选择使用它的话,它可能提供一个主要的或次要的卖出指标。无论你选择使用哪一条移动均线,都要确定自己已经研究过它,足以创建关于它的规则,并且它也会适合你的个人风险容忍度和投资风格。一些投资者使用较长的时间段，更喜欢较低的换手率，因此，他们更愿意专门使用50日移动均线。另外一些投资者是较快速的交易者，或许更愿意专门使用10日移动均线。我们通常的方法依赖于10日和50日移动均线作为卖出指标，这取决于该股票的交易情况。重要的信息是，不管投资者选择使用哪一条移动均线或者是哪几条移动均线，他们要知道并对特定股票围绕其所选择移动均线的交易情况产生良好感觉，因此，他们可以为其交易风格创建一套有效的、符合逻辑的规则。

你的口袋支点电子邮件发出警示之后，我在2010年8月26日买入安移通(Arwba Networks，ARUN)。该股票表现非常好，并且目前自我的口袋支点买入点已经上涨27%。我的问题与欧奈尔规则相关，它规定自突破买入点产生20%～25%的利润时，卖出该股票，除非它在三周内获得该收益，之后，在该点位持有该股票至少八周。如果你在出现在突破之前的口袋支点买入点买入一只股票，你如何应用该规则？该股票仅仅在三周时间内就上涨了20%～25%，但是，这是从口袋支点买入点，而不是突破买入点计算的涨幅。

欧奈尔的20%～25%利润规则的设计旨在帮助锁定股票收益，该股票并不是板块中上涨最快的股票，同时，该规则是大多数龙头股会上涨这么多，之后至少会经历构建新基部的过程，此时，从理论上来讲，股票突破新基部时，应该会出现新买入点，并且也能够买回该头寸。尽管这项规则在2004～2005年市场处于横盘、令人难以忍受期间非常有效，但是基于七周规则的使用，我们从未发现对该规则的绝对需求。你可以继续在标准基部突破中应用该规则，但是我们不会在口袋支点买入点上应用该规则，我们宁愿使用10日和50日移动均线与七周规则结合在一起作为卖出指标。当然，要是受到整体市场环境恶化影响，在这些规则被打破之前，投资者或许就已经卖出了股票。

你们两个能说明一下在退出交易之前如何制定计划吗？当你的头寸很快就损失了大部分或全部资金时，会出现什么情况？

在我们安排一项交易之前，我们会明确地决定，我们愿意承受多大的损失，之后计算出最大的下跌百分比，在此我们会止损退出。从这里，我们能够明确地计算出，在最坏的情况下，自己账户下跌的百分比和资金量。知道我们能够忍受最坏的情况，就能够让自己的利润持续下去，并且理想的情况是，最坏的情况不会发生。如果最坏的情况出现了，我们知道自己的止损会让我们有机会在另外的交易日中进行交易。

常规问题

当你说自己因为股票滞后而卖出它时,这意味着你预计它上涨,但并没有像其他股票上涨一样快速吗?

当我们说自己卖出了一只滞后股票时,我们预计,它要么不会像相同板块中的其他股票上涨一样迅速,要么不会像整体市场上涨一样迅速,抑或是可能会出现价格下跌,因为滞后股票可能会发出一种信号,弱势股票可能更加弱势。

如果你在状态良好的市场中具有大量高质量可买入股票,在决定买入哪只股票时,你们最注重哪一个因素?

我们最注意表现最好的股票,因此,首先会通过量/价行为对它们进行判断。依据某种评级系统进行机械式排名未必是有益的。至于机构投资者的资金必须要流入的领域,有经验的做法是了解在任何市场周期中动态推动板块中的龙头。

你会把传闻和其他消息因素考虑到自己的决策制定过程中吗?

一旦股票显示自己是强势基本面龙头股,我们更愿意使用该股票的量/价行为作为最终指导。消息和推测可能会泛滥成灾,但到最后,日线或周线图上的量/价行为会告诉你在该股票上的买入和卖出压力。周线图是一种很好的补充,因为它们过滤了一些细枝末节以及曲解,这可能会由于消息的原因而每日出现。

我的股票并没有与今天的强势市场一同走高。我应该卖出它还是继续关注呢?

不要卖出。当整体市场指标强势上涨时,龙头股往往会休整,这与龙头股强势上涨时,市场处于平稳或下跌状态的情况没有什么不同,这种情况是龙头股经常出现的。只要该股票持续表现良好,并且没有违背自己的任何一条卖出指标,就没有理由基于该股票在整体市场强势上涨时仍然保持平稳而卖出头寸。

algorithmic 电子交易系统,亦称为 algos,比如,它能够通过做空某只股票,使其下跌 8%,挤出很多散户,之后买入该股票,恢复原有价格——同时知道投资者会因为止损退出而卖出股票,《投资者商业日报》IBD50 指数所强调的股票成为该系统攻击目标的情况,你发现过吗?

绝对没有——如果它们是拥有强势机构投资者支持的龙头股,那么其他没有使用8%止损规则的机构,就会增加或保护其头寸,因此,“algos”如何能够保证,它们的卖空不会受到大机构的冲击呢?与使用欧奈尔式止损规则投资者的相对较小群体相比,市场非常巨大。

我想知道你是否使用某一个标准来确定自己要不要进行某项交易,比如说,有3∶1的风险—回报率。例如,如果你使用10%止损,我假定你只有在自己相信该股票至少升值30%的情况下才会进行交易。这给我带来两个关联性问题。

1. 你是不是使用目标价格来确定自己的风险—回报率,以便于你之后确定投资者是否应该进行交易?如果是的话,你是不是有预测目标价格的精确方法,也就是说,分析师的价格目标?

2. 你是否使用某些指标来确定某只股票是延伸的还是定价过高的,如果这种情况出现,你会在有效的口袋支点限制买入头寸吗?

我们并不使用像这样的机械式方法来测量风险—回报。这意味着投资者能够以确定性的方式来测试回报,好像投资者可以知道股票会上涨多大幅度,无论投资者何时买入股票,都不可能知道这些情况。因此,我们有两个快速的答案:(1)不。我们与强势的量/价行为相伴,直到它开始出现动摇。(2)如果该股票交易价格超过80%位于200日移动均线上方,那么买入它就会具有较大的风险性。

整体市场指数什么时候接近超卖或超买随机指标,你是否关注它?

在趋势市场中,超买会变得更加超买,因此,卖出或减少投资者的头寸,只是因为市场处于超买状态,这是一种保守性方法,可能会导致回报低于平均水平,或者说,至少会低于巨额回报。在横盘市场中,这类策略有效,因为市场在横盘通道内会交替变成超买和超卖。但是,通过在趋势市场中持续做多,可以击出全垒打。相反的情况是,进入市场买入股票只是因为随机指标处于超卖状态,这是一种危险的尝试,因为处于高位超卖状态的市场,尤其是迅速变得非常超卖的市场,可能会处于快速、严重破位下跌的边缘。

你究竟如何找到自己最终买入的股票?到底是什么让你买入它们?

事实上,它并非像人们想象的那么复杂。投资的实际情况是,投资者只需要坚持选择曾被杰西·利维摩尔称为“当天的主要股票”。今天,这些股票被界定为在牛市周期内的龙头企业股票。在大多数情况下,投资者只需要一份可靠的龙头股列表,并且,投资者可以使用像HighGrowthStock投资者100

(www.highgrowthstock.com)或者《投资者商业日报》IBD50,抑或是85-85指数列表(www.investors.com)。这些都是通过预先筛选的龙头股,具有产生显著价格上涨所必需的强势基本面和技术面特征。我们也有其他更多的筛选方法,我们会全天候运行这些方法来筛选理想的股票,但是,在大多数情况下,上述提及的列表对于普通投资者来讲已经绰绰有余,只需要最小的时间。一旦我们创建了一份观察列表,就是设定价格警示的问题了,以便于我们知道,股票会在什么时候触及可能会构成口袋支点或基部突破的价格点位,这会让我们买入股票或者是金字塔式加码股票。

我的问题与股票选择和股票价格有关。你是否曾经认为某只股票过于昂贵?你是否仅仅因为高价而回避该股票?

"昂贵"是一个与股票真实价格毫不相关的词语。如果你买入股票,并且出现大幅下跌,那么它就是昂贵的。否则,仅仅因为股票价格高,这并不意味着它就是昂贵的,因为它或许会走得更高。你在把消费者逻辑注入投资决策中,这是错误的做法。你并不是股票的消费者,把低价看作"便宜",把高价看作"昂贵",因此,不要沦落为这种逻辑的牺牲品。它并不适用。

如果我用期权作为股票替代投资品,那么我应该如何计算出7%~8%的止损规则?通常情况下,期权7%~8%的波动并不意味着是大幅波动。

如果你使用期权,那么它不是决定你期权策略的波动——它是标的股票的波动。因此,你应该基于该股票7%~8%最大下跌波动来计划你的最大下跌幅度,而不是基于期权。因此,如果你买入股票XYZ的看涨期权,交易价格为100美元,之后,下跌到93美元下方,你会卖出该股票。期权只是股票的替代品,并且由于期权的波动基于股票的波动,所以投资者必须关注股票的波动情况,而不是期权的波动情况。

轨道对日线图的影响是否和周线图相同?

不同,轨道是我们在周线图上所寻找的东西,而不是在日线图上。

作为投资新手,我愿意更好地了解一些基础知识,QE(量化宽松)如何运行,它如何影响市场走向,以及它如何扭曲/影响CANSLIM™规则的使用。

量化宽松,或者通常称之为QE,是中央银行为了刺激经济,或者支撑由于极度缺乏流动性而面临崩溃风险的金融系统,所使用的一种金融工程形式。在本质上讲,中央银行通过印制钞票来实现,之后,用于在公开市场上购买债券,由此推升债券价格，降低收益率，并增加资金供给。QE 的影响是，自 2009 年 3 月以来的美国股票市场下跌，在大多数时间内并不是非常严重，在股票市场稳定并走高之前，主要是出现了 5%～10%的温和性修正。例外情况出现在 2010 年 5 月和 2011 年 8 月。以 2010 年 5 月为例，我们知道这种情况可能是 2010 年 4 月 QE1 结束时流动性真空所造成的。QE2 在几个月后才开始生效，导致了始于 2010 年 9 月的新一轮牛市反弹。2011 年 8 月，伴随美国信用评级降级，美联储说不再推出 QE，这导致相同的快速修正。由于 QE 的原因，我们也看到了缺乏信心的反弹，但是市场持续走高。尽管受到 QE 的影响，但是仍然很有可能找到产生强势价格上涨趋势的龙头股，比如像苹果公司(AAPL)、价格线网(PCLN)、直觉外科手术公司(ISRG)这样的龙头股，自 2009 年 3 月 QE 时代启动时低点以来，都出现了强势的上涨。

你会在多大程度上使用季节性？例如，我建立了一张自动载入市场数据的 Excel 表格。之后，我建立了一张主表。我发现，最近 10 年中的 9 年，在 1 月第三个星期是下跌的。尤其是科技股会在该周受到打击。2012 年 1 月第三周龙头股并没有出现上涨，自 1 月 3 日以来它们本应该跟随市场波动，结合这一事实，利用这种知识，你会看到一个问题吗？也有一些其他不正确的信号，就像道—琼斯工业指数以及大盘股开始启动。你是怎么认为的？

在我们分析中所考虑的因素中，季节性至多是众多次要指标和变量之一，但是仅仅由于市场或许会在 1 月出现一周这样的情况，就来决定投资者是否应该卖出或买入某只龙头股，这并没有益处。龙头股可能会随时出现，与季节性无关，这只是我们所使用众多次要变量中的一个。我们强调的词语是“次要”。不要让以往的数据影响当前市场正在向你传达的信息，因为当前未必会准确地反映过去。这方面的一个例子是，从季节性角度来讲，感恩节后第一个周五总会出现上涨。但是在 2009 年，来自外部的坏消息导致市场出现巨大跳空下跌缺口。如果你仅仅依据这个季节性波动买入股票，它就会让你付出代价。

这只新股成长空间巨大。你或许想跟踪它。我会建议你检查并跟踪 XYZ 资源公司，一家小型金属勘探公司。自开始时，我就看到了一轮经典的演进过程，重组、再融资，并升级地质模型。主要的矿物目标是元素铍。如果推测正确，这就会是世纪性事件，会产生相当大的回报并会拓展全球市场。它们也有高效的网站，全面描述风险以及当前的领导层。

该股票交易所在的交易所,以高价销售垃圾股的经历而臭名昭著,这听起来像是告诉我们另一只这样的股票。在大多数情况下,取得一个公司壳,把一些企业置换到壳中,通常情况下是一家资源公司,开采或寻找某些具有特殊用处的热门金属,等待开采的石油或页岩油,或者是一些即将改变世界的环境或水净化工艺。之后,他们销售该股票,当股票交易上涨1~2美元时,内部人会卖出。这只股票的交易价格是1.24美元,但是要考虑到,如果它是真正巨大的机会,那么该股票可能被几家机构投资者持有,会在一个高得多的价格进行交易。在我们看来,它是一只低价垃圾股,它所吸引的投资者,幻想着该公司在寻找元素铍——一种稀有金属,据说拥有许多惊人的应用。不要在这些炒作概念的垃圾股上浪费自己的时间。我们更喜欢坚持在机构投资者跟踪的交易所上市股票上建仓,它们有真实的产品以及真实的收入和销售增长。这就是随着时间流逝如何在股票中持续获得真实资金的原因。(作者提示:在这个案例中采用了一些艺术化手法,我们在这里改变了该股票的名称来保护那些无辜者,以及不怎么无辜的人,但是,当我们收到这封电子邮件时,该股票的交易价格是1.24美元,到本书写作的时候,可能是一年之后,该股票的交易价格是3.5美分!)

这类事件让我们想起了一则最近看到的广告,让读者看到了诱人的标题,"如何发现'下一个'苹果……当它仍是一只低价股的时候!"我们发现这个说法令人感到吃惊的是,苹果公司从来没有成为过一只低价股。当苹果公司在2004年启动其巨幅价格上涨时,正好是撰写本文的日子,其交易价格大约为每股40美元。并且它首次公开募股的交易价格为22美元,于1980年12月12日开始交易。因此,当股票还只是表面上每股仅几美分的低价股时,说投资者可以在其中发现下一个苹果,就是一种精心设计的误导,因为苹果公司本身从未成为过一只低价股!在股票市场中,优质股票就会有高价格,同时,垃圾股也会有垃圾价格。

在我看来,股票XYZ可能在构建第四阶段的基部或者盘整。我的看法有错吗?

我们不会特别依赖基部预测,因为买入和卖出压力会在股票的量/价行为中显示出来,并且这也足以让我们通过操作获利。一些龙头股在上涨过程中,可能形成5个、6个、7个,甚至更多的基部。这就是说,第四阶段以及整体后期基部更容易出现失败,因为统计数据显示,形成四个或更多基部的股票,可能正在接近其长期上涨的终点。然而,最强势的股票可能会在其后期基部产生高潮式上涨,你并不想错过这种机会,因为时间价格很高。因为不可能知道哪一只股票会产生这种令人激动不已的上涨,最终达到其顶部,所以我们保持关注量/价行为,以便自己持有或退出该股票。我们并不希望在某只特殊股票的后期基部上由于恐惧而买入较小的头寸。我们宁愿更加重视诸如股票基本面和技术面强度这样的变量。

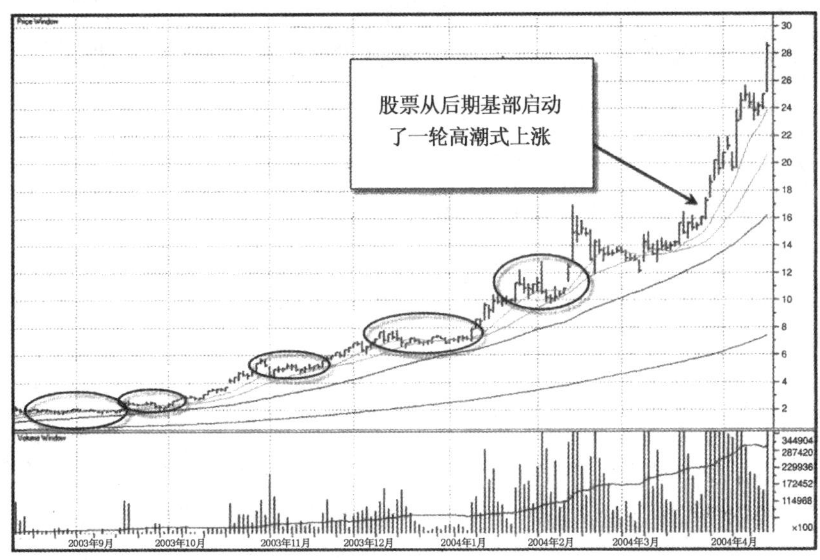

HGS 软件公司供图,版权 2012。

图 8.3 2004 年泰瑟国际公司(TASR)日线。该股票在一路上涨过程中形成了几个基部,并最终从可能的后期基部突破,进入一轮高潮式顶部上涨。基于股票处于后期基部卖出会导致投资者错过该股票产生丰厚利润的价格上涨。

你会使用移动均线之外的指标吗?比如量价指标(OBV 或筹码集中/分散度)以及震荡指标,比如相对强弱指标(RSI)或随机指标。

关键是知道并能够看到量/价行为随时间流逝而产生的形态,并且这是一种通过长期观察并亲身经历市场而形成的技巧。你所选择使用的任何指标,无论是不是移动均线、RSI、MACD 等指标,就其本身来说都没有用,但是,如果你用一个或两个指标,并且长时间使用它们,可能会注意到不同的形态,以及该指标波动和股票量/价行为之间的关系,这些可能会帮助你。但是,对于初学者而言,我们总会建议,坚持学会如何读懂单独的量/价行为。我们发现,我们使用的其他指标越多,它给我们造成的混乱也就越大!只要给我们 10 日和 50 日移动均线、价格柱以及成交量柱,我们就会很好!

今天纳斯达克综合指数烛状图形态是吊线吗? 如果是的话,我们应该加以注意吗? 正如你可能的推断,我知道这种烛状图是危险的!

不论你使用烛状图——有些人发现它非常有用,还是我们用的传统旧式条形图,并不建议仅对一个交易日的行为过度关注。市场上的一天仅仅是一个交易日,其行为所产生的信号只有放到整体市场行为的背景下才能获得。

威廉·J. 欧奈尔的著作《笑傲股市》中提到,寻找机构投资者持有量在30%~60%之间的股票。你怎么看?

这里的基本思想是,你不想看到机构投资者持有过多的股票筹码,因为这种情况代表着过度持有,因此会处于饱和状态。如果机构在股票产生巨大价格上涨之后买入,那么就增加了它们成为卖出来源的可能性,在最好的情况下,这会让该股票的进一步上涨过程面临更多困难,最坏的情况下,如果机构一次全部退出,就会导致该股票价格出现急剧下跌。因此,我们同意——你想看到 A－或更好排名的基金,持有该股票并一直在增加其持股量。我也会观察机构总体持有量,可以看到机构所持有的股价整体上在增加。当然,这是一种理想状态,但是,如果股票并没有这些机构投资者的具体特征,要是其他变量符合标准,并弥补了机构投资者不太明显的缺陷,它或许仍然值得买入。

确认像百度公司和苹果公司这样的"龙头股",以及机构投入资金的最重要板块,如云计算,最好的方法是什么?

正如我们在上一本著作《像欧奈尔信徒一样交易:我们如何在股市赢得18 000%的利润》中所写到的一样,龙头股规则是懂得"投资者知道了哪些股票代表了推动特定经济发展的最前沿,他们也就因此明白,市场及股票周期是指知道了机构投资者'必须'在哪些股票上建立投资组合头寸。当机构投资者开始把钱大量投入到他们'必须'投资的股票上之时,这将推动股票价格大幅上涨,这也使它们成为'龙头股'"。这就意味着要培养一种意识,在企业创新与探索之外还有什么,这就需要阅读流行期刊、杂志、报纸以及其他出版物。一般情况下,大股在其领域中具有"先发优势",或者控制着很大一部分市场,当然,它们都必须具备盈利的基本面特征,包括巨大的销售和收入增长、强劲利润率以及创新性产品和服务。很显然,这意味着,你必须向自己常规性股票研究中补充一定数量的阅读和记录,但是,这会产生回报,一旦该股票显示出必需的技术面和基本面特征,有助于你理解并形成对它的信念。了解该公司背后的概念,通常情况下会成为一种持有股票的因素，有助于你随时间流逝而获得巨大收益。同时，坚持了解业务主要优势如何变化，无论是技术面还是其他方面，可能会有助于投资者确认，哪一家公司在引领前进方向上具有最好的机会。

你如何看待程式化交易或黑箱交易？你是这样做的吗？

1998年，卡彻博士和威廉·欧奈尔公司顶尖程序员一起工作，编写出一套程序，可以确认基部、评估其质量并进行相应的操作。后来，该项目进一步发展为基部识别任务，并且其他数学家和程序员也参与到该项目中。我们发现，尽管电脑擅长于确认基部，但是它们往往会确认出太多基部，错过了很多区分良莠的细节。因此，事实上不可能告诉电脑，我们利用自己的基部认知能力可以看到些什么，这不仅包括见解，而且也包括来源于实践的判断。经验是无可取代的。经验提供给你深刻的认识和了解，以便于你知道何时出现例外情况。

在你的书中和网站上，经常会引用机会窗口打开的概念。请对该概念进行如下详细说明：

1. 定义机会窗口（我设定它是指数的平稳反弹，但是请确认）。

2. 你如何在早期阶段知道机会窗口在打开？

1. 机会窗口只是意味着，能够让我们胜过主要股指的指数出现了具有建设性的反弹。

2. 在早期阶段，潜在龙头股和整体市场指数出现具有建设性的量/价行为，我们以这种形式观察证据。通常来讲，我们的市场导向模型大约会在这时发出买入信号。然而，存在买入信号出现有点晚的情况，当龙头股开始突破时，即使整体市场还在停滞状态，例如，在1996年3月末4月初，龙头股开始突破，然而该模型维持中性，并且主要股指在几周内保持不动。在这种情况下，最好是让股票告诉你做什么，并开始买入。

然而，我们提醒你，不可能预测出机会窗口会持续多长时间。当窗口打开时，一般情况下，我们能够马上进行保证金交易，因为可以让该机会最大化。当窗口关闭时，如果我们不尽早采取行动的话，那么卖出止损最终会让我们退出头寸。所面临的挑战是，有时在窗口没有真正打开时，看起来像正在打开，但是我们愿意承担小幅损失。这是之所以有必要在投资者头寸中设定恰当止损位的原因所在，以防投资者判断错误造成损失，这种情况可能会经常出现。从本质上来说，为了在较长时期内表现良好，我们的成功率不一定要超过50%，并且在通常情况下,即使当我们赚到大钱时,成功率也低于该数值。

理想情况下,当环境不是很理想时,交易者要学会远离市场,但是,无论是对于初学者来讲,还是对资深交易者来说,都是说起来容易,做起来难。

我读过几本你们推荐的书目列表,其作者是尼古拉斯·达瓦斯、约翰·波伊克、杰西·利维摩尔以及迈克尔·科弗(Michael Covel)。前三本书强化了很多你和威廉·J. 欧奈尔所遵循的思想。你和过去市场赢家所分享的遗产多么丰富啊!然而,在迈克尔·科弗的著作《趋势跟踪》(*Trend Following*)中的交易者是不同的。他们更喜欢技术性和程式化的黑箱方法,而不是基本面和相机抉择法,你通常在股票选择和建仓中使用哪一种方法。我是不是没有抓住要领?你从科弗那里学到了些什么?

关于科弗的著作,我们很高兴地认识到,在过去大多数市场周期以及完全不同的时代内,纯粹的程式化趋势跟踪系统适用于市场,因为市场喜欢趋势,并且在趋势环境中所获得的盈利超过了无趋势环境中所遭受的小幅损失。我们更倾向于支持右脑思考,左脑分析。只是因为使用基本面和技术面优于只使用其中一种,对我们来说,使用大脑的左右两边会优于只使用其中一边。

这就是说,我们的市场导向模型是系统性的,但是,任何适用于该模型的新规则都诞生于右脑的思考。这极少会加入到模型中,但是它们反映了市场中已经发生改变的客观事物,诸如量化宽松,它始于 2009 年 3 月,一直持续到 2012 年本书写作之时。

卖 空

你如何筛选卖空机会?

卖空机会可能是最容易筛选的事情,主要是因为你不必筛选它们。正如吉尔·莫拉雷斯与威廉·J. 欧奈尔合著《如何在卖空中获利》(*How to Make Money Selling Stocks Short*,John Wiley Sons,2004)一书中所讨论的,熊市中最佳卖空候选股票恰恰是那些最近牛市阶段中上涨的股票。“有上涨就会有回落”,是其背后的基本思想,因为随着机构投资者加入,一路吸筹股票,会推升股票价格,对于同样的股票,一旦该股票长期性见顶,机构投资者也会退出该股票。因此,我们做空的方法是,当牛市转为熊市时,投资者只需要注意龙头股。随着龙头股开始自其牛市价格顶部突破下跌，它们应该被置于卖空观察清单中。之后，当它们可能形成真正的顶部形态时，比如说头肩顶形态、后期失败基部形态或其他卖空形态，就要监视其进展。通过这种方法，牛市期间在你买入清单上的股票，在它们突破下跌时(熊市或修正期间上涨的龙头股停留在你的买入清单上)，会一个接一个地转移到卖空观察清单中。

你在做空股票时如何设定止损?

一般情况下，我们在做空头寸上使用3%～5%止损。另一种设定止损的方法是，利用一些上方阻力区域作为止损区域，假如它距离你的进入价格上方并不太远的话。由于做空时机始终非常关键，所以你也可以使用非常紧凑的止损，例如，你在当天的盘中高点建立做空头寸。如果你做空遇到反弹，这就是一种可以使用的技术，但是它取决于你的个人风险特征。另一种设置止损的方法是使用主要移动均线，例如50日或200日算术移动均线，作为预期的上涨阻力区域，允许有2%～3%的误差，因为股票常常会略微跌穿其移动均线几个百分点，无论你何做空股票，就像其他任何交易一样，决定你愿意在该交易上承担多大损失，之后自该点开始，设定精确的上涨百分比水平。此外，头寸越集中，你会希望自己的止损越紧凑，因为风险与头寸规模成比例地增加。

从卖空止损风格来讲，如果你使用50日移动均线作为自己的止损位，并且它位于92.51美元，你就在92.51美元设定，还是在92.52美元设定，抑或是在50日移动均线上方1%处设定止损位?

所有这些均取决于我们愿意在此交易中承受多大损失，以及当股票反弹出现不利于我们以及主要市场指数头寸的情况时，我们在做空时看到的许多其他因素，诸如成交量。如果我们做空的股票已经出现了低点，并且出现不利于我们的反弹，这时，整体市场也在其图表中的某个位置找到了支撑，开始启动反弹，那么，我们很可能会割肉离场。然而，请谨记，你在哪里设定止损位以及你如何处理自己的风险，完全取决于你自己的个人风险容忍度和偏好，还有你对本次交易的目标，在进入做空头寸之前，这些都应该确定好。在谈及止损时，没有“万全之策”，也绝不会保证，止损位具有神奇的魔法属性，因为如果该股票的走势持续对你不利，它只会让你止损退出。有时，你被迫止损退出，该股票就会出现转向，并回归到你最初希望会带来利润的方向。

你在做空时如何决定重仓买入?

如果我们认为市场正在迈出下跌的第一只脚,并且股票同时开始自真实的顶部形态(比如说头肩顶形态)突破下跌,那么我们或许会迅速增加做空头寸。这需要相当大的勇气,但有时,当市场和特定股票开始突破,或者反弹开始衰退并且可以做空时,投资者能够感觉到它的节奏。但是,这些概念不能机械式地加以解释。它们大多源自于实践,并且我们建议,在开始做空时,应该只使用自己总账户价值的10%~20%。

与卖空相关的"巫毒日"(Voodoo day)是什么?

"巫毒日"是在楔形反弹末期的上涨交易日,其成交量迅速衰竭,通常情况下低于均值45%以上。总体而言,如果你连续每天观察卖空候选股票清单,你可能会做空楔形反弹,只是因为当你看到上涨成交量极端枯竭时,它也即将失去动力。基本思路是,反弹末期成交量枯竭表明买入兴趣在逐渐缩小,因此,反弹有可能让位于下跌,并且大趋势将会恢复(见图8.4)。名字也没有什么特别之处,只是来自于术语"成交量枯竭"(Volume dry-up)或"VDU",把它改写为"voodoo"只是觉得很有趣。

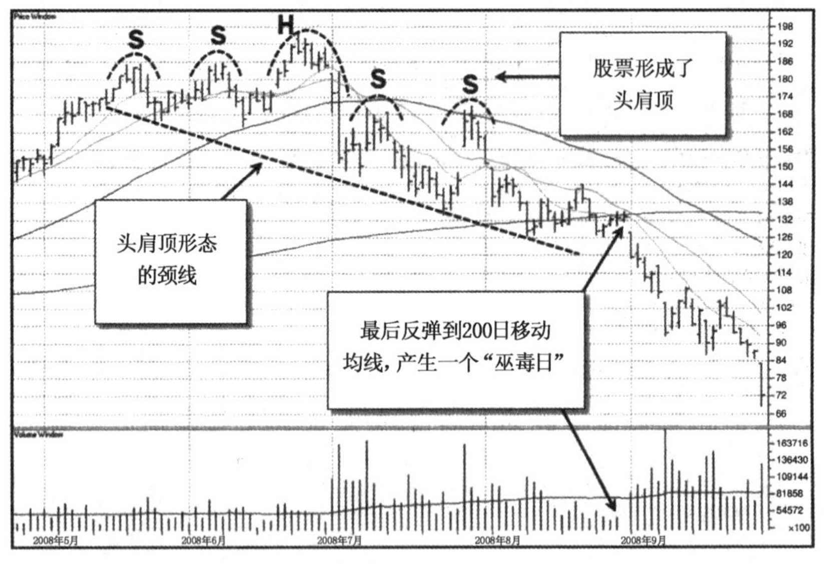

HGS软件公司供图,版权2012。

图8.4　2008年美国钢铁(X)日线。就在X向下突破头肩顶形态的颈线之前,它向上反弹,触及其200日移动均线,成交量在此极端枯竭,产生了一个"巫毒日"。

当你引用分层式卖空头寸的观点时，这是否意味着你愿意提供卖空头寸的平均价格？这有没有违反很多遵循你方法的投资者所相信的基本原则，因为你并不会向亏损头寸加仓？

因为我们经常作空反弹，当该股票反弹到可能的阻力区域时，我们或许会将自己的初始头寸分为三份或三份以上来执行。除非当你以这种方式做空股票时，能够在下跌趋势中的反弹中确定出准确的拐点，否则谨慎的做法是分批逐步买入全部头寸。在我们做空下跌突破的情况下，比如说 2011 年 9 月 15 日的奈飞公司(NFLX)，我们处理它的方式，更像我们在处理该股票的上涨突破。

构建市场择时模型

我是否应该构建一个黑箱模型，以便于它可以完全自动工作？你市场导向模型系统性的部分是不是一个黑箱，因为它是电脑编程的？

由于市场确实会随时间变化，所以黑箱模型必定会适应或者失败。确认市场上出现的极为罕见的条件变化，比如说量化宽松(QE)，2009 年初就感觉到了它的影响，就此而言，市场导向模型是系统性的，而且也是相机抉择的。我们建立的一些规则并不是黑箱，而是服从于之前纳斯达克综合指数和标准普尔 500 指数量/价形态质量情况。因此，尽管该规则对于系统性模型是硬性规定，但是它们仍然取决于其质量特征。对质量估计的能力基于我多年的经历，自 1989 年以来，我分析了数以百万计的图表。

比喻可能是最好的解释。在我们与威廉·欧奈尔一同工作的年份内，他在解释基部内在质量方面的能力至今仍然几乎是无与伦比的。我们把这种能力归因于他几十年来分析成千上万幅图表的经历。例如，优秀基部、良好基部、一般基部之间的差异，以及其间所有不同层次都有其背景因素，同时，如果有可能的话，编制电脑程序来观察细微区别也极具挑战性。

正确择时模型的优势是什么？

模型应该在很多市场周期内跑赢大盘，因此，在其背后至少应该有 20 年的回测或实时结果。如果模型的回报在完全不同的时期超越了市场，例如 20 世纪 20 年代和 30 年代，以及较近的市场周期，那么它就会得到进一步确认。通过现场测试并取得成功的模型，更可能在未来取得成功，因为过度拟合曲线的预期不太可能出现。当然,要是市场出现一个长期实质性变化,比如量化宽松——在2008年股市崩盘后引入到市场中,那么该模型应该能够适应这种实质性变化。

就市场导向模型(MDM)来讲,历史已经证实四个优势:

1. 该模型在回溯35年以上的每个市场周期内,都远远跑赢了纳斯达克综合指数和标准普尔500指数。自1974年7月到2012年5月(本书英文版出版的日期),年回报率为+32.55%。该模型在捕捉中期趋势时,无论是上涨还是下跌,都表现优异。自1991年以来,就已经在实时使用该模型了。

2. 该模型具有自我保护机制,设计该机制的目的是将其跌幅控制到最低限度。这种自我保护机制产生了更多错误信号,但是错误信号一般所带来的损失是基于指数波动的-1%~1.5%——投资组合实际结果会依据所使用ETF的类型而出现变化,尤其是,如果它是两倍或三倍杠杆的指数ETF。在回溯测试过程中,这产生极为有利的风险-回报率,自1974年开始的每个周期内,均远远跑赢了市场。在整个35年多的回溯试期间的最严重下跌,以及实时行动结果是-15.7%。通过比较,纳斯达克综合指数在此期间最严重下跌是-78.4%。

3. 当该模型发出买入信号时,如果使用择时信号在口袋支点买入点和突破点买入基本面强势的潜在龙头股,模型可能获得更好的结果。通过使用两倍或三倍杠杆ETF,也可以提升回报。在这两种情况下,使用股票、杠杆化指数或ETF作为投资工具,配合该模型的信号,有可能会迅速提升回报,同时相伴随的风险和波动性也会增大。

4. 作为一种不对称策略,该模型的优势是,它的卖出信号可以用于买入逆向的一倍、两倍和三倍指数或其他ETF,当该模型发出卖出信号时,这相当于做空指数。

在构建市场择时模型过程中,它的缺陷是什么?我如何从一些失败的市场择时网站学习呢?我应该密切注意些什么?

当你检查择时网站上那些表面上令人印象深刻的回报时,这里你应该问一些非常重要的问题:

1. 自2005年1月以来,该网站的年化收益率情况如何?这里,几乎所有的网站都不符合标准。对大多数择时网站而言,过去几年充满挑战。一些网站显示出很高的总体回报,这是由于2008年获得不正常的巨额回报,而在2005~2007年仅获得了中等回报。2011年尤其具有挑战性,因为它在本书中会成为市场历史上最不稳定、无趋势的年份之一。这种不连续回报容易引起道德败坏问题！

2. 出现了多少次信号转换？一些网站每年转换 75～100 余次。这会推升佣金成本。

3. 该网站中途转换过其策略吗？阅读细则。一些网站报告出高额年化回报，之后显示该策略在中途进行过优化。换句话说，它们在转换之前只是理论上的，但是报告回报就好像是整个存续期间。

4. 总体回报是巨大的。不要看总体回报，这毫无意义。总体回报通常情况是巨大的，并且很容易让人难以置信。例如，自 1974 年 7 月以来，模型＋33.1％的年化回报可以产生的总回报为2 560 467％。换句话说，1 美元会变成25 605美元。时间充足的话，复利的力量实际上很强大。

5. 网站是不是显示了回溯多年前的理论信号，但其实时信号还不到一年时间？完成你的尽职调查。查看模型创建者是否之前有业绩跟踪记录，或者证明其具有高水平竞争力的资料。用谷歌搜索一下模型创建者的名字，可能是寻找其个人成就信息的好方法。谷歌是一种快速寻找信息的方法；之后你可以综合所有与该人相关的链接，获得更加清晰的认识。

除此之外，请谨记，一些网站可能会吹嘘高额的长期理论回报。关键要知道，它们是否过度拟合数据，才产生了这种高额回报。当过度关注历史数据，而未能考虑未来的预期价值时，就会出现过度拟合情况。这是一种常见的陷阱，影响了很多择时系统，这也是为何很多择时模型不符合标准的原因所在。该系统或许会在过去 20 年期间产生令人印象深刻的结果，因为参数被调整到了在该段时期内的最大利润状态。但是，走向未来时，回报就会出现很大偏差，因为该系统是过度拟合的。

本质上，择时系统必须在启动时包含合理的内部逻辑。之后，该系统围绕这种内部逻辑构建。这种多年的市场经验是必要的。这就避免了过度拟合数据的“黑箱”问题。不幸的是，网络上的很多择时系统缺乏内部逻辑，却基于过度拟合其历史数据，想方设法吹嘘高额的理论回报。就这一点而言，我们在这次 FAQs 讨论最后，推荐读者参阅罗伯特·科佩尔(Robert Koppel)的著作《牛市、熊市和百万富豪》(*Bulls*, *Bears & Millionaires*, Dearborn Trade Publishing, 1997)。书中，他采访了大宗商品交易者迈克尔·德弗(Michael Dever)，白兰地资产管理公司(Brandywine Asset Management)创始人，他讨论了过度拟合数据的风险。

关于作者

克瑞斯·卡彻

1994年,克瑞斯·卡彻在美国西部信托公司(Trust Company of the West)开始了其投资职业生涯,他在公司是投资组合经理查尔斯·拉森的分析师,于1994年推出了自己的第一个网站,最早的 www. virtueofselfishinvesting. com。1996年,他加入威廉·欧奈尔公司,作为机构销售员,1997年,升职为内部投资组合经理,负责管理一部分公司资产、内部资产。在威廉·欧奈尔公司时,他经常与比尔·欧奈尔讨论自己的研究成果,与吉尔·莫拉雷斯工作十分密切,并协助机构服务团队,在此,从本质上讲,他的工作是市场和股票研究分析师,负责市场研究和其他资产、内部市场数据研究,为机构服务和内部投资组合管理团队提供支持。2001年,他离开威廉·欧奈尔公司,到海外投资和音乐领域追求自己喜爱的事业,在瑞士日内瓦发起一只私募基金。2009年,他和吉尔·莫拉雷斯——在威廉·欧奈尔公司任职期间内,与他合作非常成功并且工作十分密切,再次联合,组建了投资咨询公司莫卡投资者有限责任公司(MoKa Investors, LLC),推出了极为成功的投资交易网站 www. VirtueofSelfishInvesting. com,后来在2011年,剥离为莫卡投资者有限责任公司的全资子公司和一家独立的投资咨询公司——Virtue of Selfish Investing 有限责任公司,后者位于加利福尼亚州的普拉亚德雷。2010年,他和吉尔·莫拉雷斯创作了畅销书《像欧奈尔信徒一样交易:我们如何在股市赢得18 000%的利润》。1995年,卡彻在加州大学伯克利分校获得了化学学士学位及原子物理学博士学位。

吉尔·莫拉雷斯

1991年,吉尔·莫拉雷斯在证券业开始了自己的职业生涯,在美林证券比佛利分公司加利福尼亚办事处担任金融分析师(也被称为股票经纪人),在此,作为一名产品经纪人,他获得了自己职业生涯早期高管俱乐部的身份。1994年,加入潘韦伯投资公司(Paine Webber, Inc.),在此,为了专注于管理欧奈尔式账户,他作为高级投资副总裁管理业务。在潘韦伯投资公司接下来的三年内,他迅速获得董事俱乐部身份。1997 年,他应欧奈尔本人邀请,加入威廉·欧奈尔公司,作为副总裁以及机构服务部门经理,负责为 600 多家世界最大和最成功的机构投资者提供咨询建议,包括共同基金、对冲基金、养老基金和银行,等等。莫拉雷斯先生也受邀作为威廉·欧奈尔公司的内部投资组合经理,负责管理部分公司自营交易和内部资产。2004 年,他被任命为威廉·欧奈尔公司首席市场策略师,与比尔·欧奈尔合著《如何在卖空中获利》(John Willey & Sons,2004)。为追求自己的理想,莫拉雷斯先生于 2005 年 11 月离开了威廉·欧奈尔公司,2007 年创建了吉尔莫拉雷斯有限公司(Gil Morales & Company,LLC),并且在 2008 年 3 月推出了投资咨询网站 www. GilmoReport. com。2009 年,他和吉尔·莫拉雷斯——在威廉·欧奈尔公司任职期间内,与他合作非常成功并且工作十分密切,再次联合,组建了投资咨询公司莫卡投资者有限责任公司,推出了极为成功的投资交易网站 www. VirtueofSelfishInvesting. com,后来在 2011 年,剥离为莫卡投资者有限责任公司的全资子公司和一家独立的投资咨询公司——Virtue of Selfish Investing 有限责任公司,后者位于加利福尼亚州的普拉亚德雷。2010 年,他和吉尔·莫拉雷斯创作了畅销书《像欧奈尔信徒一样交易:我们如何在股市赢得18 000%的利润》。1981 年,莫拉雷斯先生获得了斯坦福大学经济学学士学位。